港口城市经济发展改革论

——兼论天津经济高质量发展

■ 刘东涛 著

天津社会科学院出版社

图书在版编目(CIP)数据

港口城市经济发展改革论：兼论天津经济高质量发
展 / 刘东涛著. -- 天津：天津社会科学院出版社，
2022.3

ISBN 978-7-5563-0801-9

Ⅰ. ①港… Ⅱ. ①刘… Ⅲ. ①港湾城市-经济发展-
研究-天津 Ⅳ. ①F299.272.1

中国版本图书馆 CIP 数据核字(2022)第 032866 号

港口城市经济发展改革论——兼论天津经济高质量发展
GANGKOU CHENGSHI JINGJI FAZHAN GAIGELUN——JIANLUN
TIANJIN JINGJI GAOZHILIANG FAZHAN

出版发行：天津社会科学院出版社
地　　址：天津市南开区迎水道 7 号
邮　　编：300191
电话/传真：(022)23360165(总编室)
　　　　　 (022)23075303(发行科)
网　　址：www.tass-tj.org.cn
印　　刷：天津午阳印刷股份有限公司

开　　本：787×1092 毫米　　1/16
印　　张：21.25
字　　数：506 千字
版　　次：2022 年 3 月第 1 版　2022 年 3 月第 1 次印刷
定　　价：98.00 元

自 序

我 1969 年毕业于天津财经学院(现天津财经大学)贸易经济系,遂留校工作并到教育系统"五七"干校(大苏庄农场)劳动锻炼。1971 年 5 月调天津市革委会政治部(1973 年 10 月市委组、宣、统等各部委恢复重建后我分到宣传部)从事文字和理论研究,曾多次下工厂、农村蹲点和调研,写过一些文章。其间,1973 年秋至 1975 年夏曾随天津赴黑龙江知青干部联络组,深入当地农村、农场、兵团开展知青工作。机关工作 10 年,在老领导、老同志们关爱、引领和培养下,读书、下厂、下乡、参会、调研、写作,虽非专门从事经济研究,但是开阔了视野,锻炼了理论思维能力,为后来从事专业研究奠定了一定的基础。

后来专门从事经济研究的经历,主要分三个阶段。第一阶段,1981 年 10 月调天津社会科学院经济研究所,真正从事经济研究生涯便从此开始,到 1994 年春调离。这段时间也经常深入实际经济部门和企业调研,然而主要还是侧重于学术研究,服务对象不是很明确、很具体,研究成果的出路主要是找期刊发表。第二阶段,1994 年春至天津市财税科研所(财税分家后,分到市国税局科研所并任所长)。1995 年春调天津市经济发展研究所,先后任副所长、所长。这一时期,研究工作性质、内容和服务对象,有了较大变化。一是从过去偏重学术研究转为实证研究为主,与实际工作结合更紧密了,研究成果直接为市委市政府、市发改委所用;二是从个人研究为主转向以组织团队开展研究为主,尽管平时还要兼顾单位行政管理等方面的工作,但是重头戏还是科研业务。这期间,在市委综合经济工委和市发改委直接领导与大力支持下,直接参与了天津市"九五"计划的编制。相继牵头组织课题组,承担完成了天津市"十五""十一五"发展规划的前期重大课题研究,以及"北方金融中心研究""天津滨海新区重点产业选择研究""天津市 2030 年社会经济发展目标选择和推动社会经济发展的政策机制研究"等重大专项研究,组织开展了一系列全市性重要研讨活动。应一些区县、企业邀请与委托,为这些区县、企业集团开展了功能定位和发展战略研究,研究成果成为这些区县、企业集团编制中长期发展规划的重要依据,部分成果则直接或间接转化为重大发展项目。第三阶段是 2007 年春退休后,曾在天津市环渤海经济研究会任副理事长兼秘书长,在理事会和理事长领导下,负责研究会日常工作。至 2016 年按照组织要求辞去所任职务,但继续维持研究会运转并推动换届,直至 2019 年 9 月底完成换届。这十几年,主要精力是借助环渤海研究会这个平台,策划开展了若干大型学术研讨交流活动。作为常务副主编,在主编和编委会领导下组织编辑出版《环渤海区域经济年鉴》(每年一卷,每卷 100 余万字),还承担完成了关于港口发展、财政和固定资产投资等方面的几个研究课题。

呈现在读者面前的这本著作所汇集的,主要是自 20 世纪 80 年代初至 2021 年我(或由我牵头组织部分科研人员)撰写的学术论文和研究报告之中的一部分成果,共计50余篇,大部分曾在报刊上公开发表。内容主要集中在港口发展与改革、城市经济发展与改革、国有企业改革与发展、社会主义市场体系构造与配套改革、城市和区域功能定位与发展战略等五个方面,也是我多年关注的重点领域。在几十年科研历程中,可以说我们这代人是伴随随着国家改革开放的脚步和脉搏,在边学习边探索、充满激情而又面对种种矛盾、种种困惑中走过来的。每逢调换一个新的岗位,开辟一个新的研究领域,接受一项新的任务,都面临着尖锐的挑战,但是我却始终相信,只要不忘初心,坚守信念,坚持实事求是的思想路线和学以致用的科学态度,有领导和同仁们的支持,就没有不能克服的困难,没有攻不下的堡垒。在整个苦涩的研究探索中,既有成果被认可、被发表、被采纳、被奖励时的欣慰和喜悦,又有理论与实际之间、理想与现实之间、经济规律与旧的体制以及行政区划之间、问题的复杂性与个人理论知识储备不足之间的碰撞等种种矛盾,从而带来的忐忑、困惑、苦恼和遗憾。在我所关注的上述几个领域,定位也好,战略也好,机制也好,都还存在不少难以完全说清楚、需要继续深入研究探讨的问题。即便已经决策和正在落实中的,也需要随着情况的发展变化,与时俱进加以修改完善,研究探索之路永无止境。然而,"子在川上曰,逝者如斯夫",几十年光景飞速而过,今日吾辈垂垂老矣!面对种种难题,深感力不从心了。破解这些难题之大任,必然落在各位年富力强的学者身上,期待他们继续做出孜孜不倦的探索和创新。这正是我撰写此书的初衷。另外,书中也有几篇文章是多年前已有初稿、或有所考虑但因种种原因未从发表过(即没有注明发表出处)的,这次根据发展变化了的情况加以修改补充一并收入书内。一是为了增加本书的现实感和可读性,也是为了供关心这方面问题的领导和朋友们更好地阅读参考。

总之,撰写本著作,一是为了以此奉献给在我的研究历程中那些曾经关心培养和支持过我的老领导、老同志;二是奉献给直接参与过这些项目研究,与我合作过的老同事、老朋友作为纪念;三是为了奉献给那些曾经支持开展研究的各级政府部门(特别是有关区县和企业界)的朋友,也许其中的一些内容会对他们工作多少有点参考或纪念价值;四是为了奉献给关心关注书中所涉及问题的学者同行们,也许有些内容会对他们继续开展研究有些启发。

在此需要说明的,一是此书内容时间跨越40年,其中的观点只是代表作者当时的看法,一些数据都是反映当时的情况,文中的"现在""当今""近年来"等概念均指撰写这些成果时情景。几十年来情况变化很大,现已时过境迁,有些数据、观点可能会显得陈旧,读者可以联系当时背景,与后面相关内容以及目前发展现状对照来看;二是书中每篇文章都独立成篇,为保持文章的完整性,部分内容难免会有交叉或重复,望读者见谅;三是书中涉及领域、问题较多,有些问题尚在研究探索中,也很复杂,水平所限,可能有些观点、见解失之偏颇,衷心欢迎大家批评指正。

刘东涛

2020.12.12

前　言

　　这是一部研究港口城市经济改革发展的著作。主要包括海港发展与改革;城市经济发展与改革;国有企业发展与改革;市场体系完善与配套改革;城市、区域发展战略与规划等内容。本书的出版对天津及其他大城市和地区制定经济发展战略具有一定参考价值。

　　本书主要具有以下几方面的特点:

　　一是理论与实际密切结合;二是微观经济与宏观经济发展相结合;三是突出探讨沿海大城市经济发展改革规律。本书作者刘东涛研究员 1969 年毕业于天津财经学院贸易经济系,先后在天津社会科学院经济研究所、天津市经济发展研究所等单位工作。多次参与天津市中长期发展规划前期研究,完成并发表若干项科研成果,多次获天津社会科学一、二、三等奖。1997 年享受国务院颁发的政府特殊津贴。

　　本著作所汇集的主要是刘东涛研究员(或由本人牵头组织部分科研人员)自 20 世纪 80 年代初至 2021 年撰写的学术论文和研究报告。其主要特点:一是时间跨度大。作者以改革开放的亲历者、见证者、探索者的身份和视角,探索记录了改革开放一系列重大问题,时间跨越两个世纪,40 余年;二是内容实在。作者紧紧跟踪经济改革与发展时代脉搏,坚持正确理论指导,密切联系我国经济发展实际,深入探索改革开放和经济发展中的重点、热点、难点问题,注重深入实际以及与实际部门同志合作开展研究,从而更能够得出符合实际的结论,提出可操作性的建议,许多政策建议直接进入决策,被各级政府部门采纳,几乎所有文章都有很强的现实针对性,内容丰富、资料翔实,几乎没有空泛的议论;三是专业性较强。本书涉及问题很多,但基本上都属于经济专业领域,虽然有的文章也涉及政治、文化、意识形态,但都与经济改革发展密切相关,对非经济专业问题的论述没有太多展开,因此本书更适合从事经济专业的学者和实际工作者阅读;四是站位较高、视野开阔。许多问题的探讨论述,特别是对天津(包括其区县)城市定位和发展战略的研究探讨,能够站在全局看局部,站在全国看天津,具有全局观和国际视野;五是具有创新性。这些研究成果中,譬如其关于港口与城市发展关系的研究,关于国有企业股份制改造的研究,关于构造社会主义市场体系的研究,关于城市、区域发展定位等问题的研究,在国内开展较早,有一定的超前性,并提出不少独到的观点、政策主张和建议;六是通俗易懂,可读性强。通观 50 余篇成果,50 多万字,使人感到文字简练、语句通顺、观点明确、通俗易懂,基本上没有不着边际的冗长论述和高深公式,理论工作者和实际工作者均可阅读参考。总之,这是一本内容丰富、具有独到见解和自己特色、可读性较强学术著作。

编者

2020 年 12 月 12 日

目　　录

第一篇　论港口发展与改革

　　此部分共收入论述港口发展与改革的 10 篇文章,反映了作者有关港口建设发展和改革探索的脉络和观点、主张。港口发展问题事关国家、区域和天津城市发展的大局,涉及面广、很复杂,也一直是笔者经济研究生涯中的兴趣点。这些研究成果不少是与其他同志合作完成的,同时得到了很多部门的大力支持,他们为开展研究提供了诸多方便,特别是提供了丰富的实际资料和智慧,有的成果在研究的同时即付诸了实践。同时,笔者认为港口的现代化、信息化、智能化发展,对于港口功能的发展完善也至关重要,然而受精力与当时环境条件所限,这方面涉及较少,应当说是一个遗憾。改革开放以来,天津港无论是从规模还是从功能、技术水平来看,都发生了翻天覆地的变化,原来文章中一些经济指标和数字已今非昔比。譬如,20 世纪 80 年代初天津港仅有万吨级以上码头泊位 20 来个,航道水深仅有 - 8 米,年吞吐量仅 1000 余万吨,集装箱吞吐量 4 万—5 万标准箱。到 2020 年天津港已拥有水深 - 22 米复式双航道,万吨级以上码头泊位 107 个,完成年吞吐量 5.03 亿吨,比上年增长 2.2% ;集装箱吞吐量 1835 万标准箱,增长 6.1% ,已形成"一港八区"的发展格局,正向着更加国际化、智能化、生态化的目标迈进。这种变化,从前后的文章和成果中都可以看出。时间跨度长达 40 年,时过境迁,早期的数字已成为历史,但为了尊重历史和原作,这次编辑中未对原来的数字进行更改,在此说明。

海港在国民经济发展中的特殊作用
——兼论海港、沿海城市与内地的关系

海港,作为水陆交通的枢纽,是联结生产与消费、沿海与内地、国内与国外的纽带,是国民经济发展中极为重要的基础设施。把海港建设好、管理好,对于正确处理沿海与内地的关系,加强对外经济联系,促进整个国家经济、文化的繁荣,实现国民经济发展的战略目标,具有特别重要的意义。

一些重要的沿海城市,往往又是重要的海港。也就是说,它是作为海港和城市的统一体而存在的。这些沿海城市,正是借助了海港的作用,有效地沟通与海外、内地的经济联系,促进商品经济的发展,从而带动了城市的发展,其中有的已成为全国或是地区性的经济中心。人们常常赋予海港一些美丽而形象的名称,如把它们誉为某一城市或某一地区的明珠、花朵、心脏、肺叶,等等,这也说明海港的重要作用为世人所公认。因此,无论是从沿海城市的发展出发,还是从整个国民经济的发展出发,都应当加快海港建设,充分发挥海港的重要作用。

一、海港在国民经济中的特殊作用

港口是接纳船舶停靠、办理运输业务,并备有装卸、储存、疏运货物的各种设施的综合体,它作为交通运输的重要环节,其性质和作用,从根本上来说是从属于整个交通运输业的,即为了完成物质资料和人在空间的转移,以保证社会再生产周而复始的进行。

众所周知,海港是水陆交通的枢纽(更确切地说是海陆交通的枢纽),又是国家对外贸易的门户,或称出海口。社会化大生产的一个根本特点就是交换的扩大,而且已经从国内交换扩大到国际交换。海港在国际交往中的作用是十分明显的。根据有关资料,全世界国际贸易运量(包括沿海国家和内陆国家)中,有2/3以上是经海港转运的。通过海港和海上运输,便可以把国内市场同国际市场直接联系起来。大力扩展对外贸易,就可以把国内产品打入国际市场,并换回国外的先进技术和设备;还可以利用外国资金,以及发展各种形式的经济技术合作。这样,生产、交换、消费等经济活动,便可以大大地突破本国资源、资金、技术、市场等条件的限制,起到更大的作用,获得最大的经济效益。正因如此,今天世界上的沿海国家都十分重视海港的作用。就连一些内陆国家,也在千方百计地寻找自己的出海口,甚至围绕争夺出海口主权而发生战争的情形,也屡见不鲜。

我们通过荷兰的鹿特丹、法国的马赛以及日本一些港口的情况,便可以看出海港在经济发展中的巨大作用。鹿特丹以世界第一大港而闻名,吞吐能力已由20世纪50年代的3000万吨发展到现在的3亿吨以上。20世纪60年代以来,其吞吐量一直居世界首位,已成为荷兰和欧洲经济共同体的货物集散地,也是世界上最大的商品集散中心。该港目前平均每6分钟就有一条远洋货轮进出,运往西欧各国的原油、石油制品、谷物、煤炭、矿石等都经过这

里。如以鹿特丹港为中心,半径为 500 公里的范围,形成一个西欧各主要工业城市在内,人口多达 1.6 亿的消费市场,欧洲经济共同体外贸货物的 30% 左右都在此港装卸。显然,其经济作用远远超出了荷兰的范围。马赛港的作用同样也大大超出了法国的范围,成为欧洲仅次于鹿特丹的国际大海港。目前已发展为包括马赛在内的 5 个港区,码头岸线仅新港区就达 70 公里,每年进出货船在 2 万艘以上。它为进出法国东部地区、瑞士西部地区、德国西南部地区的货物提供了海洋运输条件。日本是一个岛国,自然资源相当匮乏,90% 的物资靠进口,第二次世界大战后,在美国扶持下,日本充分利用本国优良的海湾优势,大力兴建海港,积极发展海上运输和对外贸易,从而弥补了本国资源和市场的劣势,使经济得到了突飞猛进的发展,这更是有目共睹的。

在同我国有经济贸易往来的 170 多个国家中,通过铁路、航空而实现的贸易量是极其有限的。对外贸易的货运量,主要是通过海运完成。据有关资料统计,在我国进出口物资中,90% 以上是经海港装运的,由此可见海港在国民经济发展中具有多么重要的作用。

二、海港与沿海城市相互依存,海港的发展必然带动沿海城市的发展

由于海港所处的地理位置和它在交通运输、对外贸易方面的特殊作用,必然使沿海城市、沿海地区受益较多,获得比较快的发展。海港像磁铁一样吸引着国内外的人员和物资,使其所在地成为人口集中、物资集散的地方,于是城市繁华起来了。同时,海港贸易与发展也要求城市为之提供堆存货物、进行交易、开展业务的场所,提供港口服务、生活服务等设施。因此,海港的发展必然推动沿海城市的发展。纵观古今中外,海港与沿海城市相互依存,沿海城市随着港口的发展而发展,是沿海城市发展的一般规律。

从历史上看,11 世纪起,地中海沿岸某些城市的商人,就利用这里的优良港湾,开展近东贸易,从海上输出呢绒、金属制品等,并为欧洲封建主输入香料、宝石、绸缎等奢侈品,逐渐使这些城市首先兴盛起来。其中威尼斯从 12—14 世纪一直是西欧最大的商业中心和海上强国。佛罗伦萨在 13 世纪已成为西欧最发达的毛织业中心之一。可以说,这些城市之所以能较早地得到发展,在很大程度上是由其作为海港的地位和作用所决定的。

到了 15 世纪末和 16 世纪初,西欧的一些冒险家找到了从欧洲通往美洲和印度的新航路,也就是历史上所谓的“地理大发现”,于是引起了欧洲到东方通商航路的转移,即从地中海转移到大西洋、印度洋,后来又及于太平洋。从此,地中海沿岸的那些海港城市,便失去了从事东方贸易的垄断地位,而位于大西洋沿岸的海港,如安特卫普、里斯本以及非洲南端的好望角等变成了商业活动的中心。尤其是安特卫普港更发挥了特殊的作用,每年进出船只好几千艘,通过该港的商品遍布全欧。从印度运往欧洲的胡椒等香料,几乎全部通过此港。所有欧洲的商人都聚集于此,还在此设立了进行贸易和信贷活动的交易所,使当时的安特卫普成为世界商业中心。这说明,沿海城市的地位和作用是随着它作为海港的地位和作用的变化而变化的。

从一些现代化港口城市的发展也可以看出海港对沿海城市的影响和作用。例如,日本由于战后有效地发挥了海港在经济中的作用,于是形成了以东京、大阪、神户、京都、名古屋

这些海港城市为中心的沿海城市化地区。这里的土地面积仅占日本国土的30%左右,却集中了全国人口的52%,全国工商业的72%。在荷兰,则以鹿特丹、海牙、哈雷姆、阿姆斯特丹这些沿海城市为主,形成了兰斯塔德城市群,被称为绿心大都市。鹿特丹不仅以世界第一大港而闻名,而且是西欧重要的工业中心之一,拥有大造船厂9个和船台8个,可接纳50万载重吨的船舶;石油厂年提炼石油能力达8600万吨,占西北欧总炼油能力的1/5;有大钢厂和福克飞机厂,并参加欧洲宇航航空计划和火箭联合研制工作;还有化工、机械、食品、制糖等工业。

我国东南沿海的番禺(今广州),早在汉朝就已是海外珠玑、犀、玳瑁等宝物聚集的都会,成为我国最早的海外贸易港口。直到北宋,广州一直保持作为全国最大的贸易海港的地位。与此同时,泉州、杭州、扬州、明州(今宁波),以及山东半岛的登州(今蓬莱)也先后有一定的发展,但均远不及广州。

我国北方沿海,在长期的封建社会里,因连年战争,经济文化的发展受到严重阻碍,海外贸易及海港的开发落后于南方沿海。在宋代,当东南沿海的港口已日趋繁荣的时候,上海、天津、青岛、大连这些海港还只不过是些渔盐小镇。直到鸦片战争之前,这些港口主要还限于沿海贸易。自从鸦片战争以后,这些地方先后被辟为商埠,成为帝国主义掠夺我国资源的桥头堡。与此同时,也改变了清代“通商只限于广州一口”的局面,使北方沿海港口在海外贸易中的地位迅速提高。上海港地理位置最为优越,发展最快,取代了广州在全国海外贸易中的重要地位,成了全国最大的海港和经济中心。天津次之,成为华北最大的港口和经济中心。

综上所述,沿海城市的发展与港口的发展是紧紧联系在一起的,港口的发展可以带动城市发展,城市的发展又为港口的进一步发展提供了条件。沿海城市的作用与港口的作用是分不开的。

三、海港离不开腹地的支持,同时对内地经济发展有促进作用

海港不仅与沿海城市作为一个统一体而存在和发展,而且同内地有着不可分割的联系。一些大的海港,都有非常广阔的腹地。这些腹地,一方面向港口提供充足的货源,并消化来自港口的一部分货物;另一方面,又要求港口为之提供通往外地特别是国际市场的大门,以便把当地多余的物产拿出去换回当地短缺的产品,实现物资平衡。显然,如果海港没有土地辽阔、物产富庶的内地作后盾,就犹如无源之水,即使本身条件再好,也很难发挥其应有的功能。同样,如果内地没有海港作为出海口,它与外部的经济联系,特别是与国际市场的联系,也会受到极大的限制。

以天津港为例,其经济腹地就包括河北、北京、内蒙古、山西、陕西、甘肃、青海、宁夏、新疆、河南的部分地区在内的广大地域,面积达250多万平方公里,也就是说涉及全国1/4的土地、2亿多人口的经济利益。如把与其他港口的交叉腹地除外,天津港的直接腹地也近100万平方公里,人口1亿以上。就是说,约占全国1/10土地上的进出口货物主要依靠天津港转运。1984年天津港吞吐量为1610万吨,其中外贸出口为323万吨,外贸进出口为918

万吨。这些货物所及地区达 16 个省、市、自治区,各地所占比重见下表所列。

1984 年天津港吞吐量和外贸进出口货物流量流向比重

地区	占全港吞吐量比重(%)	外贸出口比重(%)	外贸进口比重(%)
天津	50.6	55.5	46.6
北京	16.6	17.7	20.5
河北	9.7	10.1	10.0
山西	2.8		4.8
河南	1.7	0.2	2.4
内蒙古	2.7		4.7
甘肃	2.4		4.3
新疆	2.2		3.8
东北	5.3	3.5	1.7
其他	5.8	5.8	1.2

从表中可以看出,天津港的货物吞吐量和外贸进出口物资基本上各有一半来自或是流向外省市(自治区)的。再从经天津港出口的外贸货物在各地外贸出口总额中所占比例来看,北京外贸出口货物的 80%,河北的 60%,其他省市的 80%—90%,都是经天津港出口的,也说明了腹地各省市对港口的依赖性。再如,华北人口密集,历史上一直是我国主要的缺粮地区,京、津、冀、蒙每年从外地调入的粮食占粮食销售量的 60%,其中 80%要经天津港从国外进口。西北内地也需要经天津港从国外购进小麦进行调剂。此外,每年还有大批进口的化肥、钢材、机械设备,以及其他轻、化工原料或产品通过天津港运往内地。这些都有力地保障了内地建设、工农业生产和人民生活的需要,促进了内地经济的发展。

看来,海港同内地(主要是腹地内陆地区)也是互相影响的。内地的经济越发展,港口的货源也越充足,对港口吞吐能力的要求就越高;反之,海港的能力越大,效率越高,满足内地净出口需要的限度也就越大,对内地的支持也越大。因此,搞好海港的建设和管理,不仅是沿海城市、沿海地区经济发展的需要,也是内地经济发展的需要。我们考虑海港的利用和发展问题,不仅要从沿海城市、沿海地区的实际情况出发,同时要充分考虑到内地的实际情况,要根据沿海、内地、中央、地方同海港的内在联系,从沿海和内地人民的根本利益出发,着眼于提高综合的经济效益。

四、把海港建设好、管理好是我国经济工作中的一项战略任务

中华人民共和国成立以来,我国的海港建设取得了很大成绩。到 1983 年,交通部直属的 15 个主要海港共有 330 多个泊位,其中万吨级深水泊位有 140 余个。这些海港在发展对外贸易、完成国家的运输任务中做出了巨大的贡献。

我国海港的泊位总数,还不如鹿特丹、纽约、安特卫普、汉堡的一个港口多。我国所有海

港的吞吐量仅 2.8 亿吨,也不及鹿特丹一个港口。而每个泊位按平均所负担的吞吐量则是世界上最高的。由于港口泊位少,现代化水平不高,加上计划管理工作跟不上,压船压货现象十分严重,从而造成难以计算的经济损失。

随着生产的发展和对外贸易的扩大,海港的能力同实际需要之间的矛盾将会愈来愈尖锐。为此,国家应当把海港的建设作为一个战略重点,采取有力措施,集中必要的资金,用于港口建设。这可以从两方面入手:一方面是充分发挥现有海港的潜力,着力抓好对现有码头的技术改造,提高现代化水平,抓紧在建项目施工,缩短工期,力争早日投产;另一方面是根据我国经济发展的总战略,认真制定我国海港发展总体规划。为此,必须尽早组织专家和实际工作者,大力开展调查研究,进行科学论证和各种方案的比较鉴定工作。争取第一个十年内新建一大批现代化的码头泊位,并兴建几个新的现代化港口,为后十年开创新的经济振兴时期打好基础,创造条件。要做好这两方面的工作,除了国家集中一定的资金用于港口建设以外,还应鼓励那些同海港有关的地区、部门和企业将自己的资金用于海港建设或与海港有关的配套服务设施的建设。

五、应当注意解决的几个问题

(一)要注意发挥海港在沿海运输和沿海贸易中的作用

为了促进整个国民经济的繁荣,不断提高经济效益,不仅应当发挥海港在远洋运输、对外贸易中的作用,还应注意发挥海港在沿海运输、国内贸易中的作用。沿海运输具有许多优越性:一是海运成本低廉,比之陆运可大幅度降低流通费用;二是可以大量减轻铁路压力,缓和陆运的紧张局面;三是可以带动造船工业的发展;四是投资较少、见效较快。我国东部沿海地区,人口密集,工业发达,不仅大量的生产资料和产品可通过海运交流,而且人们之间的交往和旅游活动也迫切需要沿海客运有相应的发展。

我国沿海的客货运输发展都较缓慢,在南北航线的物资交流和贸易中,弃海走陆现象相当严重。据铁路部门统计,仅天津市经津浦线南下到达山东、上海、浙江、深圳的沿海货物,每年近 20 万吨,若包括腹地区域以及到达渤海湾、南北航线的货源,就更可观了。据估算,近年来原要求从天津港运走而没有被运走的内贸货源每年约百万吨以上。这样,既增加了运输成本,加重了铁路、公路的压力,又常因车皮紧张影响货物发送、合同兑现,造成严重的经济损失。由于沿海运输得不到应有的发展,天津港内贸吞吐量逐年下降,现已从 20 世纪 60 年代的 83% 下降到目前的 20% 左右。沿海客运问题更多。许多港口没有像样的客运码头,客运航线过少,船期间隔时间过长。比如天津只有通往大连、烟台、龙口三港的客运航线,到青岛、上海、福州、厦门、广州或去长江港口等,本来乘船很方便,却没有轮船航行。

影响沿海运输发展的原因是多方面的。如泊位不足、港航费率偏低、体制问题等。但也有主观上的原因。这些年来,某些部门在经营思想上存在重远洋轻沿海、重外贸轻内贸、重货运轻客运的倾向。应该认真纠正这些片面的认识,把沿海运输摆到议程上来。同时,也要采取一些切实措施,如可考虑划出一部分泊位专营内贸,适当调整港航的货运费率,使港航部门从物质利益上关心沿海运输和沿海贸易的开展;多辟客运航线和班次;充分利用中小港口,等等,切实保证沿海运输、沿海贸易的开展。

(二)大力加强海港后方建设,改善集疏运条件,发展仓储、代理、旅游等港口服务事业

海港是与城市互相影响的,港口通向城市和内地的运输渠道是否畅通,沿海城市的仓储、代理、旅游、饭店等港口服务事业是否适应港口的需要,对于港口的发展关系极大。一些较大的海港如上海、大连等,之所以能得到比较迅速地发展,并在国民经济中有举足轻重的地位,并不仅仅取决于码头的多少、港湾的水深,而往往是因为后方的疏运网络、港口服务事业比较发达,与城市及内地的经济联系比较畅通、及时。相反,某些海港,如泉州、厦门、烟台,港湾虽好,却因集疏运条件、港口服务跟不上而海港的作用未能得到很好地发挥。日前,天津港一个比较突出的问题,就是道路的建设以及港口服务设施不适应港口发展的需要。多年来,塘沽区道路的长度和面积增长远远落后于港口吞吐量和货运车辆增长。同时道路主干线被海河和铁路隔断,桥梁、立交极少,交通堵塞十分严重。据典型调查,由市区通往新港的主要路口,昼夜通车流量共折合大型机动车12000多辆,严重时四个方向堵塞机动车二三百辆,时间少则几十分钟,多则一两个小时。而且海河因天津缺水而不能通航,沿海运输未充分利用。铁路也处于饱和状态,严重制约着港口的集疏运效率。这也是造成压港、压船、压货的重要原因。在商业服务方面,新港目前仅有商业服务网点30多个,从业人员仅占新港地区的0.68%,大大低于塘沽及天津中心市区的比例。在仓储服务业方面,天津港本身以及国家各部门设在塘沽的仓库,都基本上处于饱和状态,远远不能满足各兄弟省市的需要。

据了解,上海、青岛、大连、黄埔也都存在着以上问题。因此,应根据不同港口的条件,采取有力措施,积极发展联结港口的铁路、公路,疏浚河道,充分利用水运、航空条件,逐渐把沿海地区的交通运输体系改造为以海港为中心、海陆空紧密衔接、具有现代化水平的交通运输系统,真正实现货畅其流、吞吐及时。同时大力发展仓储、商业、代理、旅游等港口服务业,以促进城市的发展。只有这样,才能真正发挥沿海城市作为海港的重要作用。

(三)积极稳妥地改革海港管理体制

交通运输是整个国民经济的一部分,海港又是交通运输的关键环节,是生产和流通的服务部门,对于保证国家生产和流通计划的实现关系极大。因此,海港体制的改革应从属于整个国民经济体制的改革,应该与生产和流通体制的改革相协调。根据这一原则,我们认为:

第一,对于那些关系到国计民生的生产资料和生活资料,如煤炭、钢铁、粮食、石油、机械设备等的运输,以及沿海的主要港口,近期内还应由国家下达指令性计划。同时,对一部分重要物资或产品下达指导性计划,使港口有相对独立的经营自主权。此外,对于一些非重要的物资和产品,如小百货、小五金、小宗土特产的沿海运输,以及以营运这些产品为主的小港口,可以不做计划,由货主与港口直接联系。

第二，与此相适应，港口的所有制形式也以多种所有制形式为宜。如较大的海港可以由中央和地方共同领导，以地方为主，港口的企业（如装卸公司或作业区等）仍坚持全民所有制性质。这些企业要首先保证国家装卸计划的完成，并对完成计划负经济责任；短期内发展余地不大的中等海港或大海港的一部分码头泊位，可考虑划归省市一级，除了承担一部分国家计划外，主要用于经营沿海运输和一部分地方外贸，其港口企业可以采取全民所有制，也可以是集体所有制的；一些小港口可由地县经营，采取集体所有制形式。这样既可保证国家运输计划的实现，又可调动地方参与港口建设的积极性。

第三，要打破旧的高度集中的计划体制，进一步克服过去国家计划统筹得过多、过死的弊病，扩大港口企业的管理权限。为此，现在的港务管理局可实行政企分开。政企分开后，港务局作为一级行政管理部门负责对港口的行政管理，并在交通部的指导下，与地方城市规划部门共同编制海港的近期和远期的发展规划，使之纳入当地城市发展的总体规划。装卸公司则变成比较单纯的经济组织。其他各公司的生产计划与装卸公司的生产计划进行平衡。

港口与铁路、海关、边检、外贸、内地、物资以及市政等各方面的关系，可由国务院派驻代表（或称督办），与地方政府组成口岸联合管理委员会，协调并监督有关各方遵守法律、履行经济合同等，以保证国家计划的实现和海港的正常秩序。

此外，有关部门应抓紧制订海港法以及输运、海岸管理等法规，把经济立法、经济合同、经济杠杆（如税收、费率等）更好地同行政手段结合起来，使海港经济活动沿着国民经济的宏观要求，有秩序地进行。

（作者：邹风、刘东涛＜执笔＞赵建伟，刊发《水运管理》1983 年第 2 期，转载于《经济研究参考资料》1983 年 32 期，获天津哲学社会科学优秀论文三等奖）

天津港的历史、现状与发展中的问题

天津港，是首都北京的海上门户，是华北及西北各省、市、自治区对外贸易和水陆运输的枢纽，是我国华北地区最大的港口。

目前，天津港是全国的重点建设项目之一。正确认识天津港的历史、现状，分析存在的问题，探讨其发展规律，不仅是天津经济和城市发展的客观要求，而且对于保证首都北京乃至全国现代化事业的顺利进行，也是十分有益的。为此，现将搜集了解到的部分资料及一些浅薄看法整理陈述如下：

一、港口的地理位置与自然条件

天津港位于我国华北平原、渤海之滨。全港由天津港区、塘沽港区和新港三部分组成。

天津部分距海河口 67.1 公里,地处北纬 39°07′.5,东经 117°11′.6,港区分布在解放桥以下的西岸与市区相连。塘沽部分距海河口 8.7 公里,地处北纬 38°59′.7,东经 117°42′.4,位于海河北岸与塘沽市区相连。新港部分建于渤海湾西端、海河入海口北岸,地处北纬 38°59′.8,东经 117°42′.5,已成为天津港主体。

天津港所处渤海湾沿岸,是由黄河、海河自上游挟带泥沙而下,长期沉积而成的淤泥质海岸。海滩平缓,坡降多在 0.5‰上下,水域较浅,−10 米等深线远离海岸 25 公里,−8 米等深线离海岸 20 公里左右。天津港是人工港口,港池和航道均为浚挖而成,挖出来的泥则填为陆地。由于地处沿海冲积平原,海滩土质松软,加上渤海湾涨潮流速大于落潮流速,港内回淤严重。据历史资料记载,1922—1937 年,年均淤积量为 288 万立方米;1937—1957 年,年均淤积量为 608 万立方米。因渤海湾是内海,故天津港的气候基本上属大陆性,受海洋影响不大。年均气温 12.5℃,7 月份平均气温 26.2℃,1 月份平均气温零下 4.1℃。12 月初至 3 月初为结冰期,此间行船需要破冰。

二、港口的历史沿革

据历史资料记载,早在公元 3 世纪(三国时代),我国劳动人民就在天津一带开凿了运河。这些运河曾在古代军事运输上发挥过重要作用。隋代南北大运河的开凿,进一步促进了天津早期航运的发展,也为天津地区形成港口奠定了基础。公元 8 世纪(唐代),繁重的南北军运(主要是军粮)除沿用南北大运河外,也利用沿海运输。今日军粮城曾为当时转运漕粮的重要港口。

元定都北京后(当时称为大都),天津(时称直沽)作为首都门户和河海漕运中转港口的地位日趋重要。加之北运河水浅易淤,大船不便行驶,来自海上和南运河的大船均云集天津,所运漕粮先在天津卸船,经北运河陆续转运大都。据《元史·食货志》记载,此间经天津转运大都的海运漕粮逐年增加,其最高年份为天历二年(1329),到达直沽的漕粮达 340 余万石(参见《天津海港史》编写组所辑资料)。沿海一带生产的原盐,也大多由海河运至天津转往内地。"三岔口"、河西务均为当时天津的重要码头。元人"晓日三岔口,连樯集万艘"的诗句,即是对当时码头运输繁忙景象的生动写照。

明清年间,天津得到进一步重视与发展。明永乐十三年(1404 年),天津开始筑城设卫,并形成了"地处九河要津,路通七省舟车"的港口雏形。宣德、正统、景泰、天顺年间,每年经天津转运的漕粮常在 400 万担左右〔参见《天津海港史》编写组所辑资料。另据记载,宣德七年转运量为最高,达 670 万石。成化年间岁额 400 万石为定制,但直到成化末年(23 年)才达到。各年通过量中含蓟运粮 24 万石,在津储粮 6 万石,转运北京为 370 万石。成化以后的弘治、正德、嘉靖、万历年间,也大体保持这一水平〕。时至清代,海河与北运河两岸码头仓库又进一步增加,商业更趋繁荣,至清道光二十二年前天津已发展成一个拥有 20 万人口的港口城市。

1860 年,根据不平等的中英《北京条约》,天津被辟为商埠,各帝国主义侵略势力开始在海河两岸强划租界、修建码头。自此,天津港成为帝国主义掠夺我国资源和财富的重要据点。1862年设立天津海关,海关税司、引水等主权均为帝国主义所掌握。1900年八国联军侵华后,德、法、俄、日等列强为满足其掠夺欲望,又纷纷在海河最下游的塘沽修建码头。据统计,1935年天津港吞吐量(主要是市区海河两岸码头)已达200多万吨,地方内河水运量达300多万吨。1940年通过大沽沙航道进入海河的船只达3000艘次。中华人民共和国成立前的几十年间,仅外商在海河两岸兴建和使用的码头就达20余座。其中主要的有:天津市区海河西岸5座、海河东岸8座、塘大区(今塘沽区)6座。如将民船码头计算在内,海河两岸码头则多达几百座。据解放初统计,海河胜利桥(现北安桥)以下两岸,就有46家企业的各类码头150多座,岸线总长12 000余米,并有大量库栈,其中仅解放桥至胜利桥之间即有码头1200余米。

现在作为天津港主体的塘沽新港,是由日本帝国主义在1939年开始兴建的,到1945年抗战胜利前夕,用了5年多的时间,基本上完成了4个3000吨级的杂货泊位和1个5000吨级的煤炭出口泊位。国民党接管后,对原有的港口工程未做必要的维护和管理,致使航道、港池淤成浅滩,码头设备严重损坏。到天津解放时,该港口一片荒芜,几乎陷于瘫痪状态。

中华人民共和国成立后,天津港也获得新生。当时根据恢复和发展国民经济的需要,政务院决定修建塘沽新港,并成立了塘沽建港委员会,开始了第一期建港工程。仅用了一年多的时间,就完成了航道和港池的疏浚,加固了原有码头,并将新港原来的3000吨级杂货泊位改造为7000吨级,万吨远洋轮船可乘潮进港停靠。同时还完成了船闸工程。新港于1952年10月正式开港。嗣后,至1958年,又在新港建成了一个7000—9000吨级泊位(可停万吨轮),同时完成了海河防潮闸工程,原有的大沽沙航道因而废弃。自此,进出海河的船舶均通过新港船闸。第二期工程自1959年开始,至1962年8月,共建成5个万吨级泊位,即现在第二港池的顺岸和东侧部分。后因贯彻调整方针,新港扩建工程暂停。1973年2月,又开始了第三期大规模的建港工程。至目前(20世纪80年代)为止,累计已建成塘沽作业区2个5000吨级、新港15个万吨级货运泊位。新建的泊位岸线总长3488米,为1973年前塘沽新港原有16个泊位、2420米的1.4倍。中华人民共和国成立30多年来(1950—1982),国家用于天津港的总投资累计达9亿多元,其中1973—1982年的投资占84.5%,而且绝大部分用于新港。经过三期工程的建设,港口面貌发生了显著变化,实际上已成为我国最大的人工港口,在国民经济发展中日益发挥着重要作用。

三、港口现状

目前(20世纪80年代),天津港共有35个泊位(其中万吨级20个),分别由5个装卸作业区和1个集装箱公司负责具体管理,从事第一线生产行业。港口能力约1300多万吨。1982年货物吞吐量达1287万吨。全港职工19 000多人。从完成的吞吐量看,为全国第六大港;从完成外贸进出口件杂货数量看,仅次于上海港;从拥有生产泊位看,则位居全国第三。

(一)港口设施

1. 港区范围

港区总面积近 20 平方公里,其中陆域 14 平方公里;水域范围自市区解放桥至港外锚地最远处全长 103.7 公里,面积 180 多平方公里。现有的 35 个泊位分布于天津、塘沽、新港三个港区,泊位岸线总长 6168 米。

位于海河天津市区段的第四作业区,是天津港历史最早的港区。北起大同道渡口,南至老墙子河(现为胜利路)口,原有 3000 吨级杂货泊位 12 个。但因海河水位偏低,在大型船舶日渐增多,难以直驶天津的情况下,只能依靠锚地过驳,再经驳船运货到天津码头装卸,最高时驳运比重占全港吞吐量的 70%。当塘沽新港地区的码头泊位不断扩建发展以后,天津港区航运业务逐年下降,加之码头失修,最后只有 4 个泊位尚可供海轮使用(其中客运 2 个,货运 2 个),其他码头只能停靠驳船或其他小船。尤其在 1978 年建成四新桥后,桥下净空只有 4.5 米,海轮无法驶进市内港区,航运业务中断,码头处于闲置状态。

位于海河塘沽区段的第三作业区,也是天津港的老港区。北起塘沽内河客运码头,南至西沽渡口,现有 3000—5000 吨级杂货泊位 3 个,5000—7000 吨级杂货泊位 2 个,均在海河东测。1981 年 8 月船闸封闭后,码头设备也暂为闲置。

新港港区是天津港最主要的部分,包括第一、第二、第五共 3 个作业区和 1 个集装箱装卸区。港区陆域面积 13 平方公里,港区水域面积 15 平方公里,港外水域面积(包括外航道和锚地)共 158 平方公里。新港现有 26 个货运泊位,其中包括 1 个集装箱专用泊位;1 个散盐专用泊位,2 个散粮专用泊位。另有 2 个客运泊位和 1 个供油泊位。自 1952 年新港开港后,这一港区逐渐发展为天津港的主体,1981 年以前新港港区完成的货物吞吐量占全港的 80%—90%。1981 年船闸封闭后,天津港全部客货运输任务则都集中于新港。

2. 防波堤、航道、船闸、锚地、灯塔

新港为天津港的外港,码头和港池由南北两道防波堤环抱,南防波堤长 8 公里,北防波堤长 5 公里,两堤东口各有一条 0.7 公里的横堤,系石块和混凝土填筑而成,用以保证船舶停靠码头不受来自海上风浪冲击。

新港主航道过去为单向航道,长 13 海里,底宽 60 米,水深 -8 米。自 1977 年 3 月开始浚挖为双线航道,分两期工程进行,一期工程将底宽拓展至 120 米,至 1981 年末完工,共完成挖泥量 1600 多万立方米。1982 年 4 月又开始第二期工程,即将底宽再拓至 150 米,完工以后吃水 -10 米的船舶进出新港可同时对开。新港至塘沽航道,在正常水位情况下,可通航吃水 -6 米以下的船舶。塘沽至天津市区航道,可通航吃水 -4 米以下的船舶。

新港船闸位于海河入海口,是目前沟通新港与海河的唯一通道。闸室长 180 米,宽 21 米。吃水 -6 米以下的船只,可通过船闸进入海河。

天津港锚地位于新港东南方,距船闸 10 海里,水域面积 130 平方公里。

天津港灯塔,位于锚地西端,是我国于 1978 年自行设计施工的第一座从海底建起来的

灯塔。灯高距平均海面 40 米,灯光射程 17 海里,可以在阴、雾等不利行船的气象条件下,安全引导海轮航行。

3. 港口机械

据 1982 年统计,全港有装卸机械 632 台,其中包括门式、桥式、轮胎式起重机 219 台,岸壁集装箱装卸桥 2 台,叉车 256 台,牵引车 14 合台及起重船 4 艘。

4. 仓储及疏运设施

截至 1981 年底,天津港自有的库场总面积为 80 万平方米,一次可容纳货物 34.2 万吨。其中仓库 17.1 万平方米(包括危险品仓库 9768 平方米),堆场 63.4 万平方米。此外,塘沽附近还设有天津外贸及其他各种进出口物资接运单位的库场 30 余处,仅外贸仓库即达 10 余处,占地面积 140 多万平方米,一次可容纳货物 50 多万吨。塘洁区也兴建了部分地方仓库和堆场,为兄弟省市储运、进出港物资提供了方便。

货物的集中与疏运设施,主要依靠与港口相连的铁路、公路以及内河与沿海的部分船舶。天津港市区码头无铁路专用线,塘沽、新港港区共有铁路专用线 110 公里,设有编组站 1 个,分区车场 4 个,港口设有专用机车,港内铁路营运权归属路局。新港有进港公路 5 条。水上运力除河北省有一部分船舶外,港口本身有拖轮 19 艘,驳船 13 艘,计 11 320 载重吨,除进行港务作业外,也参加内河和沿海盐运。

(二)港口吐吞量与客货运输情况

1. 货物吞吐量及其主要货类

天津港在 1949 年的吐吞量仅为 31 万吨,1982 年完成 1287 万吨,33 年增长 40.5 倍。经天津港进出口的货物,从包装形式上可分为散装货和件杂货两大类。前者包括散粮、散盐、海砂及散装成品油等,后者包括钢铁、木材、袋装水泥和化肥,以及其他杂货。港口的货类,在数量上以粮食、散盐、钢铁和其他件杂货为大宗。1982 年这四类货物约占全港吞吐量的 80%。

从货类的吞吐量来看,天津港有三个特点:一是件杂货大于散装货。件杂货在全港吞吐量中所占比例为全国各港之冠,1979 年为 48.4%,1980 年为 51.8%,1981 年为 53.5%,1982 年进一步增加为 56%。二是外贸大于内贸。自 1963 年以来,外贸货物在全港吞吐量中所占比重一直在 60% 以上,有些年份曾连续高达 70% 以上。1979 年后由于我国实行对外开放政策,增长更快,近年已达 80% 左右。三是进口大于出口。1979 年进口占吞吐总量的 76%,出口占 24%。1980 年进口占 67%,出口占 33%。1981 年和 1982 年进口均为 61%,出口均为 39%。

由天津港出口的外贸物资曾运往 130 多个国家或地区,国外进口物资则来自 50 多个国家或地区。1978 年到港外轮为 605 艘,1982 年增至 938 艘。1980 年以来天津港先后与日本的神户、东京,澳大利亚的墨尔本,美国的费城等港口建立了友好港关系。

2. 集装箱运输

天津港的集装箱码头于 1973 年开始兴建,1980 年底建成了一个泊位,长 398 米,可停靠装载 1300 箱的集装箱船,码头前方堆场 55 000 立方米,能同时堆存 6000 个标准箱,是我国第一个正式投入生产的集装箱泊位,设计吞吐能力为年 10 万箱。1981 年在初期营运阶段完成了 2.56 万标准箱(运量 23.6 万吨),1982 年完成 4.1 万标准箱。已开辟有中国香港、日本、澳大利亚、美国、欧洲、中南美六条定期直达航线。

3. 进出口货物的集中与疏运

天津港货物的集疏运,按 1980 年"本港吞吐量"1130.3 万吨("本港吞吐量"1130.3 万吨,即全港吞吐量 1192 万吨中除去不经本港装卸,为货主自备码头装卸的物资)计算,铁路承运的占 55.2%,公路占 24.9%,水路(主要是附近沿海的盐、石油、黄沙等)占 17.6%,港口就地消耗和出口占 2.3%。进口货物的疏运以铁路为主,占进口货物 763.2 万吨的 72.8%,公路疏运占 13.3%,水运占 10.5%,港口就地消耗占 3.4%;出口货物的集港以公路为主,占出口货物 367.1 万吨的 49%,铁路集港占 18.7%,水运占 32.3%,港口占 0.1%。1981 年 8 月船闸封闭后,水运更为减少。

4. 旅客运输

1963 年以前,天津港的客运码头和客运站房,一直设于中心市区的海河西岸台儿庄路浦口道东口。有天津—大连和天津—龙口—烟台两条客班航线,解放初期由两艘旧的客货船往返运送旅客,载客能力共 446 人。1955 年改由两艘新建客轮运行,载客能力 1126 人。到 1961 年又换成新建的"民主"15 号和 16 号,载客能力 1166 人。自 1963 年开始,海河水源日渐不足,水位也不能保持稳定,汛期水位较高,枯水季节水位低,再加上冬季海河结冰,每年有 4—5 个月的时间客轮不能直开天津,不得不临时在塘沽作业区的货运码头停靠和上下旅客。到 1977 年,因四新浮桥改建为固定桥,客轮便根本不能驶入市区。旅客自此只好到塘沽上船,原天津客运站改为售票点。1980 年 6 月至 1981 年 5 月,将塘沽作业区原来的木码头改建为 2 个客运泊位。1981 年 8 月船闸封闭后,客轮只能停靠在新港于 1979 年 8 月建成的原拟作国际客运使用的 2 个泊位。新港客运站设施则利用 10 幢活动房屋暂时过渡。1982—1983 年间,又有 2 艘客轮("天池"号和"天潭"号)先后建成投产,这 2 艘船相互轮换(实际只有 1 艘参加)运行于津—连线,可载客 1078 人。1982 年 7 月,除了将上述 1 艘客轮固定于津—连线外,原有的 2 艘客轮则分别固定在津—龙线和津—烟线。至此,原来的 2 条航线变为 3 条。津—连线四天一班次,津—龙和津—烟线均为五天一班次。客运能力共达 2244 人,比解放初增长 3.8 倍。1982 年旅客吞吐量为 19 万人次,其中出口 8.7 万人次,也比 1952 年的 1.8 万人次增长 3.8 倍。间有少量国外旅客乘国际旅游船来往,每年不过 5000—7000 人。

(三)港口建设与规划情况

为适应对外贸易和国内工农业生产发展,改变港口能力不足的落后状况,天津港仍需继续进行大规模扩建。当时正在建设中的 3 个集装箱泊位在 1985 年建成投产。对原有 2 个散粮码头和 1 个盐码头正在进行全面改造。盐码头改造于 1983 年底完成,出口原盐能力年达 320 万吨。散粮码头改造在 1985 年完成,进口散粮能力达 350 万吨,并增建容量为 6 万吨的圆筒仓。新港客运站也正在建设中,站房约 12 000 平方米,其中 3 个候船厅共 4040 平方米,可容纳旅客 2200 人,除主要用于国内客运外,还兼为国际旅客服务。根据经济调查和货源预测,在"七五"和"八五"计划期内陆续新建 12—13 个深水泊位,包括木材、焦炭、非金属矿石、矿建材料等专用泊位及一批通用泊位和集装箱泊位。1995 年港口通过能力达 2800 万吨,比 1982 年增加 1 倍以上。

四、港口腹地

广阔的腹地是天津港形成和得以发展的基础。天津港的腹地主要包括天津、北京、河北、山西、内蒙古中西部、宁夏全部,面积广达 100 多万平方公里,占全国国土面积的 12%,人口约 1.1 亿,占全国人口的 11%。如果参照天津口岸外贸出口商品的收购来源及调运流向等资料,将交叉腹地也计算在内,天津港的腹地还可扩及豫北、陕西、甘肃、新疆、青海及东北的部分地区。其范围则约达 250 万平方公里,为全国的四分之一还多,涉及 13 个省、市、自治区,2 亿多人口。以 1980 年天津港吞吐量和外贸物资的实际流向为例,可参见下表。

1980 年天津港吞吐量和外贸进出口物资流向比重表

地区	占全国吞吐量比重(%)	外贸出口比重(%)	外贸进口比重(%)
总计	100	100	100
天津	50	49.2	48.5
北京	16	8.9	25.8
河北	11	20.0	4.0
山西	4	5.6	4.6
河南	4	8.5	2.5
内蒙古	7	5.6	4.1
甘肃	2	1.4	3.5
新疆	2	–	2.6
东北	1	–	5.3
其他	3	1.2	2.2

天津港腹地资源丰富,经济发展较快。仅直接腹地就拥有全国 3/5 的煤炭资源、1/6 的石油资源、1/7 的铁矿石资源。有色金属和非金属矿藏资源也在全国居重要地位。天津、河北的海盐资源取之不尽。若把交叉腹地也考虑在内,资源更为丰富。中华人民共和国成立 30 多年来,腹地的工农业生产迅速发展。目前工农业总产值已超过 1000 亿元,约占全国的 14%。其中工业比解放初增长 17 倍以上,许多工业产品产量在全国占有较大比重(参见上表)。以京津为中心的华北地区矿产丰富,工业发达,特别是煤炭储量占全国 60% 以上,原煤产量占全国 1/4 以上,为全国最大的燃料动力工业基地。本区拥有大同、开滦、阳泉等大型矿区,大港、任丘、渤海油田。由北京、包头、太原、天津、唐山等重点钢铁厂形成的华北钢铁中心,是全国第二大钢铁工业基地,铁矿储量和钢铁产量均居全国第二位。机械、化学、纺织等工业亦较发达。本区现有 50 万人口以上的工业城市 8 座,是大宗产品集中的发送地和原料输入地。

背靠天津、北京两个特大城市,是天津港的一大优势。北京、天津是我国的两大直辖市,由北京至塘沽新港 175 公里,天津市区距新港仅 50 多公里。京津两市近在咫尺,合计人口

1660多万人,比上海还多50万人。天津是我国工商业发展较早的大城市,是华北的"工业摇篮"和经济中心。首都北京是我国的政治、文化中心,也是全国的交通中心,是新兴的工业基地。京津两市工业总产值占全国的8%、占华北地区的5%,经济实力雄厚,工业门类齐全,共有大中小企业8000余家,每年有大批产品需经港口转运其他地区或国外。京津两市又是我国北方最大的消费中心,每年需经港口运进大量的生产资料和粮食、百货等生活资料,以满足工农业生产和人民生活的消费需要。在天津港的吞吐量中,属京津二市的约占70%。有这样两个特大城市为依托,就为港口稳定而持续的发展提供了比较可靠的保证。

地理位置优越,与腹地的交通联系便利,是天津港形成与发展的重要条件。天津港位于渤海湾伸向大陆的最西端,内依海河口,外接渤海,兼有海、河、陆三者之利。由此通往华北、西北内地的距离,比渤海湾沿岸的其他港口都近。经港区铁路和京山、津浦等铁路干线,可与全国20多个铁路局的线路互相沟通。公路可直达京、津、唐等重要工业城市。海河如能解决水源问题,从金钢桥以下70公里可通300吨驳船,四新桥以下50公里可航行3000吨级海轮。

天津港的发展也为促进腹地经济的繁荣起了重要作用。从上面1980年外贸物资流向表中可以看出,天津港的外贸进出口物资中,各有一半左右是天津市本地的,其余一半则是服务于外省市自治区的。北京外贸出口物资的80%、河北的60%、其他省市的80%—90%都经天津港出口。京、津、冀、蒙每年从外地调入的粮食约占粮食销售总量的60%,调入粮食的80%要经天津港从国外进口。西北地区也需经天津港从国外购进小麦进行调剂。此外,每年还有大量进口化肥、钢材、设备,以及其他轻化工原料或产品通过天津港运往内地,有力地保证了内地建设、工农业生产和人民生活的需要,促进了内地经济的发展。

五、港口当前存在的问题

当前天津港存在的主要问题是:码头泊位少、集疏运能力差、经营管理上有缺陷。

从1949年到现在,天津港腹地内的工农业总产值增长了17—18倍,其中工业产值增长40倍左右,港口的吞吐量也增长40余倍,口岸外贸出口总值增长了14倍。港航部门拥有的船只也在迅速增加,仅天津远洋分公司的远洋轮就从1970年的10艘增至现在的100余艘。而港口的码头1982年的岸线长度为6168米,只比1952年的2762米增长了1.2倍。目前天津港35个泊位,仅相当于上海港的1/3。而且内河码头尚处于闲置状态,实际使用的仅有新港25—26个泊位。每个杂货泊位所负担的年吞吐量达40多万吨,相当于国外的2倍以上。有的泊位利用率达90%以上,而国外仅40%左右。由于泊位不足,在船舶到港相对比较均衡(同上年比)的1982年,船舶在港总停时中的等泊位时间还占到48.3%,特别是外轮更高达52.7%。外轮平均每艘次停港7.8天,其中有4.1天是在等泊位,而实际装卸作业时间不过2.1天。

疏运渠道不畅是天津港一个十分尖锐的矛盾。天津港吞吐的货物"进大于出",而库场容量有限,为避免港口堵塞,必须随时抓紧疏运。但是,目前的三种疏运方式中,水运方面海河因受水源制约,不能发挥作用;铁路多年来处于紧张状态,天津港每日需要塘沽站发送300辆车皮,实际却只能满足70%左右。自1973年至今(20世纪80年代初,下同),10年来尽管港口生产泊位增加1倍多,吞吐任务增长60%,但全港每年装卸火车厢数量仍一直保持在

12 万辆的水平,汽车运输因运费较高、运量较小,只能承担小部分货载。而且出口货物因库场不足,不能提前备货,不得不规定在装船前三天突击集港,大部分依靠汽车,仅外贸出口一项现在每天就达 300 余辆,这又同落后的公路建设形成尖锐的矛盾。

在经营管理上,因现行体制的弊端,严重影响着港口经济效益的发挥。一是口岸各有关部门时常发生彼此脱节、互相扯皮的现象。如外贸部门进货主要是根据国内生产和消费的需要,对港口的条件则考虑较少,加上船期不准,计划兑现率低,往往是计划内船舶不能如期到港,而计划外船舶却大量涌到。一旦货物到港,物资接运部门又常不能及时提出货物分组去向,以致不得不把货物压在港口。有时,某些货物(如粮食)在仓储能力早已饱和的情况下,载运该类货物的船舶仍然继续到达,结果船只在港待泊形成"以船待库"。此外,海关、检疫、商检等部门,有时配合不够密切,也在一定程度上影响港口生产。二是微观经济效益与宏观经济效益不能很好结合。一方面港口能力增加后产生的经济效益,主要的经营者——港务部门以及铁路等部门受益并不多。根据世界银行对我国建设集装箱码头的测算,由于港口建设所产生的经济效益,船舶部门得其中的 78%,货主得 14%,而港口部门只得 8%。另一方面,港、路部门对压船压货也不负直接经济责任。相反,就港口部门自身来讲,越是在"船等泊位"即压船压货的情况下,其任务愈饱满,很少有中断、等待时间,装卸成本愈低,微观经济效益也就愈高。而要增多、改造港口设施,改变压船压货状况,则要提高港口成本,降低港口自身的效益。港口的经营还未从主要靠行政手段转向靠经济办法上来,从而限制了有关部门关心港口建设、搞好经营管理的积极性。三是从天津港务管理局生产的组织状况、人员结构、工作效率来看,也存在不少问题。目前的港务局,仍然是一个政企合一的部门,既抓行政管理,又抓生产管理。全局职工 19 000 人,其中生产人员 13 000 余人,非生产人员占 28%。而从事第一线生产的装卸工人和装卸机械司机不过 5700 人,只占全局人数的 30%,占生产人员的 41%。这说明全局生产人员少、非生产人员多;生产人员中前方人员少、后方人员多。因第一线人员不足,在实际生产中时常发生船车作业不能兼顾的情况。而且装卸工人的出勤率不高,据 1982 年统计,出勤率为 83.3%,工时利用率为 74.9% 港口现有装卸机械大多老旧,更新慢而管养差,其利用率则更低,仅为 29.1%。

六、几点意见

为了从根本上改变天津港压船压货的局面,使之能力与其在国民经济中所面临的任务相适应,必须进一步把天津港建设成为一个以接运外贸物资为主、以装卸件杂货为显著特征、具有现代化水平的大型人工海港。根据天津港的性质、特点、天然条件及其腹地经济发展的客观需要,今后在港口的建设和生产中有以下几个问题值得注意。

第一,港口建设应以新港为重点,同时积极创造条件,逐步恢复海河航运与内河码头功能。海河不仅是天津港一条天然的疏运渠道,而且直接是天津港的一部分。海河通航的优越性十分明显:第一,可以大幅度提高天津港的吞吐能力。自 1973 年以来,尽管天津港万吨级泊位增加了 15 个之多,但吞吐量的增长并不明显,近年来基本上徘徊在 1200 万吨。其中一个重要的原因,就是外港泊位增加了,而河港的码头却闲置起来。据近年统计,天津海河水系三闸(杨柳青闸、屈家店闸、海河闸)范围内,尚有 32 个单位的 62 个港区、82 个码头、132 个泊位。其中 3000 吨级以上的有 17 个,5000 吨级以上的有 6 个,所占岸线 2.4 万多米,吞吐能力 689 万吨(参见交通部恢复海河通航研究组《海河港码头概况》)。这些码头近年全部处于闲置状态,这是一个很大的潜力。海河通航,便可以将这部分能力发挥出来。第二,可以在海河下游兴建一批新的码头泊位。在内河修建码头,不用围海造陆,较之海上建港投资少、工期短、见效快。第三,可利用廉价的内河水运解决塘沽新港与市区间的运输问题。而且外轮直达市区,与到新港运价相同,海河通航后大批进出口货物可在天津市区直接装卸,无疑可节约大量运费。第四,可以有效地提高集疏运能力,减少压船压货损失,同时减轻铁路、公路的压力。第五,可以使港口与城市有机结合,搞活城市建设,提高整个城市的经济效益。从目前看,封闭海河用于蓄水,作为一时权宜之计无可非议。但从长远看,若将蓄水作为海河主要功能是不明智的。天津要为经济起飞创造条件,海河通航势在必行,应当积极创造条件、早日付诸实践,切不可轻易否认通航的必要性和可能性。

第二,港口新建泊位应在数量上以多取胜,吨级上不一定太高。水域较浅,回淤较大,这是天津港先天之不足。近年来,随着港区不断向深海延伸,内河大量兴建闸坝,等等,回淤量的增长大为减弱,每年基本稳定在六七百万立方米,将来进五万吨级船舶是有可能的。然而,天津港毕竟仍算得上国内回淤较大的港口之一,其左邻右舍又有秦皇岛、青岛、连云港等天然良港。从整个国家宏观经济效益出发,各类海港应当扬长避短、合理分工。在新港港区还是以多建万吨级到 3.5 万吨级的泊位为宜。内河泊位则以 3500 吨为宜,最大不超过 7000 吨。天津港的优势之一在于陆域水域宽阔,发展余地较大,不乏可供选建泊位之处,多建泊位则可避其短而扬其长。

第三,积极搞好老码头的技术改造,努力提高港口的现代化水平。天津港技术改造的潜力很大,如第一作业区现有的 5 个件杂货泊位,自建成至今已有 30 多年历史,码头前沿早已出现外移,原有布局不尽合理,工艺落后,直接影响作业的安排和效率的提高。

初步测算,用于技术改造的资金仅需新建泊位的 1/10,而可增加相当新建泊位 1/5 的能力,而且工期可以大大低于新建泊位。

天津港应从自己的特点和条件出发,尽量采用现代化的先进技术。在装卸工艺上,件杂货应努力向集装箱化和成组化发展,散装货应向专业化和全面机械化发展,以适应整个国家现代化建设要求和国际海运业迅速发展的趋势。

第四,发挥港口在沿海运输中的作用,在以接运外贸物资为主的同时兼顾内贸。根据全国经济发展战略和沿海城市“外挤内联”的方针,天津港在对外贸易中的任务将更加繁重。以外贸为主,仍然符合天津港的性质、特点和发展方向。与此同时,对于内贸和沿海运输应给予一定重视。天津港内贸吞吐量比重,已从 20 世纪 60 年代的 60% 左右下降到现在的 20%,近年沿海南北航线要求天津港转运而未被承运的内贸物资每年约达百万吨以上。为了充分发挥水运的潜力,沿海运输应得到相应的发展,天津港内贸比重也会随之有一定回升。

第五,港口建设应与城市建设进行统一规划。随着港口的发展,凡城市有关的工业、商业、外贸加工、仓储服务等各行各业,都可乘势而兴。可考虑适应天津港的特点,沿港、沿河兴建一批进口粮食、木材、原糖等货类的加工厂,以及船舶航修厂、集装箱修造厂、拆船厂等。在港口附近、海河下游逐步形成带有天津港特色的出口加工基地和港口工业区。

第六,港口的后方建设应与前方建设同步配套,综合安排。如供水、供电、通讯、商业服务等设施的建设,都要适应港口第一线生产的需要。特别应当注意的是公路建设。从天津港的现实情况看,在各种疏运方式中,潜力最大也是最有发展前途的是汽车运输。为此,必须重视和解决好港口后方公路的建设。应对原有公路积极进行改造,拓宽路面,提高等级,在车流紧张的交叉路口兴建立交桥,等等。应积极着手京津塘间高速公路的建设。如能实现,货物卸船后由港口直送北京只需2小时,而且对天津的城市交通将提供很大方便。

港口本身以及与港口有关的外贸、物资等部门,都应尽量扩大仓储能力,使之与码头泊位的吞吐能力相适应。

此外,在港口的管理机制和管理制度方面,应进一步改革与完善,在经济政策、经济办法上采取一些有效的措施,使那些参与港口建设和经营管理的部门,在物质利益上按照贡献的大小得到合理补偿。同时进一步明确各部门的权利、义务和经济责任,以调动其关心港口建设、搞好经营管理的积极性,做到微观经济效益与宏观经济效益相统一。这些应作为重大理论课题继续进行深入探讨。

(作者:刘东涛、邹凤、崔世惠,刊发于《经济问题参考资料》1983年第11期,并收录于红旗出版社《经济调查》第四辑1985年2月)

正确认识天津港的历史命运

天津港作为我国北方重要的海陆交通枢纽,对于天津市的形成和发展,对于沟通首都北京与海内外的联系,对于华北乃至全国的经济繁荣,曾起过极其重要的作用。然而,进入20世纪60年代以来,海河上游水源日渐不足,碍航闸坝不断增加,内河港口、航运功能急剧衰退,加上多年来沿海地区整个交通运输没得到相应的发展,致使天津港的功能受到了很大的影响。与此同时,渤海湾沿岸的大连港和秦皇岛港却凭借水深、不淤、不冻之优势扶摇直上。据此,有学者认为"天津港正面临着60年前营口港的命运,秦皇岛必将取代天津而成为我国的北大门""新门户必将取代老门户"(见《城市问题》1985年第2期,江美球《加速开发秦皇岛,建设首都新门户》以下简称《江文》)。因此,天津港的命运如何,它与秦皇岛港的关系应怎样摆布,是函待探讨和解决的问题。

一、港口的地位、作用和发展前景必须综合评价

历史上由于某种偶然的比较单方面的原因,诸如政治、军事、经济的需要,自然条件的变迁等,从而导致一个港口的兴盛或衰落,这样的例子是不难找到的,但要评价一个港口的地

位和作用,评判其历史命运,却不那么简单,必须对它的各种相关因素进行综合考察和评价。那么,决定一个港口地位、作用和命运的主要相关因素有哪些呢? 至少可列出如下几点。

第一,港湾的天然条件。包括地质、水深、气候、风浪、水域和陆域的发展余地等条件。

第二,港口的人工构造和经济性质。包括码头、港池、航道、仓储、装卸等设施的技术装备水平,以及由此而决定的吞吐货类货种的结构。

第三,腹地的范围、自然资源和社会经济发展状况。

第四,港口所依托城市的性质、规模、经济实力。

第五,通往腹地及附近城市的交通运输是否便捷。

第六,海外贸易往来渠道的通达程度。

第七,主体因素的状况。包括职工队伍的素质,各种专业人才是否具备,管理机制是否适应,生产经营组织工作的效能,各种服务工作的质量,等等。

只有从以上各个方面进行综合考察分析,才能对港口的地位、作用和发展前景做出客观的符合规律的评价。

二、老门户能够担当新任务

对于天津港能否继续保持北京门户并作为全国的北大门的重要地位抱消极悲观态度的同志,主要理由是:"天津的港口条件欠佳,人口、工业密集,交通运输拥挤,用水用地紧张,城市早已饱和,难继续承担作为首都门户的繁重任务。"这些理由是不足为据的,现在逐一加以分析。

首先看所谓"港口条件欠佳"。的确,同青岛、大连、秦皇岛等自然深水大港相比,天津港的地质、水深条件确实不够理想;同上海港相比,海河的集疏运条件也远不及长江;人口、工业密集,交通运输拥挤、用水用地紧张,这也是事实。然而,这只是相对而言,并非绝对一成不变。仅就天津港最大的缺陷——回淤严重,水源不足而言,据资料记载,第三期建港工程前的1960—1972年,港内回淤量均为342万立方米,航道年均回淤量为106万立方米,总计448万立方米。而第三期工程后的1973—1976年,港池航道年均回淤量合计为509万立方米,回淤量仅增加13%。至目前,尽管港口能力仍在迅速增长,而港池航道的挖泥量基本稳定在700万立方米左右。这说明,随着减淤措施的加强和码头向深水延伸,相对于港口规模扩大来说,回淤量的增长并不是很快的。与此同时,天津港的水深条件也在得到日益明显的改善。中华人民共和国成立前天津港以内河为主时,根本不能接纳万吨轮。中华人民共和国成立初期虽已能接纳万吨轮,但尚无真正的万吨级深水泊位,现在天津港已拥有万吨级深水泊位26个,最大为3.3万吨级,5万吨级海轮可乘潮潮进港,港口吞吐量已达1856万吨。在中华人民共和国成立前只能接纳三五千吨海轮的天津港一直作为北京门户,今日天津港如此巨变之后怎么反倒不能作为北京门户了呢?

尤其值得注意的是,自1984年6月以来,天津港实行了"双重领导、地方为主""以收抵支、以港养港"的新体制,港口建设和技术改造加快,经济效益大为提高。由于有了资金使用权和项目审批权,可审批1000万美元以下的中外合资项目,有权购买所需机械设备。从1984年以来,投资建港达9亿元,相当于中华人民共和国成立以来30多年的总和。港口利用自己的外汇收入进口了300多台技术先进的装卸机械,更新了37%的陈旧设备,在原有泊位上增开了14条作业线。新增的年吞吐能力为30万标准箱的三个集装箱泊位已投入使用。散粮码头改造工程已交付使用,接送散粮能力已由原来的220万吨提高到350万吨。过去长期立不上项的第三港埠码头改造项目,以及港区的道路、给排水、货场和通讯改造工程,都做到了当年论证、当年立项、当年动工。多年列不上项的火车站、轮船客运站、学校、幼儿园等先后建成。如今,天津港压港压船的问题已大为缓解。这些都说明,改革正在给天津港注入新的生机和活力。目前,天津港为了适应国内外贸易的发展,正在作为国家的重点建设项目,进行着大规模建设,规模宏大的东突堤工程已经动工,新港南疆和海河的开发建设也正在加快进行。天津港预计今后五年将再建30多个码头泊位,吞吐量达2800多万吨。据有关方面预测,"七五"期间北方五大海港吞吐量的增长速度分别是:天津88.6%,青岛60%,秦皇岛47%,烟台36.4%,大连27.8%。其中天津港增长速度最快。到2000年天津港的吞吐量将达到5200万吨以上,规划中的新港航道将适应10万吨级的散货轮进港。显然,今天天津港所面临的形势同60年前的营口港大不一样。无论是从现状来看,还是从发展趋势来看,天津港都呈现了一派蒸蒸日上的兴旺景象,而看不出有衰落的迹象。这表明它仍然有着巨大的发展潜力,可以担当新的历史任务。所谓"天津港正面临着60年前营口的命运"的结论做的未免过早了。

　　所谓"人口、工业密集,交通运输拥挤、用水用地紧张",这些问题对于天津这个老工业基地来说,当然都不同程度地存在。但是否足以作为"老门户不能承担新任务"的重要理由,似乎也要具体分析。比如,天津老市区确实已相当拥挤,其本身面临着繁重的改造任务。但是天津港主体已由老市区转移到了塘沽——新港,新港水域陆域面积开阔,而且港区周围有大面积的盐碱滩涂,发展余地之大为其他多数港口所不具备;"用水紧张"的情况更是北方沿海城市普遍存在的问题,即使秦皇岛也不例外;至于"交通运输拥挤",其根本原因是多年来忽视交通运输建设所致,正是天津港建设中值得特别注意和正在着手解决的问题。随着天津市区主干道路的大规模扩建、改造以及京津唐高速公路的建成,其他运输条件的改善,天津港作为北京门户的地位将不仅不会削弱,而且还会大为增强。

　　这里想顺便指出,《江文》在论证"老门户不能承担新任务"这一观点时,所列举的一些数字是失真的。如其文章中谈到,在天津港的"吞吐量中,来自北京和运往北京的货物约占70%,即1000万吨"。据统计,近年来天津港吞吐量中北京的货物从未达到70%。以1983年为例,港口吞吐量为1506万吨,其中北京的货物为293.2万吨,仅占19.5%;文章还谈道,"天津港的年吞吐量中仅有三分之一,即500万吨左右是为天津本身服务的"。实际上,天津本身却达49.6%(746.7万吨)。用如此不准确的数字来说明前面的结论,恐怕也就不足以令人信服了。

三、新门户不能取代老门户

　　《江文》鉴于秦皇岛港的种种优势,力主"开发秦皇岛,使之成为首都的新门户"。若仅仅就此而言,当然是高明之见,值得推崇,因为秦皇岛港阔水深,不冻不淤,浪小雾少,又是依山傍水的旅游胜地,确属我国北方难得的天然良港。特别是京秦双线电气化铁路的开通,更将其与首都北京紧紧联系起来,加快秦皇岛海港功能的开发,不仅符合整个国民经济发展的需要,同时也可以作为北京的一个新门户分担天津港的一部分进出口任务。实际上秦皇岛港已经起着这种作用。但是,对秦皇岛港的开发不一定意味着天津港的衰落,新门户不可能也没必要全部取代老门户的作用。

第一,天津港在地理位置上有秦皇岛不可取代之处。天津港与北京的距离比秦皇岛港近100多公里。自北京经天津去东南沿海和大部分国外港口的货物,其运价要比走秦皇岛便宜,每吨货物可节省运费1.70—2.00元。

第二,从港口与北京交通联系来看,天津港比秦皇岛港更为便利。尽管京秦复线电气化铁路已建成通车,大秦线正在建设中,然而基本上都是为港口的煤码头配套而建,主要用来解决晋煤出海问题。京山线虽然目前较为吃紧,而京津唐高速公路建成后则可在很大程度上缓解这种局势。届时,货物从天津港卸船后一个多小时便可直达北京。据现代交通运输之经验,汽车运输有门到门之好处,200公里范围之内使用汽车运输是合理的。京津之间恰属此范围。加上天津港的集装箱优势,对于北京的进出口物资来说,京津唐高速公路的综合效益和吸引力并不亚于京秦线。

第三,从港口功能的分工来看。多年来天津港以件杂货为主要货类,在港口吞吐量中件杂货占75%以上,现有4个集装箱泊位和22个普通件杂泊位,码头的机械化水平及各种服务手段都处于国内领先地位;而秦皇岛港是以出口石油煤炭为主的港口,煤炭和石油在港口吞吐量中的比重达88%左右,杂货仅占12%(只有4个杂货泊位)。而煤炭货源主要是对晋北、宁夏、内蒙古、神木、河北,石油主要是对大庆,北京的进出口物资主要是件杂货。由于秦皇岛港承运件杂货的能力较差,因此满足不了北京的要求。即使将来件杂货泊位能力有所发展,但它总会受到港口专业分工的限制,承运杂货的功能不可能成为秦皇岛港的主要功能,也难以满足北京进出口件杂货的需要。

第四,从港口接卸散货的功能来看,天津港也有秦皇岛港所不必取代之处。例如,北京地区每年需从国外进口大批粮食,1983年由天津港进口的粮食共达247万吨,其中就有106.4万吨是北京的,占43%以上。目前,天津港的粮食泊位能力大于实际需要。今后北京的粮食进口仍应走天津港,而无弃津走秦之必要。

第五,从港口贸易功能的综合要求来看。作为一个外贸大港,是需要具备许多条件的。不仅要求港口本身有较好的自然条件,以及高质量的装卸、仓储、运输等服务工作,而且还要有灵活方便的邮电通信、金融、结算、货代、信托、食宿、旅游、租赁、保险等服务。天津港之所以能长期作为北京的对外贸易门户,一个很重要的原因就是因为它能够提供对外贸易所需要的多方面的服务。目前,天津已同海外150多个国家和地区约1万家贸易商社有贸易往来,形成了比较稳定的关系和通达的渠道。中国银行天津分行在世界各地有1600个代理行户,天津国际信托投资公司联系了一批工业、金融财团。天津还设有我国外贸系统的30多家进出口公司,还有华北、西北各省(区)以及中央各部的外贸驻津单位。这些开展对外贸易往来所不可缺少的条件,也是秦皇岛港在短时间内所难以达到的。

由此可见,新门户应当积极开发,老门户也不应被取代,用"新门户取代老门户"的主张并非稳妥可靠的利国利民之策。

四、正确处理新老门户的关系

既然新门户要开发,老门户也不能取代,就必须处理好新老门户之间的关系。秦皇岛港与天津港的关系,实际上又是"京津唐"三市的关系。这一关系,不论是对京津唐经济区的建设来说,还是对环渤海经济圈的开发开放来说,都是一个十分重要而且不可回避的问题。

从整个北方的宏观经济效益以及三个城市合理发展的需要出发,处理好"两港三市"的关系,一要实行"两扇大门一齐开",将天津港与秦皇岛港作为遥相对应的两扇大门,共同承担起北京和华北对外开放的海上门户的任务。二要"合理分工、发挥优势",秦皇岛港应充分发挥水深港阔和现代化的煤炭石油装卸设备的优势,仍以煤炭石油的出口为主。天津港应发挥陆域开阔、交通便利的优势,以件杂货和外贸货为主,尤其是大力发展集装箱运输。三要"一业为主、兼营别样",秦皇岛港在以煤炭石油为主的同时,也可适当发展件杂货泊位,作为天津港的杂货分流港。而天津港在以件杂货为主的同时,也应兴建少量煤炭码头,作为秦皇岛港的煤炭分流港。这样做,符合尽量缩短运输距离、减少运输成本的原则,又有利于两港货物运输的综合平衡,同时有利于通过竞争促进服务质重的提高。四要"协调共进,综合发展",应将"两港二市"的发展建设综合起来加以考虑,通盘规划,做到协调互补、相得益彰。为此,可由国务院出面,定期或不定期召集有"两港三市、一部(交通部)"代表参加的协调会议,以及时解决相互关系中经常遇到的问题。

(作者:刘东涛,刊发于《天津港研究》)

关于辟建天津港散货集疏运中心的研究

党中央、国务院于 1997 年 12 月宣布:天津市是环渤海地区的经济中心,要努力建设成为现代化港口城市和我国北方重要的经济中心。天津港是天津市的重要组成部分,是天津最大的优势所在,在实现天津的功能定位和战略目标中占有举足轻重的地位。但是,来自各方面的信息表明,天津港正面临着十分严峻的挑战和竞争,能否在新一轮竞争中保持和发展自己的优势,关键在于能否正确认识自己的优势和面临的形势,抓住 21 世纪已经不多的发展机遇。为此,我们提出辟建天津港(南疆南)散货集疏运中心的构想。

一、天津港面临的挑战与辟建散货集疏运中心的必要性

(一)天津港面临的挑战与机遇

第一,天津港在全国港口中的位次呈下降趋势。天津港是我国 19 个枢纽港中重要的主

枢纽港之一,是建设天津国际港口大都市的龙头。1996年天津港完成吞吐量6188.3万吨,集装箱吞吐量82.3万标准箱,分别居全国第六位和第二位。1997年完成吞吐量6789万吨,集装箱吞吐量93.5万标准箱,分别比上年增长9.8%和13.6%,但是在全国港口的位次分别降到了第七位和第三位。1996年和天津港吞吐量相接近的宁波港,1997年吞吐量达8200万吨,列全国第二位;1996年总吞吐量和集装箱吞吐量均低于天津港的青岛港,1997年吞吐量超过7000万吨,集装箱吞吐量超过100万标准箱,双双超过天津港。

第二,天津港在未来发展中面临新的更为激烈的竞争。展望1998年、2000年和2010年,天津港在新的竞争格局中位置又将如何呢?天津港提出:2000年吞吐量超过7000万吨,集装箱吞吐量达140万标准箱,2010年力争达到亿吨大港。而青岛港、宁波港都将在2000年实现亿吨大港。1997年7月1日,秦皇岛煤码头四期试投产成功,新增吞吐能力3000万吨(将来增至4000万吨),连同1983年投产的煤一期,1985年投产的煤二期,1989年投产的煤三期,秦皇岛煤炭总设计通过能力已超过9000万吨,加之油码头、杂货码头、集装箱码头,秦皇岛港的设计通过能力1997年即超过亿吨,已跻身世界亿吨大港行列(天津港现有吞吐能力仅4200万吨)。

1997年11月25日,继三峡工程实现大江截流之后,我国第二个跨世纪的神华工程(总投资近900亿元)中的朔黄铁路(山西朔州至河北黄骅)及黄骅港工程正式开工,到2003年朔黄铁路能力将达到6800万吨(远期达1亿吨),黄骅港将一次建成4个3.5万吨深水泊位,年装船能力达3000万吨(远期达6000万吨)。与天津港毗邻的黄骅港的建设对天津港的未来发展构成严峻挑战,加之已经有8个泊位投产的京唐港,都与天津港具有同一腹地,对天津港的发展已经构成激烈的竞争态势,且会愈来愈激烈。

第三,天津港尚存难得的发展机遇。面对如此严峻的挑战和激烈的竞争,寻求天津港发展的机遇和良策,加快天津港的建设和发展,当今比以往任何时候都显得更为紧迫和重要。据了解,随着南方核电站的发展,以及三峡水力发电的实现,向我国南方输煤量不会无止境增加。因此中煤公司正在谋划扩大煤炭向国外出口,并在比选秦皇岛、天津、黄骅港的出口优势和未来潜能,拟在港区附近建设具有500万吨出口能力的混煤区,以满足混煤和增加出口品种的要求。这就为天津港辟建兼有混煤功能的散货集疏运中心(以下简称"散货中心"),提出了最紧迫的要求和可以利用的机会。无疑,天津应紧紧抓住这一千载难逢的机遇。

(二)辟建天津港散货中心的实际意义

第一,煤炭出口是天津港和天津市的重要经济增长源,辟建散货中心是把天津建设成为国际化港口城市和北方重要经济中心的需要。近年来,煤炭出口在天津港的发展中占有越来越重要的地位。自1988年出口煤炭以来,到1997年的10年间,天津港煤炭出口总量增长了10倍。1997年天津港货物吞吐总量为6789万吨,其中煤炭出口量为3400万吨(煤2400万吨、炭1000万吨),占港口当年总吞吐量的50.1%,使天津港成为我国仅次于秦皇岛港的能源输出大港。

调查表明,天津港每出口一吨货物创造的GNP为184.32元,利润59.38元,税金155.40元(其中属海关税为国家代征税费占77.86%)。为塘沽区、开发区及天津市创造的GNP为126.18元,税收22.76元,为港口和相关企业创造直接利润25.49元(见天津市交委《论天津港对天津经济的作用及其今后发展的若干问题》）。以此推算,3400万吨煤炭出口为天津所创造的GNP、税收和利润分别达43亿、7.7亿、8.7亿元,其间接经济效益和社会影响更为深远。煤炭出口和港口发展,带动了天津交通运输业、仓储业、服务业、修造船业、筑港业等相关产业的蓬勃发展。可见,煤炭出口确实是天津港的重要经济增长源,而港口发展又是天津市的重要经济增长源,是带动天津市发展的龙头。没有天津港的发展就没有开发区、保税区、滨海新区的崛起和腾飞。"港兴城兴、城荣港荣",天津市委、市政府决定以港口为龙头,利用10年时间建成滨海新区,确实是把天津建设成为现代化港口城市和北方重要经济中心的重大战略举措。

第二,辟建散货中心有利于继续保持和发展天津港的优势。1993年以后,天津港吞吐量每年以1000万吨的速度递增,主要仰赖于小批量、多品种的煤炭出口增加(目前已达到50多个品种)。1997年国家正式批准天津港南疆建设1000万吨煤炭专用码头(工程第一阶段动态投资13.55亿元,包括5万和3.5万吨级泊位各一个,总投资20亿元)。码头建成时,拟将目前从北疆下海的煤炭全部南移,实现港区功能合理划分,减少保税区、开发区、塘沽区和北疆港区煤尘污染。由于我国经济发展较快,煤炭出口将持续增长。我们若按大批量出口煤炭计划计算,1000万吨下海(未来3000万吨),相当于月吞吐量为83(和250)万吨,日均2.9(和86)万吨。若按每列火车50节计,日均卸车量为9.8(和29.4)列。根据对秦皇岛港、日照港运煤情况的实际调查,实现如此规模的任务,应在港前区配有数十公里的专用调车场。而正在建设的南疆煤码头,由于种种原因,没有配备专用铁路调车场,未来规划建设的北塘西铁路编组站,距南疆大桥有22公里之遥,根本无法实现日均9.8(和29.4)列的调车任务。因此,如若不在南疆煤码头建设的同时,建设与之配套的铁路、公路通道以及具有多功能的集疏运中心,届时不仅"北煤南移"的计划难以实现,还会因为缺乏储运能力,使天津港已经形成的出口优势随之丧失,天津港与秦、黄二港的竞争能力将大为削弱。可见,在天津港南疆大桥以西辟建散货中心,是保持和发展天津港小批量、多品种出口煤炭的竞争优势的客观需要。

散货中心的建设,可与南疆10万级矿石码头相得益彰,有利吸引矿石等大宗散货从天津港进口。目前全国年进口矿石近5000万吨,而天津港寥寥无几。有了散货中心和矿石码头相配套,可吸引首钢、邯钢、承钢、宣钢、包钢、天津铁厂等,每年大约1500万吨的进口矿石从天津港上岸,为天津港2010年实现亿吨大港目标创造条件。

另外,目前我国出口的煤炭含杂质多,影响出口订货。而在散货中心设立煤炭加工区,通过加工提高煤炭质量与通过混煤增加出口品种,有利于扩大煤炭向国外出口。据悉,中煤公司有意在天津港设立煤炭加工区,进而把天津港的出口量增加到500万吨(1997年从天津港向国外出口仅有154万吨)。晋煤公司也有扩大出口之愿望。据调查,1997年我国煤炭向国外出口为3000万吨,2000年将增加到5000万吨。由此可见,建设煤炭加工区,是吸引扩大煤炭出口的有效措施。

第三,辟建散货中心是有效治理煤尘污染,从根本上改善滨海新区投资环境的重要措施。煤炭出口的迅速发展,给天津港和天津市带来了可观的经济效益。但是,由于原来没有专用码头泊位、堆场分散、二次倒运和粗放经营,也给港口和塘沽区、开发区的环境带来严重的污染。目前,分布于塘沽区、开发区、东丽区的煤炭堆场120家,堆存面积570万平方米,成为严重的污染源。根据有关单位的研究资料,塘沽地区尘污染中的含碳量达到14%以上,而北京市内为5%左右,专业煤码头的秦皇岛市为9%,由此可见本地区污染之严重。几年来,为治理煤尘污染,港务局、塘沽区、开发区、保税区和天津市政府,特别是环保部门,采取了许多治理措施,但收效甚微,被污染地区的居民意见很大,各级领导为此绞尽脑汁,至今尚无万全之策。由于天津港南疆地域狭小,随着煤码头的建设和煤炭出口的增加,必然会在海河以南区域出现新的星罗棋布的堆场,如不采取坚决果断措施,不仅北疆污染得不到有效治理,而且塘沽海河以南地带将出现新的煤尘污染,市政府提出的10年建成全国环境最优美的滨海新区的目标将会受到严重影响。从区域可持续发展的角度分析,本项工程的建设具有重要意义。

第四,辟建散货中心可节约大量城市用地。辟建散货中心,把煤炭的分散堆存改为集中堆存,可以将原来120多家散落堆场所占用的570万平方米(相当5.7平方公里)的土地资源置换出来,进行房地产开发,使之大幅度升值,经济效益将十分可观。

综上所述,辟建天津港散货中心,变煤炭"分散堆存、粗放经营"为"集中堆存、集约经营""撤摊进场"犹加整顿马路市场"退路进厅",既能满足港口煤炭出口增长的需要,又能有效根治滨海新区煤尘污染,同时又可腾出大量仓储占地进行开发升值,一举数得。可以做到社会效益、经济效益和环境效益的统一。1997年,中国交通部已在天津设立中远散货公司,在天津辟建散货集疏运中心,有利于实现散货公司与散货中心的强强联合,进一步拓展天津港功能,为建立天津航运中心和建设国际港口大都市创造条件。同时,散货中心的建设,有利于散货交易中心的形成,有利于临港工业区的形成,有利于促进天津金融、经济中心的繁荣和发展,是加快建设国际港口大都市和北方经济中心步伐的重要步骤,为天津港在市场竞争中创造了一个最佳发展机遇。

二、散货中心的功能及选址

(一)主要功能

第一,散货存储功能。根据天津港散货进出口发展要求,结合港区内外已有的散货堆场的数量和规模,散货中心应具备足够的散货堆存区,一次堆存能力不少于2000万吨,以容纳各分散的煤炭堆场,集分散堆场为一域。初步设定专用铁路堆存区2平方公里,以适应整列火车入区卸货;设公路堆存区2平方公里,以满足小批量、多品种公路集运和堆存要求。

第二,港前专用铁路调车场。为有效发挥南疆煤码头的潜在能力(预留了300万吨吞吐能力,配备的专用皮带机,年通过能力可达6000万吨),在散货中心应建设港前专用铁路调车场,以配合煤码头装卸作业。港前铁路调车场,除了允许部分煤炭专列直达南疆码头外,还应具备3000万吨以上的调车能力,占地面积约15平方公里。

第三,煤炭加工区。为了提高煤质量,扩大出口,各大货主要实现煤炭筛选、除杂(包括雷管、金属物、煤石杂物等)、混煤、配煤、在线测量(在运输线的物理、化学性能,如发热量、含水量、灰份、硫份、cl 的含量等)、精确计量等。煤炭加工区所需占用场地面积约3.5平方公里(加工工艺有专款叙述)。

第四,综合管理、交易、服务区。包括为货主提供服务的机构、煤炭市场交易机构、旅馆、饭店、商社、文化娱乐机构、金融保险、汽车旅馆等服务设施,占地约 1 平方公里。

第五,环区道路、绿化带、隔离带。散货中心除具备调车、堆存、加工、服务功能外,为彻底根除煤尘污染,营造小区优美的环境和良好的交通条件,小区四周"筑堤造城",堤高 3.5 米,宽 60 米,堤内侧修建高 9 米的防风网,堤上修环区干道(双向四车道,宽 23 米)。道路外侧建设宽 37 米的环区绿化带。绿化带种植树木、冬夏常青灌木和草坪。高堤、防风网、环区道路、绿化带以及最外侧的隔离带,形成一道犹如绿色城墙般的城市风景线,既是交通干道,又能防风抑尘、美化环境(营造优美环境有专款叙述)。环区道路、绿化带、隔离带占地面积约 2 平方公里。

(二)选址

散货中心的选址应遵循以下原则:

第一,距南疆码头越近越好。这是因为煤码头的生产工艺要距离近,配套工艺就容易实现,还可降低工程造价和运成本。据对国内外的调查,其距离一般不超过 4—7 公里。

第二,与规划中的道化学、道康宁、石化工程有足够的距离,以不发生用地纠葛,并为未来发展留有余地。可以设想散货中心既是临港工业区的补充内容,又是组成部分。如可以在散货中心划定一定区域作为道化学的燃料动力和煤化工加工区。这样,可借用散货中心的开发带动临工业区的启动,以港口的形象工程牵动临港工业区的萌生和发展。与临港工业区的间距可控制在 0.5—1 公里左右。

第三,与东沽、塘沽居住区有充分的距离,并尽量考虑风向和强风向影响。这主要是环境保护的要求。这个间距可控制在 1 公里左右。

第四,距离天津铁路枢纽、天津铁路环线以及临港干线公路(津沽路、津沽二线、海防路等)越近越好,以便和煤炭运输大通道连接方便,降低投资造价和运输成本。

第五,该地区尽量没有拆改、动迁,以降低工程投资,有利于工程实施和缩短工期,确保散货中心在黄骅港建成之前投入使用。

第六,有尚好的地质条件,适宜工程建设,以利缩短工期、降低造价,力争和南疆煤码头同时投入使用,尽早发挥效益。

第七,该"中心"总占地约 12 平方公里。因此,选址区域应有足够的土地可供征用,以便集中采取综合性大型环保措施,把开发生产和实施城市绿化、美化、根治污染结合起来。

第八,位置选择尽量与天津城市规划、滨海新区规划、海河口治理规划、交通规划、港口发展规划协调一致,或做必要调整后就能顺利实现。

第九,便于与外部供水、排水、通电、通信网络连接,便于引用海河水实现喷淋,便于就近取土,以减少工程投资,达到技术可行、经济合理。

第十,如选址占用盐田,应尽可能考虑到盐田生产布局、规划调整的方便,将机会成本降至最低。

据此,我们推荐选择在天津港南疆大桥西南位置,临港工业区以西,地方铁路以南的盐场三分场范围内占用部分盐田(见《天津市滨海新区总体规划》之选址方案一)。该区域的外边缘距东沽居住区约2公里;近临津沽公路、海防路和规划中的津沽二线公路;西距天津铁路环线上的官港车站中心4公里。该区东西长、南北窄,以便于和铁路调车场西进东出方案相吻合,便于和铁路下线吻合;有利和进港装船工艺配合。南北窄,可减少占用盐田。该地区在天津城市和滨海新区规划中,已初步划定为城市用地,但尚没有规划具体内容,是辟建散货中心的理想用地。

三、运营管理模式及现代化手段

(一)管理模式

散货中心的运营管理模式与资金筹措方式有关系。在项目研究过程中,我们利用天津港南疆煤码头、焦炭码头正在加紧建设的机会和条件,与中国煤炭工业进出口集团总公司、中国远洋运输天津散货集团公司、中国电力燃料集团总公司等"中字号"集团公司,进行了广泛而深入的接触。这些公司对散货中心的筹议产生了浓厚的兴趣,有的还与天津港拟定了近期及中远期合作意向。

为此,我们认为散货中心应采用集团化经营模式,以港口的投资主体为核心,除了吸纳大的货主、内外贸公司、船公司参与外,还应吸收诸多散货仓储单位、铁路运输、煤炭生产和供销单位,以及土地入股单位(盐场)广泛参与,实行"矿、路、港、航一条龙",产、供、销、贸一体化",有可能再吸收外资企业,实行部分合资经营。由港口、铁路、船公司、"中心"内的货主组成董事局,实行董事局领导制(见图示)。其成员由与"中心"相关联的以及"中心"内的散货码头公司、铁路公司、加工区、辅建区等诸多子公司组成,董事局的领导成员由上述子公司的领导组成。董事局负责"中心"规划发展,协调各公司间的关系,聘任"中心"内的高级管理人员。

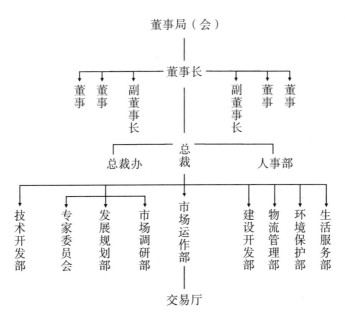

散货中心管理模式图

（二）现代化管理手段

散货中心将采用高新技术和现代化管理手段,通过输煤长廊与现代化的煤码头 PLC 系统相连接。"中心"内各加工区、仓储区与主皮带机连接设备均采用 PLC 控制系统。整个 PLC 系统由码头前沿的中央控制系统进行总控制。

散货中心与散货码头的计算机网络系统采用 INTERNET 网络处理系统,使其在"中心"内部的主要作业方式全部实行自动控制;管理上实行资源共享数据、文件实现计算机处理;在"中心"外部与国际、国内接轨,接受国内外客户的订单及其他指令。

煤炭加工区有铁路专用线成对铺设,重载列车可直达卸车区,卸车区设螺旋卸车机(750T/ H)或翻车机,卸车机一次可卸一节车厢。火车上卸下的煤炭沿铁路两侧地下皮带(1A 皮带机)、主传送皮带机自动运到堆场,从而完成煤的卸车、筛选、金属分离、计量、堆存过程。

然后再通过主皮带机长廊,把煤炭传输到码头前沿进而完成装船过程(详见:煤炭加工区工艺流程图)。

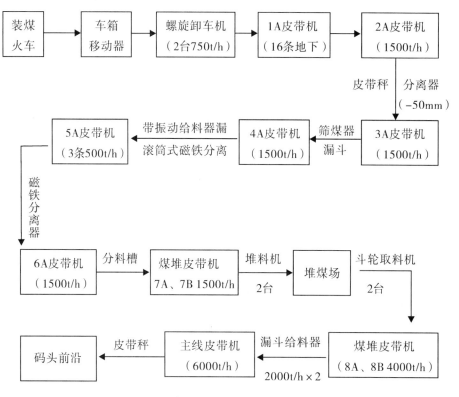

煤炭加工区工艺流程图

四、投资匡算和效益分析（略）

本项目计算期为 30 年，建设期 4 年，第 3 年开始投产，第 5 年正式投产，吞吐量达 50%，第 19 年达到设计能力 6000 万吨。总投资为 26.59 亿元。达产后年营业收入 5346 万元。通过运用投入产出法进行测算评估，全部投资收回期为 7.9 年，从投产开始为 3.9 年。项目是可行的。

五、污染治理与环境营造

散货中心要实现开发经济增长源和抑制煤尘污染源两大目标，必须根据中心坐落位置、气温、风况、温度、污染原因、污染程度等因素，下大力气，采取综合、先进、有效的防污染措施。

对于散货中心来说，污染治理的总原则应系统考虑，从整体布局到具体作业，实施全方位、多环节治理。主要措施有：

第一，大量的实验结果说明，煤堆起尘量与堆场实际风速 U 与起尘风速 U。之差的高次方成正比，降低风速是减小煤堆起尘量的有效方法。

在近地层由于气象、地形及堆场物料等因素的影响，堆场风具有阵发性，易形成涡流风，使煤堆起尘量增加。防护林与防风网对较大的涡流风有减阻作用，可以减少风脉动速度，从而减少煤堆起尘。因此，措施之一是在散货中心四周建设绿色城墙。绿色城墙基础是高出散货堆 5.5 米的土堤。堤的内侧为干道，外侧带状区和边坡上种植复层式结构带状林。林中冬夏常青树与落叶林种相间、高矮相间，密集的树林形成包围式的林带。在区内设计若干条隔离林带，使扬尘在移动中被树林阻滞、吸纳，尘量可以减少 50%，不仅起到防尘、降尘的作用，还可美化环境，乃至成为港城一景。一般林带宽度为 30—40 米，树高 10 米左右。

第二，利用散货中心规划用地原为盐池，地耐力高（可达 6 吨/平方米）的特点，将煤堆场建在盐池中，以减少煤垛与场外地面的相对高度。目前，盐池理论标高为 +2.7 米，将散货中心四周垒成堤坝，坝顶标高 +6.3 米，宽为 60 米。外侧为防风林带，内侧为环形公路。若把煤炭堆高相对降低 2.5 米，可以减少约 10% 的起尘量。

第三，在散货中心的四周拉起防风网，网高 9 米，建在城堤内侧。实践证明此项措施可以减少约 40% 的起尘量。

第四，煤垛实行科学堆存，根据该区内的风向情况，使煤垛堆放的长轴方向尽可能与主导风向一致。

第五，在运煤火车、汽车进入煤场卸车之前，先进行高压喷洒水。实验证明，喷水量为 4%、抑尘剂浓度为 0.04%、时渗透百分率至少为 34%—37%，或者使其表面含水量达到 8%，这样可以大大减少煤炭后续作业过程的起尘量。

第六，在煤堆场建立自动化的喷淋抑尘系统，以保持煤垛表面必要的含水量。

采取以上措施后可以减少 80% 以上的起尘量。

利用海河下游水作为喷洒水源，天津港务局已进行过专门的可行性研究，成果表明，海河水是可以用于喷洒防尘,对煤炭的含 CL 指标、燃烧性能以及喷洒设备影响不大。

第七,从散货中心至南疆煤码头的运输工艺,采用全封闭廊道式高架皮带。煤的筛选、加工以及各运输、装卸环节均采取封闭配合抽风除尘措施。

第八,为防止煤炭二次扬尘,可在场区内配备洒水车喷洒路面并及时清扫,这样可基本解决二次扬尘问题。

采取上述措施后,经估算散货中心城堤以外的环境可达到国家大气三级标准。煤尘对邓善沽居住区、东沽居住区以及其他城区的污染将完全消除。

六、建设散货中心的制约因素分析

(一)集疏港交通环境制约

辟建散货中心的主要制约因素之一是交通环境,即港口与西部经济腹地的铁路、公路两个方面的交通联系发展相当缓慢。

1. 铁路

按照国家计委批准天津港 1000 万吨煤下海的铁路通道规划,在蓟州区建设一条大秦线至津蓟线的联络线,形成大秦线经联络线入津蓟线,再经北环线、东南环线、地方铁路南疆支线和李港铁路进入南疆南运煤通道。该通道除需扩建蓟州站、新建北塘西编组站、东南环线、东南环线与北环线联络线和南疆支线外,还需增建大秦线与津蓟线的联络线和在津蓟线上增建 6 个会让站。

截至目前,除去南疆支线完成南疆大桥一段外,其他工程均未实施。

按照天津铁路总体规划,开辟京九铁路与天津港的直接通道,减轻南仓编组站的压力,同时增强南疆港区的集疏运能力。规划利用津霸联络线跨京山铁路的上行疏解线,再经北仓北至大毕庄联络线(不经南仓站)与北环线相接,通过东南环线及南疆支线到达南疆。在黄骅港未建成或未达到设计能力前,该通道还将作为神木煤经朔黄线、京九线、津霸线引入天津港的路线。

截至目前,京九铁路津霸联络线虽已建成,但仍无与港口直接相连的直经线,使京九铁路这一南北交通大动脉在集疏港上的优势未能发挥出来。另外,津霸联络线未能向西部纵深延展,没有形成天津与西部地区的铁路通道,这就极大地削弱了港口对西部经济腹地的辐射作用。

总之,由于天津铁路环形枢纽西北线与东南环线未能实现闭合,北塘西编组站未按规划建设,南仓编组站仍属超负荷运转,东南环线尚未开工,从南疆南北两个方向均不能打通连接西部经济腹地的铁路通道,严重制约天津港南疆集疏港能力的发挥。

2. 公路

随着我国近年来公路建设向高速化、高技术等级化、重载化、专用化方向发展,汽车运输的经济合理运距也在不断加大。过去一般认为 300 公里以上的运距,铁路运输方式合理,这个数字目前大约提高到 500 公里。因此,公路运输在散货中心的地位不容忽视。

南疆港区集疏运的重要公路为津晋公路(含津沽二线)。津晋公路天津段长 78 公里,技术等级为高速公路,由河北省巨葛庄接西青区当城,经津南区接津沽二线入南疆,这是港口通往山西、河北、内蒙古最快捷的通道,按照公路规划将于 2010 年底建成。目前,实际完成的仅仅是津沽二线的葛沽段。

另一条疏港公路为津同公路,津同公路天津段指武清王庆坨至西郊杨柳青,长 22.8 公里,技术等级为一级汽专,目前实际上仅为一般二级。王庆坨西接河北省 112 线,杨柳青以东接外环线,经杨北公路或津塘路跨海河进津南。由于天津市目前公路网络系统并没有形成,路网中相当一部分公路功能不明确,各种不同性质、不同车速的流量交纵在一起,造成了天津公路市道系统不通不畅的局面。因此,津同公路疏港功能发挥不出来。

此外,构成南疆疏港南北方向的公路为海防路及山广高速公路,仅有局部路段工程起步,还不能缓解东西方向不通不畅的矛盾。

目前,尚可利用的津沽一线,路面质量差、技术等级低,特别是在咸水沽和新城两处形成卡脖子路段。所以,津沽一线实际上连津塘公路改建工程分流运量也不能承担。

纵观集疏运中心工程,外部集疏运通道方面,无论是铁路或还是公路都存在建设严重滞后的问题,与南疆港泊位建设未能同步。其原因是多方面的。从历史看,南疆基础设施欠账甚多,一直是滨海地区的交通死角;从南疆港区总体规划来看,原定主要功能为海洋石油基地、工作船码头基地、石化码头、中转加工区和大宗散货码头用地,主要用于工作船靠泊、船舶修理、石油化工与液体货物中转,大宗散货中转运输并没有列为主要功能;从铁路通道来看,北塘西编组站、东南环线、蓟州站扩建等投资主体不明确,有很多前期工作没能落实,这些都不是靠天津市本身所能解决的。

公路情况略好一些,至少可以确认,南疆港区集疏运外部通道公路部分主要问题是在天津市公路市道系统,是天津市网内部结构问题,投资主体应当是非常明确的。

(二)工程建设土地制约

根据对南疆港区用地现状分析,约 10 平方公里人工形成的岛式土地已基本开发完毕,用地呈紧张状态,散货中心急需就近形成新的土地资源。

南疆港区的直接后方为东西大沽稠密的居民区,南疆南部为大型乙烯工程,即美国陶氏化学项目规划填海造地。所以,东和南两个方向均无法找到建设用地。散货中心可供选择的土地资源有限,唯有港区西南的塘沽盐场三分场为宜。

按工程项目用地测算,大约为 12 平方公里。选址处东界海防路,北至大沽排污河,西临万年桥南路,大体为三分场现有全部占地的四分之一。

征用三分场用地应处理好两件事:

一是实事求是地估价项目用地的机会成本。

二是合情合理地解决盐场再发展和职工的去向问题。

盐场三分场用地征用实际上是土地资源的一次重新配置,是天津市以港兴城和经济持续发展的战略需要,也是滨海新区基础设施建设的需要。散货中心项目实质是一项基础设施工程(虽然其中含有部分营运性设施)。所放开的三分场经营机会成本较低,在制盐生产工艺落后、原盐市场价格较低的情况下,无疑是资源的重新优化配置。因此,在土地征用补偿上要合情合理,盐场三分场的盐田布局可调整南移。

目前三分场职工约 670 人,处理好这些人的去向涉及社会稳定,事关重要。应按照据情安排的原则,新建项目明确招聘一部分,盐场分流一部分,已属退休年龄或接近退休年龄以及体弱、有病的安置一部分。总之,要尽量做到平稳过渡。

(三)工程建设资金匮缺制约

从天津港总体看,建设资金严重匮缺。这种资金短缺状况在"九五"期间更臻严重。原因:一是前些年使用了世界银行贷款,现在到了还款高峰期;二是以港养港资金有限,自身积累缓慢,发展后劲严重不足;三是由于建港属于基础设施,投资大,回收期长,此类项目社会效益好,但利用外资困难较大。建港采用 BOT 方式,也是谈得多、成功少。据有关方面估计,天津港建设资金缺口至少在 30 亿元以上。

初步估算,散货中心项目固定资产静态投资为 26.4 亿元,在港口泊位建设资金十分困难的情况下,筹措散货中心的建设资金,将是一个很大的制约因素。

七、资金筹措

天津港散货中心的建设,所需资金规模大,建设周期议长,投资回收慢。因此,提供足量且稳定的资金来源,是项目得以顺利实施的关键所在。当前,资金筹措,要根据国家改革开放的总体部署,按照在社会主义市场经济条件下城市基础设施建设新型资金动员体制的要求,积极争取国内外资金,实行社会化、市场化和国际化的多渠道、多层次、多形式资金筹措,根据项目的公益性、基础性、商业性兼容特色,在进行社会化、市场化筹资的同时,争取市、区财政支持,最终使建设资金来源形成社会筹集一部分、银行贷款一部分、财政支持一部分、资本市场融通一部分的结构。

资金筹措渠道及主要方式如下:

1. 组建股份制投资主体

这既是筹资的一种手段,更是项目建设必备的前提条件。以项目为核心,本着"谁受益、谁投资"的原则,以天津港务局投资经营实体为主体,以现有存量资产及转让项目经营权为股本,吸纳中散集团、中煤集团、中钢集团、山西省、铁路等资金实力雄厚的大型企业集团和地区,以及土地资源基地、货主单位等利益各方共同投资,组建股份制公司,所投资金可作为项目的资本金及启动资金。

2. 土地置换

项目拟占地 12 平方公里。在土地征用中,本着兼顾土地出让方长远发展利益及降低筹资成本的原则,积极力争盐场以土地投资入股的方式,进行产业置换,实现资产重组。为鼓励盐场的投资热情,可在出让土地中划出一部分由盐场按照项目总体功能布局,自主开发经营。

3. 堆场经营权转让

按项目设计,散货中心的有效堆场面积为 3 平方公里。在搞好散货中心必要的配套设施建设,把生地做熟的基础上,以地引资。对于堆场经营权实行市场运作或买断等灵活方式,进行经营权转让。所筹资金用于项目滚动开发建设。

4. 建立专项基金

该项目是本市重大的基础设施项目,且有很强的社会公益性及时效性,为保证项目尽快建成,市、区财政可从基础设施税费中提取一定比例作为专项基金,以低息或无息贷款方式给予资金支持,以增加资金来源的稳定性,以及降低资金的使用成本。

5. 资本市场融资

鉴于该项目经济效益前景看好,资金偿还可靠的特点,积极争取将该项目作为市重点建设项目立项,并批准发行重点建设债券,广泛吸纳社会资金。与此同时,借助天津发展控股有限公司在海外的融资渠道,创造条件,包装项目,争取在香港上市,发行股票。

6. 金融机构融资

对于项目建设资金不足部分,通过金融机构,多渠道、多层次融资:

第一,通过专业银行争取基础设施建设优惠贷款。

第二,积极争取利用外贸发展银行贷款和中央外贸发展基金的支持(前三年利率分别为 2%、3%、4%)。

第三,争取投资公司和证券公司等非银行金融机构的资金支持。

据测算,项目静态投资总额为 26.4 亿元。实际上,在短时间内很难筹到全部建设资金,为尽快启动,打好"时间差",在广辟筹资渠道的同时,在项目建设上,应选择实施滚动开发方案。根据不同建设期的目标要求,筹资方式与渠道也应有所不同。

八、政策建议

如上所述,资金是项目的核心,而缩短建设周期,是项目预期经济效益、社会效益得以实现的关键。为促进资金筹措,保证项目建设的顺利进行,提出如下政策建议。

1. 组织落实

首先,建议尽快组建项目领导小组。该项目建设时间紧,任务重,涉及面广,客观要求项目的领导小组必须具有权威性和高效率。领导小组可由分管市领导挂帅,计委、交委、建委、滨海办、港务局等单位的负责人组成。在领导小组的指导下,尽快组建项目筹备机构。筹备机构当务之急需是做好以下几项工作:

——抓紧项目可行性研究及立项工作;

——协调好利益各方,做好组建股份制公司的前期工作;

——搞好项目宣传,为筹资做舆论准备。

2. 外部大通道建设

大通道建设,对该项目的实施至关重要。为此,要加快铁路北塘西编组站建设计划的实施,从北塘西至李港铁路连接线建设,以沟通铁路通道。建议市政府尽快协调组建、落实投资主体。

与此同时,要加快南疆南公路网建设,拓宽津沽公路,提高路面技术等级。加快津沽二线施工。为此,建议市政府责成有关部门组成专门班子,抓住国家加大对铁路、公路投资力度的大好时机,倒排工期,切实推进大通道建设,完善必备的配套设施。

3. 配套政策

第一,制定"撤摊进场,关死后门"政策。日前,原主管副市长叶迪生曾主持专门会议决定:从 2000 年 12 月 31 日,煤炭出口全部移至南疆,北疆将不再出口煤炭。同时,还应制订配套的鼓励及惩罚措施,以保证政策的落实。

第二,制定项目用地优惠政策。为降低项目用地的投资成本,建议市政府在土地出让金和地价等方面给予优惠支持。

当盐场选择以土地投资入股方式出让土地时,对于土地改变用途的出让金应享受市政府的免交政策。

当盐场选择以卖断方式出让土地时,一方面,盐场应享受出让金由 17% 降至 7% 的减免政策;另一方面,市政府对于土地转让价格应按重点基础设施项目用地给予最低价格保护,让利给散货中心。

对于土地征用过程中的盐场人员安置问题,应享受市政府有关下岗再就业的优惠政策。

第三,项目目标用地选择在塘沽盐场,为弥补由此减少的盐田面积,建议市政府给予协调,将坐落于大港区境内滨海北路以南、津岐公路以东的 15 平方公里滩涂荒地划归盐场、以辟建新盐田。

第四,参照保税区有关港口建设项目的优惠政策,建议市政府对该项目给予财税减免支持。即项目从获利当年开始,对企业所得税免 5 年减 5 年,从第 11 年开始按 15% 征收。

4. 纳入规划

建设天津港散货中心是落实中央对天津定位,把天津建成现代化港口城市和北方重要经济中心的重要举措;也是以天津港为龙头加快天津滨海新区建设,促进全市经济发展的关键;同时,对开发南疆,扩大天津港的能力,强化天津港的功能具有战略意义。为此,建议将该项目尽快纳入全市及滨海新区经济社会发展计划和城市规划中,统筹安排,以利南疆资源的综合开发利用。

(作者:刘卯忠、刘东涛、陈荣、孙兰玉、张晓光、刘记、何江等,简稿刊发于《天津经济内参》1988 年第 3 期,研究报告成稿于 1998 年 7 月)

天津港发展与加快滨海新区开发开放

　　党的十六届五中全会和十届全国人大四次会议,把推进天津滨海新区开发开放纳入国家总体发展战略。这一战略决策不仅为天津发展和我国北方区域经济振兴带来千载难逢的历史机遇,而且对整个国民经济实现更好更快的发展将产生深远的影响。

　　天津港是天津最大的比较优势和核心战略资源,在滨海新区发展中发挥着重要作用。如何进一步发挥港口优势,促进滨海新区新一轮的开发开放和区域经济发展,是值得我们不断深入研究并在实践中付出不懈努力的重大课题。

一、港口与区域经济发展的关系

(一)港口促进区域经济发展

　　在区域经济发展中港口发挥着以下重要作用:

　　一是中心辐射作用。港口作为综合运输枢纽和物流节点,通过与周边地区形成集疏运网络系统,加强了区域间物流、人流、资金流、信息流的沟通和交流,强化了所在地区的同质因素,从而对周边地区产生服务辐射作用,促使中心区域产业逐渐向周边地区转移,使整个区域的联系更为紧密,整体性增强,各种产业相互促进发展。

　　二是市场配置资源的基础性作用。港口使各种资源运输成本、物流成本降低,同时还降低了地区经济发展中的交易成本,从而形成良好的发展环境,增强区域的竞争优势。港口使各种资源向港口及周边的低成本地区集中,促使更多相互关联的公司、供货商和关联产业相应集中,形成产业集群,降低交易成本。

　　三是对内对外开放门户作用。港口作为所在区域的海上节点,是区域经济利用国内外两种资源、面向国内外两个市场的通道和窗口。一方面,港口通过为腹地经济进出口服务,促使所在区域经济与腹地经济的联系更加紧密,强化了其对内开放的门户作用;另一方面,港口是对外人流、物流、商流、信息流的汇合点和进出地,为完善所在城市功能、扩大吸引外资规模、提高对外开放水平、优化经济发展环境起到重要作用,是所在城市、区域和国家对外开放的门户。

　　四是对所在地区经济的直接拉动作用。主要体现在以下四个方面:

　　第一,对区域经济直接产生贡献。据有关研究,港口每万吨吞吐量对GDP(国内生产总值)贡献约为120万元,同时GDP(国内生产总值)的诱发率达到1:5。

　　第二,为临港工业区提供强有力的依托。在临港工业区发展大乙烯、大炼油、发电厂、液化天然气码头等工业大项目,可以极大降低生产成本和交易成本,从而提高项目利润率。

　　第三,带动现代物流、商务商贸、金融保险、中介代理、信息咨询、观光旅游等服务业的发展。

第四,创造大量就业机会。据研究,港口每万吨吞吐量对地区就业的贡献约为 26 人,同时就业诱发率约为 1∶9。

(二)区域经济繁荣是港口发展的有力依托

区域经济繁荣是港口发展的依托和和强大动力。一方面,区域经济繁荣为港口发展提供出口货源保障;另一方面,区域经济发展会形成巨大的物流需求,从而要求港口发展与之相适应。此外,活跃在区域经济中的资本、人才、技术、信息等生产要素,为港口不断拓展功能,适应国际经济贸易、航运、商贸和综合物流发展的要求,向第三代、第四代港口发展模式迈进提供了基本保障。

二、从发展实践和前景看天津港在滨海新区发展中的重要作用

(一)滨海新区与天津港发展相融相长

天津滨海新区依港而兴,由一片盐碱荒滩变成了一座现代化港口新城,滨海新区与港口形成了区港相融、繁荣共济的统一体。滨海新区于 2002 年提前一年实现了"十年基本建成滨海新区"的阶段性目标。2005 年,新区地区生产总值 1608 亿元,11 年来年均递增 20.7%,GDP 已占全市的 43.9%,外贸出口占全市的 67%。天津港货物吞吐量以每年千万吨以上的速度增长,1993 年是 3719 万吨,到 2005 年达到 2.41 亿吨,年均增长 16.9%;集装箱吞吐量由 1993 年的 48.2 万标准箱增长到 2005 年的 480 万标准箱,年均增长 21.1%。港口经济的快速发展,促进了滨海新区的形成与壮大;滨海新区经济实力的迅速增强,又将成为天津港加快发展的基础和动力。区港相长、繁荣共济的发展前景,构造了滨海新区在全国独具特色的新优势。(见下图)

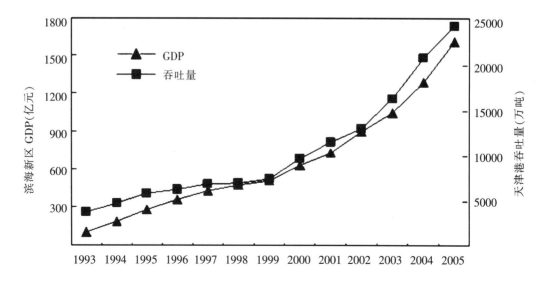

滨海新区 GDP 与港口吞吐量比较图

（二）天津港发展促进滨海新区形成独特优势

强化了滨海新区的区位优势。天津港作为中国北方第一大综合性国际大港,是新区面向东北亚、辐射"三北"的重要枢纽,也成为滨海新区最大的比较优势和核心战略资源。近年来,随着天津港的迅速发展和所展现出的良好态势,滨海新区在环渤海区域经济以及东北亚经济圈中的区位优势不断得到强化。

促进了滨海新区基础设施建设。适应港口经济的快速发展,滨海新区在道路、交通、能源、通信、市政公用设施等方面的建设规模不断加大。仅 2001 年至 2004 年,滨海新区就完成基础设施投资 456 亿元。不断完善的基础设施和公共设施增强了滨海新区的载体功能和服务能力,初步形成了结构合理、功能齐全的现代综合交通体系和基础设施体系。

加速了滨海新区现代物流业的成长。滨海新区充分发挥港口的物流功能,初步形成了天津港集装箱物流中心、散货物流中心、保税区海空港物流区、开发区工业物流区、塘沽商业物流区和海河下游综合贸易物流区六大物流基地。与此同时,滨海新区实现了京津两地空港直接通关,构筑了海空港一体的国际物流运作体系。

提供了滨海新区制造业发展的良好环境。滨海新区依托港口经济带来的良好区位优势,聚集了电子信息产业群、冶金工业产业群、汽车和机械制造产业群、光机电一体化产业群、生物医药产业群和新能源产业群。高新技术产品产值占滨海新区总产值的 46% 以上,工业总产值规模居全国 34 个省会城市和计划单列市第 9 位;工业利润率 7%,居全国前列。此外,临港工业区为滨海新区发展大乙烯、大炼油、液化天然气码头等工业大项目提供了重要载体和保障。

提升了滨海新区对外开放的层次和水平。滨海新区充分利用天津港的口岸功能,外贸出口总值由 1993 年的 5.03 亿美元,增长到 2005 年的 184.7 亿美元,增长 35.7 倍,2005 年滨海新区外贸出口依存度为 94.2%。滨海新区从成立至 2003 年,10 年累计批准三资企业项目 5381 个,累计合同外资额 240.5 亿美元,实际利用外资 147 亿美元,占全市同期实际利用外资的 61.9%,占滨海新区固定资产投资的 58%。世界 500 强中来自 10 个国家的 64 家跨国公司在滨海新区投资 135 家企业。

三、加快天津港功能建设,促进滨海新区开发开放的对策建议

天津港近年来保持了强劲的发展势头,但是与滨海新区进一步开发开放的要求相比,还存在着薄弱环节。主要问题是:现代交通体系建设步伐滞后,没有直通西部的铁路通道,进港公路堵车严重,集疏运能力相对较弱;天津港先天条件不足,远离国际主航线,国际周转业务量少;涉港新兴产业发展落后,综合实力还不突出;滨海新区内行政管理体制改革滞后,提高了港口运营成本,削弱了港口服务功能和综合竞争力;区域内各港口间竞争多于合作,尚未建立起分工合理、资源共享、优势互补的合作关系。为此,提出如下对策和建议。

（一）加快现代化大交通体系建设，增强港口的集疏运能力

加快港口设施建设，提高港口等级。从鹿特丹、新加坡等国际一流大港发展经验看，港口的硬件设施建设是提升港口功能和等级的关键，天津港在这方面还存在相当大的差距。为此，加快港口自身的硬件建设、提高港口等级，是实现建设国际一流大港目标的当务之急。一是加快建设 25 万吨级深水航道工程，并使 30 万吨级主流散货船舶能够自由进出港。二是加快北疆港区集装箱码头群建设。在现有 13 个集装箱泊位的基础上，在北疆港区和东疆港区再建设 16 个大型集装箱泊位工程，形成现代化的集装箱码头群，到 2010 年集装箱吞吐能力达 1200 万标准箱，为打造北方国际航运中心奠定基础。三是加快建设南疆大型散货码头群，其中包括国际 30 万吨级原油码头、LNG 码头以及专业化煤码头、铁矿石码头工程。四是努力建设专业化汽车滚装码头和大型邮轮码头，使天津港成为国际邮轮母港和汽车中转码头。五是大力实施港口生态环境工程，高标准搞好绿化，加强污染治理和环境整治，辟建亲水平台，开发港口的休闲旅游功能，树立新型的海洋、人文、产业和谐共存的现代港口形象。

加快建设港口对外的现代化大交通体系。一是尽快改造港口与高速公路的联结段。目前，京津塘、津滨、津沽二线等公路与港口联结段等级低、路面差，成为"卡脖子"路段，堵车问题严重，长期得不到解决，既影响集疏运效率，又影响地区形象。为此，应尽快建设各高速路口进港专用通道，形成港城分离的立体交通网络，以解决港口集疏运瓶颈问题。二是积极推动天津港直通西部地区的铁路大通道建设。即天津港—霸州—保定—太原—中卫—银川铁路工程。三是推动环渤海地区铁路网络建设。主要包括建设京津城际轨道交通项目，加快黄万铁路和蓟港铁路复线建设，建设津秦城际轨道交通，争取国家尽快建设京沪高速铁络天津段。四是推进连接区域经济的公路网建设。建成京津塘高速公路二线、京沪、蓟平、津汕等高速公路天津段，建设京津塘高速公路三线、海滨大道等，以形成高效快捷的公路网络。五是结合国家战略原油储备库和乙烯、炼油等重大项目建设，积极发展管道运输。

（二）高标准搞好国际航运中心和国际物流中心的建设

天津港是滨海新区建设成为北方国际航运中心和国际物流中心的重要组成部分和主要载体，应当把港口服务功能建设和完善作为战略重点，在推进两个中心建设中发挥龙头和骨干作用。天津港要继续完善港口的交通枢纽、现代物流、国际贸易、港航信息四大功能。交通枢纽功能和现代物流功能主要是通过港口的交通体系建设、南散北集两大物流中心建设以及国家战略原油储备基地建设来实现。港口贸易功能主要是通过加快原油、矿石、钢材、煤炭、汽车等七大货类分拨配送中心的建设来实现。港航信息功能的完善主要是以国际贸易和航运服务中心为载体，着力建设好电子口岸工程、生产调度指挥中心和港口 EDI 系统，继续完善通关、通验、结算、信息、咨询等各种商务服务功能，为腹地进出口贸易搭建起高效便捷的"一站式"服务平台。同时加快服务区一期工程建设，努力建设成为港航企业聚集、航运市场要素活跃、配套服务完善的特色航运 CBD（中央商务区）和以港口为中心的综合服务

体系。

(三)打好服务牌,全方位推进新区与周边及腹地省市的联合协作

加强与环渤海周边港口的联合与协作。适应现代国际港口发展的趋势和区域经济发展的潮流,推进国际航运中心和国际物流中心的建设,积极推进天津港与环渤海特别是周边港口的联合与协作。按照国家发改委和交通部《渤海湾地区港口建设规划(2004—2010 年)》的要求,结合天津港的发展规划,注重发挥天津港综合大港优势,进一步完善和提升功能。积极争取国家有关部委的帮助和支持,协调好与周边各港口建设与发展中的问题,尽快在环渤海形成布局合理、优势互补、体现整体竞争力的港口群。借鉴国内外大港发展的先进经验,探索各港口间的合资合作途径和有效形式。如从海上交通合作入手,逐步推进和拓展在港口建设、航线布局、信息共享等领域的合作,以及通过合资合作兴办产、学、研结合的港航研发咨询机构和事业等。

拓展腹地"无水港",大力吸揽货源。积极主动地开拓货源市场,发展与腹地各省市的通关合作关系,是港口与腹地经济发展相融相长的重要途径。一是积极发展与腹地省市的通关合作关系。在总结天津口岸先后与北京、西安、成都、兰州、郑州、乌鲁木齐、石家庄、邯郸等建立通关合作关系成功经验的基础上,进一步扩大协作范围,在腹地主要中心城市或货源地,增设港口及船公司的办事机构,提高服务水平。二是搞好与腹地省区各大矿产资源企业和加工制造企业的合作,形成战略联盟。针对重点货类,开辟绿色通道,特别是加强在交叉腹地对天津口岸的宣传推介力度,加强信息沟通,吸引更多的货源在天津港进出。

(四)大力发展临港产业,优化新区产业结构

充分发挥滨海新区的资源优势和已有的产业优势,着力构造港口与海洋特色突出的新型产业结构。围绕国家级石油和化学产业基地,汽车和装备制造业基地,海洋高新技术产业基地以及其他涉港产业的建设,大力发展船舶和港口装备制造,海洋化工与石油化工,石油套管和精品冶金,海水淡化和新型制盐及其装备制造、出口轻加工等临港工业以及筑港造陆和航道疏浚工程、港口物流、报关、商检、代理等涉港产业,金融保险、培训、咨询、会展、旅游等现代服务业。

(五)推进港区一体化,构造区港联动新格局

加快建设东疆保税港,是推进港区一体化的一项重大战略措施,必须全力建设好。应加快 30 平方公里东疆港区的围海造陆工程,争取 2007 年在东疆港区建成北港池集装箱码头三期工程,形成大型集装箱码头群,配套建设好物流加工区和具有贸易功能和休闲旅游功能的港口综合配套服务区,并争取国家支持,辟建成为保税港区,使之具备国际中转、国际采购、国际配送、转口贸易、商品展示、出口加工等功能,并促其向自由港的模式发展。

以保税物流园区为依托,通过保税区和港区在形态和资源上的整合集成,实行优势互补、政策叠加,促进货物在境内外快速集拼、快速流动、快速集运,带动信息流、资金流和商

品流的集聚和辐射,以此进一步完善保税物流园区的国际中转、国际配送、国际采购和国际贸易四大功能。利用"区港联动"试点和滨海新区列入国家"十一五"发展战略规划的契机,充分发挥市政府协调领导小组的组织协调作用,在海关监管、税务征集、离岸金融以及其他相关的机制体制建设方面向自由贸易区模式转型。充分利用改革的先行先试权,不断构造区港联动的新格局和新优势,增强新区对环渤海区域经济的服务、辐射和带动作用。

(作者:刘东涛、代人元,刊发于《理论与现代化》2006 年第 4 期)

将天津港建成现代化的世界一流大港

一、将天津港建成世界一流大港的战略意义

(一)实现中央对天津定位的需要

按照国务院对天津的城市定位,天津是环渤海地区的经济中心,要建设成现代化国际港口城市和我国北方重要的经济中心。

现代化国际港口城市需要有世界级的港口作为支撑,这就要求天津港在规模、等级、功能、形象、服务水平等方面都要与之相适应。将天津港建成世界一流大港,不但可以大大提升天津的对外开放水准,增强天津的吸引力、辐射力和带动力,进而拉动滨海新区和整个天津经济的增长,促进北方经济中心的形成,而且能够极大地满足东北亚地区区域间的商品交流,形成口岸与腹地经济的有效联动,使天津成为北方经济走向国际化的战略依托。

(二)适应东北亚经济一体化发展趋势的需要

21 世纪,交通和流通两大产业已经成为经济全球化的重要纽带。据有关方面专家预测,未来 10 年,中国主要 30 种原材料中的 22 种需要进口,石油、铁矿石、有色金属、木材、粮食等大宗散货物资,更需要逐年加大进口量,而方兴未艾的制造业又为不断增长的集装箱运输提供了充足的货源。华北是我国重化工业基地,西北是我国工业原材料基地,京津冀是我国重要的制造业生产基地,天津港的货物进出口必然呈逐年增长的态势。2010 年前,中国积极推动韩国、日本、中国香港等国家和地区参加建成东盟"10 + 3"自由贸易区。中央和香港特区政府签有"更紧密经贸关系的安排",台湾与大陆经贸往来也呈现不断扩大的趋势。东南亚和日韩作为天津港进出口贸易的主要地区(2004 年占进出口贸易总量的 64%),未来的运量必然会有一个大幅度提升。

（三）适应港口竞争形势的需要

当前,东亚主要港口间的竞争非常激烈。香港联手"珠三角",正在构筑亚太地区国际物流中心;高雄提出了"亚太营运中心"的战略规划,并着手研究"自由贸易港区推动方案";神户提出了建设"21世纪亚洲母港"战略目标;大连提出以振兴东北老工业基地为契机,建成东北亚重要航运中心的宏伟目标;青岛提出要建成北方国际航运中心,河北省正在结合首钢搬迁,在曹妃甸进行大规模深水港建设。从2004年国内主要沿海港口集装箱吞吐量看,天津港虽比上年增长45%,但却第一次降至上海港、深圳港、青岛港、宁波港之后居第五位。因此,天津港不能满足于自身的常规增长,必须瞄着世界一流大港的标准加快发展,以便在激烈的港口竞争中立于不败之地。

（四）顺应国际航运业发展趋势的需要

港口面对的是航运产业,散装化和集装箱化是海上运输的主要发展方向。随着世界经济的增长和航运业竞争日趋激烈,船舶大型化已成为现代航运业的重要特征。这就要求港口的深水化、大型化、高效化、信息化和多功能化。在运输方式变革和船舶大型化的新形势面前,天津港要确保不落伍,就必须与时俱进,加快建设深水航道,修建大型专业化泊位,提高港口信息化程度,不断增强在国际航运市场上的竞争力。

（五）天津港加快体制创新的需要

自2000年以来,天津港每年跨越一个3000万吨级的台阶,给港口建设、管理制度、环境治理等方面带来巨大压力。特别是随着政企分开,天津港集团有限公司的成立,需要尽快理顺管理体制,完善灵活高效的管理机制,消除在投资、土地、人才等要素问题上的障碍,以崭新的体制和机制优势,开创新一轮港口建设的新局面。

二、世界一流大港的主要标准

世界一流大港是人们将世界各国港口加以比较后,对名列前茅的某些港口的综合评价,并没有严格的指标体系,其内涵也在不断发生变化。因此,世界一流大港是一个相对动态的概念。我们通过搜集新加坡、中国香港、鹿特丹、上海等港口(2003年)的有关数据资料,归纳出世界一流大港的一些特点,主要有以下几点:

第一,具有良好的区域位置。世界一流大港可分为腹地型大港和中转型大港两种类型。前者所属腹地城市及周边经济区有庞大的产业支撑和货物集散地,港口具有龙头带动作用;后者处于海上航运的交通要塞,成为国际海运船只的中转地。

第二,具有充分发展的港区空间。港区面积要达到60—100平方公里,除货物装卸储运场地外,临港工业、物流业、旅游业、批发贸易等相关产业也要比较发达。

第三,具有同时接卸多条大型货运船舶的能力。港口主航道水深要达到15—18米以上;可以同时接卸多条20万—30万吨级的船舶;可以接卸第五代集装箱船。随着国际航运业的发展,还需要具有不断增强接卸更大规模船舶的能力。

第四,具备国际航运中心的地位。每天进出口船只平均要保持在250艘以上,常驻有20家以上比较著名的国际航运公司,辟有20条以上国际航运干线,可直接通达世界多数沿海国家和地区,与世界各地的港口有航运往来。

第五,具备较高的作业能力和航运吞吐量。总吞吐能力要达到每年2亿吨以上,集装箱吞吐能力要达到每年800万标准箱以上。

第六,实行自由港的管理制度。能够满足货物最短时限内进出港口的要求,做到出口货物"进港视同出口",进港货物可以免税存放,并可开展拆拼箱和出口加工业务,对过境和转口贸易的货物免征进口关税和增值税,境外投资者可将港内经营获得的利润自由汇出境外。

第七,具备管理信息化、操作自动化、服务标准化、运作系统化的港口作业服务管理体系。比如,要具备EDI的管理信息系统,实现货物的实时跟踪查询;要推行使用GPS安全监控系统,提高通关效率,保证集装箱运输的安全;保证船舶进港引航的安全,提高作业效率。

第八,港口集疏运系统发达。要有自己的疏港公路、直达铁路,具备空运、内河及沿海水运等一体化的运输网络,并实行港口、交通、海关、口岸等部门的一体化、信息化管理。

第九,港区及周边环境优美,有严格的港口节约能源和环境保护措施。如,在水环境保护方面,鹿特丹港鼓励使用双层舱,减少因船体碰撞造成的漏液对水环境的污染;港口基础建设方面香港为减少集装箱拖车排放废气对环境的影响,在港口增加铁路集装箱作业通道;欧美一些港口还使用可循环使用的塑料材料、水泥、沥青来建造码头、安全护栏等,用来保护环境。

三、天津港优劣势分析

(一)优势

第一,得天独厚的区位优势。天津地处渤海湾的最西端,背靠京津冀,连接西北地区,面向日韩等国家,是我国北方地区出海的最近起点,也是京津等大城市进入太平洋、面向世界最便捷的海上门户。世界客商来天津投资,首先看中的是其得天独厚的区位优势。

第二,开阔的陆域优势。2004年以来,天津港区面积由过去的30多平方公里增加到100平方公里,这就给现代物流、港区设施、临港工业、其他连带产业的发展提供了充足的发展空间。滨海新区开放得到了中央的明确支持,已经纳入全国总体战略布局。滨海新区基础产业发展明显加快,一批石油化工、冶金等重大项目正在形成。天津丰富的人力资源,特别是京津两地科技人才的优势,为天津港的发展提供了有力保证。

第三,广阔的经济腹地优势。天津港的直接腹地包括天津、北京、河北、山西、内蒙古、陕西、甘肃、青海、新疆、宁夏10个省市区及河南、山东两省的部分地区,总面积达450万平方公里,占全国面积的46.9%。目前,天津港货物的76%以上都来自外省市,京津两大直辖市以及华北、西北地区已经成为天津港长盛不衰的重要依托。同时,天津港也是蒙古国以及中亚一些国家的主要出海口。在国家大力支持"西部大开发"的背景下,将天津港建成世界一流大港的战略意义就更为重要。

第四,日益完善的功能优势。天津港是全国第二大综合性港口。预计 2005 年集装箱运输将超过 400 万标准箱的国际枢纽港标准,散货运输也已超过亿吨。天津港拥有现代化的运输装卸设备,贸易、加工、中介、信息等行业已经具有一定规模,形成了较为完备的产业配套、服务体系和环境条件。天津港周围的开发区、保税区、塘沽海洋高新技术园区等形成了我国北方著名的制造业基地、国际物流基地。正在规划和建设的我国石油储备基地、30 万吨级原油码头、集装箱码头三期、临港工业区等一大批口岸设施投入运营后,天津港的港口功能将更加完善,可以为东北亚地区提供更加完备的口岸综合服务。

(二)劣势

第一,港湾自然条件不足。天津港是国内著名的人工港,自然水深先天不足。虽然经过多年疏浚,已经迈入世界一流大港行列,但是,随着船舶大型化的发展要求,港池、航道仍需要经常性地挖泥疏浚,增加了港口的运作成本。

第二,集疏运能力相对较弱。高速公路是港口连接周边 500 公里腹地范围内的主要运输通道,而天津港南、北、中三大横向通道,都缺少与腹地高速公路相衔接的集疏运支线。铁路方面,天津至今没有直达中西部地区的铁路通道,南疆港区仍然没有直达主干线的铁路通道、蓟港铁路复线、咸水沽直通东大沽的铁路专线以及北疆港区铁路进港三线、集装箱海铁联运系统等均存在一些问题有待解决。

第三,国际周转业务量少。由于天津港中西部腹地市场化程度较低,出口加工业欠发达,使得天津港集装箱生成量增加较慢。天津港作为北京和石家庄的直接出海口,却仅承担了北京和石家庄不足三分之一的集装箱货物出口,造成天津港国际周转业务量小,出口业务的 50% 不得不到神户、釜山、大阪等地转港。

第四,管理机制相对落后。随着现代化物流设备的大量推广,管理机制落后已经成为天津港的最大弊端。世界一流大港都是自由港,而天津港仍处于"区港联动"试点阶段,在区域范围、监管手段、服务方式等方面,与自由港还有很大距离。服务质量不高已成为提升天津港竞争力的瓶颈所在。

第五,涉港的新兴产业发展落后。世界一流大港对当地整体经济的拉动效应十分明显。旧金山港装卸收入只占总收入的 23% ,纽约港装卸收入只占总收入的 10% ,而天津港的港口供应与劳务等相关服务市场还有待拓展和培育,旅游业、休闲业、体育产业、文化产业、商业、金融业等规模很小,远没有起到港口对腹地经济应有的带动作用。

第六,区域内港口群发展不尽协调。目前,在天津港 100 公里岸线内的秦皇岛港、京唐港、曹妃甸港、黄骅港等,都在投巨资力争成为支线港。集中化是港口规模化的基础,也是港口发展的趋势。1970 年,在北美大西洋沿岸有共 17 个主要国际港口,目前还只有 7 个。1970 年,新西兰有 35 个港口,目前只剩下 15 个。怎样有效地利用天津港资源,发挥港口的集群作用,除通过市场竞争淘汰外,还需要中央制定政策协调解决。

四、将天津港建成世界一流大港的总体思路

要将天津港建成世界一流大港,必须在经济全球化的大背景下,借鉴世界一流大港的成功经验,根据自身的特点、优劣势条件,积极探索,勇于进取,加快建设步伐。

(一) 总体战略

高起步、跨越式发展战略。天津港的发展不能靠重复性的低水平建设,不能跟在世界级港口的后面照搬照抄式发展;而是要按照国际港口大城市发展的要求,高标准搞好建设,要与京津唐大都市带产业结构和中西部地区发展的需求相匹配,形成与周边港口合理分工、有机协调、互相补充、突出核心枢纽地位的世界级大港。天津港的发展要以大流通和大服务为支撑,实现从一般装卸功能向现代化物流功能和综合性服务功能的跨越式转变;要以顺应现代港口发展的大趋势为前提,做到散装、集装箱运输并进,实现运行高效、产业集约的跨跃式发展。

港城联动战略。"港以城兴,港城共荣"是世界港口城市发展的普遍规律。世界上 35 个国际化大都市,有 31 个是以港兴市发展起来的。要将天津港建成世界一流大港,就必须从战略的、全局的高度,解决好港口与天津城市协调发展的问题。一是在经济社会发展中,以港口为龙头,带动城市物流、商贸、旅游、加工和装备制造业的发展;二是要统筹城市建设和港口建设,以港口为中心建设现代化基础设施体系;三是天津港的发展建设要与天津形象建设相结合,通过天津港的建设,不断增强天津的吸引力、凝聚力,带动天津的服务业上水平,为天津和周边区域的经济发展做出更大贡献;四是港口功能建设要与环境保护结合起来,努力构筑海、人、产业和谐共存的生态型国际一流大港。同时,还要着重搞好"四个体系"的功能建设,即建设以港口为龙头的现代化大交通体系,建设以港口为枢纽的现代化物流体系,建设以港口为依托的临港工业体系,建设以港口为核心的综合服务体系。

区港联动战略。纵观世界上具有较强集聚和辐射功能的国际航运中心,特别是中转枢纽港口,无不实行自由港政策。2004 年底,上海已经把正在建设中的、面积为 100 多平方公里的大小洋山港正式申报为"保税港"。大连也决定将 63 平方公里的大孤山半岛建成保税港区,张家港也决定建立 43 平方公里的保税港区。这一轮的"保税港"热潮,将把中国港口对外开放水平提升到一个全新的层次。天津港完全具备建设"保税港"条件,要突破体制障碍,积极向中央争取政策,使天津港尽快向保税港、自由港模式迈进。

国际化战略。世界一流大港必须是国际化的航运枢纽。天津港要抓住国际航运业、物流业向东北亚尤其是中国拓展业务的机遇,通过进一步完善灵活、多元的融资和投资政策,吸引更多的国际资本支持天津港建设;要吸收国际上先进的管理经验和理念,促进天津港技术与制度的创新,不断提升港口的现代化、智能化水平;要与国际知名的大公司形成更紧密的合作,把天津港建设成"万国码头";要优化港口管理体制、提高港口行政效率;要不断积极创造条件,发展高附加值服务,如成立天津海运交易所,推出"环渤海散货交易指数"等服务新内容,切实提高天津港在海运咨询、保险、仲裁、金融结算等方面的服务质量,使天津港从

一个区域性的港口枢纽成为国际著名大港,成为现代化国际航运中心。

(二)总体目标

今年(2005)初,市政府在批复天津港2010年发展规划中,明确了将天津港建成世界一流大港的发展方向,在吞吐量、港口规模、港口等级、港口功能、港口环境五个方面明确了天津港的奋斗目标。

吞吐量:到2010年,天津港吞吐量要达到3亿吨,集装箱吞吐量要达到1000万标准箱,具备接待世界最高等级豪华邮船的能力。

港口规模:港口陆域面积要达到100平方公里,完成33平方公里人工岛的土建。营业收入要超过100亿元。到2010年天津港的总资产要达到280亿元,净资产超过100亿元。

港口和航道等级:港口等级达到20万吨级,同时,积极建设25万吨级深水航道,并使30万吨级船舶能够乘潮进港,能够全天候接卸国际集装箱船舶和最高等级的国际豪华邮轮进出,使天津港成为30万吨级港口。

港口功能:力争成为东北亚地区的国际集装箱枢纽港、中国北方最大的散货主干港、国际物流和资源配置的枢纽港。2007年之前要建成在全国具有影响力的煤炭、矿石、汽车、钢材等分拨中心,到2010年全面建成散货物流中心和集装箱物流中心。

港口环境:2010年天津港的港区环境要达到国际发达国家港口水平,建设成为生态环境优美的绿色港口。

五、将天津港建成世界一流大港的对策建议

2010年要达到上述目标,对天津港来说,既不是高不可攀,也不是一蹴而就轻易能够实现的。关键要在上述思路的指导下,努力形成各级政府、天津港集团公司、全市各界同心协力、共同奋斗的良好氛围,并在解决制约天津港口发展的关键问题上有所突破。

(一)加快腹地大通道建设,形成北方重要的物流中心

目前,没有直达中西部地区的铁路大通道是天津港发展中的最大制约因素。"十一五"期间,我们要继续争取国家支持,力争早日打通霸州至保定、太原到中卫的路段,把腹地铁路直接延伸到港口,做到港铁贯通,进而通过实行一体化运作,一个机构办公,一个价格结算,切实提高天津港的组织化、市场化程度。要通过便捷的交通网络,充分发挥天津港的对外辐射功能,建立起覆盖华北、西北的综合物流系统,以最经济的方式、最快的速度、最优质的服务,完成货物运输全过程,实现天津港向北方综合物流中心的转变。

要构筑港口对外大交通体系。一是以高速公路直接进港为核心,尽快启动京津高速公路北线和天津港南、北、中三大横向通道建设,形成与腹地高速公路相衔接的集疏运网络;二是抓紧建设和完善直通南北港区的两大铁路通道,形成完备的散货和集装箱海铁联运系统;三是争取国家支持,尽早启动天津港直通西部腹地的铁路通道工程。

（二）增强天津港航运功能，建设北方国际航运中心

一是大力提升港口的综合服务功能。要加快港口基础设施建设，加快码头深水化、船舶大型化、航线国际化和货种专业化建设，使天津港尽快形成集装箱转运中心，国际油品及液体化工品分拨中心，国际散货转运和加工中心，散矿分拨中心以及北方进口汽车集散中心。

二是大力增强天津港的中转枢纽功能。力争到"十一五"末期，天津港开辟的远洋干线要达到15条以上，航班达到每月600个，分别比目前翻一番。大力加强天津港与国内外大型海运企业的合作，通过加快东疆保税区建设，进一步增强天津港的国际中转功能，特别是对中西亚地区的中转功能，增强跨区、跨洋运输能力。要在港口群内开辟公共集装箱内支线，密切与友邻港口的关系，在港口的建设、融资、经营和发展等方面，寻求港、航、货之间的有效合作与联盟，推动周边港口群的共生共赢。

三是大力增强航运研发功能。积极兴办产学研相结合的港航经济研究机构，建立长效研究机制，增强天津港的航运研发功能，增强科学性、前瞻性研究成果对实际工作的指导。

四是完善港航信息功能。要通过加快电子港口建设，完善并充分利用 EDI 信息平台和计算机网络，为港口相关产业提供信息服务，实现与口岸各部门信息共享，使天津港的航运功能达到国际一流水平。

（三）进一步完善口岸综合服务功能，带动区域经济全面发展

一是要大力拓展临港加工业。要充分发挥港口物流快捷、成本低廉的优势，大力发展石油和海洋化工、冶炼、钢铁、电力、汽车及装备制造业等临港工业，增强天津重化工业的发展优势。

二是要进一步完善交易功能。要充分利用"南散北集"两大物流中心以及国际战略原油储备基地的优势，带动商贸、现代物流、加工业的发展，使天津港成为生产加工、销售分拨的生成和集散基地。积极建设汽车、散化肥等货物交易平台，通过建设交易大厦、引进金融机构、改善软硬件条件等途径，形成港口骨干货类的交易。

三是要完善综合服务功能。天津港要在今后的发展中注意研究和完善港口的旅游等综合服务功能，使之真正成为游客云集的港口，建成以港口为核心的现代化综合服务体系。

（四）积极吸引多方投资，形成按国际惯例运作的"万国码头"

已于"十五"后期和将在"十一五"期间陆续开工建设的天津港内 10 大项目、港外 20 大发展项目，很大部分要靠吸引内外资来解决。一是大力吸引为工程建设所需要的资金；二是通过资本纽带，与世界上大的船公司、客户结成战略联盟，共同开拓市场、吸引货源；三是积极引进世界先进的管理方式和经营理念，推进天津港的各项内部改革，不断提高管理水平，实现与国际接轨。对于重要业务伙伴，要与其合资共同组建合资公司，以资产为纽带结成战略联盟，实现"双赢"或"多赢"。同时，要积极与大的货主、船公司、腹地省市、上下游企业，以及国内外港口进行多种形式的联合，广结战略联盟，共同推动港口经济的发展。

（五）更新观念，再造港口管理体制的新优势

确立适应市场经济发展要求的全新的管理、投资、经营新体制，是天津港进一步适应市场竞争的需要，也是确保将天津港建成世界一流大港战略顺利实施的基础条件。实施"政企分开""政资分离"是天津港确立新的管理体制的前提。在目前已经实现政企分开的基础上，应进一步深化内部改革，通过引进国内外战略投资和民营资本参与港口建设，进一步推进产权制度改革，并按照国际惯例，建立起规范的现代公司治理结构。与此同时，要大胆探索政资分离以及资产所有权与经营权分离的有效途径和形式，建立投资风险的监督和防范机制，搞好资本经营，实现国有资产的保值增值。伴随着内外资企业的介入，天津港将形成良性竞争局面，从而促进港口服务质量、服务水平的全面提升和服务价格的下降，有力提升天津港的整体竞争力。

（六）加强生态型港口建设，实现全面协调发展

要坚持港口发展和环境改善并重的原则，坚持在发展中保护环境，在发展中改善环境。要坚持清洁生产的原则，建立相应的管理规定，鼓励采用新工艺、新技术，节约能源和减少对环境的污染。要处处体现安全、环保、人性化的科学发展观，将天津港建设成海、人、产业和谐共存、协调发展的生态型世界一流大港。

（作者：刘东涛、孙兰玉、李胜毅、冯攀、代人元，刊发于《对策研究》2005 年第 5 期）

天津港在"一带一路"中的地位与作用

天津港是我国北方最大的港口，是天津市最具核心竞争力的战略资源和开放型经济的重要抓手。天津港是"一带一路"中蒙俄经济走廊的东部起点、新欧亚大陆桥经济带的战略支点，是国内连接东北亚和中西亚、欧洲海路交通的重要枢纽，是我国北方地区对外开发开放的重要平台，具有独特战略地位。本课题在务实分析"一带一路"趋势基础上，结合天津港近年来服务"一带一路"的情况，探讨天津港在"一带一路"中的地位与作用，并就参与"一带一路"建设的途径以及政府的支持对策提出相应建议。

一、"一带一路"的背景分析和发展态势

（一）背景分析

不断推进全方位对内对外开放是我国的基本国策。为了充分利用国内国际两个市场、两种资源，加快我国现代化建设步伐，20 世纪 80 年代初党中央、国务院做出了开放 14 个沿

海城市的重大决策。此后我国对内对外开放格局不断向纵深发展,以开放促改革、促发展,推动我国经济改革发展步伐不断加快,综合国力不断增强。2001 年 11 月我国顺利加入世界贸易组织,标志着我国对外开放、与国际市场接轨迈出关键性步伐。

党的十九大更加明确了关于进一步扩大对外开放战略。强调推进"一带一路"建设,推进同有关国家和地区多领域互利共赢的务实合作,推进国际产能和装备制造合作,打造陆海内外联动、东西双向开放的全面开放新格局。党和国家领导人也一再强调,坚持开放发展,必须顺应我国经济深度融入世界经济的趋势,奉行互利共赢的开放战略,发展更高层次的开放型经济,积极参与全球经济治理和公共产品供给,提高我国在全球经济治理中的制度性话语权,构建广泛的利益共同体。"一带一路"建设、京津冀协同发展、长江经济带发展思路,都是在这一大的背景下制定和实施的。

推进天津港积极参与"一带一路"建设,顺应国家关于实施更加积极主动的对外开放战略的要求和加快融入经济全球化的发展大势。

"丝绸之路经济带"主要包括三条线路:一是中国经中亚、俄罗斯至欧洲(波罗的海);二是中国经中亚、西亚至波斯湾、地中海;三是中国至东南亚、南亚、印度洋。"21 世纪海上丝绸之路"主要有两条线路:一是从中国沿海港口经过南海到印度洋,延伸至欧洲;二是从中国沿海港口经过南海,到南太平洋。沿途接近 60 个国家,40 亿人口,经济总量约 21 万亿美元。根据"一带一路"相关国家的经济状况分析,开展经济贸易合作的背景如下。

1. 大宗商品进口是我国与"一带一路"沿线国家的主要贸易方式

利用赫芬达尔—赫希曼指数对我国外贸空间聚集度的分析显示,2015 年,我国与"一带一路"国家进口贸易的依赖度显著高于出口贸易依赖度,且处于较长期的低端锁定状态(即较长时间内进口为石油、木材、矿产等大宗商品为主)。由于双边贸易商品结构和区域分布调整具有一定的复杂性及长期性,预计未来 10 年,我国与"一带一路"国家的贸易往来,将更多地利用陆海联运方式,将沿线国家大宗商品进口到我国,而天津港势必成为这一贸易方式的赢家。

2. 我国与"一带一路"沿线国家的贸易增幅高于平均增幅

据国际货币基金组织预测,全球贸易在经历 2014—2015 年的短期调整后,进入一个相对较快发展阶段。2013 年"一带一路"沿线国家的货物贸易总额为 14.17 万亿美元,占当年全球货物贸易总额的 37.55%,预计到 2020 年"一带一路"沿线国家货物贸易总额将达到 19.59 万亿美元,比 2013 年增长 38.25%,占全球货物贸易总额的 38.93%,比 2013 年提高 1.38 个百分点。该组织认为,由于中国因素,2020 年"一带一路"沿线国家货物贸易总额将增加 6.8 万亿美元,比 2013 年增长 40%,表明我国在"一带一路"双边贸易中有望加快增长。2016 年,天津港为"一带一路"国家运送集装箱 500 万标准箱,占全部运量的 33%,比 2013 年增长 20% 以上,初步显示了天津港与"一带一路"贸易量正在增长。

3. "一带一路"沿线较多经济体贸易潜力大,有待开发

国内贸易部公开资料显示,基于"一带一路"沿线贸易现状,对于双边贸易占其本国货物贸易10%以上的国家,我国正在努力保持现有的市场份额,优化贸易结构,采取多种方式进一步扩大贸易渠道和网络,促使其贸易保持稳步增长。与我国贸易占本国货物贸易10%以下的"一带一路"沿线较大经济体还有西亚的土耳其、阿联酋和科威特,亚洲的印度、缅甸和新加坡,东北非的埃及、阿尔及利亚、摩洛哥和突尼斯,以及中东欧的波兰、捷克及罗马尼亚等国,我国与这些国家经济互补性强,双边贸易仍有较大提升空间。

4. 相关支持政策正在加快推进"一带一路"建设

据商务部公开资料,在贸易畅通方面,我国近年来一直在着力研究和解决投资贸易便利化问题,消除贸易和投资壁垒,积极同沿线国家和地区共同商建自由贸易区,改善边境口岸通关设施条件,加快边境口岸"单一窗口"建设,降低通关成本,提升通关能力。拓宽贸易领域,优化贸易结构,挖掘贸易新增长点,促进贸易平衡。发展跨境电子商务等新的商业业态,加快投资便利化进程,消除投资壁垒。天津港借助自贸试验区优势,相关通关和电子商务新业态已经走在国内港口前列。

总体看,我国与"一带一路"沿线国家经贸前景广阔。商务部研究成果显示,以现有经济规模预计,若中国贸易占全球贸易比重提升1个百分点,将给港口经济带来接近3万亿人民币的贸易增量,而"一带一路"经济带上的战略支点——天津港等有望较先受益。

(二)发展态势

1."一带一路"倡议得到沿线国家积极响应,成效凸显

一是基础设施建设取得重大突破。近两年来,斯里兰卡科伦坡港及其港口城和汉班托塔港、肯尼亚蒙内铁路、希腊比雷埃夫斯港、澜沧江—湄公河国际航道整治工程以及中俄跨境桥梁等重大交通基础设施项目相继启动或投入运营。2016年11月,巴基斯坦的瓜达尔港正式开航,过去的小渔村正逐步成为备受瞩目的国际化港口和投资乐园。2017年初,中国与印度尼西亚企业签署合作建设的雅加达至万隆高速铁路总承包(EPC)合同,标志着作为"一带一路"重要成果的雅万高铁进入全面实施阶段。2017年上半年,缅甸西海岸的马德岛港、中缅原油管道工程宣告正式投入运行。中缅油气管道项目,是"一带一路"上互利共赢的代表性项目。

二是贸易交流显著增加。截至2017年10月,中欧班列已累计开行3000多列,国内开行城市达27个,覆盖21个省区市,到达欧洲11个国家的28个城市。中国国际航空公司2017年6月份相继开通了北京—阿斯塔纳、北京—苏黎世两条直飞航线。两座城市均位于"一带一路"重要节点。目前,我国与"一带一路"沿线国家已经签署了130多个涉及铁路、公路、海运、航空和邮政的双边和区域运输协定。

三是我国与"一带一路"沿线国家合作机制逐步建立。三年多来,中国与"一带一路"沿线国家共同探寻经济利益的"最大公约数"。由中方发起的亚投行正式开业运营,成员总规模已扩大到70个;丝路基金首批投资项目已正式启动,实际拨付投资金额已达53亿美元。2017年4月23日,世界银行与亚洲基础设施投资银行签署备忘录,为"一带一路"沿线发展

经济注入资金,为仍处于国际金融危机发生后深度调整期的世界经济带来新的发展机遇。

2.国内港口城市积极参加"一带一路"建设方兴未艾

国家发改委等发布的《推动共建丝绸之路经济带和21世纪海上丝绸之路的愿景与行动》对"一带一路"建设从国家层面做出了明确的说明和任务部署,沿海港口纷纷结合自身优势实施对接此项重大国家战略的行动举措,以下是上海、宁波、青岛等港口的对接情况。

上海港。积极创新发展软实力,将"长江战略"思路植入"海上丝绸之路"建设。凭借吞吐量和硬件设施等硬实力发展迅速的上海港积极推动高端航运金融业务发展,打造港航软实力,成立国内首个航运和金融产业基地,吸引船舶租赁、航运保险等市场主体入驻。牵头联合"海上丝绸之路"沿线的国内外港口共同推进"海上丝绸之路"建设,将上海港"长江战略"思路植入"海上丝绸之路"建设。通过"21世纪海上丝绸之路"沿线港口大力发展直达贸易、国际中转集拼等业务。在国际化方面,投资海法港是上港集团在国际化道路上迈出的重要一步,推动了上海港和"海上丝绸之路"港口之间的业务联系。海法港将成为上海港连接欧洲的桥头堡,建立上海港和欧洲之间更加密切的物流网络。

宁波—舟山港。着力将"港口经济圈建设"构想融入"一带一路"。"港口经济圈"是宁波市为承接"一带一路"政策而提出的新构想,重点实施"经贸合作先行区""网上丝绸之路""贸易合作枢纽区"三个新型战略。宁波—舟山港总体上呈现"一港、四核、十九区"的空间格局,结合宁波—舟山港口一体化、浙江海洋经济发展示范区、舟山群岛新区、"三位一体"港航物流服务体系建设,着力推动以宁波—舟山港口一体化为龙头的海港发展,重点谋划和推动舟山江海联运服务中心建设,促进沿海港口资源整合。宁波港陆向对接"丝绸之路经济带",海向连通"21世纪海上丝绸之路",推出了中亚、欧洲铁路集装箱业务,将海铁联运业务伸向了国外。同时,与国际知名码头运营商、航运公司合作,积极在"一带一路"沿线地区寻求海外项目,实施走出去战略。

青岛港。深化港口合作,加速海陆双向布局。青岛港深化与沿线各国港口合作,实施积极"走出去"战略。海铁联运已成为内陆直通该港的"物流高速路",开通了连接日韩、东南亚和中亚五国、贯穿东西的过境海铁联运大通道。通过资本投入、管理输出、业务合作等方式,与沿线国家的港口建立联系机制,深入挖掘合作机遇,积极参与有关地区的港口开发建设、经营管理,在海外寻求新的发展空间。青岛港已与缅甸皎漂港、柬埔寨西哈努克港、巴基斯坦瓜达尔港合作,在贸易往来和信息互换方面增进交流,通过友好港口建设,促进产业集聚,达到联手发展的效果。加速海陆双向布局,沿着"丝绸之路经济带",青岛港积极打造国内的内陆港核心区。在新疆、西安、郑州、银川、兰州进一步布局内陆港。采取开通或加密海铁联运线路以及促进物流增量等方式,逐步构筑起沿"丝绸之路经济带"横穿亚欧、点线结合、港港联动、直通青岛、双向贯通的"陆上大通道"。推进与"21世纪海上丝绸之路"沿线港口实现互联互通,青岛港与滨州港两港联动,跳出胶州湾、布局渤海湾,加快战略布局,完善物流体系,对接"一带一路"及京津冀一体化发展。

以上各港现有的对接措施尚处在不断深化发展中,凭借独特的地理区位和开放载体平台,明确自身在战略全局中的"角色"和"定位",有针对性地提出发展思路和合作方案,值得我们学习和思考。

二、天津港在"一带一路"中的地位

国家发改委、外交部、商务部在《推动共建丝绸之路经济带和21世纪海上丝绸之路的愿景与行动》中指出："一带一路"陆上依托国际大通道,以沿线中心城市为支撑,以重点经贸产业园区为合作平台,共同打造新亚欧大陆桥、中蒙俄、中国—中亚—西亚、中国—中南半岛等国际经济合作走廊;海上以重点港口为节点,共同建设通畅安全高效的运输大通道。我们看到,以上计划除中南半岛的陆路运输外,天津港无疑都处于有利的地理位置。

(一)天津港是陆上丝绸之路和新世纪海上丝绸之路的战略交汇点

天津港坐落在天津滨海新区,是京津冀的海上门户,辐射东北、华北、西北及中西部等地区,连接东北亚与中西亚。天津港是我国唯一拥有直至满洲里、二连浩特和阿拉山口(霍尔果斯)3条大陆桥过境通道的港口,是我国连通新欧亚大陆桥经济走廊和中蒙俄经济走廊的东部起点。天津港通往满洲里、二连浩特、阿拉山口、霍尔果斯的运距短,除去大连离满洲里更近一些外,天津港至4个口岸的运距全部为国内港口最短距离。"一带一路"经济带正是依托亚欧大陆桥和东南亚、非洲以及南欧的海上通道来运行的。

从"一路"看,天津港作为亚欧大陆桥的东部起点、中蒙俄经济走廊的主要节点和连接东北亚海上合作的战略支点,向北构建了"津蒙俄"运输网络,开通了"中蒙俄"国际运输通道;向西打通了"津新欧"跨境物流大通道;开行了天津至白俄罗斯(明斯克)和俄罗斯(莫斯科)的中欧铁路班列;开创了东北亚—天津港—大陆桥—中亚、西亚和欧洲双向多式联运模式,年集装箱海铁联运量和陆桥运输量始终位居我国前列。落实"一路"倡议,天津港支撑意义显著。

从"一带"看,天津港已开辟120条集装箱班轮航线,每月550余次航班直达世界各主要港口,年集装箱吞吐量超过1450万标准箱。其中,向东开放构建了联通日韩的密集航线航班;向南开放构建了联通珠三角、长三角等国内沿海港口的海上大通道,拥有覆盖东南亚、南亚、中东、非洲、欧洲等沿线国家和港口的集装箱远洋航线近50条,全球排名前三位的海运联盟均已在天津港开辟了规模最大的"一带一路"班轮航线,实现了1.8万至2万标准箱船舶周班常态化运行,2016年,天津港运往"一带一路"沿线国家集装箱500万标准箱,位居国内港口领先地位。

从"一带一路"的闭环连接看,天津港处在"路"与"带"黄金交汇的节点上,参与"一带一路"建设具有重要的战略意义。"一带一路"金叉交汇点的地位,为天津港的发展打造了前所未有的新航标,即由海向陆,以陆桥过境通道和海铁联运为载体,打造国际物流的大通道;由陆向海,借助自由贸易试验区优势,推动天津港和天津市与世界友好港口、友好城市开展经贸、文化、旅游、会展、投资等合作,构建覆盖全球主要港口的航线网络;建立起"一带一路"沿线国家和地区为重要节点的海陆双向经贸物流网络,凸显出天津港在"一带一路"上的重要地位。

（二）天津港是"一带一路"沿线中国北方最重要的航运枢纽

根据中国科学院地理科学与资源研究所王成金等专家研究发现,全球存在44个航运战略枢纽,中国的上海、天津、青岛位列其中。研究认为,航运战略枢纽是具有支配性地位和中枢性作用的港口节点,为航运网络的"制高点",是点状形态的战略支点,是众多航线"交汇、衔接"和货物"集散、重组"的区位,是世界主要船舶的必经之地,深刻影响着国际航运市场的运营。天津港能够成为"一带一路"上中国北方最重要的航运枢纽,有以下理由。

一是天津港通向"一带一路"港口的航班较为密集,航运资源高度集聚。围绕共建"一带一路",天津港向东开放,已构建联通日韩密集航线航班;向南开放,构建起联通珠三角、长三角等国内沿海港口海上大通道,拥有覆盖东南亚、南亚、中东、非洲、欧洲等沿线国家和港口集装箱航线近50条,在北方港口中航线最多;全球排名前三位的海运联盟均已在天津港开辟规模最大的"一带一路"班轮航线,实现1.8万至2万标准箱船舶航班常态化运行,在北方港口航班中最密集。开创的东北亚—天津港—大陆桥—中亚、西亚和欧洲双向多式联运模式,年集装箱海铁联运量和陆桥运输量始终位居我国港口前列。

二是天津港国际航运服务功能健全,航运中心功能开始凸显。依托中央定位的北方国际航运核心区建设,天津港加速航运要素聚集。近年来,以东疆航运服务集聚区为载体,发展了自由贸易、融资租赁、航运金融等高端航运服务,积极打造国际航运创新示范区;以北疆南疆航运服务集聚区为载体,发展了大宗商品交易、口岸服务、燃料供应等,积极打造港口转型升级示范区;依托自贸区建设,完善国际中转集拼、沿海捎带、启运港退税、国际船舶登记等航运创新政策,培育了跨境电商、期货保税交割、保税展示交易等新业态,不断创新体制机制,航运市场环境优良。

三是天津港与"一带一路"国家港口有良好的合作关系。近年来,天津港以国际视野谋划发展,以"一带一路"沿线国家重要港口为目标,先后与荷兰阿姆斯特丹港、韩国仁川港、法国马赛港、意大利德里亚斯特港等建立了友好港关系,与新加坡港、阿联酋迪拜港、比利时安特卫普港、德国汉堡港等建立良好关系或签署友好交往备忘录,有效推动了与国际一流大港之间在人才、技术、管理、业务等方面的多层次交流合作,共建港航生态网络、共享港口发展成果,进一步把天津港打造成"一带一路"上现代物流高效的枢纽港。

四是天津港已经成为国际航运企业和国际物流企业重要的合作平台。借势"一带一路"建设,天津港与沿线港口、世界知名航运企业和大物流商、贸易商的战略合作已经取得积极成效。近年来,天津港先后吸引了新加坡港务集团、丹麦马士基、挪威华伦威尔森、香港招商局等数十家跨国大型企业集团参与港口建设和经营,天津港正在推进"津新欧"物流基地、东疆澳洲国际食品园等"一带一路"重点项目建设,打造"一带一路"国家产业合作平台,有力地促进了物流分拨、仓储加工、装备制造、金融贸易、邮轮旅游等业态在港口聚集发展,提升了天津港在"一带一路"中的经济资源配置能力。

（三）天津港是"一带一路"上中国北方重要的国际贸易中心

世界上著名港口多为重要的国际贸易中心,早年的伦敦、马赛、阿姆斯特丹、安特卫普,现在的纽约、东京、上海都具备物流、商流、资金流、信息流、人才流等要素汇集的国际贸易中心功能。经过多年积累,天津港已具有集装箱、矿石、煤炭、钢材、散粮、滚装汽车、原油及制品、液化天然气等176个专业化码头,以及为此服务带来的国际贸易和国际金融服务功能,基本具备了形成"一带一路"上我国北方国际贸易中心的条件。

一是天津港具备国际物流中心的平台功能。近年来,天津港打造了东疆进口商品分拨基地、国际跨境电子商务分拨基地和邮轮物资保税供应基地,拓展了国际中转集拼和矿石保税分拨功能,做大了大宗商品交易规模,打造了具备进口商品分拨、出口商品集散、大宗商品交易功能的国际物流分拨基地;推进了"津新欧"物流基地、东疆澳洲国际食品园等"一带一路"重点项目建设,打造"一带一路"国家生产与流通的合作平台。从规模化、专业化、现代化等多个方面,为"一带一路"贸易中心奠定了基础,提供了条件。

二是借助用好中国(天津)自由贸易区试验区的制度创新优势,天津港具备贸易便利化平台功能。近年来,天津港优化口岸通关环境,协调推进通关通检便利化模式,创新实施了"港口一站通""线上无水港"等港口电子商务项目,推进东疆国家进口贸易促进创新示范区建设,搭建了大宗商品交易市场,推进金融与港口装卸、国际物流等其他业务相互融合发展,进一步提高投资与贸易便利化水平,增强了天津港在"一带一路"国际贸易中的集聚辐射功能。

三是将天津港建设成中国北方自由贸易港势在必行。北京是首都和全国政治中心,雄安是中国最新的改革试验区,天津港是北方门户,是京津冀乃至整个北方的主要口岸,把天津港建设成为中国北方自由贸易港,对拉动北方地区经济社会发展具有重大意义,对"一带一路"建设将是最有力的推动举措。我们深信,经过各方努力,天津港在自由贸易试验区基础上,一定能够建成天津自由贸易港,届时其国际贸易中心的地位会更加巩固和提升。

(四)天津港所依托城市是"一带一路"上的重要产业中心

中亚五国、蒙古、俄罗斯、巴基斯坦、东盟以及阿拉伯国家是"一带一路"倡议中的主要核心合作国或地区。从现有重点合作的产业看,"一带一路"基础设施的建设重点在于公路、铁路、桥梁、隧道等方面。因此,相关配套行业,如钢铁、水泥、工程机械设备、物流仓储及餐饮旅游等行业将迎来不同程度的发展机遇。以天津港为中心,背靠京、津、冀、晋、鲁、辽、内蒙古的产业背景,港口周边滨海新区的临港产业区、南疆工业区、开发区、高新区、自创区等产业基地,可以形成天津港为核心的"港口经济圈",特别是在重化工业、先进装备制造、大物流等行业中,具备在"一带一路"上产业中心的集聚辐射功能。

一是"一带一路"上重化工业的产业中心。津冀的经济特色是重化工业。天津港的南港工业区,以石化、冶金装备制造和港口物流为主导产业,以综合产业和现代服务业为辅助配套产业,与阿拉伯、俄罗斯等石油产出国有大宗石油的长期合作关系。2020年前,南港工业区将建设两套1500吨核心炼化及相关乙烯装置,发展各类原材料共享的石化下游产业,建设石油储备基地,形成国内大型石化产业集群。冶金装备制造产业方面,到2020年,南港工业区接纳天津的部分新增钢铁产量1000万—1500万吨,并大力发展钢铁精深加工和利用钢铁冶金产品为原材料的装备制造业,形成上下游产业链结合的冶金装备制造业产业集群。"天津港口经济圈"完全具备对"一带一路"沿线国家基础原材料的设计生产、精度加工、质量检测等产业中心全方位服务功能。

二是"一带一路"先进制造业研发生产及交易中心。天津是国家定位的先进制造业研发转化基地,天津港具有发展先进制造业的雄厚基础和条件。2017 年 11 月,天津临港工业园《天津中欧先进制造产业园建设方案》获批,园区总体规划面积 194 平方公里,重点发展智能装备产业、新能源新材料产业以及海洋高端装备产业,形成中欧产业园先进制造产业集群聚集区。中欧产业园将建设成为全国先进制造研发示范区、中欧区域合作标杆区、中欧高端产业集聚发展领航区,打造成为京津冀协同发展新引擎、国家级对外产业合作新平台,尤其为"一带一路"沿线国家提供先进的高端装备。到 2025 年,中欧产业园将建成国内领先的先进制造产业园区,重点发展以工业机器人、高端数控机床、智能电网设备、小型低空飞行器(机)为代表的智能装备产业;以氢燃料电池及发电系统、氢能汽车为代表的新能源新材料产业;以高端造修船、海洋工程装备、海水淡化及综合利用成套设备为代表的海洋高端装备产业,形成中欧产业园先进制造产业集群聚集区。

三是天津开发区、天津高新技术产业园区、天津自创区等为天津港提供源源不断的出口货源。以天津开发区为例,利用区位熵值的比较分析方法得出:天津开发区制造业的八大支柱产业已形成较为成熟的集群化发展模式。其中,食品饮料、汽车制造、电子通信、石油化工、新能源新材料等行业产业集中度较高;生物医药行业和装备制造行业发展势头迅猛,产业集聚度正在迅速提高。从集群化发展的规模水平来看,电子通信和汽车制造已经入千亿级集群发展规模,装备制造、食品饮料、石油化工达到 500 亿级规模,生物医药、新能源新材料则已形成百亿级规模。有这样趋于成熟的产业集群为依托,天津港无疑成为天津产业走向"一带一路"的重要平台。

四是构建物流大产业、大通道。近年来,天津港与北京铁路局签署"1＋7"战略合作协议,形成了与神华集团、中外运等央企的战略合作框架,加快构建以港口为核心的海陆双向大物流通道体系;加强与天津渤海化工集团等地方大型国企和知名民企的战略合作,延伸上下游产业环节,做精做优产业链;增强与临港经济区等协同合作,全面推进"一带一路"开发开放向纵深发展。

五是搭建中欧产业全面合作的窗口和实验区。天津临港产业区定位为中欧双边交流合作窗口、中欧产业发展要素集聚平台、中欧科技研发合作基地以及欧洲先进制造产业承接载体,通过重点建设中欧区域经济合作中心、中欧智能制造研究院,建设中欧产业园国际技术展示及转移平台,包括与欧洲合作建设双边交流、科技研发、人才培养、产业转移、标准体系、金融服务等要素资源平台,带动京津冀地区与欧洲开展全方位合作。

(五)天津港所依托的京津二市是"一带一路"上高度开放的国际性特色文化都市

近年来,天津港深入贯彻落实绿色发展理念,推动地产、工程建设、金融、供应链服务等业务向高端高质发展的同时,牢牢抓住国际邮轮市场由欧美向中国市场转移和天津建设对外文化贸易基地的新机遇,创新打造"旅游文化"升级版。邮轮经济被称为"漂浮在黄金水道上的黄金产业",是体现一个国家或地区现代经济发展水平的重要标志,而天津作为历史文化名城和我国北方邮轮经济发展的中心更是发展优势凸显。尤其是天津国际邮轮母港自投入运营以来,吸引了美国皇家加勒比邮轮、意大利歌诗达邮轮、公主邮轮、银海邮轮、水晶邮轮、NYK 邮轮、地中海邮轮等在天津港相继开辟了母港航线和访问港航线,已覆盖日本、韩国和我国台湾、香港等国家和地区的多个邮轮港口,成为世界各大邮轮公司争先辟建亚洲航线的重点港口之一,接待邮轮艘次及旅客人数不断增加。2016 年天津港首次实现全年母港航季运营,接待邮轮 142 艘次,进出境旅客 71.5 万人,分别同比增长 48% 和 65%,成为"一带一路"海上邮轮游的重要聚集地。

邮轮母港是城市的亮丽名片,是天津提升文化国际影响力、彰显现代化国际港口城市的魅力之所在。天津港充分利用地域文化、民俗文化和自贸区政策优势,统筹国际国内两个市场、两种资源,大力推进东疆国际艺术中心、东疆文化街等项目建设,积极打造我国北方对外文化交流服务平台和文化商品展示平台,促进"一带一路"国家地区对外文化贸易和文化交流融合,放大天津对外文化贸易基地服务全球的辐射效应,努力将天津港建设成为中国文化及产品和服务"走出去"的桥头堡,把天津打造成"一带一路"上高度开放的国际性特色文化都市。

天津港距我国重要的历史文化名城首都北京仅 100 多公里,且有高铁、高速公路及航空运输紧密连接。这是天津港借助"一带一路"发展为高度开放的国际性特色文化港口的强大支撑和后盾。

三、天津港在"一带一路"中的作用

(一)天津港是天津参与"一带一路"的重要抓手

在全球经济深度调整和经济格局重组进程中,天津市外贸进出口受到一定制约,传统的欧美等市场壁垒加剧,急需开辟新的腹地市场,开拓货源市场、增强贸易往来和产业互动。预计"一带一路"沿线国家经济总量将为天津解决结构性过剩等问题提供市场空间,从而带动天津港的现代物流、商品贸易等产业发展,特别是应运而起的现代物流、工业、高新技术、贸易等产业园区的建立将助推港口的转型升级,必然成为天津市提升经济竞争力的重要抓手。

一是充分发挥天津港的作用,能使"一带"中的天津港成为撬动中日韩自贸区和亚欧国际经济走廊杠杆效应的重要支点;能使"一路"中的天津港在推动各规格自贸协定的谈判中,有利于掌握区域贸易主导权,带动津冀港口群协同发展,做实"一带一路"上重要国际中转港功能。

二是抓好天津港的"一带一路"建设,能推进天津乃至京津冀企业提升市场竞争力。传统上,天津港经营以货物装卸、物流仓储为主,经营模式单一,业务面窄,服务对象以本国本区域为主。实施"一带一路",强化了港口在贸易活动中的重要地位,突出了天津港"港口经济圈"功能,通过发展现代物流与商品贸易、金融租赁、建设经贸产业园区的重要作用,支持天津港联合能源、交通、航运、贸易、金融、租赁等相关企业,共同构建天津海外物资流通体系,有助于显著提升本市乃至京津冀众多企业的国际竞争力。

(二)天津港"走出去"战略有助于加快"一带一路"建设

"一带一路"的实施,需要以交通运输、现代信息等基础设施的互联互通开路。显而易见,天津港口航运,应当牢牢把握这一历史机遇,把竞争的着力点从国内市场尽快转向国内、国际两个市场,大力发展国际港口合作,积极开展国际贸易、国际物流、国际航运、国际转口贸易以及国际投资。天津港要充分利用国际市场资源,加快自身发展,同时为国内相关产业发展服务。在开拓国际市场中津冀港口可以努力寻求结合点,进行联合作战。

(三)天津港转型升级有利于提升"一带一路"的服务质量

"天津港通过海上、陆上航线网络的构建,形成了一个完整的闭环,其战略支点作用不言而喻。"天津港研究中心龙磊博士认为,天津港应借势"一带一路"等重大发展机遇,进一步加快港口转型升级。为此,天津港在确立建设"世界一流企业"的战略目标举措上,需要进一步转变发展方式,调整和优化产业结构,不断增强对区域经济发展的贡献力和辐射力,进而向第四代港口转型升级。一是"一带一路"倡议支点的定位,标志着未来天津港将由海向陆,以陆桥过境通道和海铁联运为载体,打造国际物流的畅通大通道。二是"一带一路"黄金交叉点的位置,决定了天津港由陆向海的发展趋势,推动港口功能、口岸功能和自由贸易功能向内陆腹地延伸,构建覆盖全球主要港口的航线网络。三是通过与海外港口特别是"一带一路"沿线港口合资合作、经营权转让等方式可以让天津港参与到"一带一路"沿线港口运营管理中,形成跨国港口服务网络,打造具有国际竞争力的全球性码头运营商。四是利用海外港口的优质资源,推进与海外港口和当地的合作,深化双方在港口业务、建设、管理、科技等相关领域的高层次、多渠道、全方位交流合作,提升合作层次,从而实现优势互补、合作共赢,加快天津港国际化的进程,最终实现港口企业效益最大化和效率最优化。五是通过积极参与海外投资经营,提升天津和天津港在国际上的影响力,吸引国际上更多国家或地区的港口与天津港开展合作对接和贸易往来,这将会给"一带一路"沿线国家的企业带来更多的合作项目,从而使天津港成为名副其实的资源配置枢纽。

(四)天津港融入"一带一路",有利于加快打造陆上和海上两个经济走廊双向开放平台

从港口辐射面看,通过港口的聚集效应和扩散效应,带动港口辐射范围的不断扩大,是经过从点到圈、从圈到线、从线到带、从带到面的过程,对区域经济具有很强的辐射带动作用。

近年来,天津港着力建设国际多式联运通道,同时优化内陆腹地"无水港"布局,逐步建立起了以丝绸之路经济带沿线国家和地区为重要节点的陆向经贸物流网络。天津港着力加

大集装箱航线开发力度,积极推进"港口一站通"项目,配合口岸单位创新监管模式,加快向全球资源配置枢纽转型升级。"一带一路"将加快推动港口经济圈范围的扩大,以点带线,以线带面串起连通我国中西部、中西亚、北非、欧洲等各大经济板块的陆上经济走廊,构建形成面向太平洋和印度洋的海上经济走廊。天津港成功新开辟了现代东南亚线、东方海外东南亚线等6条集装箱班轮航线,促成了西非线、欧洲线、地中海线等多条国际集装箱班轮航线的运力升级和舱位扩容,开发了"美国—中国—蒙古国"商品车和"韩国—中国—蒙古国"大客车海铁联运过境运输业务,与北京铁路局合作创新开展了"批量零担货物快运"服务,开通了西安一站直达天津的"特需班列",全面推动了集装箱海铁联运业务的升级发展。另外,天津港加快推进港口铁路基础设施建设,建成并投入运营了京津冀首个海铁联运综合性集装箱铁路枢纽"中铁天津集装箱中心站",开行了天津新港北至广州和包头的货运班列。据统计,2017年上半年,天津港累计完成集装箱海铁联运量15.1万标准箱,继续保持了同比22.5%的高速增长。天津港已经成为面向"一带一路"上的陆上经济走廊和海上经济走廊的双向开放平台。

也应看到,天津港在参与"一带一路"建设中,仍存在不少制约因素。其突出表现:一是港口货源结构不合理,散货比重较大,集装箱比重较小,不符合国际物流趋势。二是集疏运体系不完善,缺乏西部和港区的专用通道,铁路运输比例过低,海铁联运优势不充分;公路中跨省接口较多,缺少疏港专用通道,进出港货运车辆排队时间长、效率低、成本高。三是航运现代化服务体系相对滞后,航运市场、航运金融规模小,航运中介服务主体少。四是港口基础设施功能和服务效率有待提高,深水航道和高等级专用码头需要加快建设。五是港口政企不分和多头管理依然存在,港区和码头、航道建设仍然缺乏统筹规划和合理布局等。

四、强化和发挥天津港在"一带一路"中地位与作用的对策建议

(一)构建日韩—津—欧大通道,延伸丝绸之路经济带范围

开通日韩—津—欧大通道,可以推动丝绸之路经济带向东部沿海延伸,促进海上丝绸之路向中西部地区拓展,加快海陆双向衔接,更好发挥天津港作为"一带一路"双向桥头堡的重要功能。目前,由于相关手续的复杂和运费偏高等因素,日韩大部分货物放弃我国的欧亚大陆桥,选择通过西伯利亚大陆桥运输。为此,要争取到韩日出口欧洲的货源,形成国际竞争优势。一要调整运输价格,降低运输成本。必须按照国际运输市场的要求制定运输价格,根据国际运输市场的变化,充分考虑各方利益的平衡,定期协调各国各环节的运输费率。尤其是目前阶段,应该向海运部门和铁路部门争取到优惠运价政策,培养和鼓励日韩企业利用日韩—津—欧大陆桥通道运送进出口商品。二要加快设备升级,缩短口岸滞留时间。比较西伯利亚大陆桥,途经我国的欧亚大陆桥在口岸换装常常需要滞留3—5天,这就削弱了后者的地理优势。因此,必须推动实现运输信息预报制度,建立专门信息服务窗口,减少口岸滞留时间,提高通关效率,增强对日韩客户的吸引力。三要改善服务水平,加大宣传力度。要发挥我市综合承载力突出的优势,整合海关、金融、港口、铁路、综合信息等方面功能,提供及

时快捷的服务保证。同时利用各种渠道,向日韩企业宣传日韩—津—欧大通道优势、举措和优惠政策。

(二)积极探索和开辟从天津港经俄罗斯远东和北冰洋至欧美大陆的新航线

2018 年 9 月,马士基航运集团一艘集装箱轮船由俄罗斯符拉迪沃斯托克港穿越白令海峡,绕过俄罗斯上方驶向圣彼得堡的北极航线试航成功。随着全球气候变暖,以及日、韩、朝鲜与我国关系的缓和,俄罗斯与我国合作开发远东地区,东北亚经北极航道至欧美沿线呈现巨大的航运市场潜力,东北亚北部远东—北极国际航线的开发将成为"一带一路"的重要组成部分。天津港作为我国北方最大的国际港口,应当联合有实力的航运企业,大胆探索,创造条件,在开辟这一航线上抢占先机、走在前面。

(三)完善集疏运体系,巩固枢纽港地位

从国家战略层面,天津港应该打造成贯通港腹的交通运输系统,强化欧亚大陆桥口岸地位,形成"一带一路"综合运输体系的重要枢纽。一要大力发展"西进"铁路的规划建设,发展大路桥运输。提高天津至满洲里、二连浩特、阿拉山口等路桥的运输规模和效率,扩大与路桥沿线国家和地区经贸与物流合作,进一步完善直通腹地的广泛的铁路运输通道,重点建设津—保—张—呼—包和津—保—太—中—银集装箱通道,形成天津港与张呼包、太中银两条后方城市带的快捷物流通道。

从区域经济层面,天津港应该继续拓展无水港网络,完善大通关制度,形成腹地全覆盖,打造北部地区以天津港为中心的区域物流体系。一要强化港腹通道。完善周边城市和主要产业园区的区域集疏运网络,切实保障北京方向的 3 条高速公路,秦皇岛和承德方向的 3 条高速公路,沧州方向的 3 条高速公路,石家庄方向的 2 条高速公路的集疏运能力。二要构筑环渤海内支线运输网络。加强港航联盟、港际合作,促进天津港与秦皇岛港、唐山港、锦州港、营口港、黄骅港、滨州港、东营港之间的衔接与合作,构建以天津港为核心的环渤海内支线系统,支持环渤海其他港口发展集装箱业务,提高天津港的中转比例。

从城市发展层面,针对天津港集疏运系统在通道布局、运输结构等方面存在的问题,应该强化天津港在国家综合交通体系中的枢纽港地位,构建相对独立、互不干扰的公路和铁路系统。一要实施车辆分流机制,提高公路运输效率,从而使进入和离开港口的道路交通对附近城市区域产生的交通和环境影响降到最低。二要梳理交通拥堵节点,对部分拥堵严重的疏港主干道实行大型货车禁行和按时限行等行政手段,辅以灵活的价格杠杆,对重型货运车辆实行弹性收费,引导集卡、拖挂等大型货车放弃拥堵路段,合理调节车流,做到充分合理的利用高速公路资源。三要考虑邮轮母港的交通问题。随着邮轮母港的旅客人数不断增长,天津港应该安排开设由邮轮母港开往天津机场、滨海高铁站、滨海地铁站等主要交通枢纽的公交线路或者接驳车辆,以解决游客的交通问题。

(四)进一步提升基础设施能级,夯实港口发展基础

当今世界航运业船舶大型化步伐加快,40 万吨级矩形矿砂船和油轮已经投入运营,

1.8 万标准箱的集装箱船已经下水。天津港应顺应国际航运业船舶大型化、专业化发展趋势,加快提升港口基础设施能级,提高天津港主航道的通航能力,使 40 万吨级船舶和 1.8 万标准箱的集装箱船能够双向航行。积极策划建设煤炭、散货、液态天然气等高等级专业化码头,提升码头承载能力,改造完善信息系统,提高作业效率和服务水平,进一步巩固与强化世界一流大港地位。

(五)进一步发展临港产业,打造高端服务商务区

国际航运中心建设需要相关的金融、保险、商业、信息、代理和口岸服务等现代化服务体系的支持,它是衡量港口综合竞争能力的主要标志。建成"一带一路"航运和贸易中心,还必须加快完善航运服务体系,营造良好的航运发展环境。进一步拓展产业链和供应链的上下游,更深层次地参与区域经济发展和产业结构调整,形成功能完备的综合型港口。加快商业、贸易等生产性服务业,加快推进邮轮码头免税商场的建设,促进码头运输与其他产业的有机结合。积极为各类企业提供贸易、金融、代理、法律、设计、咨询等服务。利用滨海岸线资源,发展邮轮游艇、免税购物、休闲娱乐、度假观光等综合性配套服务,构建天津东部沿海时尚商圈,聚集人气、吸引人才。加快国际中转、国际配送、国际采购、航运融资、航运交易、航运租赁、离岸金融等服务功能落地。为此,应重点建设几个各有侧重的航运商务区:一是于家堡—北疆—新港航运服务商务区,在现有条件基础上,重点开展航运金融、航运保险、海事仲裁以及技术支撑等依托企业总部的高端服务。二是东疆航运服务产业区,在东疆自贸区基础上,重点发展船舶注册、船舶经纪、航运咨询、海事保险、航运管理、海损理赔等一线航运服务功能。

(六)加快智慧港建设,优化航运软环境

主要包括管理水平、诚信体系和公共信息平台建设。一是深化口岸服务等行政管理体制改革,积极推进"一份清单管边界""一颗印章管审批""一支队伍管执法""一个号码服务全程",加快转变港口管理职能,不断完善政策法规环境,推进天津港口岸监管机制创新。二是借鉴上海港经验,建立完备的诚信体系,培育诚信企业,建立标准体系和信用评级机构。三是加快用大数据、互联网技术改造港口业务流程,构建统一的公共信息平台和统一的货物运输信息平台,连接码头、货代、港口、铁路、海关等相关用户,通过网上办公传输有关海运陆运信息,处理运输中有关的电子单证,实现铁路、海关、商检、贸易等部门的海铁联运和相关数据的共享,为客户提供准确及时的信息服务,使海铁联运货物的包装、装车、运输、编组、换装、保管、配送等一系列流程无缝衔接,简化各种手续,缩短货物滞留时间,降低企业成本。

(七)进一步创新经营模式 加强沿线港口间合作

加强京津冀地区以及海上丝绸之路沿线港口间合作,整合港口资源,探索交叉持股等多种形式的港口合作模式创新,研究建立区域航道、锚地等公共水域资源共享共用机制,避免重复建设甚至无序的恶性竞争,实现错位协调发展。不断探索海关特殊监管区域制度创新,积极推进东疆保税港区、自贸区、保税区、出口加工区等海关特殊监管区的功能、政策、监管、和法制等方面的整合以及体制机制创新,加快向自由贸易港的转型步伐。继续在中西部地

区、东北地区发展无水港,加强港区联动,精简口岸手续,打造数据交换和信息资源共享平台,简化口岸行政手续,最大限度地发挥天津港对腹地地区的辐射带动作用。

(八)加强港口人才引进培养,增强智力支撑

天津港作为"一带一路"沿线上的航运中心、贸易中心、产业中心,不仅需要码头、航道、设施等硬件和政策、法规、制度、信息平台等软件的支撑,同时需要大量中高端人才的智力支撑。要建立良好的高水平的人才环境,建立完善的港口培训和科研体系以满足天津港发展的需要。重点培养航运管理、物流规划、港口建设、航运法律等相关人才和复合型人才。可借力京津冀等地的智力资源,积极出台引进人才配套措施,营造良好的生活条件和便利的工作条件,使天津港成为相关人才的集聚地。建议成立天津港人才引进基金,专门用于高端人才的培养和奖励。建议天津港与天津科技大学、天津海运职业技术学院等高校合作开展港口相关专业的联合办学,以培养天津港发展需要的各类专门人才。

本文参考文献

[1]刘华芹:《贸易畅通与发展:"一带一路"建设的基点》,《光明日报》2015年10月29日16版。
[2]商务部综合司:《贸易畅通:"一带一路"建设的重点》,《求是》2017年第11期。
[3]王成金:《航运枢纽的研究》,《中国科学院院刊》2017年第6期。
[4]交通运输部水运科学研究院、天津港航发展研究中心:《北方国际航运中心发展报告2013》,2014年7月。
[5]李光春:《天津建设北方国际航运中心研究》,《天津市"十三五"重大研究课题汇编四》,2015年。
[6]王华峰:《天津参与丝绸之路经济带和海上丝绸之路建设研究》《天津市"十三五"重大研究课题汇编一》,2015年。

(作者:刘东涛、李胜毅、张新宇,此文系2017年天津市经济社会发展重大应急课题:TJZD17-059,2017年12月成稿,2018年9月修改定稿)

天津港海外投资的影响因素及应对策略
——以巴基斯坦瓜达尔港为例

开展港口海外投资合作是复杂而重大的战略性项目,在战略决策及具体对策选择上涉及多方面的影响因素,既要考虑决策的未来效益,更要充分评估项目的具体风险。这种战略决策分析必须建立在科学、系统、全面的基础上。"SWOT"战略选择工具为开展相关决策分析提供了较为科学、可靠的分析框架。这一分析框架可以全面涵盖港口海外投资战略决策涉及的内部优势(S)、内部劣势(W)、外部机会(O)、外部风险挑战(T)四方面因素。同时,通过矩阵分析,就最优策略选择形成清晰的有针对性的分析结论。

为更加有针对性地阐明相关问题,我们选择以巴基斯坦瓜达尔港作为案例分析对象,围绕天津港与瓜达尔港海外投资合作问题展开具体的案例分析。需要进一步说明的是,选择瓜达尔港作为案例分析对象的合理性在于:第一,巴基斯坦瓜达尔港是较为典型的"一带一路"沿线国家港口,在地理区位、国家背景、产业特征等方面本身具有一定的代表性,能够较为充分说明相关问题。第二,基于巴基斯坦瓜达尔港特殊的运营开发现状,其未来具有一定的投资价值,本身就可以纳入未来天津港海外投资的选择范畴,以此作为案例分析兼有提供可行性研究建议的效果。

一、瓜达尔港基本情况概述

瓜达尔港是巴基斯坦的第三大港口,位于巴基斯坦巴俾路支省西南端,紧扼巴基斯坦通往波斯湾和阿拉伯海的大门,区位优势明显,战略意义突出。2013 年 5 月,中国海外港口控股有限公司(以下简称中海外公司)全面接管了瓜达尔港及自由区的开发经营权。目前,该港已建有 3 个 2 万吨级多用途码头泊位(预留 5 万吨级),中远集团停靠瓜达尔港的远洋航线已经开启运营。同时,瓜达尔港已启动建设面积 923 公顷的自由区。目前,自由区一期工程已经启动,港口周边基础设施建设也在加紧推进之中。

基于优越的地理位置及国内资本的有效注入,未来瓜达尔港的战略设计与功能定位主要体现在:第一,瓜达尔港是中巴经济走廊的重要战略端点,其战略定位首要的是辐射和服务于巴基斯坦内陆经济的发展,未来将成为中巴经济走廊的重要进出口口岸。第二,瓜达尔港与其自由区紧密结合,在功能定位上将实现贸易转口港、临港工业区以及自由贸易港(区)三位一体,未来将发展成为集海运、商贸、工业、保税、中转等功能为一体的综合型港口经济体。第三,瓜达尔港基于其区位优势,未来有望成为立足中巴,面向中西亚,辐射非洲的亚非欧海上丝绸之路的重要物流节点与转运中心,特别是将为上海合作组织内陆国家提供新的出海口。第四,着眼于港口对跨国产业转移的战略支撑作用,未来瓜达尔港有望成为中国企业开拓中西亚以及非洲市场,特别是为参与中东有关国家战后重建提供战略基地。

目前,中海外集团正加紧寻求与国内港口及相关企业的合作,以全面深化瓜达尔港的开发建设。

二、关于两港合作的内外部影响因素分析

(一)天津港的内部优势

结合上文的分析,天津港的内部优势主要集中在以下几个方面:一是港口技术优势。天津港无论在港口基础设施建设方面,还是在装卸作业、物流管控、信息化等方面都拥有世界先进的技术水平、经验积累以及创新能力。二是综合服务优势。作为国际化综合性港口,天津港的综合服务能力较强,业务范围十分广泛,在货代、航运、保税、通关等一系列环节拥有较强的国际贸易与航运综合服务能力。三是城市配套产业优势。天津港依托天津这座历史

悠久的工商业大城市,特别是发展势头强劲的滨海新区,拥有丰富的配套产业资源,基本形成了港城互动、相互支撑的发展格局,加之广阔腹地的产业体系,形成了较为完整的产业配套系统,有效支撑了天津港的多元化、综合化发展。四是自贸区优势。这是天津港目前的核心优势之一,为建设开放型经济体系,融入全球化航运及相关产业链提供了一般港口无法比拟的政策优势条件。五是物流网络优势。天津港已开辟大量国际航线,与国际主要航运公司建立深度业务合作及战略合作关系,同时在内陆无水港建设、保税物流业务等方面开拓多年,具有丰富的全球性物流管理经验。六是企业资本优势。天津港集团本身企业规模较大,同时在上海和香港上市,在资本运作方面具有很大的实力和便利。七是开发区建设管理优势。天津港所在的滨海新区在保税港区、开发区建设方面拥有丰富的经验,特别是天津经济技术开发区已参与入股建设埃及苏伊士经贸合作区,为海外开发区建设提供了可参考的经验。

(二)天津港的内部劣势

目前,天津港的劣势主要体现在:一是从国际海运航线角度来看,地理位置不占优势,与国内其他港口,特别是南方港口相比,天津港距瓜达尔港航线距离更远。同时,受地理位置影响,腹地经济水平不占优势。二是天津整体企业的市场活跃度较低,受民营企业不发达等因素制约,企业的整体投资经营缺乏内在冲动和灵活性,特别是海外投资意识不强,对于海外投资机遇的敏感性、积极性不高。三是信息相对缺乏,目前天津港以及天津整体相关行业对于瓜达尔港建设以及招商引资情况还不是十分了解,缺乏有关的信息交流,影响了企业决策。

(三)外部机会

当前,两港合作具有极好的机遇条件。综合而言,主要包括:一是国家战略及政策支持。"一带一路""京津冀协同""滨海新区开发开放与先行先试"等重大战略的实施,为天津港走出去参与瓜达尔港建设提供了基本的政策保障和战略机遇。二是潜在市场和产业机遇层面。中巴经济走廊建设为国内企业提供了广阔的市场需求空间。三是经营业态契合。瓜达尔港及自由区产业规划与天津港经营的主业相互契合。这为天津港扩展海外产业发展提供了空间。瓜达尔自贸区是巴基斯坦首个自贸区,产业涵盖基础设施和商务建筑、集装箱货运站、仓库、集散和物流中心以及加工和制造业。四是投资软硬环境。目前瓜达尔港及自由区已经具备基本的投资商务环境保障,同时在招商条件方面具有一系列难得的优惠政策,为天津港及天津相关企业参与开发建设提供了良好的优惠条件。为了鼓励国内外投资者到瓜达尔投资,巴基斯坦政府专门为投资者出台了有关能源保障、减免税收、一站式服务等优惠政策。例如,瓜达尔自由区内对企业免税 23 年,自由区进出口零关税政策持续 40 年。同时,中海外公司作为瓜达尔港总运营商也为赴瓜达尔港投资的企业提供优惠的土地、厂房租金条件,还提供投资、咨询、法律、签证、公司注册、市场开发等公共服务,并和巴基斯坦当局合作提供必要的安全保障,从而创造安全、优惠的营商环境。

(四)外部挑战及风险

目前,天津港参与瓜达尔港建设主要面临着以下外部性挑战及风险。

一是面临海外商业投资,特别是基础设施建设投资的一般商业风险,包括投资周期风险、未来航运市场以及国际贸易市场形势变化风险、汇率风险等。

二是瓜达尔港及自由区目前产业基础较差,短期内市场规模有限,所需产业层级较低。

三是瓜达尔港建设运营实际刚刚起步,与国内港口间航运班次较少,目前瓜达尔港与天津港之间只有一个定线不定期航班。而且国内其他港口已先行一步进行优势产业布局,未来瓜达尔港及自由区将重点发展商贸物流产业。而 2015 年 10 月,珠海港集团已与中海外签署了 65 亿元的合作建设港口协议,珠海华发集团与中国海外签署合作建设中国商品展示交易中心协议,协议涉及项目金额 10 亿元,国内其他港口的先期进入给天津港参与瓜达尔港开发建设的产业空间造成了一定限制。

三、基于"SWOT"矩阵的应对策略选择

根据以上各种因素的分析,我们绘制相应的"SWOT"矩阵,并根据矩阵象限关系,分别提出应对策略,具体见下表。

两港合作策略的"SWOT"矩阵

外部	策略选择	内部
	优势(Strength)	劣势(Weakness)
	1. 港口技术优势 2. 综合服务优势 3. 自贸区优势 4. 城市配套优势 5. 物流网络优势 6. 企业资本优势 7. 开发经验优势	1. 地理位置不利 2. 市场活跃度低,"走出去"意识还不强 3. 8.12 事故影响尚未消除 4. 信息缺乏
机会(Opportunities)	SO 策略选择	WO 策略选择
1.国家战略及政策支持 2.中巴经济走廊建设市场需求 3.瓜达尔投资商务环境保障 4.瓜达尔港产业规划契合 5.招商条件优惠	1.积极参与瓜达尔港港口基础设施建设及经营管理,提早进行产业布局,抢占发展先机 2.积极开展港口业务对接,探索"境外关内"通关管理模式对接 3.依托港口合作建立一揽子合作框架 4.发挥天津优势工业基础、产能基础、开发区建设基础,在港口合作的基础上向更广阔领域延伸合作	1.建立高层对接,强化顶层推动 2.合作搭建本地招商推介平台,扩大项目推介力度

外部	策略选择	内部
风险(Threats)	ST 策略选择	WT 策略选择
1.投资周期长 2.产业基础较差,规模有限 3.港口建设刚刚起步 4.国内企业已先行一步 5.地缘政治风险	1.着力布局物流产业,在自由区规划建设物流产业园区,着眼商品展示以外的商贸物流产业链环节,特别是具有优势的冷链物流项目 2.借力已有商贸产业平台,谋求借助珠海—瓜达尔商品贸易展示项目,打造东北亚商品交易板块 3.谋求与国内相关产业优势企业以及巴基斯坦当地相关物流企业建立联盟关系,合作开发相关产业项目	1.借助两港合作之机,在天津联合政府、行业协会等力量建立天津企业海外投资与基本保障服务平台,推动本地企业走出去 2.联合国内外航运企业,增开两港航班

四、推动天津港拓展海外投资和国际化经营的建议

(一)总体思路

以"一带一路"实施为契机,强化战略聚焦和战略转型,推动天津港拓展海外投资和国际化经营,围绕加快建设国际枢纽型、绿色安全型、智慧服务型港口,加快推进津冀港口群协同发展,加快发挥天津新亚欧大陆桥经济走廊重要节点及海上丝绸之路战略支点作用等核心使命,立足于天津作为港国际航运服务、自由贸易区及物流产业优势,以实施国际化战略打造全球物流产业链为着眼点,以"一带一路"沿线国家、地区港口为优先合作对象,梯次推进天津港全球化物流产业链布局及自由贸易区对接,构建更加国际化的港口经济体系,使天津港成为连接环渤海乃至东北亚区域与"一带一路"沿线国家地区的海上枢纽性节点,为天津建成北方国际航运核心区提供有力支撑。

(二)基本原则

第一,坚持国家战略利益与地方利益兼顾的原则。推动港口海外投资和国际化经营要符合国家"一带一路"倡议实施要求,符合国家总体利益。在具体实施中,要以国家总体战略需要和整体利益为重点考虑因素,同时兼顾地方利益和企业自身利益,寻求有效的合作机制和项目,实现二者利益的有机结合。

第二,坚持相关各方利益相互协调,实现共赢。开展港口海外投资合作,特别是与"一带一路"沿线国家地区港口合作,必须考虑经济合作的政治和社会背景,在合作方式、合作领域的选择上,既要遵循基本市场经济规律,同时要充分考虑合作项目的政治效果以及在当地的社会效益,有效规避各种政治风险,充分实现各方、各种利益相互协调,寻求最佳结合点,实

现合作共赢。

第三,坚持政府推动和企业市场运作相结合的原则。在港口海外投资问题上,政府要积极发挥引导和保障作用,为港口间的合作搭建必要的平台,提供必要的政策保障。同时,在具体运作上要强调发挥市场机制的作用,由企业按照市场规则、运用市场手段开展具体合作对接。

第四,坚持陆海统筹原则。开辟远洋新航线与加强陆桥建设并进,贯通东西南北,从天津港向海通过港口物流网络布局与南亚、阿拉伯、非洲、地中海直接相连;要进一步加强和完善陆桥功能,可通过欧亚大陆桥与我国新疆、中亚、欧洲相贯通,真正形成物流、贸易国际大循环。

(三)重点工作建议

基于以上分析,我们认为,推进天津港及天津市相关产业与瓜达尔港的合作与对接需要政府提供基础性服务,特别是建立前期对接渠道和投资促进平台。为此,围绕近期重点工作提出以下具体建议。

1. 增强政府和企业的国际化意识,谋划全球战略布局

要站在国家全球战略的高度谋划区域港口群可持续发展战略,增强"一致对外、协力发展、合作共赢"的区域整体意识,积极主动融入国家战略,充分利用国际、国内两种市场资源,加快地区经济发展,积极打造港口、航运产业全球物流网、供应链,推进区域港口、自贸区与国内外市场的相互开放和互联互通。

天津港要把目光投向海外市场,特别是瞄准全球产业转移的热点区域,通过延伸物流产业链,直接参与海外港口码头经营,建立贸易合作机制等方面,实施海外投资与业务扩展战略,从而承接、获取全球产业转移红利,规避国内产业结构调整阵痛。这可以成为天津港应对新常态下国际贸易、航运结构性调整的重要突破口。

2. 分阶段建立相应的政府引导、推动工作机制

在引导港口企业战略转型初期,建议政府通过规划引导、政策鼓励、融资扶持,推动天津港集团及相关港航企业在南亚、西亚、非洲、拉美等沿海国家选择适宜港口,利用兼并、控股、参股等形式进行战略投资,增强在"一带一路"中的支点地位和作用。可以考虑,在天津联合政府、行业协会等力量建立天津企业海外投资与基本保障服务平台,为本地企业开展海外投资提供商务、融资、咨询等综合性服务,帮助其有效控制投资风险,从而推动本地企业加快实施"走出去"战略。

在具体投资项目初步明确后,建议搭建高层推动、上下联动合作推进机制。积极争取相关部委支持,力争将相关合作项目纳入国家发展重大项目,实现高层互动、部委推动、地方联动的工作推进格局。同时,可以考虑由天津市政府层面与项目合作港口所在国家城市签署城市间意向性战略合作协议,为推动有关具体工作的开展提供框架性指引和实施依据。

在具体投资项目顺利开展后,建立一个天津市层面的跨部门联合推动工作机制。可以考虑由主要负责部门牵头,与市其他相关具体部门、行业协会、港口企业协同推动工作。同时以召开项目宣介会、对接会、投资促进会等各种形式,推动相关领域产业深化合作。

3.进一步完善津冀港口海铁联运体系

围绕"三桥三口岸"已有铁路通道基础,分类规划铁路网络,提升铁路运力,合理分配货运通道,重点打造河北诸港大宗货物和资源类货物的铁路专线。以天津港为核心,重点打造集装箱班列货运体系。进一步统筹发挥已有西部无水港公路物流通关体系,作为港铁联运的补充以及丝绸之路经济带在我国西北地区的毛细延伸。津冀港口及所在的天津、河北两省市,应当顺势而为,协力参与"一带一路",积极争取国家支持,将港口陆路集疏运通道建设纳入"一带一路"建设之中。

4.组团开放,增强国际投资竞争力和谈判能力

在拓展海外投资和国际化经营过程中,要积极建立企业联合、强强联合的经营机制,增强自身的国际投资竞争力和谈判能力。

一是津冀港口组团开放"走出去",包括发挥渤海津冀港口投资发展有限公司等港口群协同发展平台,实现组团开放,增强津冀港口群在全球航运网络体系中的话语权,实现港口群内外协同发展。

二是天津港与天津开发区、保税区、高新区、自贸区、外贸等部门的企业组成地方军集团联合开展海外港口及相关产业园区投资合作。

三是天津港与国内外相关交通航运企业,或能源、金融、互联网企业实施组团开放,协力开展"一带一路"沿线海外投资,开拓海外市场。可以重点考虑:(1)与铁路、海运、石油等领域有关企业组成集团联合参与海外港口建设和经营,包括与中远等航运企业以及中海外股份有限公司等海外投资企业合作开发;(2)积极吸引国际航运巨头合作,增加国际航线,强化同日韩重点港口城市合作,扩展海上腹地;(3)与相关海外港口所在国本土物流等相关行业龙头企业联合,共同开发相关产业项目。

(作者:刘东涛、张新宇、王永威,此文系2015年国家发改委国际合作委托项目《发挥天津优势,积极推进天津港与巴基斯坦瓜达尔港合作发展研究》的一部分,2016年3月修改定稿)

优化港口资源配置 构建竞争力强大的津冀港口群

党中央、国务院将京津冀协同发展作为国家重大发展战略,为京津冀地区可持续发展提供了千载难逢的历史机遇。近年来,京津冀认真贯彻习近平同志讲话精神,协同合作发展迈出可喜步伐。与此同时,发展中尚存在诸多矛盾,三省市在参与规划和共同发展中的博弈亦很激烈。其中,津冀港口资源配置不合理、各港口之间的恶性竞争尚未得到有效遏制就是一个突出表现。《京津冀协同发展规划纲要》(以下简称《规划纲要》)的出台,进一步明确了京津冀协同发展的总体要求、定位布局、重点推进领域以及相关任务等一系列重大问题,标志

着京津冀协同发展战略从统一认识、战略研究和规划编制进入全面实施阶段。本文认真学习贯彻落实习近平同志重要讲话和《规划纲要》，就优化港口资源配置、构建现代化的津冀港口群问题，略述己见并提出政策建议。

一、优化港口资源配置是京津冀协同发展的有力支撑和重要抓手

（一）优化港口资源配置对推动京津冀协同发展有牵一发动全身的意义

港口发展不仅是牵动京津冀交通体系等一系列重大问题的关键点，更是服务区域空间和产业布局的着力点。由于港口是国内、国际两个市场的重要节点，通过津冀港口资源整合、优化，实现港口协同发展，有助于打开津冀沿海区域整体协同发展，进而带动内陆地区对内对外开放的新局面。具体而言，一是有利于更好地推动京津冀交通一体化建设，充分发挥港口在交通物流领域的枢纽作用，以港口群协同发展推进区域港口集疏运交通体系的完善；二是有利于以港口协同发展带动港口产业合理分工和区域生产力合理布局，优化津冀沿海地带临港产业结构，共同打造沿海经济带；三是有利于发展和完善区域市场体系，通过合理发挥各港口比较优势，推动各类大宗商品交易市场和专业化交易市场建设；四是有利于提升区域整体对外开放水平，通过港口资源优化配置，使港口群对外开放岸线得到合理开发、充分利用，使保税港区、自由贸易试验区等特殊政策优势得到有效分享，从而为京津冀对外开放提供更便利的贸易条件、更完善的物流服务、更优惠的政策优势，发挥其作为国际、国内两个市场资源配置的枢纽作用；五是优化津冀港口资源配置也为天津港实现转型升级提供了良好机遇，有利于进一步确立其区域枢纽港地位，突出天津港核心业务优势，推动港口产业业态升级，提升港口整体运营效率，增强北方国际航运中心对外竞争力。

（二）京津冀协同发展需要强有力的港口群优势来带动

从面向 21 世纪中叶的发展任务来看，京津冀协同发展的一个重要目标是要建成世界级城市群，成为与长三角、珠三角实力相当的中国经济第三增长极。港口作为发展外向型经济的关键要素，是服务城市发展的重要基础设施，对于所在城市及周边发展具有重要的支撑和带动作用，是辐射和带动区域发展的前沿枢纽。拥有丰富的港口资源，特别是自由贸易试验区，这是京津冀城市群发展的重要比较优势和核心战略资源。要实现京津冀协同发展的战略任务，就要充分激发这一资源的效率和效益，发挥其引擎作用。通过港口群的协同发展，打造发达的港口物流服务体系，共享群内自由贸易试验区优势，从而推动京津冀城市群发展。

（三）打造现代化的津冀港口群必须优化港口资源配置

基于京津冀协同发展的战略目标，未来津冀港口群要着眼于服务区域整体发展需求，要与京津冀城市群的发展定位和生产力空间总体布局相适应。因此，各自为政、主要依靠扩大投资增加产能、追求吞吐量增长并以此论实力的港口发展模式将不再适用。未来津冀港口群要做大做强，必须以协同发展、提升效益为根本，通过港口资源整合、优化，实现港口群合

理分工、合作共赢、合力发展,使各港口比较优势得以充分发挥,共同实现转型升级,从整体上提升津冀港口群的物流服务能力、腹地扩展能力、产业资源配置能力以及国际航运地位。同时,优化港口资源配置,实现港口群协同发展也是应对国际航运业船舶大型化、航运企业联盟化发展趋势的必然要求;是响应国家提出的港口转型升级发展政策导向的必然选择。

二、津冀港口群资源利用中的突出问题和原因分析

(一)目前存在的突出问题

各主要港口功能定位和产业分工亟待调整优化。近年来,河北省各港口纷纷谋求功能定位的突破和产业规模的扩张。2017 年,河北省出台了《关于加快沿海港口转型升级为京津冀协同发展提供强力支撑的意见》,提出打造环渤海第一大港口群和重要港口商贸物流枢纽,并将秦皇岛港、唐山港京唐港区、唐山港曹妃甸港区定位为国际性综合大港,黄骅港定位为区域性综合大港,同时在临港产业方面规划了化工、装备制造、钢铁、物流、加工、高新技术等产业。这样导致河北诸港与天津之间在港口功能规划上产生冲突,在临港产业规划上出现重叠。

发展中缺乏高层协调机制,无序竞争导致资源浪费严重,不能有效形成核心竞争力。津冀港口群各主要港口位置临近、分布集中、腹地高度重叠,彼此竞争十分激烈。由于缺乏高层协调,导致竞争层次较低,重复建设问题严重,整体核心竞争力不强。

一是港口竞争高度集中于散杂货领域,比拼吞吐量成为竞争着眼点。目前,各港口对货源的竞争高度集中于矿石、煤炭、钢铁、油品等大宗散货领域。激烈的同类竞争,导致各港口纷纷加大对货源的争夺,对码头吞吐能力的扩建,在比拼吞吐量的同时,港口整体经济效益提升缓慢。

二是在外贸运输,特别是集装箱运输业务领域,缺乏内支线相互喂给,未形成协同发展合力。一方面,天津港作为地区综合枢纽港的航线资源优势、中转加工优势、保税港区优势在港口群内部没有得到充分的分享利用。另一方面,唐山港曹妃甸港区、黄骅港绕开天津港,积极与大连港开展集装箱外贸内支线业务,成为津冀港口群外部竞争者的喂给港,加剧了港口群间的竞争压力。

三是在港口基础设施建设方面,重复建设和资源浪费问题突出。近年来,各港口着眼于自身定位的升级转型,不断扩大投资,提升产能,扩建港口码头设施,而缺乏对港口群整体吞吐能力、码头资源、功能定位及市场需求的系统考虑和彼此协调。这种分割发展的态势继续下去,势必造成较大的产能过剩,为进一步恶性竞争埋下极大隐患。

港口物流交通体系发展滞后,不能满足港口资源合理配置和腹地经济社会发展要求。目前,津冀港口群各港口物流交通体系缺乏区域统一规划,各港口在集疏运通道上各谋出路,难以统筹协调,导致港口群通往腹地的交通网络不畅,制约了港口群对腹地的辐射带动能力。天津市的行政区域面向内陆一面完全被河北省包裹,同时又受北京交通枢纽地位的制约,使得天津港口的运输大通道建设,特别是铁路通道建设始终受到诸多限制,通往西北

要绕行北京和德州、石家庄,通往东北腹地的货运铁路技术水平低、运力小。目前,天津港进出港货物约60%都是通过公路交通运输,既增加了企业物流成本,又造成了城市环境、交通压力。

(二)原因分析

导致津冀港口群竞争关系紧张、缺乏协同的深层次原因主要有以下几方面:

思想和行政层面——"一亩三分地"的思维定式。长期以来,由于行政上的复杂原因,以及中心城市的"极化效应",京津冀之间的合作一直不够顺畅,发展常常不能有效协同。要真正推进京津冀一体化必须贯彻全面深化改革的精神,按照习近平总书记关于打破"一亩三分地"的思维定式的要求,探索打破行政分割的新模式,建立三地协同发展的长效机制,开拓三地融合发展的新路子,实现三地"一盘棋"发展的新局面。

地区发展战略层面——外向型沿海经济发展战略的碰撞。河北省于2006年底对以往以内陆支撑为重点的"环渤海、环首都"两环战略进行调整,提出建设沿海经济社会发展强省的目标,从而和天津一样将经济发展战略重心投向外向型的沿海地带。港口作为沿海地区发展的前沿和枢纽,势必成为两省市生产力布局和政策布局的焦点所在。

产业结构层面——天津、河北产业结构趋同的冲击。天津与河北省的发展水平有所差异,但总体上都处于工业化阶段,在产业结构方面,均以第二产业为主,制造业在经济结构中占很大比重。这种产业结构同样反映在港口经济层面:一方面,货物装卸业仍然是各港口最重要的业务种类;另一方面,临港工业规划种类趋同,均倾向于石化、装备制造等产业项目。

市场层面——腹地货源结构约束导致的同质化竞争。津冀港口群的腹地省份,如山西、内蒙古大多处于工业化发展初级阶段。从这些省份内外贸货物结构看,能源和资源型货物是最主要的货物类型。这种腹地市场货源结构决定了津冀港口群各港口经营货类集中于大宗散货商品的现状。

三、优化津冀港口资源配置的总体思路和对策建议

(一)总体思路和基本原则

《规划纲要》明确提出了"构建现代化的津冀港口群"这一重要任务。津冀两地要紧紧围绕这一总体任务,着眼于服务世界级城市群发展定位和"一带一路"建设,并带动中西部加快发展的需求,以建设具有国际竞争力的现代化津冀港口群为目标,以统筹各主要港口的功能定位和分工布局规划为抓手,以发挥天津港北方航运核心区作用,做强河北港口散货运输与港口服务功能为导向,努力提升津冀港口群总体运营效益和经营质量。要充分发挥政府的宏观指导作用,积极运用产权投资、合作经营等市场化机制,推动和引导各主要港口协同合作、错位发展、资源共享、有序开发,实现港口资源优化配置,在良性竞争中实现港口群整体转型升级,协力打造北方国际航运中心,提升港口群的整体竞争力。

推进港口群资源优化配置,宜坚持以下三项基本原则:

在资源配置机制上坚持政府推动引导、企业市场化运作。一方面,优化港口资源配置直接涉及各港口所在地经济利益格局的调整,因此必然要求政府主动打破行政区划和管理体制上的藩篱,建立起基础性、引导性的合作机制,为港口资源跨区域、跨企业配置创造环境和条件。另一方面,优化港口资源配置最终要进入企业层面,运用股权投资、契约协议等市场化手段,实现实质性、紧密型整合配置。

在资源配置推进层次上坚持内外结合。津冀港口群资源优化配置,实质上涉及津、冀港口之间以及天津港自身资源优化配置两个层次。天津港自身资源优化配置在于打破港区各自为政的局面,推动港口整体转型升级。津冀港口群资源优化配置,现阶段重点在于加强港口分工协作,实现优势互补、错位发展,建立良性、有序的竞争合作关系。一方面,只有实现天津港资源开发管理的统一,并在转型升级方面继续走在河北省港口前面,双方开展合作才能真正做到全盘规划、整体统筹。另一方面,津、冀港口之间的资源优化配置正是天津港自身转型升级的良好机遇和催化剂。因此,这两个层次的资源优化配置需要一体考虑,统筹配合进行。

在市场化操作层面,宜坚持先建立资源整合的共同利益平台,再推进港口业务层面的具体合作。通过一定的投融资机制,建立各方共同参与、统一开发管理的开发建设平台,是协调各方利益,实现港口资源整合利益共享的最直接、最彻底的手段,是保障港口资源深入整合的前提。在天津港自身资源整合层面,宜通过资产整合方式形成一个统一的港口开发建设控股主体;在津冀港口群资源整合层面,宜依托已经成立的共同投资平台,通过投资项目的展开,积极引导港口资源朝着更加合理高效的方向流动。

(二)对策建议

国家层面:第一,在京津冀协同发展领导小组的领导下,设立京津冀港口交通协同发展委员会,构建顶层推动机制。统一组织编制区域港口交通网络规划,对各港口的功能定位、航道开发、产能扩张、业务合作进行指导和协调。第二,以《规划纲要》为指导,抓紧研究编制津冀港口群协同发展实施细则规划。研究制定相关政策,细化落实《规划纲要》中对天津港与河北诸港定位的要求,认真研究建立津冀沿海航区海事统筹监管新模式。第三,完善天津港以及周边港口集疏运体系。一方面,建设从天津经保定、石家庄、太原直通宁夏中卫已至兰州、新疆一线的货运铁路通道,将天津、河北中部、山西、陕西、宁夏、甘肃、新疆等地以铁路贯通;另一方面,建设天津经保定、准格尔、东胜到石嘴山一线的货运铁路通道,将天津与河北中西部、山西中部、内蒙古南部、宁夏北部地区以铁路贯通。上述两方面的一个关键是增开津保线货运功能。同时,也要通过技术改造提升相关沿线铁路运能。此外,还需争取国家支持,对天津至阿拉山口的现有铁路通道实施复线及电气化改造提升工程,进一步提升津冀港口通往新疆的铁路运能。

省市合作层面:第一,充分发挥渤海津冀港口投资有限公司的资源整合平台作用,通过投资、参股、收购等投融资机制逐步整合港口群资源,促进津冀港口间集装箱、散货合理配置,形成吞吐量和运营收益的合理分享机制。推动港口间人才、技术交流与合作,实现港口发展利益分享。第二,充分发挥天津自贸区的特殊功能和政策优势,积极建立区域共享机制。要依托自贸区大力发展国际航运、国际中转、国际转口贸易、国际旅游、国际金融租赁、离岸金融等业务,形成以京津冀为龙头,以辽东半岛、山东半岛为两翼,进而带动中国北方全方位开发开放和可持续发展的新格局。建立区域共享机制,包括加快启运港退税政策在河北的试点,增加津冀港口间中转业务量;通过港口税收优惠等措施,引导港口及航运企业增加津冀港口间内支线班轮运输;探索建立保税港区投资企业财税分成机制,鼓励河北省相关金融、贸易企业在天津自贸区投资发展等。第三,进一步落实一体化通关相关政策和业务对接,推动津冀港口信息一体化建设,完善港口群信息服务水平。进一步优化货物中转进出港、进出境管理机制和环节,提升中转效率。

天津市自身层面:围绕天津港自身转型升级和津冀港口群资源优化配置,进一步加快天津港自身港口资源整合步伐。第一,进一步强化《天津港总体规划(2011—2030)》的约束效力,保障港口资源开发建设规划的统一。要明确要求各港区在港口开发建设上保持与《天津港总体规划》的一致。对各港区提出的具体建设规划方案要由有关主管部门进行规划一致性审查。第二,具体落实市委、市政府有关文件规定,强化天津港集团作为各港区开发建设运营主体的地位。2013年《天津市关于进一步深化国有企业改革的意见》中明确提出"围绕建设国际航运中心,以天津港集团为依托,多种方式整合我市港口资源"。围绕这一规定的落实,可以考虑采取以下具体措施:一是借鉴前两次天津市港口工作会议的历史经验,明确授权天津港集团统筹整合天津港口资源。二是支持和鼓励天津港集团通过资产划拨、合资入股、新设合并等方式对各港区开发建设主体进行有效整合,推动港口资产管理体制改革。第三,着眼于港口生产经营管理的统一,以天津港航道调度指挥中心为主体,在各港区设立调度指挥分中心,对各航道使用实施统一调度和安排。第四,以资产为纽带,推进各港区多元投资经营主体资源整合。对大沽口港区,可以考虑以天津临港产业投资控股有限公司填海造陆形成的土地资源置换天津临港港务集团有限公司参控股的公共码头和部分货主码头岸线资源,或天津临港港务集团有限公司以其拥有的码头资源出资入股参与临港经济区南部码头合资公司运营和物流地产项目的开发。对于大港港区等新建港区,可以考虑以租赁岸线使用权的方式实现岸线资源价值化,即"地主港"模式。由天津港口集团负责港区的规划建设、经营租赁、港口设施维护等,建成后把港口经营权按不同租期出让给港口经营人,收取租赁费。第五,进一步明确岸线资源价值,促进岸线资源统筹开发与合理利用。建议对天津港口岸线资源进行评估,确认岸线资源等级,并以此为基础,形成岸线资源合理开发和提高利用效率的市场化机制。第六,适当调整对天津港口集团的考核指标。

为促进港口资源合理配置,优化提升港口功能结构,建议市政府和滨海新区政府适当调整对港口集团的考核指标,适当降低散货吞吐量指标在考核指标中的权重,提高集装箱吞吐量指标、经济效益指标(营业收入、净利润),特别是安全、环境以及服务功能等指标的权重。尤其要把港口安全生产放到更加突出的位置。

最后,要积极推动天津港借"一带一路"重大机遇,加快实施"走出去"战略,寻求与更多国际港口开展合作,为国家更多更好地利用国际市场资源,开拓新的国际通道和国际市场。

本文参考文献

[1]汪传旭:《区域港口合作竞争及其物流系统》,上海交通大学出版社2010年版。
[2]赵亚鹏:《国际港口功能演变与国际强港建设研究》,经济科学出版社2013年版。
[3]赵娜:《港口战略协同》,浙江大学出版社2013年版。
[4]《中国港口年鉴》(2014年版),中国港口杂志社2014年版。
[5]《环渤海区域经济年鉴》(2013年卷),天津人民出版社2014年版。
[6]王任祥:《我国港口一体化中的资源整合策略——以宁波—舟山港为例》,《经济地理》2008年第5期。
[7]孙光圻、杨丽韫:《中国港口资源整合的现状、问题与对策》,《世界海运》2010年第4期。
[8]吕杨:《港口群演化与整合研究综述》,《港口科技》2010年第7期。
[9]朱容正:《河北省沿海港口资源整合问题及对策》,《中国港口》2012年第7期。
[10]秦昕、封云:《加快第四代港口建设促进天津港港口功能转型升级》,《交通企业管理》2014年第6期。
[11]《北方国际航运中心发展报告2013》,交通运输部水运科学研究院、天津港航发展研究中心,2014年7月。

(作者:刘东涛、张新宇、朱正清,收录于天津人民出版社2015年出的《京津冀协同发展的目标与路径》)

本文附录一:天津港口发展综述

一、概况

天津港处于京津城市带和环渤海经济圈的交汇点上,是首都北京的海上门户、我国第二大外贸口岸、连通海上和陆上两个"丝绸之路"的重要节点,是连接东北亚与中西亚的纽带。天津港是世界等级最高的人工深水港,目前主航道水深已达 – 22 米,30 万吨级船舶可乘潮进出港。2013 年天津港复式航道试通航,使航道通航能力在双向通航基础上再次实现升级。天津港是中国北方最大的综合性港口,陆域面积 132 平方公里,拥有各类泊位共 160 个,其中万吨级以上泊位 103 个。2013 年,天津港货物吞吐量突破 5 亿吨,世界排名第四位;集装箱吞吐量突破 1300 万标准箱,世界排名第十位。

天津港对外联系广泛,同世界上 180 多个国家和地区的 500 多个港口有贸易往来,每月航班 500 余班,直达世界各地港口。天津港对内辐射力强,腹地面积近 500 万平方公里,占全国总面积的 52%。全港 70% 左右的货物吞吐量和 50% 以上的口岸进出口货值来自天津以外的各省区。

天津港是中国沿海港口功能最齐全的港口之一,拥有集装箱、矿石、煤炭、焦炭、原油及制品钢材、大型设备、滚装汽车、液化天然气、散粮、国际邮轮等专业化泊位。

二、各港区发展

根据《天津港总体规划（2011—2030）》，天津港分为北疆港区、东疆港区、南疆港区、大沽口港区、高沙岭港区、大港港区、北塘港区和海河港区八个港区。

北疆港区、东疆港区、南疆港区是建设天津北方国际航运中心和物流中心的核心港区，主要服务于腹地物资中转运输。北疆港区以集装箱和件杂货作业为主，南疆港区以干散货和液体散货作业为主，东疆港区以集装箱码头装卸及国际航运、国际物流、国际贸易和离岸金融等现代服务业为主，其东部区域正在完善城市配套功能。

大沽口港区、高沙岭港区、大港港区服务于临港工业发展，兼顾发展腹地物资中转运输功能，为天津港综合运输功能的进一步发展以及既有港区部分货类的转移提供了空间。北塘港区结合滨海旅游区的开发，以服务滨海旅游区发展，以旅游客运为主。

（一）东疆港区发展情况

东疆港区位于天津港东北部，是由浅海滩涂人工造陆形成的三面环海半岛式区域，面积30平方公里，东疆保税港区位于东疆港区内，面积10平方公里。

东疆保税港区作为北方国际航运中心的核心功能区，功能区建设、区域经济发展、产业聚集、政策创新等诸多方面取得显著成效。2013年东疆保税港区实现增加值52.5亿元，同比增长109.9%；固定资产投资完成262.1亿元，同比增长42.3%；税收收入20.2亿元，同比增长119.2%；外贸进出口完成119.5亿美元，同比增长123.9%；港口货物吞吐量4391万吨，同比增长20.4%，集装箱吞吐量达285.1万标准箱，同比增长9.1%。增加值、税收收入、外贸进出口等反映经济发展水平的核心数据实现翻番。截至2013年底，东疆共注册内资企业1579家，注册外资企业201家，分布在11个国家和地区；注册资本766.06亿元，投资来自京津冀地区的项目占71%，东疆对京津冀区域聚集效应和辐射带动作用初步显现。航运、物流、租赁、贸易及市场类四大主导产业项目聚集明显。2013年注册的648家企业中，航运类企业17家；物流类企业107家，同比增长37.2%；内外资租赁企业57家，同比增长133%，SPV公司166家，同比增长3.8%；贸易及市场类企业169家，同比增长94.3%。航运、物流、租赁、贸易及市场类企业占东疆已注册企业的76.9%。

（二）临港经济区发展情况

天津临港经济区位于海河入海口南侧滩涂浅海区，是通过围海造地而形成的港口工业一体化的海上工业新城，定位为建设中国北方以装备制造为主导的生态型临港经济区，致力于发展装备制造、粮油加工、口岸物流三大支柱产业。天津临港经济区管理委员会于2010年12月30日挂牌成立，整合了原天津临港工业区和天津临港产业区，总规划面积200平方公里。

2013年，临港经济区完成地区生产总值175亿元，同比增长28%；完成工业总产值800

亿元,连续三年翻番;完成固定资产投资 260 亿元;实现一般财政预算收入 15.9 亿元,同比增长 25%;实际利用引资 63.8 亿元,同比增长 30%;实际使用外资 3.04 亿美元,同比增长 30.5%;实现外贸进出口总额 80 亿美元;新增招商引资协议额 800 余亿元;完成港口吞吐量 2200 万吨,同比增长 22%。

(三)南港工业区发展情况

南港工业区作为天津市"双城双港"空间发展战略的重要组成部分,是滨海新区新规划的现代化工业基地和现代化港口的综合区,将建成石油化工、装备制造、钢铁冶金、港口物流、新能源新材料等产业门类高度集聚的综合性工业园区。

2011 年 8 月,大港港区实现开港试通航。2013 年底,南港港区建成 5 万吨级航道,2014 年底具备 10 万吨级航道通航条件。6 个 2 万吨级通用泊位,8 个 1000 吨级工作船泊位已投入使用。7 个 5 万吨级液体化工品专用码头于 2013 年内投产运营。南港铁路已于 2013 年底正式开工建设。滨石高速已纳入滨海新区的建设计划。

南港工业区正由以大规模基础设施建设为重点的第一阶段,向以重大项目建设为重点的第二阶段转变,南港工业区招商引资与项目建设取得积极进展。

截至 2013 年 8 月初,南港工业区已聚集中石化、中石油、中海油、俄石油、壳牌、沙比克等众多世界 500 强企业投资落户,累计签约项目 49 个,总投资约 1415.1 亿元。

三、港口建设及基础设施

(一)港口建设情况

1. 东疆港区

实现二期联检中心工程、30 万平方米海关查验场地、美洲路门区基本完工,亚洲路门区竣工验收,为保税港区二期顺利封关运作,发挥北方国际航运中心核心功能区作用提供了重要保障。

总长 5 公里的东疆北防波堤工程是东疆二岛起步工程,已大部完成。东疆邮轮二期码头工程实现交工。4 个 15 万吨级专用泊位的东疆集装箱码头二期前沿岸坡范围内地基加固开工,已抽气施工。上述重点工程的建设将促使东疆港区各项功能进一步完善。

基础配套设施建设始终是东疆港区开发建设的重点,全年完成新港九号路、新港八号路北侧等道路地基加固 181 万平方米;组织实施的道路工程总长约 19 公里,道路铺筑 39.7 万平方米;完成配套管线总长约 21 公里,新建、续建绿化总面积约 31 万平方米,进一步改善了东疆港区的配套环境。

2. 南疆港区

南疆港区重点是建设 26#专业化矿石码头、浮式液化天然气项目、神华码头二期及配套基础设施等项目。26#专业化矿石码头工程是"北矿南移"实现港口生产布局结构调整和提高港口规模等级的重要工程。该工程参建单位精心组织施工,项目整体完工,已进入试运行阶段。铁路专用线工程既是26#矿石泊位配套工程,也是调整整个南疆港区铁路系统布局,从而提升铁路集疏运能力的关键工程,在2012年协调工作的基础上,与朔黄铁路公司正式达成合作使用意向,协调完成原铁道部和天津市发改委的核准、北京铁路局各阶段技术审查、招投标等工作,已正式开工。

南疆液化天然气码头工程是我国沿海港口第一个浮式液化天然气项目,在2012年完成码头水工工程的基础上,2013年重点推动该工程配套电力、消防等相关设施的建设,该项目于11月21日实现首艘液化天然气船接卸。

神华码头二期已完成发改委立项等前期工作,目前项目筒仓区的软基加固已完工。

3. 北疆港区

继续完善基础设施配套,改善港内集疏运条件,提升老码头的生产能力。新跃进路与八号路立交工程,是港内南北交通并连接东疆港区的枢纽工程。主体结构施工进展顺利,铁路箱涵及其南侧下沉段已完成,具备了进港三线铁路进场施工条件。为完善北港池区域道路路网布局,改善碱渣山区域环境,北港池碱渣山搬迁工程纳渣坑取土区已开始施工,并向周边建设项目提供了工程土,提高了碱渣山搬迁工程的综合经济效益。

此外,按照交通运输部要求,2013年完成了天津港第一港埠公司5段6段增6段、第五港埠公司22—24#、东方海陆公司30—33#码头改造,天津港(集团)有限公司已累计完成21个泊位的老码头改造工作,在确保港口安全生产的同时,进一步提高了码头的靠泊能力。集装箱物流中心实施的三项堆场工程均已完工。

4. 天津港30万吨级航道二期工程

天津港30万吨级航道工程基建挖方提前6个月完工,航道底标高达到–22.0米,港口航道等级进一步提高。同时,天津港(集团)有限公司全力协调海事主管部门,反复沟通落实VTS、航标布设、临时锚地等复式航道配套设施,完善航行规则和交通组织方案,最终于2013年12月25日实现天津港复式航道试通航,标志着国内首条复式航道的开通。

5. 大沽口港区和高沙岭港区

天津临港经济区北与南疆港区隔大沽沙航道相望,南与南港工业区隔独流减河航道相隔,规划具备大沽沙和高沙岭两条10万吨级航道通航,拥有天津港口八大港区中的大沽口港区和高沙岭港区两个港区,将建设200余个万吨级以上码头,实现入港物流无缝对接。目前拓展了50公里以上岸线,开辟了两条深水航道——大沽沙航道、高沙岭航道,20个万吨级以上码头泊位投入运营。

临港经济区北部区域的陆域开发建设及招商引资由天津临港经济区管委会负责,天津临港经济区大沽口港区的港口、航道、码头及相关陆域设施的建设、开发、经营、货物装卸、仓储及物流等业务由天津临港港务集团有限公司负责。

大沽口港区采用前港口、后工厂的临港产业规划布局,拥有新开发岸线26公里,10万吨级大沽沙航道已正式运营。港区已运营码头泊位有:4个2万吨级、4个5万吨级通用散杂货码头泊位,1个2万吨级、3个5万吨级液体化工码头泊位,1个10万吨级粮油码头泊位;正在建设码头泊位有:1个5万吨级石油化工品码头泊位,2个10万吨级粮油码头泊位,3个2万吨级通用码头泊位。

临港经济区南部区域的开发建设及招商引资、高沙岭港区的港口、航道、码头及相关陆域设施的开发建设和经营由天津港集团负责。目前主要进行招商项目的推进以及配套基础设施建设。

6. 大港港区

南港工业区的港区规划为大港港区,大港港区共拥有港口岸线32.1公里,按照全市"一港八区"的港区规划布局和产业定位,大港港区规划建设东、西两大港池。西港池为石化专业港区,东港池为大宗散货综合港区,共规划165个深水泊位。规划建设10万吨级航道,远期预留更大等级的航道通航能力。按照《天津港总体规划(2011—2030)》,预计到2020年,大港港区年吞吐量达到6000万吨,2030年达到1.71亿吨。

经过五年建设,中国北方石化产品枢纽港已初具雏形。一是航道建设取得突破。继2011年实现开港试通航后,2013年底大港港区建成5万吨级航道,并启动10万吨级航道建设,待中海油渤西管线完成切改后,将具备10万吨级航道通航条件。二是码头建设进展顺利。6个2万吨级通用泊位、8个1000吨级工作船泊位已投入使用。VTS正在进行基础施工,9月中旬完成全部施工。三是第三方化工物流配套到位。7个5万吨级液体化工品专用码头年内投产运营,为南港石化企业提供有保障的第三方化工品物流储运服务。四是口岸开放工作有序推进。口岸查验配套设施、配合口岸开放的南港港务大楼正在按计划实施,陆续达到口岸开放的条件要求。同时,为更好发挥、丰富大港港区的功能,启动5平方公里的南港综合保税区筹建工作。五是启动200年一遇防潮能力的东防潮堤建设,现累计完成防波堤、围埝200余公里,港区形态基本具备。

(二)港口设施情况

1. 基础设施

2013年底,天津港新港航道全长45.5公里,航道通行能力为30万吨级,可以满足乘潮吃水在20米以下的油船和散货船进出港需要。

截至2013年底,天津港拥有各类泊位160个,其中万吨级以上泊位103个。各类泊位中,共有生产性泊位149个,其中万吨级以上泊位102个,年货物通过能力达到42985万吨。

2. 辅助设施

天津港为码头和装卸设备配套提供了充足的库场、公路、铁路等综合物流设施。截至2013年底,全港拥有生产用库场总面积1117.6万平方米,容量2102.7万吨,比2012年增加了81.7万平方米和18.2万吨,其中,堆场总面积1080.8万平方米,堆场容量1901.2万吨;长期出租外借库场753.5万平方米;拥有铁路专用线10.6万米,其中装卸线5.8万米。

四、2013 年港口生产经营情况

(一)港口货物运输

2013 年,全港完成货物吞吐量 5.01 亿吨,同比增长 5.0%;完成集装箱吞吐量 1301 万标准箱,同比增长 5.8%。天津港吞吐量规模保持全国第 3 位,全球港口第 4 位,继续居于北方第一大港地位。2013 年天津港共完成集装箱吞吐量 1301.2 万标准箱,同比增长 5.8%,继续保持我国大陆沿海港口第 6 位,全球集装箱港口第 10 位。

2013 年,天津港新开航线 5 条,共拥有集装箱班轮航线 119 条,平均每月航班达 500 余班。目前,天津港已开通铁路集装箱班列 15 条,包括满洲里、二连、阿拉山口 3 条过境班列,西安、成都、郑州、太原、石嘴山、新疆、包头、呼和浩特、临河、乌海、张家口和大同 12 条内陆班列。

(二)港口客运

2013 年,就国际航线而言,天津港开通的国际客运班轮航线主要为天津至日本、天津至韩国、天津至泰国等共 10 条航线及其他。其中,天津至日本的航线 4 条,保留了福冈、长崎 2 条航线,取消了神户航线,增加了东京、富山航线;天津至韩国的航线 3 条,仍然为釜山、济州和仁川 3 条航线;增加了天津至曼谷航线。另外,增加了中国台湾航线 2 条,分别是花莲和台中航线。就国内航线而言,天津港开通的国内客运班轮航线有 4 条,其中保留了天津至大连和天津至上海的航线,取消了至秦皇岛和烟台的航线,增加了至旅顺新港的航线。

2013 年天津港共接待旅客 33 万人次,同比增长 12.6%,其中,接待国际航线旅客 23.8 万人次,同比增长 2.5%;接待国内航线旅客 9.2 万人次,同比增长 32.3%。2013 年,天津港共接待国际邮轮 70 艘次,比 2012 年增加了 1 倍多,进出境旅客 25 万人次,同比增长 110%

(三)港口服务

1. 进出港船舶情况

2013 年,天津港共为 18772 艘船舶提供了服务,全年进出港船舶 37488 艘次,其中进港船舶 18772 艘次,日均进港船舶 51 艘次;出港船舶 18716 艘次,日均出港船舶 51 艘次。进出港船舶中,46.7% 的船舶为外贸货轮;外贸货轮中,中国旗船舶占 16.7%。

2. 服务效率

2013 年,天津港的生产效率维持平稳水平。平均每艘船舶载重量和平均每艘船装卸货物吨数分别比上年提高 10.3% 和 12.8%,平均船时量比上年提高 4.5%,平均舱时量较上年略有下降,平均每次在港停时略有提高,天津港的生产效率维持平稳。

3. 引航服务

2013 年,天津港引航中心引领各类船舶 21914 艘次,同比下降 0.1%;引领船舶总吨位 68595.3 万总吨,同比增长 6.1%。其中,引领集装箱船 10192 艘次,同比下降 2.6%;引领吃

水大于 15 米的船舶 511 艘,同比增长 11.6% ;引领大型集装箱船 1572 艘次,同比增长 12.3%。

4. 理货服务

为天津港提供理货服务的有天津外轮理货有限公司和天津中联理货有限公司。2013 年共理进出口船舶 12868 艘次,完成理货吨 10311 万吨,理箱数 812 万标准箱,同比增长分别为 2.05%、4.39% 和 7.41%。

5. 拖轮服务

2013 年,天津港轮驳有限公司共为 26971 艘次船舶提供拖轮服务,比 2012 年减少 1.68% ;拖轮使用次数 50565 艘次,比 2012 年增加 1.94%。

(四)内陆无水港

2013 年,天津港从完善物流网络布局、加快转型升级、提升运营质量等方面继续推进无水港建设,全年无水港操作量完成 28.2 万标准箱,同比增长 59.3%。

2013 年,天津港设立了石家庄区域营销中心,使区域营销中心总数达 5 个,无水港总数达 23 个,覆盖 10 个省市地区。23 个无水港包括:新疆都拉塔,内蒙古巴彦淖尔、鄂尔多斯、包头、二连浩特、呼和浩特,河北石家庄、张家口、保定、邯郸,河南安阳、鹤壁,山西侯马、大同、太原,山东德州、淄博,北京朝阳、平谷,宁夏石嘴山、银川,甘肃嘉峪关,陕西西安。

为适应内陆经济的快速发展,天津港适时提出在运营效果良好、具备发展潜力的无水港基础上建设物流园区,并将业务开展较为成熟的惠农无水港作为转型试点,开展一系列前期货源市场分析、项目建设方案与规划设计及相关协调与谈判等工作,稳步推进项目建设。同时,进一步完善无水港考核和评价机制,强化无水港的信息聚集能力,推进无水港信息化平台建设,继续通过无水港培训班与送教上门相结合的方式,提高无水港工作人员的综合素质,提升对内陆腹地的服务水平,促进无水港运营质量的稳步提升。

五、体制机制改革和港口文化

(一)体制机制改革

2013 年是天津港下放地方管理的第 30 年,是天津港务局整体改制为"天津港(集团)有限公司"的第 10 年。在体制机制方面,天津港集团锐意改革,先后实施了劳务用工改革、物资供应系统改革、后勤服务系统改革、用车制度改革、经费单位企业化改革、业务管理体制改革等改革。目前正在加快研究完善薪酬分配制度、用人用工机制改革、经费制单位的市场化改革、物资采购管理体制改革等。同时按照国资委要求,研究制定了集团公司深化企业改革总体方案。在组织架构方面,根据实际情况稳步推进管理架构调整。未来将进一步压缩集团公司的管理层级,提高管理效率。

(二)港口企业文化

1.天津港集团企业文化建设目标:家庭、军队、学校

天津港集团要建设成为一个兴旺和谐的大家庭、一支训练有素的军队和一所培养人才的学校。"家庭观"强调主人翁意识,培育的是自我管理型团队;"军队观"强调令行禁止,雷厉风行,培育的是高效型团队;"学校观"强调以知识为导向,注重员工综合素质的提高,培育的是学习型团队。

为实现"世界一流企业"的宏伟目标,天津港集团在传承三大目标的基础上,进一步增强企业的外部适应性,即增强天津港集团的产业协同力、市场竞争力和品牌影响力,形成推动天津港集团战略实施的文化力量。

2.天津港核心价值:发展港口,成就个人

"发展港口,成就个人"是天津港集团秉持的核心价值。发展港口是成就个人的前提和支撑,成就个人是发展港口的源泉和动力。天津港集团倡导员工为企业、港口、社会发展做贡献,在不断奉献自己的聪明才智和心血汗水的基础上,共享企业发展成果,实现个人的人生价值。天津港集团坚持责权相对应,坚持个人价值体现与敬业奉献相结合,让每一位贡献者都得到应有的报酬和奖励。

天津港集团坚持规模化、现代化、国际化的发展战略,日益融入经济全球化发展格局;积极参与国际资源配置,提升物流网络运营能力,实现多元化产业高度发展,使天津港集团成为北方经济中心和国际生态港城的动力引擎。

天津港集团为员工搭建施展才华、实现自身价值的广阔舞台,充分发挥员工的积极性和创造性;为客户、股东和合作伙伴提供优质服务和收益回报,助力成就每个利益相关方的价值与梦想。

六、问题与展望

(一)集约化水平有待进一步提升

目前,天津港已经形成"一港八区"的布局,各港区在天津港总体规划中具有明确的定位,但在实际运营中,部分港区的定位还需要进一步完善,港口资源利用效率还没有得到最大限度地发挥,集约化发展水平有待进一步提升。

(二)集疏运能力有待进一步加强

天津港集疏运体系不完善,运力不足、通道不畅已经成为制约天津港发展的瓶颈问题,环境友好、港城协调的集疏运通道有待加强。

(三)港口竞争日益激烈

在港口行业增速减缓,港口能力不断释放的背景下,环渤海港口间的竞争问题日益凸

显,天津港提质增效迫在眉睫。从周边港口布局来看,环渤海地区集中天津、大连、营口、丹东、秦皇岛、唐山、黄骅、青岛、日照、烟台等 10 个亿吨大港,各港口货源结构和业务模式比较相近,区域间缺乏统筹协调。特别是近年来,与天津港经济腹地基本相同的河北省港口,在河北省实施沿海发展战略的带动下,对天津港货源分流明显,加剧了天津港面临的竞争形势。从港口未来发展来看,伴随着周边港口竞争的加剧,天津港需要积极转变发展方式,优化存量、拓展增量。通过大数据、物联网等技术的应用,天津港将不断完善综合服务体系,拓展港口增值服务,促进天津港在资源节约、环境友好、质量效益等方面的建设,提高整体竞争优势。

（注:此资料由天津港集团公司港航研究中心提供,反映的是 2013 年时的情况）

本文附录二：天津港和天津港集团发展综述

天津港是国家重要战略资源,是京津冀及"三北"地区海上门户、首都和雄安新区主要出海口,是"一带一路"的海陆交汇点、新亚欧大陆桥经济走廊的重要节点和服务全面对外开放的国际枢纽港,连续多年跻身世界港口十强。

天津港是我国重要的现代化综合性港口、世界人工深水大港,码头等级达 30 万吨级,航道水深 -22 米,拥有各类泊位 192 个,万吨级以上泊位 128 个,主要由北疆、东疆、南疆、大沽口、高沙岭、大港六个港区组成。天津港对外对内服务辐射能力强,拥有集装箱航线 133 条,每月航班 550 余班,同世界上 200 多个国家和地区的 800 多个港口保持贸易往来;辐射京津冀及中西部地区的 14 个省、市、自治区,腹地面积近 500 万平方公里,占全国总面积的 52%;70% 左右的货物吞吐量和 50% 以上的口岸进出口货值来自天津以外的各省、市、自治区。作为天津港的经营主体,天津港集团目前资产总额超过 1400 亿元,在香港联交所和上海证券交易所拥有两家上市公司。

天津港集团深入学习贯彻习近平总书记重要指示精神,在市委市政府坚强领导下,以"融入式"党建为引领,以服务国家战略为己任,以建设世界一流绿色智慧枢纽港口为主线,实施"一二三四"强港兴企战略取得显著成效:建成了全球首个智慧零碳码头等一批具有引领性、示范性的"全球第一",打响"津港效率、全球领先"品牌,"天下港口、津通世界"国际枢纽港地位更加凸显。2021 年,天津港集装箱吞吐量突破 2000 万标准箱,增速保持世界十大港口首位,加快迈进世界一流港口行列,天津北方国际航运枢纽建设取得重大突破,持续呈现蓬勃兴盛的良好发展势头。

一、世界一流绿色港口建设情况

天津港集团践行"绿水青山就是金山银山"理念,把安全绿色发展贯穿到港口规划、建设和运营全过程,以双碳行动为目标,构建了安全绿色发展新模式。全力夯实本质安全体系。强化现场管理,推进目视化、网格化建设,实施"十严格"、SOP 工作法、无人机巡航、蓝军督查等重大举措,视频监控实现全覆盖;实施专家驻厂式诊断检查,加大"四不两直"检查力度,规范现场生产安全,现场安全管理水平显著提升;大力推进安全生产信息化建设,搭建安全生产管理"一张图"和应急管控平台,强化本质安全基础。

构建绿色低碳发展体系。构建绿色能源模式,成功发布全球首个智慧零碳码头,构建"风光储荷一体化"绿色能源系统,实现绿电 100% 自主供应、全程零碳排放。36 个泊位实现岸电覆盖,全部自有港作船舶靠泊 100% 使用岸电,船舶低硫油使用率达到 100%。清洁能源使用比例不断提高,氢能集卡试点试用实现落地。构建绿色运输模式,打造"公转铁、散改集"双示范绿色运输,在全国沿海港口中率先完成 100% 汽运煤停运基础上,构建煤炭—矿石"双重"绿色运输模式,铁矿石铁路运输占比达到 65% 以上,达到全国领先水平。创新打造国内港口首个生态环境大气智能监测平台,建设 174 个监测点,实现 24 小时全程动态预警监控,为京津冀污染防治作出积极贡献。

筑牢海港疫情防控坚固防线。在全国沿海港口中首创船舶"五色图"管控,设立全国首个拖轮海上临时观察点,按全国沿海港口最严标准,实施"十个常态化"管理举措,抓实抓细登轮人员管控、冷链防疫有关举措,集中封闭管理人员常态化保持在 2000 人以上,坚决筑牢筑实疫情防线。主动推出一揽子降费提效、冷箱扩容等举措,冷藏集装箱通过能力提升100% 以上,助力"六稳""六保",交出"双战双赢"优秀答卷。

二、世界一流智慧港口建设情况

天津港集团深入落实创新发展理念,加强 5G、互联网、大数据、人工智能、区块链等新一代信息技术与港口各领域深度融合,推动智慧港口建设引领行业发展,为全球港口智慧化升级贡献"天津港方案"。

以自动化码头 2.0 提升运营管理智能化。全球首个"智慧零碳"码头——北疆港区 C 段智能化集装箱码头仅用 21 个月实现整体竣工,2021 年 10 月 17 日正式投产运营,全力打造智慧程度最高、建设周期最短、运营效果最优、综合投资最低、适用范围最广、绿色发展最佳的自动化集装箱码头 2.0,以全新模式引领世界港口智能化升级和低碳发展。全球首次实现 25 台无人驾驶电动集卡成组整船作业,获批行业首个"自动驾驶示范区",全球首创传统集装箱码头全流程自动化升级改造项目全面运营,作业效率提升近 15%,单箱能耗下降 20%。集装箱智能理货实现全覆盖,车号、箱号一次识别准确率超 95%。提升 5G 网络覆盖率。在港区内建立开通 168 座 5G 基站,在远程操控、无人集卡、高清视频回传等实现稳定应用,入围国家首批"新型基础设施建设工程"。拓展北斗技术应用,在10 家码头公司岸桥、门机等 210 余台岸边大型装卸设备部署北斗定位终端,实现亚米级精度定位。

以数字服务平台提升服务贸易便利化。建成京津冀港口智慧物流协同平台,推动集装箱单证电子化、无水港集港直通比例达到 100%。持续升级电子商务服务平台,线上办单量占比超 95%，为客户提供 24 小时线上便捷服务。搭建关 - 港集疏港智慧平台，推进进口货物"船边直提"和出口货物"抵港直装"业务，打造全国领先的关 - 港业务协同新模式。搭建安全环保与应急管理一体化平台，全面提升动态管控和应急指挥能力。建成国际领先的智能管控中心，以大数据赋能打造智慧港口"大脑"。

以智慧赋能打响"津港效率、全球领先"品牌。依托信息化手段，建立全港各货类"效率看板"，全力打造效率服务品牌。在口岸单位大力支持下，优化通关流程，着力打造"五保五即"（"保安全、保环保、保质量、保服务、保效率""即到即引、即引即靠、即靠即作、即作即开、即开即运"）服务，船舶准班率始终名列全球前茅，外贸集装箱船舶直靠率 100%，集卡平均在港作业时间缩短至 16 分钟，三年来刷新各货类作业效率纪录 47 次，马士基等全球主要船公司美西线、西非线、东南亚线等航线效率始终保持前列，"津港效率、全球领先"品牌受到业界普遍赞扬。

三、世界一流枢纽港口建设情况

天津港集团始终践行服务国家战略使命，坚持把天津港发展放在京津冀协同发展、共建"一带一路"等大局中谋划，全面增强辐射带动能力，服务新发展格局，巩固提升"天下港口、津通世界"的国际枢纽港优势。

高水平打造京津冀"海上门户"枢纽。牢固树立"一盘棋"思想，强化服务首都、服务京津冀、服务辐射腹地的功能定位，充分发挥枢纽港优势，积极推进津冀港口全方位合作。高质量运营津冀、津唐 2 家集装箱公司；与环渤海 12 家港口共同发布联合对外服务倡议，做强环渤海"天天班""两点一航"服务，环渤海内支线三年平均增长率达到 37.5%；京津冀营销网点达到 38 家，设立雄安新区服务中心，打造"一站式"港口物流综合服务平台，共建以天津港为核心、以河北港口为两翼的世界级现代化港口群，努力成为推进京津冀世界级城市群建设的重要支撑。

高质量打造共建"一带一路"开放平台。全面拓展全球贸易大通道，集装箱航线达到133 条，同全球 200 多个国家和地区的 800 多个港口有贸易往来，"一带一路"沿线天津港口吞吐量占天津港总吞吐量比例达 60% 以上，整船换装功能实现突破。服务南北大循环，发起组建中国内贸集装箱港航服务联盟，做强"两港一航"，升级推出"海上高速 - FAST"品牌，平均海上行驶时间压缩 10% 以上。织密内陆腹地物流网络，在京津冀及"三北"地区布局 120家直营店加盟店，开通 42 条海铁联运通道和满洲里、二连浩特、阿拉山口（霍尔果斯）3 条陆桥运输通道，实施"一单到底"全程物流模式，推动长春至天津海铁联运常态化运行。2021年集装箱海铁联运完成 100 万标准箱，三年平均增长率达到 26.7%，跨境陆桥运量稳居全国沿海港口首位。

高标准打造一流口岸营商环境。深入开展以客户为中心的"四千行动"（即想尽千方百计、走遍千山万水、倾听千言万语、服务千家万户），变"坐商"为"行商"，全覆盖走访客户，精准服务客户需求，推出 24 小时服务热线，形成具有天津港特色的"四千服务"品牌，成为全国港口行业唯一入选的国务院国资委品牌建设典型案例。按照全市部署，深入实施降费提效优化环境行动,升级推广"阳光价格、阳光服务、阳光效率",助力实体经济降本增效,助推我国营商环境排名由全球46名上升到31名,得到京津两市高度认可。

四、企业改革和管理情况

天津港集团牢记"唯改革者进,唯创新者强",坚持革新为要、活力激发、市场导向,扎实推进集团治理体系和治理能力现代化。坚持"两个一以贯之",推动党的领导组织化、制度化、具体化,完善党委议事规则和董事会、经理层工作规则,建立完善法人治理主体"1+3"权责表,全面厘清不同治理主体权责关系,推动制度优势更好转化为治理效能。搭建企业综合管控系统,实现对人、财、物等经营管理要素的集约化管控,打造港口企业"智慧管控大脑"。落实"三国归晋","一港六区"实现统一运营管理,临港、南港两家公司实现平稳增长,天津港整体竞争力不断提升。实施"管引一体化"改革,实现"以引定泊"转化为"以泊定引"的根本变化,引航服务效率得到新提升。推动集装箱、件杂货等板块资源整合,做强冷链、汽车等货物板块,提升资源集约利用效率效益。与中远海运集团深化合作,构建新时代港航全面合作、协同发展新模式。实施委任制、聘任制、职业经理人、目标化选聘等四种模式改革,323名中层领导人员全部实现身份转换,打破"铁交椅""铁饭碗"。全面推行以职业经理人为重点的选聘模式改革,成功面向全国公开选聘集团公司总裁1名、副总裁5名。健全完善配套制度,强化职业经理人薪酬激励,形成较为完备的职业经理人制度体系和管理机制。

进入新发展阶段,天津港集团将牢记总书记殷切嘱托,志在万里、勇攀高峰,以更大力度建设世界一流绿色港口,全力打造零碳港区、零碳港口,提升本质安全绿色发展水平,打造港产城融合发展新典范;以更新科技打造世界一流智慧港口,加强5G、北斗、人工智能、区块链等新技术与港口深度融合,把C段智能化集装箱码头、集装箱码头全流程自动化改造项目打造成全球标杆工程,适时启动东疆智能化集装箱码头建设,为全球港口智慧化升级贡献"天津港方案";以更宽视野打造世界一流枢纽港口,海向扇面拓航线、扩舱容、强中转,陆向扇面开班列、建网络、优服务,持续增强服务产业链、供应链能力,构建港航合作生态圈,全力助推建设天津北方国际航运枢纽建设、深度服务"大循环""双循环"新发展格局的国际枢纽港。"十四五"期间天津港集装箱吞吐量年均增长力争6%以上,到2025年力争实现2500万标箱,持续开创天津港世界一流港口蓬勃兴盛新篇章,为天津加快建设社会主义现代化大都市、更好服务京津冀协同发展和共建"一带一路",进一步畅通国内大循环、国内国际双循环贡献"津港力量"。

(资料来源:天津港集团有限公司,编者有压缩)

以"一带一路"为契机推进津冀港口协同发展

"一带一路"的实施为国内港口企业创造出新的潜在市场,同时带来区域协同发展、区域互联互通、区域开放发展的战略转型机遇。津冀港口彼此联系紧密,在"一带一路"建设中具有突出的战略支点地位,应当借此良机实现港口协同发展。通过打造多层次利益分享机制、协同构建新亚欧路桥互联互通交通体系、建立多层次沟通协调机制优化资源配置等措施,彻底打破以往过度竞争、重复投资等不当竞争态势,共享"一带一路"倡议机遇。

港口是一个国家、地区和城市的核心战略资源。特别是在经济日益全球化的背景下,沿海港口作为发展外向型经济的主要支撑,其辐射带动区域发展的战略地位和重要作用日益凸显。以天津港为龙头的津冀港口群对京津冀地区乃至整个华北和西北地区的发展做出了重要贡献。自 2014 年春习近平同志发表关于推进京津冀协同发展的重要讲话以来,津冀两地政府积极加强港口交通领域的合作,做了许多工作。但总体来看,津冀港口群内竞争大于合作的格局没有得到根本改变,协同发展效应尚未显现,天津港自身也存在港区众多、发展粗放、资源配置有待优化等问题。在推动京津冀协同发展的大格局中,迫切需要以港口资源配置为抓手,进一步增强津冀港口发展的协同性和整体竞争力,进而带动京津冀地区整体协同发展。

一、津冀港口群在"京津冀协同发展""一带一路"中的特殊地位和作用

(一)津冀港口群是带动京津冀和我国北方地区发展的龙头

津冀港口群地处太平洋东北部、环渤海西岸的中心位置,它以我国首都北京、天津两个特大城市以及周边的唐山、秦皇岛、沧州、保定、廊坊、承德、张家口等城市群为依托,城市密集,腹地广阔,交通便利,产业基础雄厚,科技教育发达,各类人才资源丰富,发展势头强劲。仅京津两大直辖市 2015 年生产总值即达到 39506.8 亿元,占环渤海地区生产总值的 20%,占京津冀地区的 56%。尤其是天津港所在的天津滨海新区,自 2006 年上升为国家发展战略以来,已经聚集了电子信息、航空航天、汽车和装备制造、新能源新材料、现代化工等八大优势产业,金融租赁、现代物流、研发设计等生产性服务业加快发展,经济技术开发区、滨海高新区、保税区、出口加工区等各类产业园区、产业集群以及中国(天津)自贸区、中新(天津)生态城等配套服务功能和发展环境不断完善,使得津冀港口群对京津冀、环渤海乃至整个北方经济社会可持续发展呈现强大的辐射带动作用。

(二)津冀港口群是国家实施"一带一路"倡议的重要支点

不断推进全方位对内对外开放是我国的基本国策。为了充分利用国内、国际两个市场、两种资源,加快我国现代化建设步伐,20 世纪 80 年代初党中央、国务院做出了开放 14 个沿

海城市的重大决策。此后我国对内对外开放格局不断向纵深发展,以开放促改革促发展,推动我国经济改革发展步伐不断加快,综合国力不断增强。2001 年 11 月我国顺利加入世界贸易组织,标志着我国对外开放、与国际市场接轨迈出关键性步伐。

坚持开放发展,必须顺应我国经济深度融入世界经济的趋势,奉行互利共赢的开放战略,发展更高层次的开放型经济,积极参与全球经济治理和公共产品供给,提高我国在全球经济治理中的制度性话语权,构建广泛的利益共同体。打造陆海内外联动、东西双向开放的全面开放新格局。

津冀港口群作为连接国内、国际两个市场的重要节点,是我国北方对外开放的重要窗口,是丝绸之路经济带和 21 世纪海上丝绸之路的重要交汇点。这里不仅拥有国际性大港,还拥有滨海新区,河北的渤海新区、曹妃甸循环经济示范区,特别是全国开放度最高的中国(天津)自由贸易示范区,可以将"京津冀协同发展"与"一带一路"在此实现对接。津冀港口群在"一带一路"中的地位和作用是显而易见的。

津冀港口协力参与"一带一路"建设,一是有利于加快"一带一路"的实施步伐,有利于推进京津冀协同发展战略的实施,协同推进;二是有利于津冀两地港口和相关产业加快实施"走出去"战略,进行国际产能合作,提升港口群和城市在国家战略中的支点地位;三是有利于促使津冀港口主动"走出去"开拓国际市场,完善全球产业链和物联网络布局,提升国际化运作水平;四是有利于津冀港口突破以往内部过度竞争的格局,分享外部市场诸多良好的合作机遇,促进港口的转型升级和港口群整体竞争力的提升。

二、津冀港口群发展现状和发展中存在的突出问题

(一)天津港发展现状、主要优势和发展定位

天津港是我国环渤海地区的重要港口,是世界排名前十位的国际性综合大港。作为天津市的最大优势和核心战略资源,天津港是中国北方最大的综合性港口和重要的对外贸易口岸,是世界等级最高的人工深水大港之一。经过几十年的快速发展,天津港具备一系列发展优势。当前,天津港正致力于建设"高水平世界一流大港"和"世界一流港口企业",着力打造"全球资源配置枢纽",擘画"一带一路"建设支点,积极构建京津冀协同发展"海上桥头堡"以及"北方国际航运中心核心区",在向第四代港口转变方面取得了一系列积极成果。

区位优势明显。天津港处于京津城市带和环渤海经济圈的交汇点上,是首都北京的海上门户,也是中国环渤海港口中与华北、西北等内陆地区距离最短的港口,综合运输成本最低,经济腹地辽阔,包括天津、北京、华北、西北及华东、华中、西南、东北部分地区,腹地面积和人口分别占全国的 46.9% 和 18.8% 。独特的地理位置,使天津港成为连接东北亚与中西亚的重要纽带,成为连通海上和陆上两个"丝绸之路"的重要支点,也是我国第二大外贸口岸,在中国北方商贸物流航运体系中,占有突出优势和极其重要的地位。

发展环境优良。当前,天津港面临着京津冀协同发展、自贸试验区建设、滨海新区开发开放、国家自主创新示范区以及"一带一路"建设五大发展机遇。京津冀协同发展将进一步

优化津冀港口资源配置,提升津冀港口的整体合力和竞争力。自贸区建设将以制度创新为核心,不断提高港口贸易的便利化服务水平,营造国际化、市场化、法制化的营商环境。滨海新区开发开放和"一带一路"建设将进一步提升天津港双向开放水平,推进天津港国际化进程,加快融入全球经济体系。国家自主创新示范区建设将为天津港注入创新元素,以创新为驱动,激发港口发展活力。这些都为天津港进一步发展提供了良好的环境。

硬件设施世界先进。积极顺应船舶大型化发展趋势,高标准推进港口基础设施建设,港口发展空间不断拓展。截至2014年底,拥有陆域面积132平方公里,各类泊位总数162个,泊位等级达到30万吨级,其中万吨级以上泊位107个。目前主航道水深已达-22.0米,凡能进渤海湾的超大型船舶均能够自由进出天津港。2014年12月26日,双向复式航道正式通航,成为我国首条采用复式交通组织方式、等级最高的人工深水航道,实现了高等级大型船舶和小型船舶分流。

接卸能力和服务水平高。2015年,天津港完成货物吞吐量5.4亿吨,世界排名第4位;集装箱吞吐量完成1410万标准箱,世界排名第10位。无论是从码头等级还是从航道等级来说,天津港已经具备接卸当前世界上最大的集装箱船舶的能力。世界上最大最先进的集装箱船"美景马士基""中海环球"轮已成功首航天津港,充分展示了天津港对世界先进集装箱船舶的接卸能力和服务水平。

综合性强且服务功能齐全。天津港是中国北方最大的综合性港口,货类齐全,形成了集装箱、矿石、煤炭、原油及制品、钢材、大型设备、滚装汽车、散粮、国际邮轮等多样性的货源结构。天津港服务功能完善、区域辐射带动能力强,是我国唯一拥有三条亚欧大陆桥过境通道的港口,海铁联运和陆桥运输快速发展;已经建成的天津国际贸易与航运服务中心是全国目前最大的"一站式"航运服务中心之一;成功实施"三个一"通关等通关便利化模式,口岸通关环境不断优化。

物流网络体系逐步完善。海向上,天津港同世界上180多个国家和地区的500多个港口有贸易往来,每月航班500余班,直达世界各地港口。陆向上,天津港对内辐射力强,腹地面积近500万平方公里,占全国总面积的52%,全港70%左右的货物吞吐量和50%以上的口岸进出口货物来自天津以外的各省区。在内陆腹地建立了25个无水港和5个区域营销中心,将港口业务触角延伸到内陆,进一步完善了覆盖内陆腹地的物流网络体系,对区域经济的拉动作用不断增强。

天津港(集团)有限公司(以下简称天津港集团)是天津港主要运营主体,是国有特大型交通运输企业,连续14年成为中国企业500强,在中国大陆港口中位居第2位。目前天津港集团总资产超过1300亿元,拥有员工近4万人,控股和实际控制的二级公司70余家。同时,天津港集团拥有2家上市公司,分别在上海证交所和香港主板上市。

天津港集团是中国最大的码头运营商之一,以港口为基础形成了港口装卸、国际物流、港口地产、金融服务、工程建设、综合服务等适度多元化产业发展格局。其运营港区目前由北疆港区、南疆港区、东疆港区、临港经济区南部区域、南港(大港)港区东部区域等组成,未来发展前景广阔、潜力巨大。

天津港集团将抢抓五大发展机遇,紧紧围绕建设世界一流企业的战略目标,以提高发展质量和效益为中心,以调整优化结构为主攻方向,以完善体制机制和精细化管理为保障,以加强人才建设和科技创新为支撑,全力推进港口转型升级和企业提质增效,全力打造港口和企业两个升级版,在已经建成世界一流大港的基础上,朝着高水平世界一流大港和建设世界一流企业的战略目标迈进。到 2020 年,天津将充分发挥中蒙俄经济走廊重要节点、海上丝绸之路战略支点和亚欧大陆桥桥头堡的区位优势,提升海空两港枢纽功能,构建海陆空立体化交通网络,建设现代化集疏运体系和航运服务体系,打造航运基础设施完善、航运服务功能优良、全球配置资源能力突出的国际航运中心核心区。届时,天津港口集装箱吞吐量将突破 2000 万标准箱,天津港将努力建成与天津建设"全国先进制造研发基地、北方国际航运核心区、金融创新运营示范区、改革开放先行区"相适应的高水平世界一流大港,成为规模领先、规划科学、布局合理、功能完备、技术一流、服务优良、集约高效、生态环保的综合性、服务型港口,成为港口经济多元化、集群化发展的示范区,成为国际航运、物流及贸易体系中具有较强竞争力的全球化资源配置枢纽。

(二)河北沿海港口发展现状和战略定位

河北沿海主要有唐山(含京唐、曹妃甸、丰南 3 个港区)、秦皇岛和黄骅 3 个港口。进入 21 世纪,河北省沿海港口高速发展,年均增速比全国沿海港口均值高 2.37 个百分点。尤其是唐山港,运营规模快速扩张,并带动河北省港口整体快速发展。2000 年河北沿海港口完成货物吞吐量 10774 万吨,2015 年底规模达到 91229 万吨。截至 2015 年底,河北省沿海 3 个主要港口货物吞吐量分别为:唐山港 4.93 亿吨,秦皇岛港 2.53 亿吨,黄骅港 1.67 亿吨。

河北三大港口发展定位是:

秦皇岛港:将优化港口功能,调整港口布局,加快实施"西港区搬迁改造"工程和山海关港区建设,拓展集装箱、杂货运输和旅游客运业务,将秦皇岛港打造成为国际性综合大港。

唐山港:将形成以曹妃甸港区、京唐港区为核心,丰南港区为补充的港口布局,将唐山港打造成为国际性综合大港,成为服务内蒙古、"三北"地区新的欧亚通道。

黄骅港:将形成以煤炭港区、散货港区、综合港区为主,河口港区为补充的发展格局,加速由煤炭装船港向综合性港口转变,打造区域性综合大港,成为沟通冀中南以及山西、豫北、鲁西北等地的出海口。

(三)津冀港口群发展中存在的突出问题

目前,天津港与河北省港口之间存在激烈的竞争。一方面,天津港与河北省的唐山、秦皇岛、黄骅三个港口目前均为吞吐量过亿吨的大港。河北省各港口的合计吞吐量突破 9 亿吨,已大大超过天津港,而且从总体上呈现高速增长态势,对天津港形成了较大的竞争压力。另一方面,这些港口的腹地高度重合,大宗散货成为各港口竞争的焦点。受腹地货源结构及各港口以往功能定位所限,各港口对货源的竞争高度集中于矿石、煤炭、钢铁、油品等大宗散货领域。多年来,河北诸港在货运结构方面,上述四种货物合计吞吐量占各港口货物总吞吐量的比重均超过90%。天津港虽然有自贸区等新的增长点,但大宗散杂货仍然占据主导地位,2015年天津港上述四种货物合计吞吐量占各港口货物总吞吐量的比例达到64.8%。相比之下,在集装箱运输领域,天津港具有"一边倒"的竞争优势。2015年,河北省主要港口集装箱年吞吐量合计为252.5万标准箱,仅为天津港的17.8%。此外,各港口功能规划向重合方向发展。近年来,河北省调整了港口功能布局规划,各港口均要从传统的工矿型港口向综合型港口转变,其中秦皇岛港、唐山港、曹妃甸港定位为国际性综合大港,黄骅港定位为区域性综合大港,从而与天津港的功能日益重合。

在这种激烈的竞争态势下,津冀港口群处于一种割裂发展的状态,导致在港口资源的利用上存在以下四方面问题:

第一,外贸运输,特别是集装箱运输业务领域,缺乏内支线相互喂给。一方面,天津港作为区域综合枢纽港的航线资源优势、中转加工优势、保税港区优势在港口群内部没有得到充分的利用。另一方面,曹妃甸港、黄骅港绕开天津港,积极与大连港开展集装箱外贸内支线业务,成为津冀港口群外部竞争者的喂给港,加剧了港口群间竞争的压力。

第二,在港口基础设施建设方面,各港口封闭发展,缺乏对港口群整体吞吐能力、码头资源、功能定位及市场需求的系统考虑和彼此协调。近年来,各港口着眼于自身定位的升级转型,不断扩大投资,提升产能,扩建港口码头设施,重复建设和资源浪费问题突出,同时也为产能过剩导致进一步恶性竞争埋下隐患。

第三,港口物流交通体系缺乏区域统一规划。各港口在集疏运通道上各谋出路,不能站在全国和区域战略高度作出统筹安排,导致港口群通往腹地的交通网络不畅,制约了港口群对腹地的辐射带动能力,不利于港口群整体扩展腹地范围、增加货源资源。

第四,临港产业规划趋同,沿海经济带产业布局缺乏统筹。河北省在临港产业方面也都规划了化工、装备制造、钢铁、物流、加工、高新技术等产业,与天津港临港产业在一定程度上形成重叠,从而使津冀港口间的竞争进一步扩展。

三、"一带一路"为津冀港口协同发展提供了良好契机

(一)开展海外投资和国际化经营将成为国内港口的重要战略选择

在全球经济深度调整和经济格局重组重建进程中,我国在对外经济开放程度上表现得更加全方位、多样性和深度化,正逐步从贸易大国走向更加开放的贸易强国。港口在我国对外开放中发挥着极其重要的作用。在新常态下,依托港口优势,加快构建开放型经济新格局构成未来国家和地区经济社会发展的常态化战略路径,同时也对港口行业发展战略调整提出了新的要求。

中国港口在全球金融危机后遇到了发展瓶颈,单纯依靠港口规模等级提升和外贸进出口实现吞吐量增长的模式受到制约,港口的转型升级将更多依赖强大的外部市场支持。从长期看,"一带一路"对中国沿海港口,尤其是腹地型和区域枢纽港开拓货源市场、增强与经济腹地贸易往来和产业互动、促进港口吞吐量提升有着显著帮助。预计"一带一路"沿线新

兴经济体和发展中国家总人口约 44 亿,经济总量约 21 万亿美元,分别约占全球的 63% 和 29%。沿线国家经济总量将为港口解决结构性过剩等问题提供巨大的市场空间,现代物流、商品贸易等产业发展和物流、经济、贸易等产业园区建立将实现港口的转型升级。比如,"一带"中的天津港将成为撬动中日韩自贸区和亚欧国际经济走廊杠杆效应的重要支点;"一路"中的上海港将推动各规格自贸协定谈判,掌握区域贸易主导权和定价权,带动东南沿海各港口群协同发展,成为与新加坡抗衡的国际中转港的重要抓手。

在经济全球化的今天,港口不可能保持自我封闭,脱离经济全球化和产业分工实现快速发展。港口企业要保持良好的市场竞争力,在疲软的经济环境和激烈的市场竞争中突围而出,国际化经营是转型升级的必然选择。传统上,我国港口经营以货物装卸、物流仓储、造船业为主,经营模式单一,业务面窄,服务对象以本国本区域为主。相比较而言,全球著名跨国港口通过建立全球港口经营网络在集装箱等港口经营上占据着主导地位。香港和记黄埔、半岛与东方、美国装卸服务、新加坡港务局、国际集装箱码头服务公司、鹿特丹 ECT 码头 6 家公司占全球港口集装箱处理量 40% 以上。"一带一路"强化了港口在贸易活动中的重要地位,突出了港口行业延伸港口功能、发展现代物流与商品贸易、金融租赁、建设经贸产业园区的重要作用。尤其在"一路一带"中,港口企业可以联合能源、交通、航运等企业构建中国海外物资流通体系,为新一轮经济增长提供有力支持。

目前,上港集团在"21 世纪海上丝绸之路"节点港口合作上已经取得重要突破,成功中标以色列海法新港 25 年的码头经营权项目。未来,国内港口将会把目光越来越多地投向海外市场,通过延伸物流产业链,直接参与海外港口码头经营,建立贸易合作机制等方面,实施海外投资与业务扩展战略,这将成为国内港口行业应对新常态下国际贸易、航运结构性调整的重要突破口。

(二)"一带一路"的实施将成为贯通津冀港口群陆路通道的良机

长期以来我国铁路建设布局中一个突出的问题是:沿海密度大,内陆密度小;南北走向多,东西走向少;北部地区又是长期以首都北京为中心,从而导致津冀港口群通往中西部的铁路通道不畅。这种状况,既制约了沿海港口作用的发挥,又限制了中西部经济的发展繁荣。"一带一路"的首要措施就是要实现沿线国家和地区基础设施的互联互通,当然包括我国沿海港口与中西部地区的互联互通,"十三五"期间国家将会加大这方面的投入。随之,多年制约港口发展的陆路通道建设问题将会迎刃而解。津冀港口及所在的天津、河北两省市,应当顺势而为,协力参与"一带一路",积极争取国家支持,将港口陆路集疏运通道建设纳入"一带一路"建设规划中。

(三)"一带一路"为津冀港口航运企业拓展国际市场提供了历史性机遇

"一带一路"的实施,由于需要以交通运输、现代信息等基础设施的互联互通开路,一方面为中国港航企业走出去提供了重要载体和通道;另一方面,"一带一路"得到了沿线国家和地区的普遍响应,这些国家和地区将为中国企业开展海外投资提供更加宽松、优惠的政策环境。显而易见,津冀港口航运企业,应当牢牢把握这一历史机遇,把着力点从国内市场尽快转向国际市场,大力发展国际港口合作,积极开展国际贸易、国际物流、国际航运、国际转口贸易以及国际投资,充分利用国际市场资源加快自身发展,同时为国内相关产业发展服务。在开拓国际市场中,津冀港口可以努力寻求结合点,进行联合作战。

(四)"一带一路"为京津冀相关产业走向国际市场、进行产能转移开辟了新途径

改革开放以来,京津冀形成了各自的优势产业,北京的总部经济、现代服务业,天津的电子信息、装备制造、新能源新材料、汽车制造、航空航天等八大优势产业,河北的钢铁、医药,都具有明显的优势。然而,随着发展规模的不断扩大,以及国内资源环境的严重制约,其中相当一部分企业的发展成本不断加大,积聚的产能在国内已经过剩。如何创新发展模式,寻求新的发展途径和发展空间,加快产业结构调整和产能的转移升级?"一带一路"的实施,无疑为其提供了最好的发展机遇。这些产业和企业可以依托"一带一路",进一步走向国际市场,充分利用国际市场的资源延伸自己的产业链。与此同时,"一带一路"也为津冀港口航运企业提供了大量服务和发展机会。津冀港口航运企业应当在这些产业开展国际业务的过程中,发挥自身优势,寻求对接、合作发展的机会,在开展国际合作、国际贸易、国际投资、跨国经营等国际经济活动中,形成国内港口航运与各产业良性互动的格局。

四、围绕"一带一路"实施推动津冀港口协同发展的基本思路和对策建议

(一)总体思路和基本原则

津冀港口联手参与"一带一路"的总体思路是:在津冀港口群协同发展已有初步框架机制的基础上,围绕"一带一路"和京津冀协同发展的总体战略,着眼于服务"一带一路"建设,构建新型对外经济关系;服务于京津冀协同发展战略,建设京津冀世界级城市群发展定位;以国家对津冀港口群整体发展定位为指引,以促进津冀港口群主动融入国家"一带一路"建设、提升港口群国际化水平和总体竞争力为目标,充分发挥政府的支持协调引导作用和市场在资源配置中的决定性作用,积极推动和引导两地主要港口加快"走出去"的步伐,在大力开拓国际市场中,积极运用产权投资、合作经营等市场化机制,协同合作、错位发展、资源共享、合作共赢,实现港口航运资源优化配置,在良性竞争中实现港口群整体转型升级,协力打造北方国际航运中心。

津冀港口协力参与"一带一路"建设的基本原则是:

第一,内外结合、陆海统筹、远近兼顾、上下联动。

第二,综合考虑各方利益,寻求最佳结合点,合作共赢。

第三,政府主导、企业市场化运作。

第四,先建立协同合作的共同利益平台,再推进港口业务层面的具体合作。

(二)对策建议

强化国际视野和全球战略观念。要站在国家全球战略高度谋划区域港口群可持续发展

战略,增强"一致对外、协力发展、合作共赢"的区域整体意识,积极主动融入国家战略,充分利用国际、国内两个市场资源加快地区经济发展,积极打造港口、航运产业全球物流网、供应链,推进区域港口、自贸区与国内外市场的相互开放和互联互通。

各级政府要积极引导和支持港口航运企业大力开展国际港口合作业务,在南亚、西亚、非洲、拉美等沿海国家选择适宜港口,利用兼并、控股、参股等形式进行战略投资,增强在"一带一路"中的支点地位和作用。

构建多层次、全方位的港口合作与利益分享机制。要打破以往港口群内过度竞争、重复投资的胶着牵绊竞争态势,合理关注各方发展利益,围绕"一带一路"所创造的新市场、新机遇,建立合理的利益共享机制,推动港口群协同规划、协作运营。具体而言,利益共享机制可以采取多种形式:一是建立资本融合机制,最大限度地发挥股权投资、资本合作等资本市场机制,利用津冀港口投资公司等股权投资运作平台,在现有行政区划体制框架不变的情势下,从资本市场入手建立市场化利益分享机制,通过相互持股、增资扩股,共同开展海内外投资,或收购海外港口或投资通道建设,或共建国际保税物流园区等,同时分享发展收益;二是建立运营合作机制,积极探索增加津冀港口内支线业务等港口合作机制,共享货运资源,增加航运增值服务;三是建立产业对接机制,充分利用天津自贸区优势,为河北相关港口产业发展提供发展平台,推动临港产业园区合作对接。

统筹规划打造畅通的新亚欧陆桥互联互通交通体系。"一带一路"实施的基础和前提是实现交通基础设施互联互通。津冀港口是新亚欧大陆桥在环渤海的重要出海口,是连接东北亚经济圈和欧洲经济圈的重要中继支点。打造通畅的新亚欧陆桥互联互通交通体系应成为未来津冀港口发展的重点。具体而言,一是进一步完善津冀港口海铁联运体系,围绕"三桥三口岸"已有的铁路通道基础,分类规划铁路网络,提升铁路运力,合理分配货运通道,重点打造河北诸港大宗货物和资源类货物的铁路专线。以天津港为核心,重点打造集装箱班列货运体系。二是进一步统筹发挥已有西部无水港公路物流通关体系,作为港铁联运的补充以及丝绸之路经济带在我国西北地区的毛细延伸。三是津冀港口组团开放,增强国际投资能力和谈判竞争力,吸引国际航运巨头合作,增加国际航线,强化同日韩重点港口城市合作,扩展海上腹地。

积极利用现有多层次协调对话机制,推动津冀港口协同规划整合资源。一是充分利用京津冀协同发展高层协调机制,研究制定津冀港口协同发展总体规划和实施方案,实现战略协同和重大投资项目协同。二是充分发挥具体行业主管部门合作对话机制,建立省市部委具体主管部门间常态化磋商协调机制,解决铁路、公路规划,产业对接合作等具体领域协作问题。三是发挥市场和社会层面合作对话机制,通过举办产业论坛、企业联盟、学术研讨会等形式促进企业间交流、对话,吸纳社会各界的才智和力量推动港口合作发展。鼓励港口企业之间建立各种股权合作投资、战略联盟合作机制,协调彼此航道、锚地、码头资源,推动通关检验检疫一体化、信息一体化合作机制和网络,提升港口群协同服务能力。

积极探索京津冀财税、投融资协同机制和行政区划体制上的突破。加强调查研究和理论、管理体制创新,大胆探索与协同发展相适应的财税机制、投融资机制和行政管理体制,从根本上为京津冀协同和可持续发展提供制度保障。

　　可以考虑在两个方面有所突破:一是设立国家财政和京津冀三地财政相对控股,广泛吸纳海内外机构、企业资本参与的京津冀基础设施发展基金,或京津冀基础设施投资银行;二是完善国务院京津冀协同发展领导小组办公室,加强力量、完善功能,其主要工作人员从兼职变专职,成立推进京津冀协同发展的常设机构。

本文参考文献

[1]习近平:《京津冀协同发展是重大国家战略》,2014 年 4 月 26 日在听取京津冀协同发展专题汇报时的讲话。

[2]胡锦涛:《坚定不移沿着中国特色社会主义道路前进 为全面建成小康社会而奋斗——在中国共产党第十八次全国代表大会上的报告》。

[3]秦昕、封云:《加快第四代港口建设促进天津港港口功能转型升级》,《交通企业管理》,2014 年第 6 期。

[4]王侃、王元天:《河北省港口发展综述》,《环渤海区域经济年鉴 2015》,天津人民出版社 2016 年版。

[5]年鉴编委会:《中国港口年鉴(2015 年版)》,中国港口杂志社 2015 年版。

[6]赵亚鹏:《国际港口功能演变与国际强港建设研究》,经济科学出版社 2013 年版。

（作者:刘东涛、张新宇,刊发于《天津商业大学学报》2017 年第 1 期）

第二篇　论城市经济发展与改革

　　此部分,收入文章7篇,基本上都是2015年前完成或发表的。我于2007年从工作岗位退休后,虽然有十几年时间仍在社会学术团体兼职参与活动,并承担一些科研项目,仍关注天津经济发展,但主要精力转向学术活动组织推动工作。特别是2015年后本人承担的科研项目陆续完成,由于对实际情况了解得愈来愈少,研究也难以继续深入,逐渐淡出科研活动,近年来很少再继续撰写这方面文章。关于天津市"十二五""十三五"发展规划情况,也只是做了简单的延伸性评述。

论中心城市的功能与商品经济发展

城市改革的一个主要任务,是要充分发挥城市的功能,推动社会主义商品经济的发展。如何认识城市的功能与商品经济发展的关系,怎样才能充分发挥城市特别是大中城市作为多功能中心的作用,以推动社会主义商品经济的发展,是我们在进行城市经济体制改革以及制定城市发展战略时必须深入探讨的一个重大问题。

一、社会分工的扩大和商品经济的发展是中心城市兴起的直接动因

对于城市兴起的原因,国内外意见颇不一致,归纳起来主要有以下观点:一曰"防御说",认为城市是私有制和阶级斗争的产物,是出于"防御上的需要",即所谓"筑城以卫君,造廓以守民";二曰"农业说",认为农业生产力所提供的产品,除维持农业人口的生存之外,还可供一部分非农业人口消费,是城市产生和存在的前提;三曰"地利说",主要是从地理条件,如便利的水利交通、丰富的自然资源,等等,来论述城市产生的原因;四曰"宗教文化说",认为一些城市的兴起,主要是出于宗教、文化的需要;五曰"交换说",认为城市主要产生于商品交换和集市贸易活动。这些观点从不同角度对城市产生的原因进行了探讨,对于丰富我们的认识具有重要参考价值。

的确,城市是一个多种因素构成的复杂的有机体,各种因素都可能对城市的形成、发展产生重大影响,我们可以从不同角度找到城市产生和发展的原因。也正因如此,我们不能从某一个方面简单的说明问题。可以说,同其他社会现象一样,在城市产生和发展的过程中,也必然存在着一种主要的、起决定作用的因素。

那么,什么是城市产生和发展的最重要的动因呢?

按照历史唯物主义的观点,城市作为人类社会的一种历史现象,是生产力发展的必然产物,是积累起来的人类劳动的结晶。然而,这还没有把问题讲透。因为并不是生产力发展到任何阶段,劳动积累到任何程度,都会产生城市。因此还应当进一步分析生产力发展到什么阶段,即什么样的生产关系下的生产力才为城市的生存发展提供了直接的前提条件。

众所周知,在原始社会的大部分时期里,社会生产力极为低下,人们为了维持自身的生存,必须依靠集体的力量,共同劳动,共同向野兽和自然灾害作斗争。他们在劳动中只有按年龄、按性别的自然分工,没有社会分工,也拿不出剩余产品进行交换,更没有城乡的区别和对立,我国古籍《抱朴子》中,有关"无君无臣……势利不萌、祸乱不作、干戈不用、城池不设"的论述,正是对那种原始社会的生动描绘。

随着生产力的发展,人类征服自然的能力得到加强。于是发生了第一次社会大分工——畜牧业和农业的分离。分工促进了劳动生产力的提高,产品有了剩余,不同氏族部落间的交换由偶然日益变为经常的现象;同时,由于私有财产和家族的出现,氏族部落间

的交换也渗透到氏族内部,各家族和生产者之间的交换活动随之出现,私有制和各氏族之间掠夺财产的战争也随之出现。在这个过程中,某些部落的首领或是奴隶主贵族为了保护自身和私有财产的安全,开始在他们聚集的地方修筑起城郭沟池,"重门击柝,以御暴客"。但这种原始的、主要是出于"防御"需要而建造的城市,更确切地说应当称为"城堡"。

野蛮时代的高级阶段,在生产力发展的推动下,出现了以农业和手工业分离为标志的第二次社会大分工。由于商品交换活动日益频繁,在交通要道、关隘、渡口以及城堡或教堂附近,逐渐兴起了进行交易活动的场所——市集。开始时是"日中为市,致天下之民,聚天下之货,交易而退,各得其所"。随着交换规模的扩大,需要有一些人专门从事商品交换活动,于是便出现了一个不从事生产,只从事商品交换活动的商人阶层,许多行商慢慢地在市集中定居下来成了坐商,手工业者也聚集而来,为供应市场而进行生产,进一步带来了人口与财富的集中。当这种市集达到一定规模(有些是与城堡融为一体)的时候,就形成了完整意义上的城市。

二、社会分工和商品经济造就了城市的多种功能

社会分工和商品经济不仅造就了城市,而且造就了城市的多种功能。在原始社会里,还没有城市,当然也谈不上城市的功能。奴隶社会的城市,一般也称为"城堡",其军事、政治、宗教文化功能非常突出,像古代的罗马、巴比伦、印度河流域的达罗、哈拉巴,以及我国商代的王都殷、西周的镐京和洛阳,等等,它们或盖有高大而壮丽的城墙、塔楼,或围绕城区挖有巨大的壕沟,或兴建了宏伟的官府,设置了法庭、监狱和国家行政机关,或建有肃穆的神殿,象征着城市的功能仍以"防御"、政治为主,有的还具有宗教文化功能。与此同时,由于社会分工和商品经济有了一定的发展,许多城市已成为以手工业生产和商品交换活动比较集中的地方。据发掘的大量文物证实,在古巴比伦城的运河和城墙附近,就有许多手工业作坊,聚集了大量手工业者,而且商业异常繁荣,成了当时西亚和北非一带的经济中心,人口不下10万人,各国商人都云集于此。可见,在奴隶社会,许多城市在保持防御功能的同时,手工业生产和商业功能得到了进一步发展。

封建社会的城市,不仅是封建统治的神经中枢,而且是手工业和商业活动的中心。我国进入封建社会以后,随着政治形势不断变化,在那些政治比较稳定的时期或地区,商品生产和商品交换得到了长足的发展,使一些旧有的城市更加繁荣,而且不断地涌现出一些新兴城市,越来越多的城市成为地区性的政治、经济、文化中心,城市的商业职能、服务职能更加强盛。如唐代的长安,城内居民已达30多万户,店铺众多,市旅云集,皇城南面建有朱雀大街,街东街西各有54坊,每坊长宽各300余步,还设有东市、西市,东市内有"二十二行,四面立邸"(注:行是出售同类货物的肆集,邸是客商居住和货物存放之地),为各地客商的居住和交易活动提供了方便。西市情况与东市大体相似。大食和中亚各国商人都来这里做生意,天下珍奇汇集于此。显然,由于城市的商业功能、服务功能的加强,其吸引力和辐射力已相当强大。

　　社会分工和商品经济的发展,使城市的功能越来越多样化,而城市的多方面功能又在更大程度上满足了商品经济发展的客观需要。明清时期我国商品经济已相当活跃,纺织业、矿冶业、陶瓷业、制糖业、造船业等都有很大发展。清代乾隆、嘉庆时期,南京已有织机 3 万多台,每台织机由 132 种零件构成,所牵经线 1 万根左右。其丝绸经销五湖四海,东北至辽沈,西北至陕甘,西南至滇黔、四川,南至两广及内地各省。松江府棉织业不仅用本地棉花,而且大量购进原料进行加工,产品种类繁多。杭州、广州的丝织业也很发达。清代的苏州,"五方商贾,辐辏云集,百货充盈",光是服务业就有几万人,专为大城市使用的灭火器也制造出来,清代嘉庆、道光时期每年从外地购来数百万石。清代康熙时,上海每年从东北运进豆麦达 1000 余万石。清代乾隆十年(1745),汉口镇人口达 20 余万,是大米、木材、棉花、药材、盐业的聚集地。天津早在元代就已成为向大都(现北京)转运漕粮的重要港口,每年转运漕粮 400 万石左右。明永乐二年(1404)筑城设卫,此后漕运及商业日趋兴旺,富商巨贾日渐增多。到了清初,天津又成为长芦盐的转运中心,随之服务性的商贩客店聚集,至道光年间,天津人口已达 20 万之多。特别是在 1860 年以后,外国资本进一步侵入,进一步破坏了中国自然经济的基础,客观上"促进了中国城乡商品经济的发展"。到 1931 年,仅市内八个区就集中乐商店 17,214 家,商业兼手工业者 4,011 家,行业多达 128 个。各国在天津设有洋行,全国各地在天津都有行帮。有些行庄进货于英、日,采购于申(上海)、广,运销遍及全国。1868—1937 年间,天津的对外贸易总值历年平均占全国的 10% 以上。在对外贸易的推动下,天津发展成为华北的金融中心。当时天津的总行在 10 家左右,分支行近百家,缴进股本 2500 多万元。与此同时,天津工业也发展起来,1916 年至 1922 年间,天津新建的 6 个纱厂(华新、裕元、恒源、裕大、北洋、宝成)总资本达 1890 万元,使天津棉纺织业上升为仅次于上海的全国第二位。至抗战前,天津工业已有 50 个行业,2136 个工厂,生产工人 47 500 多人,产销也由地产地销扩大到了外省市及国外,天津成为一个重要的商品生产基地。

　　进入资本主义社会以后,伴随着产业革命,建立起大机器工业,交通运输空前发展,从而开拓了世界市场,商品经济获得突飞猛进的发展。与此相适应,现代化的工商业大城市迅速成长起来,而且最终战胜了乡村"在每一个城市中都有自己的特殊工业部门占着优势",甚至还出现了一些现代化的、功能比较单一的新型城市,如日本的筑波科学城。而那些作为经济中心的大城市,其功能向着多样化的方向发展。所谓多样化,也就是多功能,而且各种功能在质和度上有新的飞跃。如同样的流通功能,过去可能是直接的物物交换或以货币为媒介的商品交换,现在则发展为支票、信用卡为媒介的商品交易;过去主要是硬件(商品)的流通,现在又出现了软件流通、信息流通、劳务流通,等等。因此,我们应当用更新的观念,从更广义的角度来看待中心城市的功能。只有这样,才能更准确更全面地把握现代商品经济与中心城市的关系,更有利于推动商品经济的发展。

　　第一,进行商品生产和商品交换,必须以充足的原材料、发达的交通、广阔的市场为前提条件。中心城市作为交通运输的枢纽和国内外市场的中心环节,对于组成四通八达的商品流通网络,具有决定性的作用。发挥城市作为交通枢纽和市场连接点的功能,无疑是发展商品经济的客观要求。

第二,进行商品生产和商品交换,不仅需要训练有素的工人阶级队伍和大机器,而且必须有健全的流通部门和完善的流通储运设施。因此,发展商品经济,应当充分发挥城市的贸易功能。

第三,商品生产和商品流通的扩大,必然造成人口的聚集和流动,从而不断对居民住宅、旅店、饭店等生活服务设施提出新的要求,要满足这些要求就必须充分发挥城市的服务功能。

第四,商品流通规模和生产规模的扩大,对于货币流通量以及汇兑结算等条件的需求也大大增加,于是对城市作为金融中心的功能提出了客观要求。

第五,进行商品生产和商品交换,必须不断地对生产设备和产品进行技术更新,提高技术构成,及时掌握科学技术动态和市场信息。因此,充分发挥城市作为信息中心、科技中心的功能,对于商品经济的发展具有举足轻重的作用。

总之,中心城市的功能,是一个多元化的大系统,各种功能之间互相联系、互相制约,必须充分发挥城市的多功能作用,才能有效地推动商品经济的发展,忽视其中任何一个方面,都会影响商品经济的发展。

三、聚集、辐射是中心城市的基本功能,流通是城市诸功能的中心环节

在中心城市诸功能中,"集散"功能可说是其最基本的、能体现其本质特征的功能。所谓"集散",即"聚集"和"扩散",或者说"吸引"和"辐射"。中心城市之所以能成为一定区域的政治中心、经济中心、文化中心,正是由于它具有强大的"集散"功能,对于人口、资本、生产工具、商品、社会财富,等等,具有强大的吸引力和辐射力,这种吸引力和辐射力所及之范围,远远超出城市本身,以致其进行的商品经济活动成为世界性的。像天津,本身面积连郊区只有1.1 万平方公里,但是其吸引和辐射的主要地区却波及整个"三北"地区,涉及 13 个省市自治区,2 亿多人口,其产品远销 130 多个国家。因此,我们以中心城市为依托,发展社会主义商品经济,最主要的就是充分发挥中心城市的这种"集散"功能。

中心城市对于经济、技术、文化的聚集和扩散功能,都是通过流通实现的。城市的流通机能越发达,其"集散"功能越强大,吸引力越大,辐射范围越广,它在经济社会发展中的作用也越大。因此,不断强化城市的流通机能,是充分发挥中心城市的"集散"作用,推动社会主义商品经济发展的关键所在。

天津在历史上久以工商业发达而闻名于世。近百年间,天津凭借优越的地理位置、便利的交通条件,自然形成了北方最大的经济中心。在这个城市的发展进程中,商业服务业自始至终作为其主要的产业部门,对于这个经济中心的形成产生着巨大的影响。20 世纪 50 年代初,由于我们的政策得当,曾出现流通活跃、客商云集、市场繁荣、城市集散功能强大的大好局面。当时,天津的批发机构共有 4800 多户,从事各种居间业务的经纪人达 3500 人之多,

零售服务网点遍布全市。1953 年天津工业总产值为 23.37 亿元,而商品销售总值则高达 30.37 亿元,超出工业产值 7 亿元之多。这一方面表明商业活动在整个城市经济活动中的地位;另一方面也说明天津商业的功能不仅是销售天津产品,而且在经营进口和外地产品上占有相当比重,显示了商业"吞吐""集散"功能的强大。

近年来,随着对外开放和对内搞活经济方针的贯彻,城市的商业工作和流通机能得到了一定程度的恢复与加强。目前,天津这个城市的流通机能,与它在整个国民经济中的地位和作用极不相称。其批发机构,1983 年为 599 户,只相当于 1952 年的八分之一,而且规模过大,类型太少,专业过粗,运转过笨;全市工业品仓库的储存能力为 75 万吨,实际存放已达 85 万吨,拥挤不堪;饮食业,1983 年共有 4170 个网点,仅相当于 1957 年的 47%;1983 年全市的旅店共有 200 个,比 1957 年减少 55%,床位总共不足 30 000 个,只能满足实际需求的一半。许多旅客、客商来津办事,常为吃住不便而苦恼。1983 年与 1957 年相比,天津的社会商品零售额增长了 4 倍,零售商业网点却减少了 17%,这些都大大削弱了天津作为我国北方商品流通中心的作用。

20 世纪 60 年代初,天津销往"三北"(华北、东北、西北)地区的工业品,占"三北"地区总调入额的 23%,1982 年降为 17%,其产品在"三北"地区的影响大不如前。近年来,上述地区除了地方产品迅速发展外,北京和江、浙、沪、穗等省市的轻工业产品也大量涌入,竞争对手增多,而天津的轻工产品却很难跨过长江,足见天津的经济吸引力和辐射力与它作为北方商品流通中心的地位已越来越不适应。

因此,像天津、上海、广州、武汉、重庆等这些工商业大城市,绝不能只以工农业产值增长速度作为标准,更重要的是看其吸引力和辐射力的大小,看它为广大经济区、为全国建设服务得好坏。这种社会效益,在很大程度上是靠流通。为此,这些城市在进行体制改革和制定发展战略中,都必须充分重视流通领域的问题,搞好流通体制改革,加强流通设施建设,尽快改变当前城市流通机能不适应城市性质,不适应商品经济迅速发展的状况。具体说来,应从以下几方面入手:

第一,要树立社会主义商品经济观念,下决心克服"自然经济论"和"产品经济论"的影响,从根本上破除重生产、轻流通的旧观念,加强对流通领域的研究和领导。

第二,搞好流通体制和价格体系的改革。流通体制不合理,商业企业缺乏活力,是城市流通机能软弱的根本原因。近年来在城市流通体制上进行了一些改革,但是没有根本性突破,主要表现在:商业、饮食小型零售企业公有化程度仍过高;批发机构过粗、过大,国营商业不能灵活运用市场机制;管理层次过多,政企不分,冗员过多,各种克扣名目繁多,基层企业负担过重,等等。为此,建议对国营小型零售商业尽快推行转制经营,并以此为突破口推动整个城市经济管理体制的改革;对大中型国营商业,要进一步放权:实行政企分开,使其在经济上和行政管理部门脱钩,进一步落实内部承包责任制;批发企业应在经营上分专划细,实行开放式、开拓性经营;对贸易中心存在的问题应认真加以研究,进一步搞活,使其名副其实。在此基础上研究确定流通部门内部各种比例间的优化结构,使其与城市及其辐射区域的生产和消费相适应,逐步形成四通八达的经济网络。

本文参考文献

[1]吴慧:《中国古代商业史》。

[2]陶大镛:《社会发展史》。

[3]季陶达:《中国封建社会经济史》。

[4]南开大学历史系《中国古代史稿》。

[5]赵玉馨:《试论我国古代城市的兴起与发展》,《城市问题》第二辑。

[6]马克世:《两欧封建城市初论》,《历史教学》1985年第1期。

[7]黄佩瑾:《明代城市经济发展的特点》。

[8]马傅:《我国春秋时期商业的作用》,《河南财经学院学报》1984年第1期。

[9]陈忠平:《明清时期南京城市的发展与演变》。

[10]刘志伟:《明清时期广州城市经济的发展》。

[11]王家范:《明清苏州城市经济功能探讨》。

[12]范植清:《论元明清时期武汉多功能性质城市的渐次形成》。

[13]万典武:《从天津看中心城市的商业问题》,《天津日报》1985年7月30日。

[14]冯翰因等:《发展商业服务业是天津经济中心进一步兴旺的重大关键》,《天津商业经济》1985年第,2期。

（作者:刘东涛,原载于《重庆城市科学》1986年第2期,后收录于由王强主编,天津科技出版社1988年12月出版的《天津经济社会发展战略研究》）

改革流通体制，强化城市流通机能

随着社会主义商品经济的迅速发展，城市流通体制的改革越来越引起人们的关注。天津作为全国屈指可数的沿海工商大城市之一，作为首都的门户、华北的经济中心，搞好流通体制的改革，强化其作为中心城市的流通机能，具有十分重要的意义。

一、流通的决定性作用

所谓流通，是不断进行着的亿万次交换总体，是生产与消费之间的一个客观经济过程，是把这两大经济领域联系起来的第三大经济领域。

在社会主义大生产条件下，生产与流通互为媒介、互为前提。从社会再生产往复循环的运动过程来看，"两个生产过程之间有一个流通过程，流通过程表现为生产过程的媒介"。同样。"两个流通过程之间是生产过程，生产过程又表现为流通过程的媒介"。[孙冶方《社会主义经济若干理论问题》（续集）]正因如此，生产过程与流通过程之间具有一种交互的决定作用。一方面，生产对流通起着支配的决定性作用。没有生产、没有生产出来的东西，也就谈不上流通。生产不景气，产品质次量少，流通也很难搞好。另一方面，没有发达的流通，就不能顺利地让度使用价值和实现产品的价值，就不能源源不断地补偿生产过程所消耗的活劳动和物化劳动，生产过程就会中断。正是生产过程与流通过程之间这种交互的决定性作用，推动着现代社会主义经济这架大机器的不停运转。那种至今仍然支配着不少人思想的重生产、轻流通的传统观念，只承认生产对流通的决定作用，看不到流通对生产也具有决定性作用的一面，这是非常片面的，是发展社会主义商品经济的一大思想障碍。

流通作为一个由多种因素有机结合的经济过程，具有灵敏反映市场信息、引导社会生产、储备调剂商品、搞好产销衔接、开拓市场、平抑供求、回笼货币等多种经济机制。充分利用这一机制，以大大缩短流通时间、节约流通费用、加速商品流转、缩短再生产周期，是一个企业、一个城市乃至整个国民经济富有活力的重要保证。特别是当今世界，科学技术迅速发展，分工愈来愈细，生产社会化程度愈来愈高，任何一个企业、一座城市都处于激烈竞争的商品世界，不可能孤立地发展。若不善于利用上述流通机制，将会在竞争中处于不利地位。

天津在历史上久以工商业发达而闻名于世。20世纪50年代初，因政策得当，曾出现集散力量强大、零售市场繁荣、客商云集、工商业协调发展的局面。后来，因一些因素的影响，致使天津流通机能大为削弱。至今，天津的宏观经济效益很不理想，许多企业和整个城市经济缺乏活力，不能说与长期忽视流通的倾向没有关系。可见，要大力发展商品生产，搞活经济、振兴天津，非改革城市流通体制，把流通搞活不可。

二、搞活商业企业是流通体制改革的中心环节

流通作为商品交换活动的客观经济过程，是主体与客体的统一。客体即交换物——商

品,主体是从事交换活动的人和企业。

后者是交换活动中最活跃的因素。因此,如何把商业企业搞活,把商业企业、商业职工的积极性充分调动起来,是流通体制改革的目的和关键所在。

前一段时间,天津在商业企业的管理体制方面进行了一些改革,但进展不快。一是政企分开、简政放权上没有大的突破;二是在打破"两个大锅饭"上没有实质性的突破。企业还缺乏参与市场竞争的压力和活力。

我认为,商业企业的改革,不能只在企业本身打主意,似可采取"围城打援"的策略。就是说要在进一步落实企业内部经营责任制的同时,紧紧围绕搞活企业这个中心环节,着力搞好外部条件的配套改革。尤其应当注意以下几点:

第一,在商业企业的所有制方面进一步放开。逐步缩小国营商业的比例,扩大个体、集体及各种合资联营商业的比例。一是要大力扶植个体、集体商业的发展,一定时期内在税收、货款等方面给予优惠,鼓励其在法律、政策许可范围内与国营商业竞争,迫使国营商业加快改革步伐;二是可考虑国家仅对少数大型骨干企业保持完全所有权,以保证国营商业的主导作用和国家计划的实现;三是对小型零售商业企业,主要实行转制经营;四是对中等规模的商业企业,可以采取由国家与集体、个人联合经营的形式,承认集体或个人有部分所有权,根据拥有股份的多少确定各方权力、责任、利益的大小。这样便可以进一步打破"官办"商业的僵硬局面。

第二,结合劳动工资制度的改革,大力发展社会保险事业。应积极创造条件,在适当时机将职工退休劳保改为社会保险。这样做,一方面可以解除国营和集体职工对退休的后顾之忧,促进个体和集体商业的发展;另一方面,可以打破国营商业退休劳保制中的"大锅饭",减少国营小型企业"转制"中的思想阻力。

第三,结合第二步利改税,进一步推动政企分开、简政放权。商业行政管理部门要将本应属于企业的商品经销、财务开支、人员任用、职工工资和奖励的确定等权力,坚决放给企业,使其真正实现自主经营,靠经营本领在竞争中生存发展。

零售、饮食、服务行业,层次林立、机构臃肿,使基层企业负担过重。如服务行业,目前市、区公司和基层店共有管理人员1157人,占行业职工总数的11.3%,年支出管理费220万元,职工年人均负担215元。因此,可把基层店一层砍掉,将权直接下放到门市部。市、区公司合并为行业协会,精简人员有的可充实企业,转为企业家,有的可开辟新的就业领域。

第四,完善企业的民主管理制度。政企分开、简政放权后,企业的权大了,必须加强行政监督、检查和实行民主管理。切实搞好宏观控制,切实保证广大职工和他们选出的代表可参加企业民主管理。企业的领导人,一般均应由职工代表大会或民主选举产生董事会聘用,把企业领导人置于国家法规及本单位职工群众的严格监督之下,不称职者可随时罢免。

三、建立新型体制,发挥批发商业的主动脉作用

批发商业是城市的主动脉,在城市流通中起着主导作用。因此,通过改革把批发搞活至关重要。

(一)天津批发商业改革的立足点和新模式

对于批发商业体制改革的模式,当前最流行的提法是"开放式、多渠道、少环节"。对此,有进一步探讨和商榷的必要。"多渠道、开放式"是没有问题的。"少环节"单就减少商品流通过程中那些不必要的环节也无可非议。但就整个城市的批发体系讲,笼统地提"少环节"则不一定稳妥。一是市场需求和生产过程提供的商品多种多样,各种商品对流通的要求不一样,不一定都是环节越少越好;二是各个城市的性质、规模、辐射的范围和在国民经济中的作用不一样,对于流通环节的要求也不一样;三是在实际工作中,人们往往把"减少环节"理解为削减机构,过分地强调"少环节",容易导致工作上的失误,把必要的环节和体现这种环节的流通机构给砍掉。

从天津的情况看,作为一个沟通内外、联结"三北"、面向全国的经济中心,现在的批发机构不是多了、而是太少;不是可以削弱,而是必须加强。城市批发商业的改革,体现在机构问题上,着眼点不应是"减""砍",也不应是简单地"分"或"合",而应是实质性的"改",是"合理",是"搞活"。目标是建立一个机构设置合理、高效益、能体现自己特点的批发商业体系,形成城乡通开、内外交流、纵横交错、四通八达的流通网络。

天津批发商业体制改革的方向或模式应该是:建立一个计划指导下,充分利用市场机制的,开放式、多渠道、高效益、中心辐射型的批发商业体系。我认为,这样表述可以更好地体现天津城市的性质和特点,而避免"少环节"提法的弊病。

(二)进一步完善搞活贸易中心

贸易中心是现代化的商品批发交易市场,就其本身来看是服务性企业。近年,天津市相继建立了20多个贸易中心和批发市场,对改变旧的批发体制、疏通流通渠道起到积极的作用。但总的来看,多数贸易中心还缺乏活力。有的是在"中心热"中仓促上马,缺乏必要的条件;有的只是在原机构上挂了块"中心"的牌子,名不符实。贸易中心,必须有以下新的突破才能进一步搞活。一是在服务对象上,突破国营商业一家独占的局面,把工业部门的批发、外贸转内销、农村"万元户"等吸收进来,真正实行开放式经营;二是真正实行不分对象、按批量作价、随行就市、有升有降,正确运用质量差价、地区差价等价格杠杆,把买卖搞活;三是在管理形式上,突破小生产的观念和办法,转向现代化企业的组织管理形式,吸收工业、农业、外贸、金融、保险、交通运输、旅馆、饭店等各企事业单位,多方联合,集资入股,实行董事会领导下的经理负责制。与此同时,积极加强"中心"各种设施和服务配套工作,促使贸易中心进一步向"物流中心""流通服中心""流通信息中心"三位一体的高级形式发展。这样还可以带动城市第三产业发展,加强中心城市的辐射力和吸引力。

贸易中心可以是一个以若干个自主经营的批发企业为主体和后盾的经济联合体,而它本身并不是一个批发企业,它与批发企业的关系,如同球场与球队、舞台与演员的关系。它们之间只能互相依存、不能互相代替。"商业、工业企业,全民、集体、个体企业,本地企业、外地企业,计划外商品、非计划商品,都可以进入贸易中心自由购销"(1984年商业部《关于当前城市商业体制改革若干问题的报告》）。国有批发企业有条件成为其中的大户、"主力"或"名角"。可见,贸易中心不仅不排斥原来的国有批发企业,而且为其提供了活动舞台。

（三）国有批发企业应当在竞争中求生存、求发展

我认为,近年天津流通领域出现的零售商品流转不断扩大,而国有批发企业却疲软不振的现象,反映了国有批发企业还没有从旧体制中走出来,还不适应商品经济发展的新形势。但这不能说明国有批发企业没有存在的必要了。问题是必须打破旧的经营观念和生存方式,开辟新道路,实行开放式经营,在市场竞争中求生存、求发展。

实行开放式经营,必须改变"守摊"思想和机关作风,打出去进行深购远销,开拓市场,广结客户。可以利用各地的贸易中心,派驻人员、设立"窗口",同全国各地批发企业建立密切联系,不断扩大自己的活动舞台和购销渠道。同时,市领导也应进一步解放思想,树立市场观念,打开天津城门,敢于让出部分城内市场,支持批发企业和贸易中心引进外地的名牌产品。这样,不仅可以活跃天津市场,更好地满足本市人民的消费需求,而且可以迫使工业部门改进技术,降低成本,提高质量。

天津的国有批发企业要在竞争中求生存、求发展,必须有胆有识,树立现代化的流通观念,充分利用自己耳灵、腿长、联系面广、物质基础雄厚的优势,进一步提高经营艺术,注重市场信息,善于运用现代化的流通手段,运筹大规模的商品流转,学会做大生意,为国家、为天津做出更大贡献。

天津的国有批发企业要在竞争中求生存、求发展,必须打破条条框框和地区行业的界限,大力推动和加强横向经济联系,本着利益均沾、风险共担的原则,积极发展跨行业、跨地区的联合经营。应搞好与工业、外贸的联合,减少内部的封锁与摩擦,同国内的先进水平去竞争,到国际市场上去竞争。

此外,与生产专业化的发展相适应,国有批发企业在机构改革中,应根据各类商品的特点,逐步分类划细,同时增加必要的现代化技术装备。

（四）理顺批发企业与"两个财政"的关系及行政隶属关系

在一级站下放地方和国有批发企业扩权的同时,最好也采用现代化企业——股份公司的组织管理形式,将企业全部资产分为等额股份,由国家、城市、企业分别认股,实行"水涨船高、利益均沾",并作为股东,共同进行经营战略的决策。但国家、城市不直接干预企业日常的经营活动。这样可以较好解决企业与"两个财政"的关系。

最后,建议市政府重新组建财贸委员会（或领导小组）,并由一位副市长主管商业、服务业、财政、金融、物价等工作,以加强对全市整个流通领域的通盘规划和行政管理协调工作,改变一个市场多头管理的分散局面。

（作者:刘东涛,1985 年收录于《中青年论改革》论文集）

经济增长方式转变中若干障碍因素分析

一、转变经济增长方式带有全局性战略意义

经济增长方式从外延型向内涵型、从粗放型向集约型转变,是经济发展中的一个老问题。

早在 20 世纪 50 年代末、60 年代初,经济学界的老前辈孙冶方就曾严厉地批评"复制古董、冻结技术进步"的固定资产管理制度,继而提出"最小最大"(即以最小的投入产生最大的经济效果)这一经济增长的著名公式。1976 年以后,经济学界又重提经济增长方式和经济效益问题。但遗憾的是,这些精辟的思想在很长时间里一直没得到应有的重视和采纳。

转变增长方式,提高经济效益,也是改革开放以来党和国家在经济工作中的一贯主张。20 世纪 80 年代初,党和国家领导人就强调"经济效益是一个核心问题"。"考虑一切经济问题,必须把根本出发点放在提高经济效益上","走一条速度比较实在、经济效益比较好、人民可以得到更多实惠的新路"。此后,党的历届重要会议和政府工作报告,又一再重申了经济工作"要以经济效益为中心"的指导方针,一再强调经济增长方式的转变。

党的十四届五中全会通过的《中共中央关于制定国民经济和社会发展"九五"计划和2010 年远景目标的建议》,把经济增长方式转变提高到"带有全局意义"的战略高度,这是对社会主义经济发展规律认识上的再飞跃。应当说,当前我国经济面临的一些深层次矛盾,如通货膨胀、经济结构不合理、国有大中型企业困难、建设资金紧张等,都与我国长期搞粗放型经济增长方式有关。今后,"随着经济规模越来越大,再靠消耗大量的资源来求增长,是不可取的,也是难以为继的"。所以说,转变传统的粗放型增长方式,不仅是实现"九五计划和2010 年远景目标的根本保证,也是解决经济工作深层次矛盾、克服当前困难的根本途径"。

二、转变经济增长方式的障碍和制约因素

目前,我国已进入工业化的中期,科技、教育日益受到国家和全社会的重视,以建立社会主义市场经济体制为目标的改革不断深入,全方位对外开放的格局正在形成,这些都为经济增长方式从粗放型向集约型、效益型转变提供了契机和较好的内外部条件。同时也应当看到,转变经济增长方式还面临着不少障碍和制约因素。

一是观念性障碍。这些年来,忽视技术进步,忽视质量、效益的思想有所改变,但在经济工作的许多领域、许多环节,"质量第一""以效益为中心"的思想观念还远远没有牢固地树立起来,外延粗放型的传统观念还根深蒂固、很有市场,重投入轻产出、重速度轻效益、重产

量轻质量、重当前轻长远,热衷于上新项目铺新摊子、忽视老企业的挖潜改造等现象还相当普遍。这种传统的增长观念不改变,转变增长方式就无从谈起。

二是结构性障碍。产业结构的水平是一国或一个城市经济增长质量整体素质的重要标志,集约型的增长方式必然要求合理的先进的产业结构与之相适应。目前,发达国家的三次产业中,第三产业所占比重已达50%—60%,而我国这一比例仅为30%。即使是第三产业相对发达的上海、天津这样的沿海大城市,这一比例也不足40%,在工业结构内部,传统轻工业长期得不到更新改造,部分行业已失去原有的优势,高新技术产业比重偏低(天津目前仅10%),产品更新换代缓慢,真正成规模、市场占有率高的名牌拳头产品为数不多,企业规模普遍偏小,成气候的大型企业和企业集团很少。天津市目前有乡及乡以上独立核算工业企业11300余家,大型企业和大型企业集团仅130多家,形不成具有规模效益的集约化生产经营,生产成本过高,目前天津市工业总产值1800亿元,按工业增加值率每增加一个百分点计算,全市可增加国内生产总值18亿元。若增加值率恢复到1990年水平,全市国内生产总值则可增加近70亿元。这说明,目前我国的产业结构、产品结构、企业结构仍较落后,经济的增长方式整体素质不高,这既是长期实行粗放经营的结果,也是转变经济增长方式的一大障碍,如此落后的产业结构不可能带来经济增长的高质量和高效益,而要改变落后的经济结构,又会遇到资金、技术、人员安置等种种因素的制约。

三是要素性障碍。在西方具有轰动效应的经济学最新成果"新增长理论",首次将科技与资本、劳动并列为生产的三大要素。据说,这一理论的提出者——美国年轻的经济学家保罗·罗默,也因此"有可能成为继亚当·斯密、卡尔·马克思、凯恩斯之后的又一位经济学伟人"。经济增长方式实质上也就是科技、资本、劳动等要素的分配和使用方式,新增长理论认为,科技经济的贡献已上升到首位,在发达国家,反映科技进步对经济增长贡献的综合性指标——综合要素生产率提高对经济增长的贡献率,日本为55%,美国为47.7%,而我国改革开放以来仅为28.7%。目前,我国单位产品能耗指标比发达国家70年代末、80年代初还高出30%—90%,单位产品的工资含量也正在上升,企业中劳动者的道德水准和文化技术素质不够高,特别是缺乏高素质的技术开发人才与经营管理人才,缺乏一大批优秀的企业家。这种状况很难一下子得到较大的改观,势必影响经济增长质量和效益的迅速提高。

四是政策性障碍。实现经济增长方式的转变,需要一系列的相应政策作保证。比如,鼓励技术进步的政策,促进产业结构优化、升级的政策,鼓励节约资源、保护环境的政策,扶植人才成长和相应的收入分配及奖励政策等,而我们对这些政策的研究和制定仍然滞后,缺乏促进增长方式向集约型转变的政策环境。

现行的干部考核制度,也是制约经济增长方式向内涵集约型转变的一个重要因素。这些年来,衡量评价一个地区经济工作的好环,往往是看产值,看规模,看速度,看摆了多少个项目,建了多少个开发区,至于投入产出效益如何,产品质量如何,资源是否节约,科技进步和职工素质怎样,企业有无发展后劲,等等,似乎对当事人的"政绩"无关紧要,也很少有人问津。即使决策严重失误,也很少追究责任。况且,一些地方上的领导也总是希望在任期之内留下点纪念碑式的政绩,于是攀比之风盛行,屡刹不止。在这样一种考核制度和激励机制下,何谈内涵集约型增长呢?

三、转变经济增长方式的根本途径

综上所述,转变经济增长方式尚有诸多障碍和制约因素需要排除,必须多层次、多方面加以推进。首先要转变经济增长观念,包括传统的"增长要素"观念、传统的"增长主体"观念、传统的计划观念以及传统的"增长评价标准"等。把对经济增长的认识尽快转变到投入少、产出多、质量高、效益好的增长观上来,转变到较低通货膨胀、节约资源、保护环境条件下可持续增长观上来。其次要牢固树立"科技是第一生产力"的思想,高度重视科技和教育在经济增长中的作用,尽可能加大对科技和教育的投入,积极推进科技与生产的结合,大力扶持高新技术产业发展,用先进技术改造传统产业,从而实现产业结构的优化和升级,切实把经济增长的方式转变到主要依靠科技进步和提高劳动者素质的轨道上来。再就是要继续推进以政企分开为基本内容的经济体制改革,特别是搞好国有大中型企业改革,同时配套搞好投资体制、计划体制、社会保障制度以及政府机构等方面的改革,研究制定综合评价经济增长的指标体系,改革现行的干部考核任免制度。通过深化改革和体制的转变,形成推进技术进步、节约资源、降低消耗、增加效益的企业经营机制和与之相适应的市场体系以及宏观调控体系,从而为新的经济增长方式提供良好的体制基础和制度保证。还要认真研究制定与之相关的技术、经济、收入分配、激励等政策,为经济增长方式从粗放型向集约型转变提供适宜的政策环境。

(作者:刘东涛,文章收录于天津大学出版社 1996 年 11 月出版的《经济增长方式转变与可持续发展》)

改革开放以来天津经济发展概述

一、改革开放释放出天津的经济活力(1979—1992)

在此期间,天津作为国家首批沿海开放城市,成功创办了天津经济技术开发区,兴建了"引滦入津""引黄落津"工程项目,做出了"工业东移"的战略决策。城市经济建设取得重大突破,经济体制改革成效显著。

第一,经济体制改革的全面实施。1978 年底,党的十一届三中全会做出将党和国家的工作重点转移到社会主义建设轨道上来的战略决策。天津城市经济改革步伐进一步加快,并集中体现在:对国企进行简政放权和实行"利改税";全面扩大国有工商企业自主权;对国有企业实行承包制;在农村实行家庭联产承包责任制;乡镇企业纷纷建立和发展等方面。

第二,多种方式推进外向型经济发展。一是积极引进先进技术,大力发展中外合资企业,通过多种形式利用外资。二是积极扩大对外贸易渠道和领域,开展对外经济技术合作和发展旅游业。三是通过兴建经济技术开发区,建立具有创新意义的经济平台和对外开放"窗口"。

第三,"五五""六五""七五"计划实施情况。"五五"计划期间,1978年天津曾提出过要上90多个重点建设项目,一度出现了过急、冒进的苗头。但"五五"计划第一年,天津由于遭受了强烈地震的破坏,使经济工作的重点转向抗震救灾和恢复重建。"六五"期间,天津经济社会发展取得突出成绩。1985年国内生产总值达到175.7亿元,比1980年增长69.7%;年均递增9.3%,工业结构调整效果良好,下马一批技术水平低、耗能高、效益差的产品和企业,转产和发展了一批新兴行业和重点产品。"七五"期间,经济运行起伏较大,国内生产总值年平均增长5.2%,主要经济指标没有完成7%的增长目标。

二、社会主义市场经济体制下的经济发展(1993—2005)

自1978年开始,经过十多年的改革开放,我国社会主义市场经济体制逐步建立。特别是随着党的十四大召开,社会主义市场经济建设中面临的许多问题得到进一步解决,全国各地释放出巨大的发展潜能,整体经济发展步入快车道。天津市委、市政府审时度势,提出了"三五八十"阶段性奋斗目标,带领全市人民解放思想,奋发有为,破解了一个个难题,启动了一系列重大建设项目,使经济发展迅速步入快速发展的轨道。

第一,"三五八十"奋斗目标的制定与实施。1993年天津初步形成"三五八十"四大阶段性奋斗目标及基本思路,即:到1997年实现国内生产总值提前三年翻两番;用5至7年时间,基本完成市区成片危陋平房改造;用8年左右时间,把国有大中型企业嫁接改造调整一遍;用10年左右时间,基本建成滨海新区。并于1994年天津市第十二届人民代表大会第二次会议上正式通过决议。通过历时9年的奋力拼搏,到2002年底,提前一年实现"三五八十"奋斗目标。天津的综合实力、城市地位、人民生活等各方面,发生了重大的历史性转变,形成了跨越式发展的新局面。

第二,"三步走战略"和五大战略举措的制定。2002年12月召开的市委八届三次全会,提出了新的发展目标,制定了"三步走战略"和五大战略举措。三步走战略:第一步,到2003年底人均国内生产总值达到3000美元,实现全面建设小康社会的主要经济指标;第二步,提前3至4年,实现国内生产总值和城市居民人均可支配收入、农民人均纯收入分别比2000年翻一番,使经济总量和群众收入水平再上一个大台阶;第三步,到2010年,人均国内生产总值达6000美元,在全面建设小康社会的基础上,把天津建设成为现代化国际港口大都市和我国北方重要的经济中心,建立起比较完善的社会主义市场经济体制,成为全国率先基本实现现代化的地区之一。五大战略举措:一是大力发展海河经济,二是大力发展海洋经济,三是大力发展优势产业,四是大力发展区县经济,五是大力发展中小企业和个体私营经济。

第三,"八五""九五""十五"计划完成情况。"八五"计划(1991—1995年)期间经济发展加快,除1993年经济增长6%,1992~1995年,天津经济增速分别为11.7%、12.1%、14.3%和14.9%,呈逐年加快之势,成为天津市经济发展最快、改革开放步伐最大的时期。"九五"计划(1996—2000年)的执行情况是好的,也是天津历史上经济发展最好、改革开放步子最大、群众得到实惠最多的时期之一,是继"一五""八五"计划以后的又一个高速增长期,而且波动最小,快速增长持续时间最长,实现了自1992年至2000年连续9年的两位数增长。"十五"计划(2001—2005年)是社会主义市场经济体制条件下第一个五年计划,也是天津实现"三步走"战略的第一个五年计划。经济运行状态良好,主要表现为:增速逐年加快并一直位居全国各省市前列。新建的滨海新区成为全市经济的最大增长点。电子信息、汽车、化工、冶金、生物技术与现代医药、环保与新能源等六大优势产业初具规模。外贸出口和利用外资大幅增加。高新技术、新兴服务业成为最具发展潜力的产业。

在这一时期,计划执行中也存在一定问题,主要表现为:就业结构性矛盾突出,面临扩大就业和增加收入双重压力;服务业受"非典"疫情影响,发展势头受到一定制约;个体私营经济占比仍然偏低,依靠投入拉动的传统增长模式没有获得根本转变。

三、重要历史机遇下天津经济的快速发展(2006—2015)

2006年,党中央国务院把"加快推进滨海新区开发开放"纳入国家总体发展战略,为天津经济的跨越式创新发展提供了极为难得的历史机遇。国务院批复了《天津城市总体规划》,确立和提升了天津新的城市定位,从此掀开了天津经济发展的崭新一页。

第一,滨海新区上升为国家发展战略。加快天津滨海新区开发开放是环渤海区域及全国发展战略布局中重要的一步棋,走好这步棋,不仅对天津的长远发展具有重大意义,而且对于促进区域经济发展、实施全国总体发展战略部署、实现全面建设小康社会和现代化宏伟目标,都具有重大意义。为了实现全面建设小康社会的宏伟目标,必须统筹区域发展。要推动全国一些条件较好的地区加快发展,以带动区域发展。他希望滨海新区牢牢把握难得的发展机遇,把滨海新区建设成为依托京津冀、服务环渤海、辐射"三北"、面向东北亚的现代化新区。

第二,全新确立与全面提升天津城市定位。2006年7月27日,国务院正式批复《天津市城市总体规划(2005—2020年)》,该规划提出了天津新的城市定位:天津是环渤海地区的经济中心,要将天津逐步建设成为经济繁荣、社会文明、科教发达、设施完善、环境优美的国际港口城市、北方经济中心和生态城市。经国务院批复的天津城市定位,使天津城市定位获得全面提升,即:"国际港口城市""北方经济中心""生态城市"。由此确立了天津今后发展的总体指向和城市功能特征。依据天津新的城市定位,市政府组织编制了《天津市空间发展战略规划》,进一步确立了"双城双港、相向拓展、一轴两带、南北生态"的城市空间发展战略布局。

第三,一系列的新举措、新作为、新起点、新成效。2006年6月空客A320生产基地落户天津,2009年6月第一架飞机交付使用。2006年8月31日,国务院批准设立天津东疆保税港区。2007年11月18日,国务院总理温家宝和新加坡总理李显龙共同签署了在天津滨海新区建设一座资源节约型、环境友好型、社会和谐型的城市的《框架协议》。2008年8月1日京津城际列车开通。2009年10月国务院批复调整滨海新区行政区划,撤销塘沽、汉沽、大港行政区,设立统一的滨海新区政府。

第四,"十一五"规划实施情况(2006—2010)。"十一五"时期,市委、市政府团结带领全市人民,牢牢把握加快推进滨海新区开发开放的历史机遇,加快实施"一二三四五六"的奋斗目标和工作思路,着力构筑"三个高地",全力打好"五个攻坚战",有效应对国际金融危机的严重冲击,实施大项目好项目建设,构造高端化高质化高新化产业体系,综合实力跃上新台阶,发展质量明显提高,胜利完成了"十一五"规划确定的主要目标和任务。2010年全市生产总值达到9108.8亿元,年均增长16%;人均生产总值突破1万美元。地方一般预算财政收入达到1068.8亿元,年均增长26.4%。全社会固定资产投资五年累计完成1.9万亿元,年均增长32.7%。服务业增加值占全市生产总值的比重达到45%以上,八大优势支柱产业占工业总产值的比重超过90%,新增高效设施农业35万亩。综合科技进步水平保持全国第三位。节能减排成效显著,超额完成国家下达的任务。全市城乡面貌发生重大变化,2010年城市居民人均可支配收入达到24293元,农村居民人均纯收入11801元,年均分别增长14%和10.4%。滨海新区开发开放取得突破性进展,新区生产总值达到5030.1亿元,占全市生产总值的55.2%。

第五,"十二五"规划实施情况(2011—2015)。圆满完成了规划确定的主要目标任务。2015年全市生产总值16538亿元,年均增长12.4%,人均生产总值超过1.7万美元。一般公共预算收入2667亿元,年均增长20.1%。全社会固定资产投资累计超过5.1万亿元,年均增长15.5%。滨海新区开发开放深入推进,区县经济显著壮大。结构调整迈出新步伐。服务业增加值占全市生产总值的比重52%,"三二一"产业格局基本形成。城市功能得到新的提升。铁路枢纽网络架构基本成型,公路网络体系逐步完善,城市轨道交通通车里程139公里。大规模市容环境综合整治持续开展,城市绿化覆盖率36%以上。节能减排任务提前完成。社会建设取得新进步。教育改革持续深化,医疗卫生事业和文化产业健康发展。法治天津建设稳步推进,社会保障体系更加健全。制度创新在重点领域和关键环节的改革不断深化。

但是,发展中的问题也较突出,主要表现在:实际工作中乱铺摊子,地方债务负担过重,项目审批把关不严,检查监督不力;2015年天津港"8.12"大爆炸、私募基金事件以及"117大厦"烂尾工程,给天津城市形象和人民生命财产造成重大影响。

四、新时代天津经济的高质量发展(2016—2020)

2016—2020年,中国经济主要表现为由高速度增长向高质量发展的转换,由此构成了新时代中国经济发展的基本特征。创新思维方式和发展模式,着力深化供给侧结构性改革,是推动中国经济再上新台阶的必经之路。2015年,党中央国务院审议通过了《京津冀协同发展规划纲要》,进一步明确了天津的定位:"全国先进制造研发基地,北方国际航运核心区、金融创新运营示范区、改革开放先行区"。2016年党中央国务院又做出了规划建设"雄安新区"重大战略决策。以上发展规划与重大决策的制定和实施,决定了天津经济发展面临新的重大调整。全市人民在市委市政府正确领导下,认真贯彻党中央国务院的战略决策,克服困难,顺利完成了"十三五"发展规划。

第一,深入贯彻落实党中央决策部署。五年来,天津市委市政府全面落实习近平总书记对天津工作"三个着力"等一系列重要指示精神。坚持做好"三个着力",推进"五位一体"总体布局和"四个全面"战略布局,把工作着力点集中于调整经济结构、增强自主创新能力、解决制约经济发展的深层次矛盾,为全面建设社会主义现代化大都市奠定坚实基础。面对百年未有之大变局,外部发展环境变化和新冠肺炎疫情冲击,经济下行压力加大,天津坚持战略定力、增强发展信心、主动担当作为,坚持把战略重点转到提质量、增效益、调结构、强环保上来。经过全市人民的共同努力,产业结构不断优化,新旧动能加速转换,经济发展开始由高速增长向高质量发展阶段转变。

第二,以服务国家战略推进经济高质量转换。在此期间,积极承接北京非首都功能的分解,引进北京项目3062个,到位资金4482亿元。中交建京津冀区域总部、中国核工业大学、清华大学高端装备研究院等一批项目落地,国家会展中心加快建设。滨海—中关村科技园注册企业2012家,宝坻京津中关村科技城等加快建设。积极主动支援和服务雄安新区的开发建设,挂牌成立"天津港雄安新区服务中心"。京津冀轨道交通骨架初具雏形,城际交通网络不断完善。天津港"一港六区"实现统一运营管理,智慧港口、绿色港口、枢纽港口建设实现新突破,2020年集装箱吞吐量超过1800万标准箱,年均增长5.4%,居全球集装箱港口十强。科技创新能力明显提高,综合科技创新水平位居全国前列。航空航天、装备制造、石油化工、汽车工业等优势产业加快转型升级,营商环境显著改善,城市综合服务功能明显提升。生态环境更加宜居。民生保障不断增强。

第三,优势产业提质升级,创新能力明显提高。航空航天产业持续快速增长,空客A350完成和交付中心项目落户,海洋工程装备制造基地加快推进,"两化"搬迁、中沙聚碳酸酯等项目进展顺利,一汽大众华北基地、丰田新一代生产线、长城汽车等产能释放,一批主力车型上市热销,2019年汽车产量逆势突破120万辆。天津(西青)国家级车联网先导区揭牌,天津经济技术开发区入选首批国家数字服务出口基地。新一代超级计算机、国家合成生物技术创新中心等国家级创新平台落户。国家高新技术企业、国家科技型中小企业总数均突破6000家。万人发明专利拥有量22.3件,综合科技创新水平位居全国前列。

第四,营商环境力创一流,民营经济活力不断增强。通过《优化营商环境条例》的制定和措施,852项政务服务事项实行承诺审批,564项实现"不见面"办理,"证照分离"改革实施范围全覆盖。"津心办"上线服务事项1700余项,实现企业开办等业务"掌上办"。2020年规模以上民营企业工业增加值增长2.0%,快于全市平均水平0.4个百分点,占比为26.5%,比上年提高4.8个百分点。限额以上民营企业批发和零售业商品销售额增长7.1%,快于全市平均水平6.7个百分点,占比达到59.1%。民营企业出口增长21.0%,快于全市出口19.1个百分点,占比为43.5%,提高6.8个百分点。

第五,新兴服务业逆势生长,经济高质量发展趋势良好。2019年天津服务业占全市生产总值的比重提高到63.5%,其后这一比例进一步增长。"云账户共享""今日头条""滴滴出行"等新型企业在天津获得蓬勃发展。国家租赁创新示范区初步建成。飞机、国际航运船舶、"海工平台"等融资租赁业务继续保持全国领先,并已经形成了机构、产品、政策、智库为一体的生态圈。2020年,互联网及相关服务营业收入增长16.1%,研究和试验项目增长18.5%,软件和信息技术服务业增长9.5%。高技术产业,新兴服务业表现出大幅度、跨越式发展的良好势头。智能制造投资增长22.9%。服务机器人产量增长1.6倍,电子计算机增长93.3%,新能源汽车增长70.3%,电子元件增长35.4%,集成电路增长28.5%,光电子器件增长2.1倍。信息安全、动力电池入选全国20个先进制造业集群。数字经济产业为特征的创新中心作为天津新的增长点正在形成。

第六,财税结构不断优化,财政收入质量提高。通过下大力量,多措并举,减税降费,优化环境等一系列举措,财政收入质量提高。税收收入占一般公共收入的比重从2015年的59.2%提高到2019年的67.8%。特别是2020年,天津把保市场主体作为保社会生产力的关键,多措并举,全面落实减税降费政策,不断深化"放管服"改革,上半年全市由税务部门征收的税收和非税收入累计新增减税降费108.2亿元,让市场主体实实在在地享受到政策红利。财税结构进一步优化。全年一般公共预算收入1923.05亿元,其中税收收入1500.08亿元,占一般公共预算收入的比重为78.0%。从主体税种看,增值税650.31亿元,企业所得税310.52亿元,个人所得税103.40亿元。全年一般公共预算支出3151.37亿元,投入民生领域支出占财政总支出比重保持在75%左右。其中,社会保障和就业支出518.51亿元,教育支出443.05亿元,卫生健康支出175.67亿元。

第七,克服自身经济下行压力,高质量推进东西部对口帮扶合作。仅2020年投入财政帮扶资金32.56亿元,实施帮扶项目1309个,选派干部人才2336人,募集社会帮扶款物4.62亿元。在自身财政压力较大的情况下,高质量推进东西部扶贫协作和支援合作,全年投入财政帮扶资金32.56亿元,实施帮扶项目1309个,选派干部人才2336人,募集社会帮扶款物4.62亿元。开展"津企陇上行""津企承德行""民营企业西部行""消费扶贫"等活动,圆满助力50个结对贫困县、335.65万贫困人口脱贫摘帽。

第八,污染防治成效显著,生态环境建设加速提质。打好蓝天保卫战,"钢铁围城""园区围城"加快治理,撤销取缔低质工业园区132个。深入实施"871"重大生态工程,七里海湿地生态修复,北大港湿地生态补水,大黄堡湿地生态修复,团泊湿地提升改造等工程全面提速。"津滨"双城间绿色生态屏障加快建设,重点打造十大生态片区。整治修复滨海湿地531.87公顷、岸线4.78公里,全力打造"水清、岸绿、滩净、湾美"的蓝色海湾。全市森林覆盖率达12.07%。中新天津生态城国家绿色发展示范区建设取得明显成效。蓟州区获批国家生态文明建设示范区。子牙经开区获批国家生态工业示范园区。

在不断取得新突破,获得新发展的同时,天津也面临着负重前行、不进则退的严峻考验。

与其他大城市相比,思想还不够解放,市场机制还不够完善,主体活力还有待增强,产业结构方面偏重偏旧,生态环保依然任重道远,民生方面欠账较多。

在接下来的"十四五"规划实施中,有待全市人民在市委市政府的坚强领导下,进一步解放思想,扬长避短,锐意进取,创新开拓,埋头苦干,不负使命,发挥出天津应有的作用,做出天津应有的贡献。

本文参考文献

[1]《天津简史》,天津人民出版社 1987 年版。
[2]《天津经济年鉴》,天津人民出版社,1986—2020 年
[3]《天津市四十五年大事记 1949—1993》,天津人民出版社 1995 年版。
[4]《天津市十个五年计划回顾(1953—2003)》,天津人民出版社 2004 年版。
[5]《天津市国民经济和社会发展第十一个五年规划纲要》。
[6]《天津市国民经济和社会发展第十二个五年规划纲要》。
[7]《天津市国民经济和社会发展第十三个五年规划纲要》。
[8]《天津市国民经济和社会发展第十四个五年规划和二〇三五年远景目标纲要》。
[9]《中国北方经济中心——著名经济学家论天津》,天津人民出版社 1997 年版。
[10]《天津 环渤海 中国北方》,天津人民出版社 1998 年版。
[11]《天津崛起——关于天津发展战略的报告》,天津人民出版社 2009 年版。

(作者:刘东涛 孙可娜,2014 年 10 月成稿,2021 年 9 月修改补充)

关于改革开放以来天津经济发展基本经验

一、基本经验

回顾 70 年来天津的沧桑巨变,经济发展历经曲折,然而,天津人民在党和政府的领导下,在曲折发展中坚韧不拔,百折不挠,克服重重困难,坚持改革开放,务实创新,埋头苦干,创造了天津精神、天津速度和天津效益,终于抓住历史机遇,走出了一条具有天津特色的发展路子,取得了辉煌成就。

天津之所以在 70 年内,历经艰难曲折,实现历史性转折,取得巨大成就,主要得益于以下原因:

(一)坚持发挥优势、扬长避短原则,明确城市功能定位,大力发展优势特色产业

天津的主要优势,是地理位置独特,毗邻北京,是首都的出海门户,有一个发展潜力很大

的港口,工商业基础好,综合配套能力强。由于十分复杂的原因,改革开放前的很长时间里天津发展方向定位不明确,城市发展也曾没有一个很好的总体规划,固有优势没有得到很好地发挥,优势变成了劣势,地位和作用不断下降。改革开放以后,天津市委、市政府求真务实,非常注重研究和发挥天津优势,高度重视研究编制经济社会和城市发展的战略规划,高度重视发挥港口作用,支持港口建设和发展,发展优势特色产业。特别是在党中央、国务院的大力支持下,天津城市发展定位不断明确,发展方向更加清晰,城市建设也逐渐走上"高水平规划、高标准建设、高效能管理"的轨道。

(二)坚持以市场需求为导向,不断调整经济结构,提高发展的质量和效益

改革开放以后,企业成为自主经营的市场竞争主体,实行以销定产,生产什么和生产多少依据市场需求决定,产品和产业结构落后的问题有所改善。天津轻纺、电子工业本来具有很好的基础,但是20世纪80年代,限于当时历史条件和传统观念的影响,天津没能抓住那次全国性结构调整的机遇,结果经济发展大大落后了。从20世纪90年代,天津利用国家加快改革开放的方针政策和关注滨海新区发展的重大历史机遇,密切结合实施"三五八十"四大奋斗目标,加大了经济结构调整步伐,扶持壮大了一批国内领先、世界一流的优势产业,脱胎换骨地改造了一批落后工艺和装备,淘汰了一批耗用能源原材料高、污染严重的企业,产业结构优化升级,经济布局趋于合理,新型工业化、信息化、万元生产总值能耗处于全国前列,集约型、节约型、生态型的发展模式开始形成。目前天津工业总量中高新技术产业已占到30%,商业经营业态中超市、连锁店、网络营销和网络购物等新兴业态已占相当大的比重,从而缩小了与先进地区、先进城市的差距。实践表明,结构调整是永恒的主题,必须常抓不懈,使产业结构、经济结构不断适应国内外市场的需求。

(三)积极转变发展方式,注重经济、社会、人口、资源、环境的全面协调可持续发展

发展经济的目的是为了提高人民福祉,为了不断满足人民日益增长的物质文化需要,为了实现社会全面进步,实现人的全面发展。因此,经济发展中必须牢固树立可持续发展理念,坚持"以人为本",积极倡导"绿水青山就是金山银山";不能急功近利以资源的掠夺性开发、牺牲人类生存环境为代价,更不能以牺牲子孙后代的利益为代价换取一小部分人的私利,不能走先污染再治理的老路。必须真正把发展方式从主要依靠增加投入、粗放型增长转变到主要依靠科技进步、提高发展质量和效益的集约型发展上来。天津近年来积极以加快转变经济发展方式为主线,以调整优化经济结构为主攻方向,把大项目、小巨人、楼宇经济作为转方式调结构的重要战略举措,使经济结构不断得到优化升级,狠抓节能减排取得明显成效,逐年加大污染治理、环境治理和生态环境建设的力度,经济社会发展的协调性不断增强,天津人的生存环境得以明显改善,提出"建设美丽天津"构想,编制了建设美丽天津的纲要。这是天津市委、市政府进一步贯彻落实国家发展要求的重大战略举措,也反映了全市人民的共同意愿,期望能够坚持不懈地抓下去。

(四)坚持科技是第一生产力,积极构造高新化、高端化、高质化产业高地

技术进步是经济发展的重要支撑,引领经济社会发展的未来,科技实力是城市的核心竞争力。改革开放以来,天津市委、市政府高度重视科技在经济发展中的引领与支撑作用,强调走科技路、吃科技饭,逐年增加对科技的投入,综合科技进步水平居全国第三位。不断加快自主创新步伐,"十一五"期间研发生产了100多项具有自主知识产权、国内外领先水平的新产品;与科技部、中科院全面合作,引进了26家科研院所,建成国际生物医药联合研究院等一批创新平台;建成22个国家级重点实验室、13个国家级企业技术心和一批工程技术研究中心;启动实施了科技"小巨人"成长计划;制定了中长期人才发展规划;全市专利申请9.1万件,授权3.5万件,分别是"十五"时期的2.6倍和3倍。积极构造高端化、高质化、高新化产业高地,使科技优势成为天津发展的最大优势。这既是天津的一条宝贵经验,也是天津进一步转变发展方式,增强城市核心竞争力的坚实基础。

(五)坚持把改革开放作为发展的强大动力,注意处理好改革、发展、稳定的关系

发展是主题,改革开放是发展的强大动力,稳定是保障。天津市始终把推进改革开放放在十分突出的位置,坚持改革开放不停步,通过改革行政审批制度,减少市级审批事项,提高综合审批效率。推进规划管理体制改革,完善"两级政府、三级管理"体制。完成金融改革创新重点工作,设立和引进一批金融机构,组建一批创新型资本及要素市场,加快发展股权投资基金、融资租赁等新型金融业态,初步建立金融机构、业务、市场、环境体系。加大国资监管力度,加快行业企业重组。中小企业、民营经济发展步伐加快。创新土地管理体制,推进土地征转分离试点。对内对外开放呈现新局面。成功举办夏季达沃斯论坛等重大活动,在津投资的世界500强企业150多家,国内500强企业200家,进出口总额突破千亿美元,境外投资项目超千个。与兄弟省区市的交流合作日益密切。天津市委、市政府高度重视社会稳定,为改革发展创造稳定的社会环境。

(七)坚持以公有制为主导、鼓励多种所有制经济共同发展

"以公有制为主导,多种所有制经济共同发展",是社会主义社会的基本经济制度,是保持国家对经济控制力和社会基本稳定的重要保证。改革开放以来,天津经济体制改革不断深化,逐步打破了国有经济的一统天下,所有制结构发生了重大变化。目前民营经济已占全部经济总量的40%以上,呈现了多种所有制竞相发展的局面,但是关系国计民生的重要部门,如铁路、高速公路、市政、银行、能源、电力、供水排水等领域,以及八大优势支柱产业,仍是国有经济和国有控股经济为主体,这是天津经济稳定发展的一个重要因素。

(八)坚持把改善民生放在突出位置

社会主义生产目的,是不断满足全社会成员日益增长的物质文化需要。党的性质决定,各级党政工作人员必须不忘初心、牢记宗旨,任何时候都要把人民的安危冷暖挂在心上。多年来,天津市委、市政府反复强调"一切依靠人民、一切为了人民","想问题、办事情必须着

眼于大多数中低收入者的利益"，从 20 世纪 80 年代，市委、市政府坚持每年为群众办 20 件实事，从"引滦入津"工程，到三年煤气化改造、世纪危改、65 岁老年人免费乘坐公交、文化中心建设、公园免费向社会开放、正在建设中的若干个郊野公园，等等，使人民群众在改革发展中得到了看得见摸得着的物质利益，从而激发了进一步加快发展的热情。重视速度、效率的同时要更多的关注公平，在发展的基础上不断改善人民群众的生活水平，让人民群众共享改革发展的成果。这是天津最宝贵的一条经验。

二、发展中的问题和差距

回顾历史，我们在为天津经济发展中取得的光辉成就而自豪兴奋的同时，居安思危，也深深感到发展中还存在不少矛盾和问题，面对国内外复杂多变的形势和城市间激烈的竞争，天津面临着十分严峻的挑战。主要表现在：

综合经济实力还不够强，与城市的地位作用不相称。天津市经济总量虽有较快增长，但是与京、沪、穗、深等先进大城市相比仍有较大差距。2012 年，北京地区生产总值为 16000 亿元，上海为 19195.6 亿元，广州为 12303 亿元，深圳为 11502 亿元，天津为 11190.9 亿元。地方一般预算收入，北京为 4359.1 亿元，上海为 3429.8 亿元，天津仅 1455.1 亿元。天津的经济总量和经济实力与京沪差距仍然较大，与一个直辖市、北方经济中心城市和国际港口城市的地位不相称，在环渤海区域的凝聚力还不够强。

经济结构还不尽合理，智能产业和高端服务业发展滞后，城市服务功能和国际化水平不够高。节能减排形势严峻，经济结构进一步调整优化难度较大。2012 年天津第三次产业占地区生产总值的比重为 47.0%，远远低于北京的 76.4%，也低于上海的 60%、广州的 59% 和深圳的不到 55.7%。港口集疏运大通道不通达，服务业国际化水平不高，缺乏有强大吸引力的国际化高端服务业项目。2012 年天津港吞吐量已达 4.77 亿吨，但集装箱吞吐量与上海港、深圳港、宁波—舟山港、广州港、青岛港有不小差距。（见下表）

中国十大港口 2012 年集装箱吞吐量比较表

	港口	2012 年集装箱吞吐量	同比增长
1	上海港	3252.9 万 TEU	2.49%
2	深圳港	2294.13 万标准箱	1.64%
3	宁波—舟山港	1683 万标准箱	14.34%
4	广州港	1474.36 万标准箱	2.24%
5	青岛港	1450 万标准箱	11.36%
6	天津港	1230 万标准箱	6.15%
7	大连港	806.4 万标准箱	25.90%
8	厦门港	720.17 万标准箱	11.40%
9	连云港港	502 万标准箱	3.46%
10	营口港	485.1 万标准箱	20.28%

民营经济发展不够快,经济活力不足。民营经济对于市场经济具有较强的适应性。从历史上看,清末民初和新中国建立初期天津政策环境较为宽松,民营经济活跃,天津经济获得较快的发展。后来情况发生变化,民营经济发展受到限制,从而抑制了经济活力。从现实看,我国南方特别是江浙一带民营经济非常活跃,整个经济就有强劲动力,北方民营经济发展不足,整个经济也就缺乏发展的强劲动力。天津作为一个老工业基地,传统国有经济长期占绝对优势,民营经济(主要是民企、小微企业)发展不足,在国内外具有影响力的民营企业很少。目前,从京、津、沪、穗四市民营经济占全市经济总量比重和民营企业在中国企业500强中的占比来看,天津市都是最低的,说明天津民营经济发展之不足。可喜的是,近年来天津市委、市政府对这一问题已给予足够的重视,连续出台了鼓励民营经济、中小企业发展的政策,随着这些政策的落实和市场经济的深入发展,民营经济一定会得到更好更快的发展,为发展天津、建设天津做出更大贡献。

城乡居民收入偏低,与人民群众的期待差距较大。天津近年来经济发展较快,经济实力不断增强,人民生活也有所改善,但是与北京、上海、广州、深圳等先进城市比,居民收入仍然偏低。根据各城市统计公报,2012年上海城市居民家庭人均年可支配收入为40188元,农村居民家庭人均年可支配收入为17401元。北京城镇居民人均可支配收入达36469元,农村居民人均纯收入达16476元。广州城市居民人均可支配收入为38054元,农村居民家庭人均纯收入达16788元。深圳居民人均可支配收入达40741.88元。天津市城市居民人均可支配收入为29626元,农村居民人均可支配收入为13571元。在一线城市中天津城乡居民收入是最低的。居民收入的增长也大大落后于经济的增长,与人民群众的期待差距较大。由于居民收入偏低,也直接影响到消费对经济增长的拉动作用。部分群众生活还比较困难,社会保障和公共服务有待加强。这是应当着力加以解决的。

品牌效益(企业品牌、产品品牌)不明显。天津历史上曾经创造了许多知名品牌,新中国成立后的第一只手表、第一台电视机、第一架缝纫机、第一台拖拉机等都产生于天津。著名的"红三角"纯碱、金杯牌体育用品、恒大牌香烟、风船牌地毯等曾享誉国内外。20世纪六七十年代"飞鸽高翔""牡丹盛开""金鸡长鸣""铁牛遍地"等形象用语曾响彻大江南北。但是随着经济体制的转型,天津轻纺工业原有的诸多名牌已风光不再。而新的名牌产品、名牌企业没有随之发展和做大。目前,天津具有国际影响力的民族品牌产品和企业已所剩不多。品牌产品、品牌企业、知名企业家以及有影响的艺术家、科学家的多少,直接关系到一座城市的形象和国际影响力。如何加快培育知名品牌,是一个值得深入思考和着力研究的问题,是天津向国际化大都市迈进中面临的一项迫切任务。

三、展望未来,深化改革、扩大开放,转变发展方式、实现战略定位任重道远

时光荏苒,本资料初稿形成于七八年前,到这次修改补充,不知不觉中一晃数年,"十二五""十三五"规划又已相继完成。经过多年的奋斗,特别是通过实施"十五""十一五""十二五"规划,天津市经济社会发展和城市建设取得巨大成就("十三五"进入低速发展和调整期),全面建成高质量小康社会取得决定性胜利,为开启全面建设社会主义现代化大都市新

征程奠定了坚实基础。

2021年初,天津市精心制定和发布了《天津市国民经济和社会发展第十四个五年规划和二○三五年远景目标纲要》。目前,全市人民正在天津市委、市政府的坚强领导下,按照以习近平同志为核心的党中央对天津定位的要求,不断深化改革开放,大力调整产业结构和经济结构,强优势,补短板,推进经济效益、社会效益、生态效益全面提高,在建设制造业强市的同时打好服务牌,不断增强城市聚集和辐射功能,加快构建现代化经济体系,加快完善现代化大都市治理体系,努力实现"一基地三区"功能定位,打造国内大循环的重要节点、国内国际双循环的战略支点,开创全面建设社会主义现代化大都市新局面。到2035年,天津将基本建成创新发展、开放包容、生态宜居、民主法治、文明幸福的社会主义现代化大都市。

我们清醒地看到,面对世界百年未有之大变局和全国各地为实现第二个百年奋斗目标迈进的新形势,机遇和挑战并存。发展进程中经常面临着诸多两难问题,加快发展与资源环境的承受能力、速度与效益、效率与公平、改革与稳定、当前与长远、自身发展与周边共赢等,这些矛盾和问题经常把人们置于尴尬的境地。如何破解这些矛盾和问题,需要进行不断地探索,在两难中做出科学的选择和决策。转变发展方式,破解资源环境制约,消除不平衡不协调不和谐的因素,做到经济社会与人口、资源、环境协调可持续发展,实现国家赋予的战略定位,任重道远。

(作者:刘东涛、鹿英姿、李胜义,2014年成稿,2021年10月修改定稿)

充分发挥天津在区域经济发展中的特殊作用

天津是我国北方最大的沿海港口城市,也是一个发展潜力巨大、充满生机和活力的城市。但是,受自然条件、区域经济发展环境以及体制和观念的制约,这些年天津在经济社会发展、人民生活水平的不少方面,与上海、北京、广州、深圳等先进城市相比落后了,尤其是其发展潜力和对区域经济的辐射带动作用还远远没有发挥出来。为此,如何从区域经济乃至整个国民经济发展的高度解决天津发展中的问题,不仅是天津自身发展的需要,而且是为了更好地带动中西部地区加快发展,从而使得全国经济发展更加协调的迫切要求。对此,提出以下6条建议。

一、加强以京津为核心的经济圈区域规划,实现京津互补协调、联动发展

北京和天津两大直辖市,都是世界级的特大城市。两市人口总计2300多万,国内生产总值合计已逾5100多亿元。两市由于资源禀赋和城市功能不同,各自都有诸多发展优势,在经济上具有很强的互补性。但是,由于体制、观念等诸多原因,长期缺乏整体规划和必要的协调,两市各自孤立发展,丰富的资源得不到合理配置和充分利用,经济方面搞了大量重

复建设,产业结构雷同,生态环境得不到有效治理,水资源严重匮乏,两大城市畸形发展,而周边的城市化水平仍然较低,城乡差距拉大,削弱了整体优势和在整个北方地区的龙头带动作用。可见,加强这一区域的整体规划和协调,不仅是改变上述状况、推进这一地区现代化进程的迫切要求,同时也是壮大京津共同构成北方经济中心的龙头作用,进而更好地带动中西部地区实现更快发展的需要,是我国全面建设小康社会的需要。为此建议:在国务院或国家计委内建立以京津为核心的大都市圈发展规划办公室,组织领导编制京、津、冀区域整体发展规划,建立必要的协调机制,创建区域经济社会可持续快速发展模式。

二、建设城际区际快速轨道交通系统,减少中心城市压力,提高流通效益

京津等特大城市的过度扩张,一方面说明中心城市的集散能力还不够强,另一方面则反映北方城市的人均收入水平和私人交通工具占有率低,人们活动半径小,只能选择服务设施较完备的中心市区。京津冀地区城市之间的距离都在一二百公里范围之内,但城市间的关联程度远不如南方地区城际间的快速交通系统紧密。日本东京和名古屋之间的距离为500多公里,京都新干线的建成使城际之间的往来十分便捷,一般一个多小时即能到达。国内城市,近年来多注重自身交通设施建设,而城际间快速交通网络建设则大大滞后。这是地方行政分割的一个重要表现,其结果是极大地限制了区域间的资源流动。为此,建议中央政府要积极推动各省市按照社会主义市场经济发展规律的要求,破除各自为政、封闭发展的观念,统一规划,加速"一小时"城际快速交通系统,即在一小时内京津唐石等可在任何两市始达。远期规划建设环渤海地区的快速轨道交通系统。

三、进一步强化天津港作为首都门户和北方枢纽港的地位

目前,沿渤海湾岸线分布着大连、丹东、营口、锦州、秦皇岛、唐山、天津、黄骅、日照、龙口、烟台、威海等十多个重要港口,还有葫芦岛、北塘、歧口、滨洲、东营、蓬莱、长岛等数十个地方港口。改革开放以来,这些港口都得到了长足的发展。但是,受地方利益驱动的影响,这些港口在发展中盲目竞争、重复建设的问题相当严重,港口建设投资效益不高,削弱了港口群的整体优势,特别是制约了其在国际市场上的竞争力。

天津港居环渤海湾中心位置,在区域内各港口中距北京最近,陆域面积和腹地辽阔,历来是首都北京的门户以及华北、西北的出海口。目前,已经开通10万吨级航道,跻身亿吨大港行列,且发展潜力巨大,最有希望建设成我国仅次于上海的国际航运中心。然而,由于作为连接港口与腹地的水运通道的海河断流,而天津直通中西部地区铁路干线长期没有打通,加上其他地区港口和铁路的快速发展,致使天津港传统腹地的进出口货物被其他港口分流,天津港的作用受到严重制约。为此建议:

第一,国家应进一步明确天津港作为首都门户和环渤海湾主枢纽港的地位,建立跨省市的区域协调机制,以天津港为龙头统一编制该区域跨省市的港湾发展规划,加大投资力度,建设综合交通运输体系。按照合理分工、利益兼顾的原则,组织协调这一区域内大中港口的

海陆联运,推动这一区域港口间的联合与协作,以增强这一港口群落的整体效益和国际竞争力。

第二,国家应尽快将天津港直通中西部地区铁路通道的建设提上议程,作为国家的重点项目列入计划抓紧实施。首先是打通霸州至保定和太原到中卫路段,可由国家有关部门牵头,采取中央、地方、企业共同投资、利益分享的办法来运作,力争早日开通,进而把天津港建设成国际航运物流中心。这样,既可以进一步激发天津港的活力,又可以更好地带动中西部地区的发展,使天津在支持西部大开发和对内对外开放中有更大的作为。

四、按照浦东模式解决天津滨海新区的管理体制问题

天津滨海新区包括天津港、天津开发区、保税区、塘沽区、大港区、汉沽区以及东丽区和津南区的部分街镇,总面积 350 平方公里。开发建设近 10 年来取得了快速的发展和辉煌的成就。2003 年底,整个滨海新区 GDP(国内生产总值)已占天津全市 GDP(国内生产总值)的40%,外贸出口已占全市的 60%,利用外资约占全市的 70%,已成为全市最大的区域增长点。

特殊的区位和功能,决定了滨海新区的发展不仅对天津而且对首都和整个北方的稳定和繁荣都具有重大的战略意义。但是天津滨海新区现行的体制仍然不是一级政府,而是由天津港和两个功能区、三个行政区构成。在发展中,各个行政区、各部门受利益驱动盲目竞争、重复建设、浪费资源等矛盾日益突出,在许多重大问题上相互抵消力量,难以形成合力,严重制约了该地区整体优势的发挥和可持续发展。为了谋求其更好更快的发展,现在已经到了解决滨海新区体制的时候。可以设想,以塘沽区、开发区、保税区、港口集团为核心组建经济和行政一体化的相当于副市级的滨海新区政府。建议国务院派出调查组,帮助天津市就天津滨海新区的管理体制问题进行调查研究,拿出方案并在审批上网开一面,使之早日付诸实施。

五、支持天津加快金融业发展

金融是现代经济的核心。经济发展与金融业的发展是互动的,产业的迅速发展和大规模的城市建设离不开源源不断的雄厚的资金支持。天津历史上曾是我国北方的经济中心和仅次于上海的金融中心。中华人民共和国成立前中外各类银行就有 100 多家,与工业和贸易活动相适应,金融活动也异常活跃。但是,改革开放以来,北京凭借其作为首都的得天独厚的优势,经济和金融得到了突飞猛进的发展,国内外一些大金融机构、大公司总部纷纷落户北京,而天津受自然灾害、宏观经济政策以及离北京较近等因素影响,金融业的发展受到了严重制约,金融机构和大公司总部也较少。而且,随着国家对区域性金融市场的整顿,天津证券交易中心和期货交易所先后被清理关闭,金融辐射力大为削弱。国内外经验表明,为了与滨海新区经济的迅速发展相适应,金融机构和金融业的发展必须紧紧跟上。为此,建议中央政府在充分考虑金融风险的前提下,对天津金融业的发展应采取更加灵活的政策,给予

更大的支持。一是尽快批准设立滨海发展银行;二是支持在天津滨海新区开办离岸金融业务,为建立离岸金融市场积极创造条件。

六、在天津滨海新区进行创办自由贸易区的试点

目前天津港、天津港保税区、天津开发区的开发建设已取得卓越成效,发展势头强劲。为了加快环渤海地区经济发展,使之与珠江三角洲、长江三角洲一起共同带动全国经济加快发展,建议在天津滨海新区进行创办自由贸易区的试点。第一步,推动已拥有某些自由贸易区特点的天津港保税区和天津港向自由贸易区转型,并实现港区一体化;第二步,推动滨海新区中的开发区、出口加工区、海洋高新技术园区转型,并实现与保税区、天津港的一体化;第三步,推动塘沽区、东丽区实现转型,最终建成以天津港和天津港保税区为核心包括塘沽区、开发区、东丽区在内的高度开放的综合型自由贸易区。

(作者:刘东涛、刘伯德、孙兰玉,刊发于《港口经济》2004 年第 1 期)

要充分发挥滨海新区在改革开放和自主重新中的龙头作用

天津滨海新区地处太平洋西岸、中国大陆渤海之滨,是我国首都北京和北方对外开放的重要门户天津港所在地,战略地位十分重要。这里资源丰富,拥有诸多发展优势和较好的产业基础。但是,由于非常复杂的原因,在很的时间内,这些资源和发展优势没有得到足够的重视和发挥,错过了一些发展机遇,相对于我国南方的经济符区、上海浦东新区的发展水平,还存在不少差距。

正是在党中央、国务院的直接关怀和支持下,历届市委市政府正确领导天津人民通过多年的艰苦奋斗,加快天津滨海新区开发开放,才使之从地区发展战略提升为国家发展战略,受到国内外广泛关注,开发开放的热潮不断升温,成为世界投资的热点地区。

党的十七大报告关于"更好发挥经济特区、上海浦东新区、天津滨海新区在改革开放和自主创新中的作用"的论述,第一,比十六届五中全会通过的《建议》和十届人大四次会议通过的《中华人民共和国国民经济发展第十一个五年规划纲要》中对天津滨海新区的提法又前进了一大步 。把滨海新区提到了与经济特区、上海浦东新区同等重要的位置上,从而进一步确立了天津滨海新区在环渤海区域和全国经济发展中的战略地位,也为加快滨海新区和天津市的经济社会发展提供了新的强劲的动力。第二,"更好发挥天津滨海新区在改革开放和自主创新中重要作用",这是对全国说的,同时也对天津工作提出了更高的要求,要求天津滨海新区的"改革开放和自主创新"两个方面都比原来搞得更好,要在全国走在前面,发挥重要作用。天津人在感到荣幸的同时,更要感到责任重大。我们一定要牢牢把握难得的历史

机遇,把滨海新区的开发开放和自主创新推向新阶段。

一、加快滨海新区综合配套改革步伐,努力提高对内对外开放水平

综合配套改革试验区是党中央、国务院赋予天津滨海新区的最大政策优势,应当充分认识和发挥这一优势,加快改革的步伐,力争率先在改革攻坚方面取得突破,以在区域和全国发挥示范作用。

要积极学习借鉴国际通行做法和经济特区、浦东新区的成功经验,敢于先行先试一些重大改革措施。应在继续争取国家批复综合配套改革方案的同时,积极实施那些已经具备条件的单项改革措施。大力推进金融改革和创新,探索金融企业、金融业务、金融市场和金融开放等方面的重大改革,发展各类基金和风险投资,扩大直接融资,争取设立全国性非上市公众公司股权交易市场,建设与北方经济中心相适应的现代金融服务体系和金融改革创新基地。积极推进科技体制创新,完善科技投融资机制和自主创新体系,加快建立以企业为主体、市场为导向、产学研相结合的技术创新体系,提高自主创新能力,建设创新型新区。推进涉外经济体制创新,深化国际贸易、航运、物流和口岸管理体制改革。推进土地流转制度改革,建立统一的土地利用规划体系。按照党的十七大的要求,进一步深化新区国有企业公司制股份制改革,健全现代企业制度,增强国有经济活力,率先深化垄断行业改革,引人竞争机制,加强政府监管和社会监督。鼓励、支持、引导非公有制经济加快发展。推进公平准入,改善融资条件,破除体制障碍,促进个体、私营经济和中小企业发展。大力发展各类生产要素市场,加快形成统一开放竞争有序的现代市场体系,形成各种所有制经济平等竞争、相互促进的新格局。

理论和实践充分表明,实行对内对外开放、利用国内国外两个市场,是任何国家和地区解决经济发展中资金、资源制约的有效途径。特别是在科技进步日新月异、经济全球化和区域经济一体化步伐不断加快、国际竞争日趋激烈的当今世界,封闭就意味着落后挨打、意味着被淘汰。十几年来,天津滨海新区的发展壮大,得益于扩大开放;今后实现"建设成为我国北方对外开放的门户、高水平的现代制造业和研发转化基地、北方国际航运中心和国际物流中心,逐步成为经济繁荣、社会和谐、环境优美的宜居生态型新城区"的目标定位.仍然要继续坚持对外开放的基本国策,拓展对外开放广度和深度,进一步深度融入国际经济体系,提高开放型经济水平。

要把"引进来"和"走出去"更好结合起来。继续加大招商引资力度,创新利用外资方式,优化利用外资结构,提高利用外资的层次和水平,发挥利用外资在推动自主创新、产业升级、区域协调发展等方面的积极作用。改善利用外资要实现三个转变:一是从单纯的吸引资金向注重引进先进技术、现代化管理和优秀人才转变;二是从过去注重引进加工工业向引进高新技术产业转变;三是从过去注重工业项目向服务业和基础设施等方面转变。要注重引进更多的国内外大公司的地区总部、研发机构和营销中心,积极引进规模大、带动性强、技术水平高、影响长远的关键项目。要加快转变外贸增长方式,调整进出口结构,促进加工贸易

转型升级,大力发展服务贸易。要创新对外投资和合作方式,支持企业在研发、生产、销售等方面开展国际化经营,加快培育自己的跨国公司和国际知名品牌。

推进外贸经营主体多元化。大力发展多种所有制外贸经营主体,扩大外贸公司数量,提高外贸公司经营水平;放宽准入条件,支持各类企业获得进出口经营权,积极扶持孵化中小外贸企业,鼓励和扶持民营企业发展对外贸易,使新区成为我国北方国际贸易中心。

各级政府部门和中介组织要主动帮助企业大力开拓国际市场。及时追踪国际贸易发展趋势和发展格局,针对不同的目标市场,提出相应的开发策略,为企业提供实际有效的专业化服务。制定梯度开发战略,巩固和扩大在美、日、欧、韩等主要市场的份额,扩大香港、俄罗斯、东盟等周边市场,开发南美、澳洲等新兴市场。

建设东疆保税港区,是滨梅新区深化涉外体制改革、提升对外开放水平的一项重大战略措施。要在加快工程建设的同时,积极探索海关特殊监管区域管理制度创新。抓紧制定与国际自由贸易港的惯例接轨的法律条例和政策体系,建立与之相适应的监管机制,为大力发展国际中转、国际配送、国际采购、国际转口贸易和出口加工业务做好准备。力争将之建成我国第一个高度开放的自由贸易区。

充分利用滨海新区的区位、资源、产业、功能、政策等诸多优势,进一步开展对内开放,加强多层次、多领域,多形式的区域经济合作。积极密切与周边地区和腹地的联系,高标准建设电子口岸,完善大通关体系,建立和完善互惠互利共赢的合作机制,创造诚信法制的市场环境和务实高效的服务环境,为企业搭建横向经济联合的平台,一方面积极吸引外地企业来滨海新区投资发展,另一方面鼓励新区企业向国内其他地区发展,提高新区在北方经济发展中的辐射带动能力,使滨海新区成为客商云集的投资热土,成为环渤海区域和北方各省区市走向国际市场的绿色通道,在服务环渤海、带动区域经济发展中发挥更大作用。

着力营造有利于全方位开放的区域发展环境。继续加强新区港口、机场、道路、能源等基础设施和公共设施建设,加大生态环境治理和保护力度,绿化、美化城市环境,营造设施完善、生活方便、环境优美、适宜人居和创业的硬环境。建设公开透明、公平竞争、规范运行的市场秩序;强化政府服务意识和服务水平,简化审批环节,提高办公效率;发展有新区特色的区域文化,营造适应市场经济要求、与国际市场接轨的软环境,充分体现滨海新区连接国内外、联系南北方、沟通中西部的枢纽功能。

二、加大滨海新区行政管理体制改革创新力度

中共天津市第九次党代会的报告指出:"进一步加快滨海新区开发开放,决定天津的前途命运,牵动区域协调发展的全盘,关系全国发展的大局"。加快滨海新区开发放和改革创新,事关重大、任务光荣而艰巨,取得决定性进展迫切需要强有力的组织保证。

应当说,从20世纪80年代开发区设立,特别是从20世纪90年代滨海新区成立以来,不论是滨海新区管委会,还是各行政区、功能区的各级领导机构、职能部门,都为滨海新区的建设和发展做出了巨大的贡献。但是,也不可否认,滨海新区现行的行政管理体制确实已经不

适应新阶段新形势和新任务的要求。现在(指 2007 年时)的天津滨海新区包括三个行政区、三个功能区和津南区一个镇、东丽区一个街。它还不是一级行政区划,而是一个经济区域。其运行构架,从组织领导体系(或者说行政管理体系)上说,新区管委会还不是一级政府,而是一个综合的协调机构。其职能主要是负责编制新区的发展规划,对区城内发展建设中遇到的一些重大事宜进行协调。而区域内几个行政区、功能区的职能和权力却是实实在在的。这是天津滨海新区与深圳特区、上海浦东新区的一个根本区别(深圳特区和上海浦东新区都不单单是一个经济区,其领导机构也不仅仅是个协调机构,而是一级行政区划、一级人民政府)。

面对各行政区功能区在发展中各自为政、盲目竞争、无序开发、相互争夺有限的资源、功能混杂、重复建设,市场失灵的领域和环节互相推透扯皮、长期投入不足等诸多矛盾和问题,新区管委会综合协调的执行力和约束力就往往显得苍白无力。结果是大大降低了协调决策的效率,成倍增加了发展的行政成本。为了解决这些问题,从新区管委会到市委市政府采取了一系列的措施:一是加强新区管委会的宏观调控职能,在新区管委会下成立了规划、环保、科技分局,组建了财政、土地整理中心,最近又成立了联合投资服务中心;二是市委、市政府从人事上加强了对新区工作的统一领导,先是由一名市委常委兼滨海新区工委书记和管委会主任,由塘沽区委书记兼开发区、保税区工委书记。第九次党代会上又成立了全市最高层次的滨海新区领导小组,市主要领导分别兼任组长、第一副组长;三是对一些关系全局的重大项目,如天津港建设、东疆保税港区建设、空客 A320 项目、100 万吨乙烯和 1000 万吨炼油工程等,大都成立了由市领导直接牵头的项目领导小组,等等。这些措施对统筹协调滨海新区各行政区、功能区的关系,对于缓解上述矛盾和问题发挥了积极的作用。然而,大多仍属一些过渡性的措施,并没有从根本上解决严重制约滨海新区加快发展的深层次矛盾和问题,行政管理体制仍然是制约滨海新区发展的突出瓶颈。为此,深化滨海新区行政管理体制改革和创新势在必行、迫在眉睫。

近年来,对于天津滨海新区行政管理体制改革的模式,各方面专家曾经先后提出过多种设想和建议。大体上有以下几种方案:第一,以新区的核心区(即塘沽区、开发区、保税区、天津港)为基础,整合相关部门,组建滨海新区人民政府;第二,大体上以海河为界将新区一分为二,设南区、北区,以北区为主体成立滨海新区人民政府,南区暂时维持现有行政体制,石化产业功能区划归新区政府;第三,在核心区基础上再将整个东丽区划入滨海新区,成立新区政府;第四,在基本维持现行体制的基础上组建新区政府。我认为,第一种方案便于集中人力、物力、财力比较快的完善新区的功能,迅速形成竞争力和新区整体形象。而第二种方案也有一定的合理性,因为目前的滨海新区已经包括了 2270 平方公里,这样一个区域概念已经得到了许多方面的认同,如果想把哪一个行政区或功能区甩掉,恐怕阻力较大。况且大也有大的优势,其发展容量也比较大,有利于体现整个滨海地区发展布局规划整体上的科学性、合理性。第三种方案不包括汉沽区,而把东丽区包括进来,也不无道理.因为东丽区正好处在京津塘经济和城市发展主轴线上,且位于新老市区的中间位置,现在相当一部分区域已作为滨海新区的功能拓展区,正在开发建设之中。

综上所述,新区行政机构整合与政府的设立,主要有两种方案可供选择:

方案一:分两步到位。第一步,先整合核心区的行政机构,成立新区政府,其他区的行政机构暂维持现状;第二步整合其他区的机构,成为覆盖整个滨海新区的新区人民政府。与之相适应。组建新区人大、政协及相关部门。

方案二:一步到位。全面整合辖区内所有行政机构,直接成立覆盖整个滨梅新区的新区人民政府。与此同时。组建新区人大、政协等立法、监督和参政议政机构。

以上两个方案各有利弊,应当在一定范围内征求意见,进行比选论证后作出最佳决策。总之,要在科学论证并上报国家批准的前提下,尽快组建统一的有权威的能够总揽滨海新区全局的真正意义上的滨海新区人民政府。

组建统一的新区政府,要认真贯彻国务院(2006)20号文件的要求,体现"精简、协调、效能、廉洁"的原则;要体现党的十七大关于"加快行政管理体制改革,建设服务型政府"的要求。着力转变职能、理顺关系、优化结构、提高效能,形成权责一致、分工合理、决策科学、执行顺畅、监督有力的行政管理体制。精简和规范各类议事协调机构及其办事机构,减少行政层次,降低行政成本,着力解决机构重叠、职责交叉、政出多门问题。这些论述为天津滨海新区行政机构改革指明了方向,应得到切实贯彻。

新区政府、人大、政协及相关职能部门的组建,人员编制应严格控制。主要来自三个方面:一是由市级机构选派一部分;二是从区域内各行政区、功能区行政机构选调一部分;三是面向国内外招聘一部分。

不论哪个方案,人员怎么解决,职能部门的设置一定要摆脱原来的模式,在探索职能有机统一的大部门体制,健全部门间协调配合机制方面进行创新,先行先试。要有利于优化资源配置,促进科学发展、和谐发展、率先发展,广大人民群众得到更多实惠,同时兼顾各方利益的原则,尽快构建起精简、高效、廉洁,强化统一领导而又充满生机与活力的行政管理体制机制,真正使天津滨海新区成为全国开放程度最高、发展活力最强、最具竞争力的地区之一。

(作者:刘东涛,刊发于《求知》2007年第11期)

第三篇　论国有企业发展与改革

　　企业是城市的基本经济细胞,企业活力是城市经济地位和发展的关键。中华人民共和国成立后,特别是改革开放后,经济界对于国企改革从理论到实践进行了大量而艰苦的探索。1984年10月党的十二届三中全会通过的《中共中央关于经济体制改革的决定》明确指出:"城市企业是工业生产、建设和商品流通的主要的直接承担者,是社会生产力发展和经济技术进步的主导力量。""增强企业的活力,特别是增强全民所有制的大、中型企业的活力,是以城市为重点的整个经济体制改革的中心环节。"正式拉开了全国城市经济体制改革、特别是国有企业改革的序幕。

　　此部分收入本人关于国有企业发展与改革的6篇文章。前4篇是20世纪80—90年代撰写,反映了当时我对国有企业改革的一些看法和主张。此后20多年来,我国国有企业改革继续不断深入,从管理体制到运作方式已经发生深刻变化,改革发展也出现不少问题和难点。近年来条件所限,我很少再能深入研究和撰写这方面内容。从我国和世界各国情况和经验看,国企改革与发展是一个永恒的课题。

论股份制产生的条件与社会主义企业的股份化趋势

股份经济在我国的出现以及理论界围绕这一问题展开的讨论,深刻地触动着传统的所有制形式、传统的经营管理方式和传统的伦理观念,不能不引起我们的关注和思考。

一、股份制企业产生的原因和存在的条件

股份经济是以合股集资,按股分配,两权(企业资产的所有权和经营权)分离为基本特征的一种经济形式。它既是一种集资方式,也是一种分配制度,又是一种企业组织模式。

当今,世界上股份制企业的具体形式多种多样,如无限公司、股份两合公司、股份有限公司、有限责任公司(普遍存在于联邦德国,类似于英国的私公司,类似美国的封闭公司)、托拉斯企业、跨国公司等,其中股份有限公司是现代企业最为普遍的形式。

股份制企业作为一种有效的集资方式和企业模式,是商品经济发展到资本主义(更确切地说应当是社会化大生产)阶段的产物。

在自然经济条件下,人们的生产活动被分散地固定在一个个狭小的区域,各个基本生产单位犹如蜜蜂的蜂房,处于相互孤立和隔绝的状态,彼此不发生横向联系,劳动的分工还只是自然分工而无社会分工,更没有商品交换,从而不可能产生以横向经济联合为标志的股份经济。

在小商品生产条件下,尤其是直接的物物交换阶段,生产的专业化水平很低,社会分工和商品交换尚不发达,生产规模狭小,流通手段落后,一个工厂(场)企业的创办,还未达到必须把大量的资金集中起来统一使用的程度。各种生产要素的结合,也不能很好地借助货币资金这个媒介。这种状况,也很难使股份制企业产生并得到发展。

到了15世纪以后,随着所谓"地理大发现"和欧洲通往东亚新航线的开拓,海外贸易和殖民掠夺成为欧洲一些资本主义国家进行资本原始积累的一个重要手段。而这一"风险事业",需远渡重洋,而且经常伴随着参与国之间的激战和殖民地人民的反抗,绝非少数个人所能经营。于是,到17世纪初,先是在英国,然后在荷、西、葡、法等国,出现了一些以经营海外贸易和殖民掠夺为目的的股份集资性贸易公司。尽管这些公司在集资方法、经营原则上与现代股份公司还有很大不同,但毕竟具备了股份公司的某些特征。另一方面,18世纪到19世纪间,产业革命在英国和其他主要资本主义国家相继完成。随着大机器工业的迅速发展,生产领域资本的有机构成不断提高,开办一个企业所需资本的最低限额也随之大增。例如,在18世纪90年代,美国建立一个有效能的工厂需要2.5万—3万美元的资本就够了。但到了1860年,便达到50万—100万美元。创办和经营如此大规模的企业是多数个别资本难以承担的。与此同时,随着新兴科学技术广泛应用于生产,生产的专业化、社会化水平迅速提高,商品交换关系日趋复杂。经营管理一个大企业往往需要各种专门知识,这也为多数资本家个人所难以做到,他们不得不退出直接的经营管理过程,仅凭特有的股份取得收益,并通

过董事会参与重大的经营、分配决策,通过监事会监督企业的行为,而把直接经营管理企业的权力交给具有专门知识的经理人员,从而导致所有权和经营权相分离。于是以发行股票进行资本集中,按持有股份进行分配为特征,以所有权和经营权相分离为管理原则的股份制企业,便凭借高度发达的信用制度应运而生,并广泛流行于资本主义世界各国。

激烈的市场竞争和由此而引起的企业兼并,进一步加快了资本集中的过程,社会上的生产资料、劳动力和商品生产日益集中于少数大企业。从 19 世纪末到 20 世纪,美国等资本主义国家不断出现企业合并高潮,以股份制度为基础的托拉斯大企业、跨国公司以及更高层次的股份公司、企业财团纷纷出现,从而进一步把股份经济推到高度发达的程度。1939 年,美国年产值在 100 万美元以上的大企业占全国企业总值的比重为 5.2%,其产值却占全国企业总产值的 67%。第二次世界大战以后,资产在 1 亿元以上的大公司有 3500 家,占全国公司总数的比重不到 0.2%,其资产总值却占全国公司总资产的 70.3%。其间,随着反垄断措施的推行,托拉斯、康采恩一类组织受到了限制,然而跨国公司作为股份制企业的最新形式却显示了强大的生命力,并为世界各国所瞩目。有些大公司(如美国国际商用机器公司),其子公司、制造厂、实验室,及其科学、教育、信息中心,甚至遍布世界各地。

通过对股份经济的历史考察不难发现:

商品经济和社会化大生产的发展,是股份制企业产生、存在、发展的根本原因。股份制企业的产生和发展,是商品经济发展到现代化大生产条件下资本(金)集中趋势和生产不断社会化趋势的必然要求。

大量闲置的社会资本(金)和高度发达的信用制度,是产生股份制企业的两个直接前提条件。生产的社会化和现代科学技术应用于生产,引起扩大再生产所需资本(金)最低限额的提高,致使越来越多的小额资本(金)不能很快直接投入生产过程,不得不暂时闲置起来。这些分散于社会急于寻求出路的闲置资本,势必成为股份资本的重要来源。然而,它们要联合为巨额的股份资本还需要借助银行信用制度的中介作用。否则这种大规模的联合是难以做到的。

现代科学技术的飞速发展和激烈的市场竞争,是股份制企业形成和发展的两个重要加速器。商品经济必然伴随着激烈的竞争,各个商品生产者和经营者为了在竞争中取胜,就要千方百计降低生产成本,提高生产效率。不仅要努力扩大生产规模,而且有采用新技术的强烈愿望。不论是扩大企业规模,还是进行风险投资,都会使企业联合和资本集中的趋势进一步加剧。

由于股份有限公司在社会上公开招股,股票面额小,发行范围却极为广泛;股票可在市场上公开出售,资产所有权的转移十分方便;股东对公司资产只负有限责任,也在一定程度上分散了风险,使人们乐于接受;所有权和经营权相分离,提高了经营管理的效能;公司是法人,经济行为受法制约束和保护。因此,它筹集社会资金的能力和经营管理的效能,均为一般的独资企业、合伙企业和其他的经济形式所望尘莫及。这就决定了它在推动社会生产力和商品经济发展中具有其他经济形式所不能代替的作用。今天,股份制企业在世界经济发达国家不仅普遍存在,而且许多跨国公司纷纷在国外市场上发行股票、筹集资金的动向表明：现代科学技术正在使股份经济向全球化的方向发展。事实雄辩地证明了马克思对股份公司特殊作用的高度评价是正确的。

二、股份制企业在社会主义经济中的位置和作用

股份制企业产生于资本主义社会，对资本主义商品经济的发展起了巨大的推动作用。那么，在社会主义条件下，它是否还有存在的必要和发展的余地？回答应当是肯定的。

这是因为社会主义阶段仍然存在着股份经济产生的那些条件。历史经验表明：世界上所有的社会主义国家，大都是在经济很不发达的基础上取得革命的胜利，并开始进行社会主义建设的。因此，作为股份经济产生的一个根本原因——商品经济，不仅不能因为私有制的改变而消灭，而且是社会经济发展不可逾越的阶段；而社会化大生产，作为股份经济产生的另一个根本原因，显然是资本主义经济与社会主义经济的共同特征。既然如此，那么商品经济发展到现代化大生产条件下的资本（金）集中规律，生产不断社会化的规律，仍然具有不可抗拒的作用，也必然要求有反映这种客观规律的集资方式和企业组织形式与之相适应。而且，竞争的强制力量、科学技术的推动作用，作为加速这一过程的杠杆也有增无减。因此，股份经济的发展，股份制企业的存在，在社会主义条件下也就仍然是不可避免而且是完全必要的。

既然股份经济、股份制企业同商品经济和社会化大生产相联系，而商品经济、社会化大生产又是资本主义经济和社会主义经济的共同特征，那么股份制企业就是现代资本主义和社会主义都可以利用的一种企业模式，而不应当成为资本主义的"专利品"，这本来是合乎逻辑的结论。但是，在过去很长时间里，特别是社会主义改造基本完成以后，我们曾把股份经济同资本主义画等号，长期排斥于社会主义经济范畴之外。这同我们在理论上否认商品经济的存在、在实际上用小生产和自然经济的思想观念指导社会化生产是联系在一起的。党的十二届三中全会已经摈弃了这种错误的理论，确认了"商品经济的充分发展，是社会经济发展的不可逾越的阶段，是实现我国经济现代化的必要条件"。而且，在实际上股份经济已有相当发展。在这种情况下，一些同志仍然对股份制心有余悸，其原因除了对股份制企业缺乏了解之外，更重要的是由于传统观念（包括自然经济观、产品经济观、小生产习惯定势、传统所有制模式影响）还在不同程度上支配着人们的思想。

发展社会主义股份经济，完全符合我国现代化建设的实际需要。进行现代化建设，不仅要提高企业的现代化水平，而且要兴建一大批具有世界先进水平的新项目，有的还属于风险性投资，建设资金的不足是一个尖锐的问题。另一方面，随着企业自主权的扩大和人民群众收入的增加，社会闲散资金越来越多。

1985年底，我国社会结余购买力已达2000亿元以上。而同期的储蓄余额为1600多亿元，两者相减仅居民手持货币就达六七百亿元。这些分散而闲置的货币，不仅沉淀于生产过程之外，而且对市场也是一个很大的压力。如何将这些潜在的资金引入生产过程，使之变为实际的可增殖的生产资金，解决建设资金不足和现金沉淀的矛盾？发行股票、招股集资无疑是一条有效的途径。这已为许多地方实践所证明。如广东省佛山市信托投资公司，1984年

从 6 月 21 日开始发行股票,到当月 29 日就收到股金 820 多万元;上海市延中实业股份有限公司,1986 年初向社会发行股票 10 万股,集资 500 万元。1 月 14 日发售个人股票时,竟出现了万人排队购股的盛况。到下午 2 时,9 万股个人股票全部售完,股东达 18000 余人;北京天桥百货股份有限公司,第一次向社会公开发行股票时,300 万元股票 6 天之内就被认购一空,认购股票的个人达 303 人。可见股份经济发展潜力之大。

有的同志认为,银行储蓄信贷同样可以起集资融资的作用,可以用提高存款利率的办法来扩大储蓄和集中社会资金,没有必要再发股票、搞股份公司。我认为,这种主张的片面性在于,它只看到了存款储蓄与股票集资之间的联系,而忽视了二者之间的根本区别。

实际上,银行信蓄信贷与股票集资是有许多不同特点的。从二者的风险性和社会适应性来看,在银行存款保险数额较大,但利息收益较少;认购股票风险较大,却有获得较高股息收入的可能,因此它较之储蓄存款更适应一部分人的社会心理现状,对社会资金具有很强的吸引力,此其一。从对资金的支配权来看,银行贷款以存款储蓄为基础,贷款对象只能由银行决定。企业只有申请权没有决定权,而且要受时间和利率的限制;而由发行股票所集中的资金,支配权完全属于企业,因此企业对于招股集资比对银行贷款积极,特别是在银行抽紧银根、贷款困难的情况下,招股集资的倾向更甚,此其二。从资金的使用效率来看,既然企业对信贷资金使用的方向、对象、额度等并无决定权,也就不去关心。全民企业吃国家“大锅饭”、吃银行“大锅饭”的体制,进一步降低了信贷资金的使用效率。而股份制企业的经济效益则同股东的收益息息相关。这就使认股者对企业的经营十分关心,甚至出谋划策,并严格地监督这些资金的使用,此其三。从资金的稳定性来看,银行储蓄存款中,相当一部分是存取来去自由;但在股份有限公司中,股份一经认购,就只能转让,不能抽回资金,直至该企业倒闭,资金的稳定性有利于企业的长期发展,此其四。可见,股票和股份制的特殊作用,是银行储蓄信贷所代替不了的。

几年来的城市经济体制改革,紧紧围绕搞活企业,取了一定成绩,企业活力有所增强,但也遇到了许多难点:一是在国家、企业和职工之间,难以形成有效的利益制约机制。微观搞活与宏观控制经常处于顾此失彼的矛盾之中,仍未摆脱“一放就活、一控就死”的连环套困扰。二是企业难以形成合理的行为机制,厂长、经理身份不确定,似乎是既代表国家又代表企业,但实际上并不然。强调宏观控制,就只代表国家而忽视了企业与职工利益。一强调微观搞活,又往往只注重企业的短期行为和职工的眼前利益,而忽视了企业的长远发展和国家利益。三是全民企业中权、责、利脱节,企业负盈不负亏,无人承担风险,形不成内在的动力机制。

这些问题,集中到一点,就是没有从根本上实现政企职责分开、所有权和经营权相分离的改革目标。要害在于还没有打破传统全民所有制模式的思想禁锢。由于是“全民所有”,全民的意志又必须由国家来体现,企业的所有权和经营就必须集中于国家。企业的领导人员是国家机关派驻的代表(且不说企业职工是否愿意接受这种委派)。既然受上级委派,就要对上级负责,听命于上级,这首先是同政企职责分开的要求相悖离的。其次,企业的领导人一旦被派驻,便成为国家所有权实际上的体现者和经营权的执行者,显然这又是同两权分离的原则相矛盾的。因此,在传统的全民所有制模式之内进行政企分开、两权分离的改革,是很难达到预期目的的。然而,股份制企业中,由于不存在传统全民所有制的种种痼疾,代表股东的董事会与企业经理人员之间,相互分离而又互相制约,真正体现了两权分离,根本不存在政企不分的问题。而且,由于股东们的利益同企业的经营成果紧紧拴在一起,共同承担风险,责任感、危机感和竞争意识强烈,十分关心企业的经营状况。因此,股份制作为一种社会主义的企业模式是符合企业体制改革方向的。

股份制企业也符合当前横向经济联合的发展趋势。目前,我国蓬勃发展的横向经济联合,实际上已经在很大程度上突破了条块分割的管理体制和传统的所有制模式,也为股份经济的发展、股份制企业的建立提供了机会。企业之间横向联合,实质上是生产资料、劳动力、技术等各种生产要素在企业间的横向流通与重新组合。在商品经济条件下,各个参与联合的企业都是具有独立物质利益的经济实体,它们必然要求分享联合的利益。然而,各种生产力要素之间是不能直接比较的,仍然需要货币和资金的媒介作用。因此,这些生产力要素之间的流通与结合,又必然表现为资金的流通与结合。联合的结果,必然形成各种不同形式的企业联合体,那些联合的比较好、形成紧密联合体的企业,就会要求把相互之间的联系用法的形式固定下来,并按股份制的原则进行经营。因此,横向经济联合的发展,必然导致一大批股份制企业的出现。

综上所述,股份制的存在和发展不仅是资本主义经济发展的伴侣,也是社会主义商品经济发展规律的要求。我们必须如实地承认社会主义条件下股份企业存在、发展的必然性和必要性,给其以应有的位置,发挥其应有的作用。

三、国有企业股份化的可行性

目前,对社会主义企业股份化问题,意见仍然很不一致。争论的焦点,主要是在国有企业能不能股份化。对此持怀疑或否定态度的同行,大多出于以下几种考虑:第一,担心会使一部分全民所有制企业的资产化为集体和个人所有,从而降低企业的公有化程度,甚至改变企业的全民所有的性质,动摇社会主义经济的公有制基础。第二,认为企业股份化以后国家仍然会"以大股东的身份来干预企业,同现在通过行政命令干预企业没有什么根本区别"。故而股份化不能解决政企分开、两权分离问题(范茂发、荀大志、刘复平:《股份制不是全民所有制企业的方向》,1986年第1期《经济研究》)。我认为以上两种考虑未必很有说服力。首先,马克思主义的历史唯物论和大量的实践经验已反复告诉我们,衡量一种生产关系(包括企业的所有制形式)好坏的唯一标准,是看其能否促进生产力的发展,而不是公有化程度越高越好。所有制形式需与生产力的发展水平相适应。特别是一些中小型工商企业,本来就不应该由国家直接经营,更不宜冠之以全民所有制企业的美名。若能股份化为集体所有制或社会所有制的新形式,不是更加名副其实吗?当然,这样所导致的不仅是公有化程度的降低,而且是全民所有制性质的改变。但那又有什么不好、有什么可怕的呢?所谓全民企业,当然意味全体人民对企业的财产人人都有一份。这在社会主义现阶段,不论是从物质文明的发展水平(包括生产资料社会化程度)来看,还从整个社会精神文明状态来看,都是难以办到的,硬要去办势必搞乱生产关系,挫伤企业集体和职工群众的生产积极性,阻碍生产力的发展。

从我国的现实情况看,过去一味追求的那种全民所有制企业模式,正是导致"企业吃国家大锅饭、职工吃企业大锅饭"的根本病灶,平均主义盛行、责权利严重脱节成为全民所有制企业难以克服的顽症。一方面是劳动者的所有权在企业得不到具体体现,职工群众对领导人的任免、经营决策很少有说话的权利,大都不感到自己是企业的主人;另一方面又是"全民所有,都不所有","都是主人,都不负责任"。按照这种传统的企业模式来制约企业的经济行为,组织经济运行,已经把企业拖向进退维谷的地步。显然,唯有改变这种传统的企业模式,才能把企业的活力真正释放出来。既然如此,为什么还非固守这种理想式的、纯而又纯的、不切实际的模式和观念,任其禁锢我们的思想,捆住我们的手脚呢?其实,对大部分国有企业来说,将之称为"全民企业"本来就不妥,应当实事求是地给其正名。它们本来也不具备全民所有的性质,从而对股份化会改变全民所有制性质的担心也就大可不必了。从理论上讲,国有企业股份化以后,也就不再是原来意义上的国有企业了。各个企业的具体性质,还要据其在股份化的过程中不同的认购者认购股票的情况而定,比如可以分为国控企业、集团股份企业、公私合营股份企业、劳动者股份企业,等等。因此可以说,国有企业股份化也不同程度地使企业所有制性质发生了变化。如实地承认这种变化并没有什么坏处。

但是必须看到,尽管股份化会使国有企业的公有化程度有所降低,甚至引起所有制性质上的变化,然而只要政策科学、措施得当,在股份化的过程中坚持公有制占主导地位,坚持国家股份和企业集体股份的绝对优势,社会主义经济的公有制基础就不会动摇。这是完企可以做到的。从我国目前国有企业收入分配的情况来看,企业纯收入通过各种途径上交国家的部分占85%,留给企业的只有15%,企业留够各种基金后真正进入个人之手的所占比并不大。因此,国有企业发行的股票,大部分还是由各类企业来认购,个人所占份额不会很多。而且国家可以凭借雄厚的经济力量随时参股,扩大国家股份,对企业实行有效地控制。国外的经验证明,只要能够掌握全部股票的20%—30%,甚至更少,则可以取得对公司的控制权。如股票是卖给本企业的职工,那么只要限制到一定比例,也不会影响企业公有制性质,然而却可以收到集中资金、增强职工主人翁责任感的双重作用,实际上是加强和巩固了企业的公有制基础。至于他们所取得的股息收入,在性质上无异于银行存款的利息,更不会因此而产生食利者阶层。即使会产生极少数食利者,也无碍大局,只要股份化的利远大于弊,这种改革就是可行的。

其次,认为股份化后国家仍然会"以大股东身份来干预企业",因而不能解决政企分开、两权分离问题的看法,显然不符合客观实际。第一,它混淆了国家作为政权机关对企业日常经营活动的行政干预和国家代表在董事会中依靠经济的力量参与企业决策的区别。实际上在股份制企业中,国家的董事代表不是靠权威地位来干预企业活动,而是靠掌握的股权、靠董事会专家们的专门知识、靠董事会的全体成员进行民主决策的,他们并不直接干预经理人员日常的经营活动。这同目前各级政府机构、行政组织对企业经营活动的直接干预是有根本区别的。第二,它否认了股份制企业中所有权与经营权相分离,以及根本不存在政企不分问题的事实。实际上股份制企业中,董事会是决策权力机构,它们并没有直接的经营权。经营权是由经理人员行使的,这本身就是两权分离的,而且这种分离发生在企业内部。在分离的同时,又有互相制约的关系。持有前述观点的同志,主张在改变传统所有制形式的基础上,使两权在企业外部相分离,即国家仍然行使所有权而把经营权交给企业厂长、经理。这样做的结果是企业内缺少所有权的具体代表,企业的短期行为得不到有效的制约和及时调整。这种现象通过股份化是可以解决的。因此,把国家股东对企业控制等同于行政干预,从而否认股份化可以解决两权分离,进而否认股份化的可行性,是站不住脚的。

还有一种意见,认为集体企业和小型国有企业可以股份化,而大中型国有企业,特别是关系国家经济命脉的事业或部门不能股份化。这种主张也未必周全。我认为,越是大中型国有企业,包括一些涉及国家经济命脉的部门,越有股份化之必要;相反,一些小型企业则不一定有这个必要。这是因为:其一,股份经济最重要的功能就在于有效地集中资金,然而正是大中型企业的投资,关系国家经济命脉的那些事业的开发,才最需集中巨额的资金。而一些(中)小型企业,所需资金有限,经营管理比较简单,也许独资、合伙等形式更好,不一定非采用股份公司形式。如果只对这些(中)小型企业实行股份化,那么企业股份化的意义也就不大了。其二,也正是那些大企业和重要部门,最容易滋生机关化、大锅饭、政企不分、两权合一、平均主义等病态,采用股份制有利于这些问题的解决。其三,国有大中型企业真正体现了现代商品经济和社会化大生产的特点。股份公司作为现代化大生产的组织形式,正是国有大中型企业所要求的企业模式。既然股份制可以不损害企业的公有基础,国家可以对股份制企业实行有效控制,为什么非要把大中型国有企业排斥在股份化的范围之外呢?显然只承认集体企业、小型企业股份化的可行性,而否认大中型国有企业股份化可行性的主张,表现了其理论上的不彻底。

当然,大中型企业的股份化,对整个经济和社会的震动可能会大些。尤其是在我国市场体系不完善,国家对宏观经济的管理和控制手段还比较落后的情况下,更是这样。而且各个大中型企业、重要部门的情况也不尽一样。因此,对不同类型企业、部门,在股份化的程度上、时机的选择上、股票发行和转让办法上,都应依具体情况不同而区别对待。比如,国防工程、军工企业、稀有资源等必须由国家直接投资和经营;中央银行也必须由国家直接控股,而专业银行在企业化之后则可采取股份制形式;铁路、航运干线可由国家直接控制,而地方铁路、地方航运则可实行股份化,不一定由国家包起来;重要资源的经营管理应由国家直接控制,但开发资源的企业可以是股份的,如此等等。

四、我国企业股份化的途径及相关问题

应当看到,股份制度作为一种历史现象,也会有一定的局限性。比如,由于股票可在市场上自由流通,股东的流动性也较大,势必增加掌握和控制的难度。在管理不严、控制不及时情况下,有可能为买空卖空、造谣诈骗、私人交易活动留下可乘之机。严格说来,这些现象是同商品经济发展历史条件相联系的,在相当长的历史阶段难以完全杜绝。我们一方面要消除以往对股份制的偏见,把它同资本主义制度区别开来;另一方面也要采取正确的政策

和强有力的措施,在发挥其积极作用的同时,将可能产生的消极现象限制在最小的范围之内。

第一,建立社会主义股份制经济的法律体系。这是发展股份制经济以及企业股分化的当务之急。建立股份制企业,需要有一套严密的组织机构、登记手续、科学的规章制度,有的要以法律的形式确立下来,以保证当事人的合法权益,约束当事人的行为。目前,国内各地出现的不少股份公司,缺乏必要的规章制度,当事人各方行为和相互之间的关系带有很大的随意性,关键是没有法律保证。因此,应加紧研究制定我们自己的股份公司法、票据法、证券市场法(目前可先搞证券融通管理条例)等法规,使企业股份化和股份经济的发展有法可依。我国股份公司的社会主义性质,应当在这个法律体系中得到最充分的体现。

第二,坚持公有制占比,保证国家对经济运行实行有效的宏观控制。企业股份化的方向,主要是使企业所有权分属国家和企业(本企业和其他企业),国家股、企业股应在股份公司中起主导作用,个人股只能占较少的份额,必要时可对持股超过一定比例的个人征收股息超额累进税,以防止大量股份集中于少数个人之手。

国家可通过参与制、控股制和经济立法,实现对经济的宏观控制。至于在不同的企业中国家股份应占多少,应分门别类进行具体研究和试验。一般来说,企业的规模越大、与国家经济命脉关系越密切,国家参与的股份应当越多。企业的规模越小,国家所占的股份则越少,甚至不参与股份。

股份化的方法。可以设想,首先对企业的资产进行折价,即按固定资产原值折为现值,属国家投资部分(包括流动资金)作为国家股份,属企业投资部分作为企业股份。今后企业的技术改造和扩大再生产资金则按合股集资原则进行。国家财政直投资加入国家股份,企业银行贷款应加入企业股份(但应按期归还本息),个人认股属于个人股份。与此时,国家应在中央和地方设立专司国有资产的职能机构。

第三,逐步开放和完善证券市场。目前,可在经济特区和少数金融发达经济中心城市试办证券交易所。其他重要城市可由银行的信托事业部或信托投资公司开办股票交易业务,待时机成熟再正式成立证券交易所以及经纪人事务所等机构。为防止利用股票进行诈骗、买空卖空等,可以通过法律手段以及记名股票、缩短交期、现场交割等措施加以制约,保证交易人的合法权益。

不少同志担心开放股票市场会产生投机活动。我认为,对于投机活动必须重新认识。所谓投机,即见机行事,看准机会就干。在经济活动中,一般指某些人凭借有利的时机,大量买进和卖出带有风险的有价证券,期望从证券的行市变化中牟取利润。这种投机虽然有获得较高利润的可能,但也承担较大风险。而且股票投资者一般是在股票行市较低时买进,行市较高时抛出,因此这种投机在客观上起着活跃证券市场、调节证券供求、平稳行市的积极作用。当然也有利用散布谣言、串通勾结、买空卖空等不正当手段从事投机的。所以,应将投机分为两种:一种是对社会不造成危害的正当投机;一种是破坏性的投机。前者应视为合法的,后者是法律所不能允许的。

第四,搞好配套改革,加快人才培养。企业股份化涉及整个经济新体制以及政府机构、人的观念等各个方面。价格体系、投资体系、财政税收体制、金融体制、计划体制、政府管理经济的职能等方面的改革,都应与之相适应才能收到实效。同时必须培养大批精通金融业务、股票行市、经济法律的高级人才和经纪人员。否则股份经济发展将会大大受制。

企业股份化是一个缓慢的自然发展的过程,它应当在简政放权的基础上,主要靠企业本身的动力,通过横向经济联合的发展来推动,而不是单纯靠行政的力量,一哄而起、一哄而散所能奏效的。各级政府应把主要精力放在调查研究,制定政策,建立有效的法律保证方面。

最后还应当指出,肯定企业股份化的可行性,并非主张一切企业通通股份化。股份制不可能包罗整个社会经济活动的全部内容,不能将之作为我国唯一的经济形式和企业模式,它只有在同其他的经济组织形式和经营方式相互补充、长期共存中才能显示出自己的巨大作用。

（作者:刘东涛,完成于 1986 年 8 月,压缩稿先后刊发于 1986 年 12 月 21 日《经济学周报》和《天津社联学刊》1987 年第 1 期）

论国有企业的股份制改造

股份制是一种适应社会化大生产和市场经济要求的现代企业制度与资本组织形式。回顾我国国有企业股份制改造的历程,可以更加坚信,对相当一部分国有企业进行股份制改造,是转换企业经营机制、重组国有资本、增强国有经济活力的一条有效途径,是我们面临的一种最现实的选择。

一、国有企业股份制改造的基本回顾

我国对国有企业的股份制改造,是随着经济体制改革的深入不断推进的。大体上经历了四个阶段。

1984—1988 年为起步阶段。20 世纪 80 年代初,股份合作形式首先在城乡集体经济中得到长足发展。与此同时,一些国有企业也开始用发行股票的方式筹集社会资金,并进行引入股份制机制的探索。1984 年 7 月 26 日,北京天桥百货股份有限公司宣告成立,并首次向社会公开发行 300 万元股票,成为第一家在国家工商部门注册登记的股份有限公司。

1984 年 10 月,党的十二届三中全会召开,颁布了《中共中央关于经济体制改革的决定》,从而揭开了城市经济体制改革的序幕。自此,国有企业按照政企分开、两权分离的思路,先后进行了扩权让利、利改税、租赁制、承包制等形式的改革。与此同时,股份制试点企业也以不可遏制之势在中国大地竞相出现。1984 年 11 月,上海电声总厂发起成立了上海飞乐音响股份有限公司,成为国内较早的规范化股份制试点企业。随后,全国各地一大批企业相继走上股份制道路。

1989—1990年为"冷战"或徘徊阶段。由于缺乏必要的知识和经验,立法、管理和监督机制的建立滞后,股份制试点也出现了一些问题。例如,股票与债券混同,还本付息,允许退股,低估国有资产,事前规定较高的股息率等。对此,国务院和有关部门先后采取措施进行了引导,规定:企业内部职工持股的股份制,不再扩大试点;向社会公开发行股票的股份制,在上海、深圳两市进行配套改革试点,不再铺新点。特别是从1989年下半年,中国改革的步子放慢了,对股份制的认识陷入了"姓资""姓社"的争论,甚至有人提出股份制改革是私有化,是搞资本主义的"和平演变"。这就使许多人对股份制试验心有余悸、望而却步,股份制的发展处于一种相对降温的状态。

1991—1993年为再度升温阶段。经过1989、1990年的治理整顿,由于实行了"双紧"方针,带来了结构性的销售疲软、资金紧张,国有大中型企业普遍开工不足,加上承包制的种种弊端逐渐显露,人们又开始把国有企业改革的目光投向股份制,1991年股份制再度成为国有企业改革的热点。特别是1992年,各地再次掀起国有企业股份制改造的浪潮。当年全国股份制试点企业新增400家,至1992年底试点企业累计达3700家。与此相适应,以上海证券交易所和深圳证券交易所先后于1990年12月19日、1991年4月成立为标志,中国资本市场的发展取得了重大突破,为国有企业融资和改造提供了更加便捷的途径。至1993年末,全国股份制企业发展到1.3万多家,遍及所有的省、自治区、直辖市和计划单列市。其中1993年新增加的股份制企业就有9440家,上市股票增加到215种。

1994—1997年9月为规范发展阶段。此间,国家针对股份制和证券市场发展中出现的问题,进一步加强了对股份制企业和证券市场的规范监管,出台了一系列的法律法规。在总结国内外经验的基础上,国务院于1995年提出了关于证券市场发展的"法制、监管自律、规范"八字方针。针对股票市场一度出现暴涨和过度投机的现象,《人民日报》在1986年12月16日发表了《正确认识当前股票市场》的特约评论员文章,从而不断地把国有企业股份制改造和证券市场引上规范稳步发展的轨道。此间各地又有不少国有企业进行股份制改造,并在沪、深上市或到国外上市。据国家有关部门提供的数据,到1996年底,我国以国有企业为主改建和新建的股份制企业已达9200家,其股本金额达6000亿元,向内部职工筹资350亿元,向外商筹资800亿元。在沪、深上市的企业总数530家,筹资850亿元,总市值达到9482亿元,股票交易额达22000多亿元,这些股份制企业中有107家进入全国500家最大工业企业行列,有62家进入全国500家最大服务企业行列。更重要的是,股份制企业的经营业绩昭示了其强大的生命力,据中国社会科学院的一份研究报告称,他们对5049家实行股份制的工业企业进行调查显示,在这些企业的股权结构中,公有制仍占主导,资产负债率为55%,其资金利税率、产值利税率、固定资产利税率、成本利税率分别为16.03%、18.97%、27.17%、21.02%,分别是全部独立核算工业企业的2.01倍、2.06倍、2.42倍、5.52倍。

改革开放使股份制在中国大陆上重新出现,而从它出现的那天起就受到传统观念、传统势力的种种非议和抵抗,致使股份制是"姓资"还是"姓社"的争论持续了多年,而且使股份制改革呈现了一种时冷时热的特点。但是,股份制改革试验不断扩大和蔓延的总趋势并没有改变。它总是在经历了变冷一个短暂的阶段之后又迅速热起来。这再一次显示了它的广泛适应性和强大生命力。

二、国有企业股份制改造的主要障碍

对国有企业进行股份制改造,是对传统的国家所有制以及与之相适应的管理体制、思想观念的巨大冲击。在以国有资产为主体的社会经济结构基础上如何组建股份公司,在国际上尚属难题。更由于我国社会经济文化发展水平较低,传统体制、传统观念有着巨大惯性,这就使得国有企业股份制改造面临着传统体制、市场发育、法制建设、知识和人才以及思想观念和认识上的一系列障碍。目前,关于股份制"姓资姓社"的争论不多了,但在思想观念和认识上还存在种种误区。一方面,一些人习惯于把股份制与私有制联系起来,认为国有企业股份制改造就是私有化,从而不去大胆试、大胆闯;另一方面,部分同志和企业对股份制改造的理解简单化,或只将其视为低成本筹资的捷径,或认为"一股就灵",而忽视了企业经营机制转换和规范运作,结果往往使股份制走样变形。

第一,市场发育不充分的障碍。目前,我国市场经济仍处于较低阶段,市场体系还很不完善,主要表现在两方面:一方面,是全国市场体系尚未建立起来,部门分割和地区封锁问题很严重,生产要素的流动受到很大限制,股份投资难以充分展开;另一方面,金融市场特别是资本市场发展滞后,全国只有沪、深两家证交所,难以满足各地股份制发展和资本流动的要求。

第二,立法工作滞后的障碍。至今,证券法证券交易法尚未出台,即便是已经出台的《股份制企业试点办法》《股份有限公司规范意见》《有限责任公司规范意见》《股份制试点企业会计制度》《公司法》等政策法规,也因企业种种主客观原因得不到很好贯彻。

第三,知识、人才、相关机构不足的障碍。股份制的健康发展有赖于一大批懂得现代股份公司的组织与管理、通晓现代证券市场运作、熟悉现代财务会计业务和操作技巧的专门人才;需要有比较完善的中介服务机构,如资产管理评估机构、会计师事务所、审计事务所、法律事务所、证券公司等。而这些中介机构在我国还较少,人才、机构短缺的状况还较突出,严重制约着国有企业股份制改造的步伐。

三、积极稳健推进国有企业股份制改造的进程

股份制作为一种有效的企业制度和资本组织形式,已经在资本主义经济中生存了上百年。无论是自由竞争时期的商品经济,还是垄断时期的商品经济,甚或现代市场经济,都与股份制结下了不解之缘。今天,西方各市场经济国家无一不把股份制作为企业的基本组织形式。之所以如此,主要不是因为它适应资本主义私有制的需要,而是在于它适应了社会化大生产和市场经济的客观要求。

股份制对于社会生产力发展的巨大推动作用,不仅已为世界经济发展实践所证实,而且已经为经典作家马克思所充分论证。

从我国的国情和股份制试点的情况来看,国有企业股份制改造的前景,的确存着两种可能:第一种可能是沿着对股份制的种种误解和不规范的做法搞下去,势必会把股份制试点引上歧途,使国有企业的股份制改造半途而废,甚至搞垮整个公有制经济,导致社会动乱;第二种可能是按照现代股份制的国际规范,从我们的国情出发,纠正对于股份制的误解和试点中的偏差,在坚持公有制为主导的原则下,积极稳健地推进国有企业股份制改造的进程,逐步将相当一批竞争性的国有企业改造为公有制为主导的股份公司,使这些国有企业重新焕发生机与活力。我们现在面临的任务是避免第一种可能,争取第二种可能。为此,我国国有企业股份制改造应从以下几个方面入手,继续向前推进。

(一)必须解决有关股份制的模糊认识,排除股份制改造的思想障碍

第一,关于国有企业股份制改造的目的。应当明确,国有企业股份制改造不仅仅是为了筹资,更不是引导人们去投机。开辟新的融资渠道,广泛筹集社会资金,是国有企业股份制改造的目的之一,而且只是浅层次的目的,股份制改造更重要的目的在于转换企业经营机制,寻求一条能使企业真正做到自主经营、自负盈亏、自我发展、自我约束的道路。如果企业搞了股份制,经营机制却没有改变,经营者选择、管理、投资、用工、销售、分配仍然是老机制、老办法,那么我国国有企业的股份制改造将会走偏方向,招致失败。

第二,关于全面理解股份制改造的规范化问题。对于股份制的国际规范、国际惯例的理解,也应当有全面的观点、全新的观念,不应仅仅停留在传统股份制惯例的观念上,应当看到,传统股份制的许多基本规则,在今天仍然是适用的,是可以借鉴的。同时,更应当看到,第二次世界大战以后,西方资本主义各国为了克服自身的矛盾,顺应经济社会发展的潮流,在企业产权制度、管理体制、分配方式等方面先后进行变革,从而使现代西方股份制呈现了新的趋势、新的特征:一是产权主体社会化、股东由少数人发展到多数;二是产权实体泛化,入股资产从资金或物力资本扩大到无形的技术、管理、人才等人力资本。这些新的特征已为西方各国政府所认同,从而形成了新的合乎现代国际惯例的股份公司制度。当代西方股份公司中出现的社会所有制特点及其与之相适用的规范制度,表现出对资本主义私人所有制的一种否定和剥夺,因此更值得我们借鉴,就中国国情而言,如果以这些新出现的符合现代国际惯例的企业制度为基础进行股份制改造,则可以确保中国企业在保持公有制为主导的前提下,减少或绕过资本原始积累时期的巨大痛苦和劳资矛盾,而直接建立起现代发达的具有社会主义属性的股份公司制度。

第三,关于股权结构问题。应转变"国有股在企业全部资产中必须占50%以上"的观念。因为,一般说来,在股份公司的股权较为分散的情况下,只要能够掌握其20%—30%的股权,即可控制该企业的经营活动。况且,国家已明文规定,任何一个人所持股份不得超过公司总股本的5%,个人绝不可能取得对企业的控股权。因此,只要能够掌握公司的控股权,即可以保证股份制企业中公有制的主导地位,不必非坚持"国有股占50%以上"。当然,国有资本在企业全部资产中所占比例,也即国家的控股比例,具体到每一个股份制企业来说,应当视企业的行业性质及其在国民经济中的重要程度而定。对于那些关系国民经济命脉的

行业,如能源、交通、电力、银行等部门的国有企业,国有资产所占的比例应占主导优势,公有股应占50%以上,其中国家股也应占较大比例,甚至不采取股份制形式,而是采取国有独资公司形式由国家垄断经营。对于一般的竞争性行业,国有股所占比例则不一定强调要占50%以上。

(二)坚持分类指导,对不同类型的国有企业进行不同形式的股份制改造

除了极少数关系国家经济命脉的特大型企业、公益性企业,以及涉及国家安全的企业,采取国有独资公司形式,仍由国家直接授权经营外,其他大中型企业应尽可能逐步采用股份制形式。

一是把经济规模大、经济效益好的竞争性国有企业改造为股份有限公司。因为股份有限公司的特点就在于:第一,经营规模较大;第二,可向社会公开发行股票筹资;第三,是股东仅就其认购的股份额对公司承担有限责任;第四,公司有完备的决策、组织机构和法规制度,组织严密、层次清楚。这些特点,正适合我国效益好的国有大中型企业。如电力、邮电、铁路运输、航运及机械、电子、汽车、化工、医药等大型工商企业。它们向社会发行股票,对投资者来说风险小,信誉高、效益好,破产可能性很小,很快可以用公开发行股票的方式筹集大量资本,使全社会资金向效益好的公司流动,提高全社会的效益,深受股民欢迎。

二是可把一部分规模不大、效益一般的国有企业转换成有限责任公司。出资者对公司所负责任权益以其出资额为限,出资者既是公司股东又是公司雇员,所有股东均是公司职工,都应积极参与公司的经营管理。在西方发达国家有限责任公司占有很大比重,这种形式非常适合我国众多的中小型国有企业,尤其是在当前市场体系不健全、市场规则不完善的情况下,有限责任公司比股份有限公司的适应性更强,更便于操作。

对于微利的小型国有企业可采取拍卖租赁、转让的办法,将其改造为无限公司或合伙企业,或实行兼并破产,也可出售给个人。

(三)加快国有资产管理制度的改革,明确国家股的股权代表

对国有企业进行股份制改造,关键是改革国有财产的实现形式,即产权的组织制度和管理制度,怎么改?第一,把中央各部门和地方政府的财产,统一归一个专门的财产管理组织——国有资产管理局进行管理,同时在人民代表大会常务机构下设国有资产管理委员会,对国有资产的运营进行法律监督。它只是在价值形态上管理财产并监督财产的保值增值。为此制定法令、政策和条例,以保证财产运用效益不断提高,但它不能直接去使用和经营财产。第二,在国有财产管理机构与企业之间设立一些经营国有财产的中介组织,使财产主体多元化。经过这些中介组织使财产的所有权和占有支配权实现分解和合理组合,这种中介组织可以是各类投资公司、金融机构、基金会组织、企业集团的母公司等。国家财产管理机构可以通过委托、借贷、承包等方式,把一定数量的国有资产委托给中介组织,由其有偿使用。这些中介组织在价值形式上取得了财产的占有权和支配权,再把它支配的财产投资到符合国家产业政策要求又有较高效益的企业或项目上去,其本身

则成为法人股的投资者。这样,使财产的形式所有权(有人称终极所有权)与占有权(支配权)在财产管理部门和财产经营机构之间相分离,从而适应了财产社会化的要求,必将分散国有资产的投资风险而又促进社会生产力的发展。第三,许许多多的财产经营者,把财产投入一个企业之后,这些财产便不能再由某个投资者来支配和使用,而必然由所有投资者共同组成的董事会来集中支配和使用,这样就形成一种新的产权形式,即法人产权或称法人所有权,这种集中使用形成的法人产权制度,即社会化的财产占有方式,必须采取股份制企业的形式。股份制改造正是克服传统国有企业财产主体一元化,实现财产主体多元化、现代化的根本途径。

目前,有的国有企业改造为股份制后,董事会中国家股代表没有明确投票权,也不承担风险责任,结果造成国家股股权代表选择不当。不少地方由过去的主管部门或直接由国家资产管理局派人参加董事会,这些人的身份本来就是官员,直接进入董事会,带来了新的政企不分,企业搞得好与坏与他们没有直接关系。因此,当务之急是使国家股的股权代表明晰化、人格化,权力和责任落实到人头上。或是由国有资产管理部门明确授权经营者行使国家股股权,或者构造一批国有资产经营机构,如控股公司、集团公司、投资公司等,由这些机构派人到股份制企业中去充当国家股的股权代表,并赋予权力与责任。与此同时,要建立一套严格的考核奖惩制度,使国家股股权代表时刻保持廉洁奉公,尽职尽责,关心并确保国有资产的保值增值。可以规定股份公司中国有资产在一定时期内不能保值增值,或招致重大损失,其股权代表除承担一定经济责任外,将失去国有资产股权代表和经营者的资格。

(四)要理顺企业的内部领导体制

从目前看,我国股份制试点企业一般都设立了股东会、董事会、监事会。问题是不少股份制企业并没建立起正规的议事程序,股东会、董事会、监事会形同虚设。有的企业成立几年了,也没有召开过股东大会或股东代表会,每年只是给股东分红,股东会要行使的权限被明显忽视。董事会是股东会的执行机构,其成员应是谙熟企业管理,有丰富经营管理经验的人士。但是,一些公司的董事会成了安排干部的场所或平衡人事关系的平衡器。一些董事连企业的财务报表、资产负债表都看不懂。有的股份公司,股东大会还没开,董事长、总经理的名字便见了报,这都是违反股份公司规范和原则的,应当按照国家颁布的规范和公司章程予以纠正和完善。

(五)转变政府职能,减少政府对股份制企业的行政干预

现在有些股份制企业的股东大会形成的决议,如红利分配方案,还要经有关部门审批,否则就不能执行。这是无视股东大会作为股份制企业最高权力机构的侵权行为,是把"审批经济"的病传染给了股份制企业。应当说,政府部门在审批股份公司成立时,已经认可了公司章程,确认了股东大会可以行使的职权。因此,股份公司成立后,只要不违反公司章程,对属于公司职权范围内的事,有关部门就不要再去干预。股东大会是由股东组成的,其中包括

国家股股东。作为国家股的代表,应该到股东大会和董事会中去反映和表达国家的意志,可以提出不同意见,而一旦董事会通过并经股东大会形成决议,任何人都不能随意改变,更不能以加强管理的名义来搞"审批"。

(六)充分发挥注册会计师在股份制企业新机制中的作用

注册会计师制度是近百年来商品经济发达国家创造的有效的社会监督方式。按照国际惯例,股份公司的会计报告要经注册会计师签署意见,并对报告的真实性承担法律责任。在西方发达国家,公司最怕的不是政府,而是会计公司的会计师,会计师和律师被称为"不拿国家工资的经济警察"。会计师如果做了伪证,要负法律上的责任,并将信誉扫地,有的不仅要罚款,严重违法的还要坐牢。这种机制约束注册会计师不敢做伪证。我们应积极吸收西方先进的财务管理经验,运用经济的手段、法律的手段来强化股份公司的财务预算约束。股份公司则必须接受独立于企业的、国家认可的注册会计师对财务账目的公正审核,树立一个良好的行为规范形象。

(七)积极培育和发展以证券市场为龙头的资本市场

改革开放以来,我国资本市场从无到有,得到了迅速发展。至 1996 年全国已有 97 家证券公司,300 多家证券经营机构和 2000 多家证券营业部。特别是上海、深圳两个全国性证券交易所,通过现代信息技术,与 27 个区域性证券交易中心形成了覆盖全国的交易网络,为带动全国经济特别是南部沿海地区的发展,为国有企业的股份制改造和筹资发挥了重要作用。但是,也应承认,资本市场特别是证券市场的发展还很不充分、不均衡,特别是在我们这样一个 960 万平方公里幅员辽阔的大国,仅有 2 个全国性证券交易所,而且都位于南部沿海,是远远不够的。为了更有力地带动全国经济均衡发展,为了充分满足全国国有企业股份制改造和资本流动的要求,需均衡全国的资本市场,特别是证券市场。为此,应适时在北方地区和中西部地区选择条件较好的中心城市再建立一两家全国性证券交易所,并以此为龙头使其发展为我国重要的区域性金融中心。

与此相适应,要进一步加快相关的立法工作步伐,特别是尽快制定和颁布《证券法》这一规范资本市场运作的根本大法,使国有企业股份制改造和资本市场运作具有更加完备的法律依据;加强股份制知识的普及,增强人们的金融风险意识;加快谙熟股份制和证券交易等现代金融、现代会计、法律等各种专门人才的培养;进一步发展相关中介机构,为国有企业股份制改造的顺利实施创造适宜的环境与条件。相信,在十五大精神的正确指引下,国有企业的股份制改造必将迈出更加积极稳健的步伐,国有经济的所有制结构和经营机制将发生根本性变化,整个国民经济将呈现更加生机盎然的景象。

（作者:刘东涛,刊发于《天津经济》1997 年第 5 期）

国企改革需要实现五个新突破

国有企业历史上曾经为全国政权的巩固和社会主义建设做出巨大的贡献,同时也积累了较多的矛盾和问题,如资本金不足,技术装备落后,冗员过多等,形成了沉重的包袱。改革开放以来,随着多种经济特别是非公有制经济的迅速发展,我国经济结构发生了深刻的变化,国有经济比重呈现逐年下降趋势。但是,在国民经济中国有经济仍占主导地位。以天津为例,1998年,国有及国有控股工业企业拥有固定资产净值、实现增加值、税金总额分别占全市独立核算工业的69.1%、47.3%和59.9%。

同时,改革开放的不断深入使国有经济累积的深层次矛盾已经充分暴露,结构调整和微观基础再造并未取得令人满意的重大进展。面对国内外日益激烈的市场竞争,国有企业生产经营困难重重,资产使用效益低下。1998年天津市国有工业企业累计完成产品销售收入553亿元,比上年下降9.9%,实现利税下降37.7%,实现利润为净亏损。

国有经济要想摆脱目前的困境,在未来的市场竞争中保持自己的优势,更好地发挥对全市国民经济的控制力、影响力和带动力,就必须切实贯彻党的十五届四中全会的《决定》,把国有经济的改革和发展摆到更加突出的位置,精心规划,抓出实效。从当前来看,一方面,要积极用好用足国家关于振兴老工业基地、支持企业技术进步和产业升级、对国企"增资减债、减员增效"以及债权转股权等一系列政策,力争早日实现国企脱困目标;另一方面,要不失时机地推进国有经济调整改组和国有企业改革,争取在解决制约国有经济发展的一些根本问题和几个关键环节上有新的突破。

一、要在布局结构的战略性调整和资产重组上有新的突破

大量的事实表明,国有经济布局和国有企业组织结构不合理,是国有企业步入困境的重要原因。很长时期里,我们在理论指导思想上把社会主义与计划经济画等号,把公有制等同于国有制和"大集体",造成国有资产布局过宽过散,国有经济整体素质不高,市场竞争力较差。以天津为例,据有关部门分析,全市国有大型企业户数、资产、负债、所有者权益分别占全市国有企业的3.5%、53.7%、51.1%和59.2%;资产负债率为64.5%,低于全部国有企业3.26个百分点;工业总产值占全部国有企业的69.2%;上缴利税总额占74.6%;在职职工人数占41.79%;其实现利润、平均资本收益率指标也都高于全市国有企业平均水平。而国有小型企业户数、资产、负债、所有者权益分别占全市国有企业的75.5%、15%、14.5%、16.2%,利润却为-0.87%。可见,大企业仍具有相对竞争优势,而小企业普遍存在实力弱、布局散、效益低的问题。实际上,我国市场经济已有了相当的发展,供求关系相对短缺时代已发生根本性变化,多数商品已出现供过于求的情况下,国有资本没有必要也没有足够的力量再支撑这么大的摊子,也不可能把这些大大小小的国有企业都搞上去。正确的选择应当是,按照"有所为,有所不为"和"抓大放小"的原则,并充分运用市场优胜劣汰的机制,通过

资产的流动、重组,促使国有资本向重要领域、行业和重点企业集中,而把一般性领域、行业和多数中小企业尽可能让渡给非国有资本去经营。这样才能真正做到使大的更大更强、小的更专更活,从总体上搞好搞活国有经济。

为了使国有经济的调整和重组有序进行,可以将国有企业按照其性质和功能分为三种类型:第一类是垄断经营型。主要涉及国家安全的行业、提供公共物品和服务的行业,以及自然垄断行业。诸如国防军事工业、尖端技术研制、邮政、铁路干线、供电、供水、供气、制盐、矿山等部门和行业,基本上继续实行垄断经营,这类企业只是少数,在一个省市有上百家甚至几十家足矣,但规模要大,实力要强。即使这类企业,个别的也不排除引进国际资本、民间资本或实行国有民营的可能性。第二类是控制经营型。即对基础性、先导性、支柱型产业,包括能源、交通、邮电、重要原材料、重要设备制造,以及重要的高科技企业等,国有资本应实行控股经营。在保持国有经济占主导和支配地位的前提下,积极利用国内外资本市场吸收国外资本和社会资本加以重组改造,使其由国有独资转变为国家控股,用较少的国有资本控制和支配更多的社会资本。这类企业也是少数,在一个省市有上千家,甚至几百家足矣。第三类是放开经营型或称非国有经营型。即属于一般竞争性行业的多数中小企业。诸如轻工、纺织、机械、建材、化工、家电、商贸、旅游、餐饮、房地产等产业,应通过股份制、股份合作制、嫁接改造、兼并、转让、拍卖等,出售全部或部分国有资产,使国有资本逐步退出,并将收回的国有资本作为改革的成本,用于安置下岗职工和建立社会保障基金,或将其投入必须垄断经营和控制的行业与重点企业,壮大其实力,增强其活力。当然,这类企业也不能绝对排除国有资本参与的可能性。

为了实现上述调整和重组,中央和地方政府应当分别组织有关部门及专家制定调整和重组的总体规划,并付诸实施。

二、要在国企制度创新上有新突破

传统的国有企业制度弊端诸多。其要害是产权关系不清、权责不明,名义上国有资产人人有份,实际上往往无人负责,或曰"只负盈不负亏";政企职责不分,政府直接干预企业经营活动,企业成为政府机构的附属物;在用工上凝固化,只能进不能出,一岗定终身;在分配上搞平均主义,干多干少、干好干坏一个样。在这种制度下,必然窒息资本的活力和人的积极性、创造性,将"活钱"变成死钱,勤人变成懒人,能人变成庸人,造成资本和人才的极大浪费。这种制度不改,国企只能是死路一条。通过这些年改革,国有企业在经营机制和市场观念上已发生很大变化,但是在一些基本制度方面并未取得根本性普遍性突破,为数不少的企业现代企业制度试点流于形式,有的只是换了块牌子,在经营机制上是"穿新鞋,走老路",有的连新鞋子都没穿好。这是导致国有企业缺乏活力,以及亏损增加、人才流失、资产流失的深层次的原因。

企业制度创新应着重抓好产权制度创新、用工制度创新、分配制度创新三个关键环节:第一,产权制度创新要以实现产权多元化为主要目标构建现代企业制度。正如《决定》指出的"股权多元化有利于形成规范的公司法人治理结构,除极少数必须由国家垄断经营的企业外,要积极发展多元投资主体的公司"。股份制是现代企业制度的一般形式。对国有企业进行股份制改造,是国有企业实现产权多元化的主要途径。通过国有企业的股份制改造,可以打破国有资本的封闭状态,使其得以随时在市场上流动变现,提高运营效率;国有资本通过建立出资人制度并与非国有股份的结合,可以使产权明晰,并实现人格化,从根本上解决产权不清、无人负责的问题;股份制有利于形成公司法人治理结构,按照现代公司制的要求,在企业内部建立股东会、董事会、监事会,并由董事会聘任经理人员,从而在企业内部建立起所有者和经营者之间的委托代理和制衡关系。为此,国有大中型企业尤其是优势企业,"宜于实行股份制的,要通过规范上市、中外合资和企业互相参股等形式,改为股份制企业,发展混合所有制经济,重要的企业由国家控股"。即使是国有独资公司,也可以由多家国有投资公司共同控股或交叉持股,以形成内部制衡、监督机制,使国有资产保值、增值。第二,用工制度的创新,主要是完善劳动合同制,推行职工全员竞争上岗和适度的淘汰机制。第三,分配制度创新,以建立与现代企业制度相适应的收入分配制度为中心,适当拉开差距,允许和鼓励资本、知识、技术等生产要素参与收益分配。通过一系列的制度创新,逐步形成企业优胜劣汰、经营者能上能下、人员能进能出、收入能增能减、技术不断创新、国有资产保值增值的机制。

三、要在经营者的选拔、激励和约束机制上实现新的突破

在市场经济条件下,经营者是企业组织生产经营活动的中心,对企业的成败起着决定性作用。有人讲,企业的成败,70% 的作用在企业家,30% 的作用在员工,而员工的积极性、创造性也要靠企业家来调动,这话不无道理。但是,长期以来,国企经营者的选拔和任命,主要听命于上级党政机关,这就造成某些企业经营者不是把主要精力用于经营企业、研究市场,而是用于经营关系、研究上级的好恶上。显然,这种单纯由党政机关选拔任命经营者并套用党政行政级别的制度应当逐步松动,而代之以董事会聘任制,同时更加注重民主推荐、公开竞聘、市场机制的作用。另一方面,在分配上对经营者既缺乏激励也缺乏约束,干好了收入与一般员工无大差别,干坏了也不负太大责任,甚至异地做官,这种状况仍严重存在。目前,在国企经营者中有两种现象值得研究,一种是某些本来业绩优秀、贡献突出的经营者,由于感到所付出的代价和承担风险与所得收益不成比例,心态失衡,甚至走向反面,所谓"五十九岁"现象多属此类。再一种就是某些国有企业,尽管债务累累,亏损严重。这种现象屡屡出现,显然与我们对经营者的激励和约束制度不完善有关。近年来,上海、深圳、四川等改革先进地区在有条件的企业试行了给予经营者期股期权奖励,或实行年薪制,取得成效。对他们的经验应给予特别的关注,加以总结、完善与推广。尤其是期股期权奖励,可以把经营者的利益、行为与企业的长远发展联系起来,具有更为普遍的意义。关键之一是要有优秀的经营者,一般来说,这样的经营者必须是在竞争性的选拔中产生;二要制定科学合理的考核体系、考核标准和审核程序。在加强激励的同时,也要通过监督、审计、公司章程、法律等手段,强化对经营者的约束。

四、要在完善理顺国有资产管理和运营体系上有新的突破

搞好国有资本的管理、运营和监督,是国有企业得以健康发展,实现保值增值的重要条件,也是国家对国民经济实施宏观调控的有效途径。因此,完善和理顺国有资产管理、运营体系至关重要。我国多数地区,国有资产管理部门成立以来,在国有资产的注册登记管理方面做了大量工作。但是,其发展运营状况不平衡,管理体系和制度还很不完善,多数地区国有资产管理部门的权威性和责任还很不到位,出资人制度基本尚未建立,国有投资公司的层次、体系模式还不清晰,实行授权经营的大型企业和企业集团为数不多。特别是由原来行业管理局翻牌而成的总公司,在管理理念、管理方式、资本实力、运作能力等方面很不适应市场经济和现代企业制度的要求。

为此,积极探索国有资产管理的有效形式,完善和理顺国有资产管理、运营、监督的体系和制度。应着重抓好以下几点:一是可总结推广深圳或上海模式,将国资管理机构从政府行政管理部门中独立出来,其负责人由人民代表大会选举产生,赋予其更大的权利,并向人大负责,接受人大监督。国有资产管理和运营情况,每年度应专项报告提交人大审议。二是继续搞好授权经营,授权有条件的大型企业、企业集团和控股公司经营国有资产。三是抓紧建立出资人制度,由国资管理机构"对国家出资兴办和拥有股份的企业,通过出资人代表行使所有者职能,按出资额享有资产收益、重大决策和选择经营者等权利,对企业的债务承担有限责任,不干预企业日常经营活动"。四是进一步探索构建国有资产经营公司的层次和体系。五是通过实行稽查特派员制度,健全监事会制度,离任审计制度等,从体制、机制上加强对国有企业的监督,确保国有资产及其权益不受侵犯。

此外,应把国企改革作为一项系统工程,在推进投资体制、健全市场体系、社会保障制度、干部管理制度、政府机构和职能转变等各项配套改革上取得新的进展,为国企改革创造良好的外部环境。

五、要在思想解放、观念转变上有新的突破

实现上述突破的一个重要前提,就是继续解放思想、转变观念,也即观念创新。比如,认为不论任何领域和行业"国有经济只能进不能退""国有企业只能生不能死""收缩国有资本战线等于削弱国有经济"的观念;实行股份制过程中,把股份制改造等同于私有化,认为"国有资本控股50%以上才能占支配和主导地位"的观念;经营者和员工"以资本、知识技术等要素入股的收益等于剥削"的观念;党政机关不直接任命经营者就等于放弃党的领导的观念等,这些都是国有经济实现战略性调整与国有企业实现制度创新、机制创新的严重思想障碍。只有扫除这些思想障碍,树立新的观念,才能提出新的思路和举措,迈出新的步伐,开创国企改革和发展的新局面。

(作者:刘东涛、张晓光,原载《中共天津市委党校学报》1999年第4期)

改造"大批发"重构主渠道

我国经济正处在从传统计划经济走向市场经济的大转变之中。在这一过程中,流通领域最先受到市场经济的冲击。这一领域内受旧体制影响和束缚最大的产业是大型批发商业,其机制转换最难最慢,受到的市场冲击也最为严重,纷纷陷入困境。如何帮助这些国营大型批发商业加快改革、走出困境、跻身市场,是近来人们经常关注的一个问题,对于天津这样的中心城市来说也是一项十分紧迫的任务。

一、大型批发商业的重重困境

从天津的情况看,当前国有大型批发商业有五步难走的棋:

一是经营萎缩,重振雄风难。中华人民共和国成立后几十年内,设在津、沪、穗三大沿海中心城市的一些商业一级采购供应站,曾经以资金雄厚、实力强大、经营商品种类齐全、辐射面广而享誉全国,称雄流通领域,直到改革后的相当一段时期内仍保持着强大的阵容和实力。天津一商局 7 个批发站 1979 年至 1988 年 10 年内,实现商品购销总值达 815 亿元,平均每年 80 多亿元。但近年来,这些曾为国家做出巨大贡献的"大批发"经营日渐萎缩,购销总值一再减少。据一商局 7 个批发站统计,进货总值 1988 年为 44.1 亿元,1989 年为 37.1 亿元,1990 年为 34 亿元,1991 年为 21.4 亿元,1992 年为 8.4 亿元,五年中下降了 80%;销售总值 1988 年为 45.6 亿元,1989 年为 42.7 亿元,1990 年为 34 亿元,1991 年为 26.9 亿元,1992年为 17.2 亿元,五年中下降了 60%。7 个市公司进货和销货总值也是下降的。与此同时,工业自销比重则逐年上升,一轻、二轻、纺织、化工、仪表 5 个局,1991 年自销商品比重达 71.7%,其中一轻局为 71%,二轻局为 73%。可见,原来"大批发"的元气已伤,重振雄风几乎是望洋兴叹。

二是效益大滑坡,扭亏为盈难。天津 7 个批发站利税总额,1988 年为 1.66 亿元,1989年为 1.38 亿元,1990 年则亏损 1.74 亿元,1991 年继续亏损 7262 万元。各大站都处于亏损或微利状态。尽管市政府正式发文令其限期扭亏,但多数难以实现。

三是市场阵地退缩,收复失地、开拓市场难。据了解,天津日用工业品在哈尔滨第一百货商场的经营品种中占 4.4%。在呼和浩特市民族商场经营的 3.5 万种商品中,上海产品占 12.7%,江浙产品占 18.2%,广东产品占 9.4%,天津产品只占 7.3%。西安民生百货大楼经营的商品中,上海产品占 37.4%,江浙产品占 19.8%,广东产品占 18%,天津产品只占 7.6%。这些地区过去都是天津产品的传统市场,现在天津产品在这些市场上的优势地位已经和正在被上海、江浙、广东所取代。如何扼制这种势态的发展,不仅是摆在工业部门面前的艰巨任务,也是"大批发"面临的一大难题。恢复老市场、开拓新市场就更难了。

四是库存包袱大,轻装上阵难。国营大中型批发企业,由于多年来主要是承担政府职能,"无代价"地支持工业生产,多数都背上了沉重的大库存包袱。截至1992年底,一商系统工业品批发库存达9.87亿元,其中七大批发站就达5.56亿元。每站的库存少则三五千万元,多则上亿元。有的经理说:"我们腿上绑着砂袋子去同非国营批发商业赛跑,怎么能赛得过人家呢?"

五是结算资金庞大,货款回收难。由于流通秩序、金融秩序混乱,"三角债"严重困扰着大中型批发商业。1992年一商局七大批发站被外单位拖欠的货款占压资金达8亿元,全年多支付利息近7000多万元。截至1992年9月,七大批发站被拖欠的货款仍保持在5.4亿元以上。纺织站在正常情况下结算资金应保持在2000万元之内,但1992年高达1个多亿,1993年上半年仍高达8000万元。外地某县纺织品公司拖欠其货款120万元,达3年之久,该站曾7次派人前去讨债,只要回20万元,其余部分因要钱没有只好拉回来90万元滞销商品,实际上连50万元都卖不了。因欠债的许多单位面临亏损、倒闭、赖账、黄账现象十分严重,这是对大中型批发企业一个很大的困扰。

二、困难的成因及其反思

造成今天大型批发企业重重困难的原因是多方面的。但总起来看是两大方面。

一是客观上经营环境变化所造成的不利影响,这是大型批发商业陷入困境的直接原因。比如,外省市地方工业,尤其是乡镇企业的迅速崛起,使"大批发"的很大一部分传统市场被当地工业品所占领;本市工业生产后劲不足、产品缺乏竞争力;各种新兴批发商业的兴起,使"大批发"的竞争对手骤然增加;工业自销、零售自采的迅猛发展,使大量的名牌、优质商品的购销活动绕开了"大批发"环节;税收、信贷、物价、工商登记管理等政策一度不适当地向个体、集体以及其他新兴商业倾斜,造成了不平等的竞争环境,使"大批发"企业处于十分不利的地位;地方政府行政干预,强令"大批发"大量收购地方工业产品,使其蒙受了巨大损失。1990年和1991年,在市场结构性疲软情况下,为了使工业腾出库存资金发展生产,经市里有关方面协调,由"大批发"商业收购了部分商品,但收购后销售不畅,实际是库存积压搬家,只得降价处理,仅此项损失,七大站就达8000万元。可见,由大政策、大环境和政府行为给"大批发"造成的不利影响是不容忽视的。

二是改革滞后,旧机制不适应新环境。这是大型批发企业陷入被动,以致难以为继的深层原因。众所周知,像天津的七大批发站这种产地大型批发企业,是20世纪50年代初国家为了分配调拨商品、均衡各地市场商品供求,而按照计划经济模式的要求在少数中心城市设置的。其职能是,对主要的工业生产基地的产品实行统购包销,计划分配调拨,充当商品流通的"蓄水池",并负责安排市场、稳定市场、稳定物价等;经营方式呆板,只是单一的大购大销,而且依赖于计划指令和行政协调,基本上没有自主决策的权力;在经营观念上习惯于以生产为出发点,即"工业生产什么,我收购什么、销售什么,生产多少,我就收购和销售多少";在经营作风上,常常以"老大"自居,"官商"作风严重。显然,这种模式不能适应市场经济的要求,经不起市场风浪的冲击,上面的事实恰恰说明了这一点。

十一届三中全会以来,随着改革开放的不断深入,我国经济体制发生了深刻的变化,经济活动中指令性计划管理的范围越来越小,市场调节的范围和因素不断增加。从购销体制上看,自1985年全面取消了工业品的统购包销割度;在计划体制上,1979年我国指令性计划管理的工业品达120种,到1990年下降为60种,至目前又下降为11种。1979年国家统配物资有256种,到1990年减少为27种,至目前仅剩下11种。由商业部计划管理的商品,从1979年的180种减少到1990年的24种,到目前仅还剩9种,其中指令性的仅还有2种;从价格上看,到1991年底,在社会农副产品收购总额、社会商品零售总额和生产资料销售收入总额中,国家定价的分别占22.2%、20.9%和36%,其余基本上由市场调节,而且今年以来又有较大程度的放开。这表明市场调节已经在我国的商品流通和整个经济运行中居于主体地位。这种情况,本来要求国营批发企业在其职能、运行机制、经营观念、经营作风等方面随之转变。然而,吃惯了"官饭""政策饭""垄断饭""环节饭"的大型批发商业却反应迟钝,行动迟缓,加上政企分开的改革没有较大进展,"大批发"则很难从旧的模式和机制中转变过来。尽管1984年国家将一级站下放地方,然而其"一级批发"的架子并没有及时放下来,对变化了的市场,仍然承袭以往那些陈旧的经营方式和经营作风。比如,当我国的市场形态已由过去的卖方市场转变为买方市场的条件下,除某些关系国计民生十分重要的商品外,大多数工业品不再适于大批量生产、大批量购销,而应以小批量、多品种、常更新为宜。但一些大批发商对此缺乏足够的认识,仍然习惯于大购大销的经营方式,加上地方政府的行政干预,强令大批收购滞销的工业品,结果只能是大购而不能大销,形成严重的库存积压;在价格政策上,不少企业仍然固守着环节作价的观念和模式,使规模经济所应有的价格优势得不到发挥。

鉴于大型批发商业的重重困境,一些同志简单地将经营规模"大"作为这些企业的弊端。应当指出,这种认识是不够全面的。事实上,"大批发"之所以陷入困境,要害不在于经营规模大,而是企业的架子大、机关化、政企不分、"铁交椅、铁饭碗、铁工资"、自主权不落实、经营机制不灵活等痼疾久治不愈的结果。这些问题对所有大中型企业带有普遍性,只不过在国有大型批发企业身上表现得更突出、更严重罢了。

我们可以进一步分析,我国改革已经历时14年,即使从1984年十二届三中全会中共中央做出《关于经济体制改革的决定》将改革重点转向城市算起,也已称得上"抗战八年"。当时《关于经济体制改革的决定》中已经明确,增强企业活力,特别是全民所有制大中型企业的活力是整个体制改革的中心环节,清楚地指出了应当解决企业缺乏自主权、政企不分及"两个大锅饭"等问题。然而,时至今日,为什么这些问题仍然没解决呢?除了由于传统计划经济体制的影响很深,从而机制转换较难之外,更深层次的原因在于这些年来在改革的理论指导上存在着两个滞后:

一是整体改革理论指导滞后。即对于改革的目标是"建立社会主义市场经济新体制"这一点上迟迟未能取得共识。应当承认,十二届三中全会提出了"有计划的商品经济理论"，这无疑是我国经济理论上一次很大的飞跃，对于促进人们的思想解放、观念转变，对于推进改革开放起了不可磨灭的作用。但是，当"有计划的商品经济"理论在实践中遇到了矛盾的时候，也就是随着我国改革开放的步伐不断加快，经济生活中市场经济的因素迅速增加，比重越来越大的时候，计划与市场"以谁为主"的问题便不断地向人们提出挑战，"有计划的商品经济"这一理论的局限性和不彻底性便表现出来。这时，我们对于改革的理论指导并没有及时地向"市场经济"的方向突破。加上其间各种经济的、非经济因素的干扰，甚至又回到了"计划经济为主、计划经济与市场调节相结合"的"老调重弹"中去了。这就为维护传统计划经济体制、以计划经济理论指导改革的旧势力提供了理论依据。这一大的框子定了，原来作为计划经济体制的基础和主体的国有大中型企业的改革也就很难有大的突破。

二是企业改革的理论指导滞后。《关于经济体制改革的决定》为企业改革提出了政企分开、两权分离、打破两个"大锅饭"、实现"自主经营、自负盈亏"的思路和目标，应当说这也是很大的突破。但是当时并没有规定实现这些目标的具体形式。后来，普遍推行了"承包经营责任制"，对于放活企业发挥了很大的作用，这是应当肯定的。但是，当承包制的种种弊端日渐暴露（如强化政企不分，企业行为短期化，基数难以确定，鞭打快牛，合同难以兑现等），很难再走下去的时候，我们没有能够大胆地肯定并引进股份制理论来指导企业的改革，而是困在姓"资"、姓"社"的圈子里绕不出来。尽管这时某些企业的股份制试验已经显示了强大的生命力，人们对它还是讳莫如深、心有余悸。

由于理论上的滞后，必然表现为改革行动上的徘徊不前、左右摇摆，这才是国有大中型企业包括大型批发企业旧的机制转不过来，走不出困境的思想理论上的根源。

三、按照市场经济的要求，构造批发企业的微观基础与网络体系

党的十四大确认了市场经济的理论，进一步明确了我国经济改革的目标是建立社会主义市场经济的新体制。这将对我国整个经济体制改革和经济社会的发展产生深远的影响，同时也为国有大型批发商业深化改革、走出困境指出了更加明确的方向。这就是：要按照市场经济的要求，重新构造国有批发企业的微观基础和网络体系。本着这一方向，我市下一步批发商业的改革应当突出以下几个重点：

第一，在深化企业内部承包的基础上，对这些大中型批发企业进行不同层次不同类型的股份制改造。市场经济是以市场机制作为基本力量和协调方式来配置资源的。它要求：(1)每一个经济利益主体之间，产权关系必须明确；(2)企业作为社会经济的细胞必须有追求利润的最大化和资产不断增殖的足够动力；(3)财产的所有权和经营决策权是在企业内部而不是在它的外部实现分离的；(4)企业作为市场的参与者，能够与其他经济利益主体以平等的身份进入市场，进行等价交换、公平竞争，能够根据市场信号的变化独立自主地进行经营决策，并享受收益、承担风险；(5)价格依供求的形成，较为充分地反映产品及资源的稀缺程度，企业可以根据市场供求决定产品价格。国内外经济发展的历史事实一再证明，股份制

是迄今为止能够满足上述要求的财产组织形式和企业制度。而且,由于商业企业具有资金周转快、投资收回期短的特点,不论国外还是国内,股份制企业最早都出现于流通领域,说明流通领域比较适合股份制发展。可见,用股份制这种形式来改造国营大型批发企业、实现其机制的转换,是符合市场经济发展规律的。

具体到天津市国有大中型批发商业的股份制改造,在起步阶段,可以对不同类型的站、司在不同层次上进行不同类型的股份制试验。比如,对于一些效益较好、有较大后劲的站、司,可以在清产核资的基础上,采取定向发行股票的办法,直接改造为股份有限公司;对于某些不景气且发展潜力不大的站、司,可以考虑待其"裂变"为若干专业批发公司,而且其内部承包的能量释放到一定程度时,在其中选择若干效益较好的专业批发公司将其改造为有限责任公司。改造后的这些股份制企业,将根据不同类型来确立与国家的财产关系,使产权进一步明晰化,根据产权明确各自的权利和义务。与此同时,在经营决策、用工制度、内部分配、会计制度等方面统统按照股份制的规则和机制来运行,尽快实现由承包制向股份制的转变。

对于某些效益较差、没有发展潜力的专业批发公司或经营部,应当通过调整经营方向、发展第三产业等方式,创办新的经营实体,使富余职工得到安置。这些新的实体,从一开始就应当新事新办,尽量采用有限责任公司或股份合作的形式。条件不具备的可采取合伙或个体形式。

第二,打破站司分立的格局,组建若干个实力强大的股份制批发商贸集团,有效地提高商品流通的组织化程度。为了摆脱困境,今年以来,各大批发企业都进一步解放思想、转变作风,积极行动,在企业内部采取了许多改革措施,包括划小核算单位,深化内部承包,开放经营范围,出租经营场地,兴办第三产业,等等。所有这些改革措施,旨在调动职工、部门的积极性,增强企业活力,为安置职工谋求出路,当然也收到了很大成效。但总起来看,各项措施有着明显的"应急"性质,企业改革的思路和发展方向尚不明朗。在这种情况下,随着企业的"裂变",原有的规模经营、综合配套、质量检测保证、信息量大、辐射面广等潜在优势,将有随之丧失的危险。国有大型批发企业将会变成与众多新兴社会商业相近似的市场经营者。

由于企业逐步丧失许多原有优势,也就失去了许多潜在的市场机会、潜在的经营效益。从总体看,社会经济系统也将因之受到潜在的影响。这是因为,随着大型批发企业的"裂变"和经营单位的增多,流通领域单个经营规模趋于小型化,流通活动趋于分散化,这就使批发体系本应具有的规模经营效益受到削弱,流通的组织化程度降低,流通费用增加,同时也不利于流通活动朝专业化方向发展,将从总体上影响中心城市的辐射力。对此,应当引起政府及有关部门的高度重视。

应当明确,天津作为我国北方的经济中心,没有强大的批发商业和高效的流通体系是不可想象的。目前批发企业经营规模小型化、流通活动分散化,仅仅是从传统计划经济向社会主义市场经济转化中的过渡现象。从长远看,天津经济的稳固与发展,不能够仅仅建立在由众多的辐射能力差、辐射范围趋同的小规模流通企业所组成的流通体系之上。为此，从优化天津市整个流通体系，切实提高流通的组织化程度出发，构建一批经营规模大、辐射能力强、经营方式灵活的大型骨干批发企业，实现工业品流通体系的重组，仍然是天津经济整体发展战略中一个不可缺少、不可忽视的部分。

从我国市场发展的目标模式来看，将是垄断竞争的模式，即在市场上既有若干大型企业垄断主要的市场份额，形成商品流通的主渠道，同时又有众多的中小企业与之配合，填补它们在市场上的空白。重组流通体系、培育竞争市场的一个思路，就是靠现有的流通企业在市场上相互竞争，优胜劣汰，逐步形成。但这必然是渐进的、长期的过程。另一个思路，就是充分利用已有的大型批发企业的组织、设施条件，由政府给予合理的干预、支持和引导，通过转换经营机制和经营方式，以及相互间的联合、兼并等，实现重组，迅速形成新的规模优势，重新焕发生机。

天津市批发商业改革的一个重要战略步骤，是打破多年来站司分立、内外贸分割、批零分割、工商对着干的格局，努力创造一种资产流动的机制，以某些效益较好并且有潜在优势的大型商贸批发企业为龙头，通过参股、控股以及自愿基础上的机构和资产的划转，联合经营同类商品的中小批发、零售商业，并向生产、信息服务、房地产等相关领域渗透，组建若干个实力强大的多功能的批发商贸集团。与此同时，逐步打破地域观念，将分支机构开办到外省市以致开办到海外去，在国内外市场上形成一定气候。各个集团是一步到位，还是两步到位？可视情况而定，不一定强求同步。可以先在一商系统内打破站司的界限，实现联合，然后再打破内外贸、工商之间的分割，实现全方位的联合；也可以一步就实现全方位的联合。比如，有的同志主张，以天津一商系统纺织站、市纺织品公司和外贸系统的纺织品进出口公司及其相关的商品出口生产企业为基础，组建以外贸出口为龙头，带动国内批发零售市场和纺织品生产的商贸集团企业，以实现内外贸、工贸、批零企业间的优势互补，增强整体竞争实力。我们认为，这种思路是值得重视的。

第三，政府及其综合部门应当努力为"大批发"实现机制的转换创造宽松的政策环境。大型批发企业是公有制经济在流通领域的一支主要力量，它拥有一大批适应大商业、大流通、大市场发展需要的商业设施、设备、技术手段和经营人才。只是由于体制及其身上压着沉重的包袱，这些优势难以发挥出来。应当看到，企业当前的困境，有的是在新旧体制交替过程中体制间的摩擦造成的；有的则是由于它们长期承担了相当一部分政府职能和社会责任所致。今年以来，政府已经采取了一些措施来帮助企业渡过难关，比如取消了批发环节代扣税制度，基本放开了经营范围和价格的限制，对其积压库存占压的部分贷款实行挂账，等等。但是，两个多亿的投入对于十多个亿的大库存来说，尤其是分散到各个企业之后，多数企业仍感到"杯水车薪"。沉重的库存负担、债务负担、税费负担、人员负担，仍然严重地妨碍着这些大型批发企业在新的市场体系下参与竞争，不甩掉这些大包袱，企业就难以活起来，也难以实现机制的转换。但是从目前的情况看，不少企业确属积重难返，仅靠自身努力很难走出困境，需要有政府及金融、财税、劳动、社会保险等部门共同制定政策，帮助解决。为了整体和长远利益,必要时应下决心承担一定的经济损失。

关于为大型批发企业创造宽松的政策环境方面,市政府搞活商品流通调研组 1992 年春天的报告中曾经提出了 10 条具体措施。现在看来,这些措施还远未落实,应当继续组织督促有关部门落实。

这里只想强调,对于各批发站仍严重存在的库存积压商品,应当提倡和鼓励其按照现在的市场价格大力推销,促其尽快转化为资金,投入新的经营活动,以便尽快解脱压在大批发企业身上的沉重负担,并避免潜在的更大危机。为此而造成的损失,属于前几年政策及市场因素部分,政府及财税、金融部门应通过减免税、息给予支持。

最后,还要强调,推进政府机构的改革,加快政府职能转变,是企业转换经营机制必不可少的条件。机构不改革,政府职能不转变,政企分开就无从谈起,企业的自主权就不可能落实,企业机制的转换就不可能实现。从商业系统看,机构改革和政府职能的转变,可以先从行政管理局开始,通过一系列的改革措施,逐渐将现在行政管理局的职能分解,留少部分人搞行业规划、行业管理、信息发布等协助性的工作;一部分人搞商业投资公司;一部分人充实到委办或财税部门;一部分人"下海",充实到企业或创办新的实体。

当然,这种改革应当有秩序有步骤地进行,以便保持各项工作的历史连续性,避免因改革措施失当或衔接不好而招致的损失和副作用。

(作者:刘东涛、张峻山等,此报告完成于 1992 年,刊发于《天津社会科学》1993 年第 1 期,第三部分内容收入于中国商业出版社 1993 年 12 月出版的《市场经济与商业发展》,杨学军、王立国等参加调研,评为天津社会科学优秀成果三等奖。)

充分发挥企业在环渤海区域经济合作中的主体作用

一、环渤海区域经济合作形势和呈现的新特点

当前,经济全球化和区域经济一体化已成为举世公认的大趋势。从我们国家来看,近几年,环渤海地区各省市相互合作、加快发展的势头日益强劲。截至 2006 年,仅天津与环渤海地区达成的合作协议就达 5937 项,合作金额 1050 亿元。来自各方面的信息表明,环渤海区域合作步伐正在加快,且正在向深层次、广领域、全方位发展,昭示着环渤海地区正在蓬勃兴起,进而成为中国经济发展第三增长极。推进环渤海区域经济合作面临千载难逢的历史机遇,可以说是天时、地利、人和,条件趋于成熟。目前环渤海区域经济合作呈现了几个突出的新特点:

一是天津滨海新区在区域经济中的地位和影响力迅速提升。以党的十六届五中全会

和 2006 年国务院 20 号文件为标志,天津滨海新区开发开放纳入国家发展战略,在国内外的知名度和影响力明显提高。天津已经与国家 16 个部委和 10 多个科研机构及一批中央大企业签订了长期合作协议。一大批科技含量高、产业链长、带动力大的大项目相继落户滨海新区。如,100 万吨乙烯 1000 万吨炼油炼化一体化项目已于去年开工建设;中外关注的空中客车 A320 总装线及配套项目经国务院批准,于前不久(5 月 15 日)在天津滨海新区临空产业区举行了开工仪式,预计 2009 年底第一架飞机将从天津起飞;与中海油合作建设的滨海高新区项目也于本月正式拉开帷幕;全国循环经济试点项目 4×100 万千瓦机组的北疆电厂一期工程正在抓紧建设。以"两港两路"为重点的大交通体系建设正在加快进行。天津港 25 万吨级深水航道将于今年底建成,水深可达 −19.5 米,能够接卸所有进入渤海湾的船舶。30 万吨级原油码头计划于 2008 年 4 月建成。滨海国际机场改扩建工程今年要全部竣工,京津塘高速公路二线年内达到通车条件。京津城际铁路建设和天津站的大规模改造正在加紧进行。此外,国家批准在天津港东疆海域 30 平方公里人工岛上建设 10 平方公里的保税港区,是目前国内面积最大的,将按照自由港的模式建设,年底前 4 平方公里港区将实现首期封关运作。这些都将大大提高滨海新区和天津市对区域经济的辐射带动作用。

与此同时,滨海新区和天津市的服务业呈现日渐繁荣的景象。作为金融改革创新的重要举措,渤海银行、产业投资基金已于去年和今年先后设立开业,并将在外地陆续设立分支机构。目前,天津市的餐饮业、出租车行业的形势也较好,大小酒店饭店几乎天天爆满,也反映了天津城乡居民消费较以前活跃,吸引力和流动人口在增加。

二是环渤海其他各省市的利好消息接踵而来,合作的领域进一步拓宽。特别是继首钢搬迁工程实施后,最近在冀东曹妃甸的南铺发现了储量为 10 亿吨的大油田。合作的领域已从产业拓展到科技、研发、教育、基础设施建设、环境治理、旅游文化、投融资等众多领域。上个月举办的第十四届津洽会服务环渤海发展的主题作用更加突出。环渤海各省市借津洽会平台,充分展示发展成果和魅力,京、冀、鲁、辽四省市展团与环渤海市长联席会议成员城市共组织举办各类招商推介活动 8 个,推出涉及高新技术、商贸物流等众多领域合作项目 400 多个,达成合作意向 112 个。山东烟台组织了大型招商推介暨项目签约仪式,滨州市明确提出了天津的发展就是滨州的机遇,在津洽会上签署了 42 个合作项目,金额达 32 亿元;河北石家庄、保定,辽宁大连等城市也都把投资洽谈与商品展示相结合,取得良好参展效果。就在本月 18 日环渤海五省市知识产权保护协作会议在天津举行,就知识产权保护签署了合作协议,将步调一致进行知识产权保护。

三是区域内各省市对合作发展的认识逐渐趋于一致,政府间的高层互访、协商对话活动增加。近年来,环渤海地区先后多次召开研讨会、座谈会和联席会,形成了"北京倡议""廊坊共识""天津倡议"等一系列协议和文件。各省市分别提出了加强区域联合、实现共同发展的战略举措。特别是,前不久,环渤海三省二市高层领导在天津召开的"环渤海省市深化合作座谈会"上,市领导就进一步深化环渤海区域合作提出了八个方面建议:一是建立便捷的区域交通网络。二是加强港口间的联合与协作。三是扩大能源与产业合作。四是加强科技合作与创新,推进重大科研课题联合攻关。五是深化区域金融合作。六是共同治理和保护环境。七是活跃旅游和文化交流,筹建北方旅游联合体,共建旅游大市场。八是进一步完善区域合作机制,建立区域高层定期联系机制。这八点建议,得到了与会有关部委及三省一市领导的一致赞同和响应。

二、企业是区域经济合作发展的主体

区域经济合作,应遵循"市场主导、企业主体、政府推动、自愿参与、开放公平、优势互补、互利共赢"的基本原则。其中,核心是企业成为联合的主体。上述提及的加强联合的八个方面,能不能取得实质性的进展,最根本的是看企业的参与。因为企业是经济活动的细胞,是市场主体,是市场上最活跃的力量。由于企业具有追求利润最大化、资本规模不断扩张的冲动,它的活动是没有行政边界、不应当受行政区划限制的。行政限制、行政保护主要来自地方政府。区域合作必须冲破地方保护主义和行政壁垒。这种力量主要靠市场、靠企业,靠众多企业的联合行动。

当前区域内企业合作的突破口和切入点。从大的方面来说是滨海新区的发展,是区域内制造业、现代服务业、现代农业的发展和产业链的连接,是国际贸易、西部大开发,是跨区域的重大基础设施建设、生态工程建设,是大气、流域、海域的污染治理,等等。但具体到每个企业从哪儿切入,要因企业制宜。资金、场地、技术、人才、专利、品牌、营销、市场开拓等要素,都可以作为合作的资本和条件。联合的主要形式应当是以资本为纽带,以名牌拳头产品为龙头,组成利益共享、风险共担的利益共同体,进而向跨所有制、跨地区、跨国界的有竞争力的企业集团、产业集群发展。

企业家是企业发展和企业合作的领导者,对企业发展和企业合作的成败具有决定性的作用。全社会要为企业家成长、发展、干成事业,创造良好的环境。

三、充分发挥中介组织在推进环渤海区域经济合作中的作用

中介组织在企业区域合作中有不可替代的作用——桥梁纽带、学术研究、信息传导、组织服务。我们环渤海经济研究会,多年来组织了不少调研和论坛活动,目前本会正在与环渤海经济合作市长联席会办公室联合组织编写《环渤海区域经济年鉴》,今年将正式出版发行。改革开放以来,随着市场经济的发展,中介组织也从无到有,得到了一定的发展,发挥了积极的作用。但是,总的来说,中介组织在我们国家的发展,特别是在我国北方、在我们环渤海地区的发展及起的作用,还很不充分。这主要是由于,在北方市场的力量还不够大,政府职能转变还很不到位,官本位的习惯势力根深蒂固,还缺乏中介组织发育、成长、充分发挥作用的环境和条件。这种状况将会随着市场经济的充分发展和政府职能的转变逐步得到改善。

环渤海企业合作促进会成立两年来,本着"联合、发展、共赢,促进区域经济发展"的宗旨,在积极完善组织、大力发展会员的同时,开展了卓有成效的工作。如,先后与许多机构签订了合作协议书;邀请《天津日报》的记者组成调研采访团,举办了"聚焦环渤海城市系列报道"活动;召开了"会员企业信息网络工作研讨会";成立了环渤海担保有限公司,以及北京、天津、聊城、合肥担保分公司;组织会员企业成立产销联合体,建立了项目库;召开了环渤海地区产学研对接交流会,开展了数十次经贸洽谈和项目对接活动;《环渤海中小企业创业基地》《关于实施智通高效节能系统》两项议案也正在推进实施中,等等。这表明,中介组织在服务区域经济合作中大有可为。今后,希望环渤海企业合作促进会一如既往,再创佳绩,并与环渤海经济研究会两会之间加强合作、互利共赢。牢牢抓住天津滨海新区纳入国家总体发展战略的历史机遇,在服务区域经济发展中进一步发挥各自优势,为推动环渤海地区经济振兴,并带动我国北方地区经济繁荣,实现国家总体发展战略做出更大的贡献。

(作者:刘东涛,此文系作者 2007 年 5 月 31 日在环渤海企业合作促进会两周年庆典上的演讲)

论环渤海企业的"走出去"战略

这里仅就环渤海地区的企业加快实施"走出去"战略问题谈一些看法。

一、国内外区域经济格局与环渤海地区的战略地位及发展态势

(一)环渤海企业发展所处的国际环境

经济全球化与区域经济一体化并驾齐驱是当前世界经济发展的大趋势。其中,亚洲合作模式焕发出强大的生命力,已成为世界经济格局中一支上升的积极力量。东北亚地区处于连接欧洲、北美贸易和交通的要道,其经济增长和可持续发展对整个世界经济发挥着越来越重要的作用。来自中国商务部的资料显示,目前东北亚各国 GDP(国内生产总值)总量达 8 万多亿美元,占世界生产总值 19%;对外贸易 4 万亿美元,占世界贸易总量的 17%,东北亚区域合作正日益呈现出强劲的势头和发展潜力。东北亚地区政治、经济和外交在复杂多变中也都出现了积极的变化,为区域经济发展与合作创造了更好的外部环境。

环渤海地区是中国北部沿海的黄金海岸,在中国总体发展格局中有着重要战略地位。世界经济发展重心正向亚太地区转移,而且普遍看好中国环渤海地区。国务院关于推进天津滨海新区开发开放的重大决策,为环渤海地区的合作发展提供了重大历史机遇,区域内各

省市相互合作、加快发展的势头日益强劲。据统计,2006 年,环渤海地区生产总值已达 5.6 万亿元人民币,占全国生产总值的 26%。

(二)东北亚及环渤海区域经济发展态势

1. 东北亚地区多极化发展的特点

从单极向多极方向转化是东北亚经济格局的一个新特点。直到 20 世纪 80 年代中期,东亚经济是日本主导的单极体系。从 20 世纪 80 年代后期开始,随着韩国等新兴工业化国家的发展,原有的单极体系开始松动。20 世纪 90 年代以后,随着我国经济发展,东北亚经济格局发生了质的变化,从单极向多极转变。原来的雁行模式已经不再适用,代之以睡莲型或葡萄型。其根据是,东北亚主要核心经济区按购买力计算的 GDP 水平,我国的长江三角洲已接近日本最发达的关东地区;珠江三角洲地区也超过了日本近畿地区和中部地区;环渤海地区也超过了韩国首都圈的水平。从产业分工角度看,中日韩三国之间的贸易结构已经表现为产业内分工为主(尽管目前仍然是产业内的垂直分工)。

在东北亚多极化格局下,形成了若干跨国或跨境的生产网络体系。代表性的有:香港和珠江三角洲之间形成的紧密的生产网络;台湾和长江三角洲之间形成的生产网络;日本和东南亚国家形成的生产网络;日本和中国长三角、珠江三角以及大连之间形成的生产网络;韩国与环渤海地区形成的生产网络;韩国与中国长三角之间的生产网络等。

2. 环渤海区域发展的新态势

面对新形势,环渤海各省市都提出了加强区域合作、实现共赢的战略举措,使区域合作向深层次、广领域、全方位发展。这种态势特别体现于 2006 年在天津召开的环渤海五省区二市和 33 个城市政府相关负责人参加的会议上签署的《推进环渤海区域合作的天津倡议》(下称《倡议》)之中。《倡议》提出,将环渤海地区建设成为世界级的知识经济带、东北亚最大的制造研发基地、国际性贸易物流中心、具有全球影响力的城市经济区域,还就深化区域合作提出了许多富有战略性和可操作性的建议。

天津滨海新区、曹妃甸工业区的开发建设和冀东南堡油田的发现,以及京津城际快速铁路、东疆保税港区、100 万吨乙烯、空客 A320、新一代运载火箭、中新生态城等战略性项目的实施,都将为环渤海地区的发展增添新的优势。2008 年 2 月 18 至 19 日在天津召开的"第一次京津冀发改委区域工作联席会"上,京津冀发改委就落实好国家即将批复的《京津冀都市圈区域规划》、加快推进京津冀区域合作与发展问题共同签署了《建立"促进京津冀都市圈发展协调沟通机制"的意见》。这些都为环渤海以及东北亚地区经济合作展现了极为广阔的发展前景。

二、加快实施"走出去"战略,是增强国家、区域和企业国际竞争力的要求

根据英国经济学家邓宁的投资发展周期理论和其他国家参与国际投资的实践,中国将

进入参与国际投资的第三阶段,对外直接投资将呈现快速增长态势。标准普尔对中国最大200家企业2005年底情况的调查显示,有41%的企业沉淀了巨额现金流,这些急于寻找出路的资金将掀起并购高潮。近年来,中国企业实施"走出去"战略的步伐开始加快,并且带有明显的后发优势。2006年我国对外直接投资额(非金融部分)达161亿美元,比上年增长31.6%;全年对外承包工程完成营业额达300亿美元,比上年增长37.9%;对外劳务合作完成营业额为54亿美元,增长12.3%。以海尔、华为、联想、中兴为代表的一批民族品牌企业开始走向世界,在美国、欧洲等地设立研发或生产基地,对外投资的规模和水平进一步提升。中国已经具备了较大规模对外投资的实力。在这一阶段,为提高对外开放水平和企业国际竞争能力,中国企业必须加快实施"走出去"战略。

1. 加快实施"走出去"战略,不仅是企业自身发展壮大的内在要求,也是适应经济全球化趋势的现实选择。实施"走出去"战略,有助于中国企业在国际分工体系中占据有利地位。就一国或一个地区而言,融入经济全球化既可能使其受益,也可能使其受损。只有积极应对,主动实施"走出去"战略,在更广阔的空间进行产业结构调整和资源优化配置,才有可能在国际分工体系中占领先机、赢得优势。中国企业"走出去"开展国际化经营,能够改变出口产品的结构和方式,推动国内产业结构升级和优化。

"走出去"是中国企业不断发展壮大,进而成长为具有较强实力跨国公司的必由之路。跨国公司是经济全球化的重要载体。在经济全球化背景下,一国拥有的跨国公司数量和规模是衡量其经济发展水平的重要标志,也是该国赢得国际竞争优势,获取支配全球资源权利的重要手段。改革开放以来,随着经济持续快速增长,我国许多企业的国际竞争能力迅速提升,形成了一大批资本实力雄厚、技术管理水平先进和具备"走出去"能力的企业,有可能成长为具有全球影响力的跨国公司。在国内市场竞争日趋国际化、资源短缺、产业结构不合理、与其他国家的贸易摩擦日益增多的背景下,中国企业按照国际惯例参与全球化生产和资源配置的要求更为紧迫。

2. 中国企业加快实施"走出去"战略,是缓解人民币升值压力和突破贸易壁垒的有效手段。企业"走出去"在国外投资设厂,在当地或国际市场上销售产品,以境外企业作为交易和结算主体,以外币作为记账本位币,则可以在很大程度上避免人民币升值产生的不利影响。中国境外企业在东道国销售产品或出口,替代境内企业出口,就可以绕过目标国的贸易壁垒。

中国企业"走出去",可以选择贸易目标国进行投资,并作为东道国的法人,在当地市场销售产品,维护和扩大了当地市场份额,但并不直接表现为中国企业对该东道国的出口贸易。对外直接投资产生的出口替代效应,在一定程度上减少了中国与东道国之间的贸易顺差,从而改善与该国的双边贸易关系。

3. 加快实施"走出去"战略,可以更好地学习国外先进技术。处于主流地位的国际投资理论认为,随着技术进步和竞争不断升级,发达国家的跨国公司向发展中国家直接投资的技术含量也在不断提高,其目的在于维护和增强其垄断优势。然而所转移的并不是最先进的技术,而是已标准化的或即将淘汰的技术。中国引进外资的实践也充分证明了这一点。具体来讲,发达国家跨国公司对技术含量较高的对华投资一直倾向于采用独资方式,技术保密措施极为严格;在华设立的研发型外资企业规模小、层次低,与中国的研究机构也极少有前后向关联,其主要目标在于利用中国廉价的技术资源和为满足消费者偏好而对所销售的产品加以改进。

与引进外国直接投资相比,鼓励中国企业"走出去",发展"追赶型"对外直接投资是获得国外先进技术更为有效的途径。所谓"追赶型"对外直接投资,是指发展中国家的跨国公司在发达国家高新技术企业和研究机构聚集区进行研发性投资,通过利用反向技术外溢效应获取发达国家先进技术的一种投资方式。这种方式能够最大限度地获取发达国家技术集聚区所产生的溢出效应。同时能将大量技术信息及时传递到国内公司总部,从而有助于中国企业及时了解世界前沿技术动态,增强国内企业研发的能力。它还有助于更好地培养高技术人才。它可以使中国企业的技术人员更为便捷地进入技术创新源头地,增强与国外技术人员的交流,进而提高自身的技术水平。

此外,企业加快实施"走出去"战略,可以有效地节约国内矿产资源,有助于稳定矿产资源的供应渠道和价格水平。目前,中国企业所需的一些主要矿产资源大量依赖贸易方式进口,无疑会增加矿产资源供应的不确定性,并且要承担矿产资源价格波动带来的风险。中国的资源型企业急需通过"走出去"战略,来降低资源供应渠道的不确定性和价格波动带来的风险。同时,有助于形成一批有实力的资源型跨国企业。

三、建立战略联盟,是中小企业实现"走出去"的最佳途径

企业"走出去"需要一定的条件,主要包括:企业的资本实力、人才储备、核心技术、所拥有的组织运营能力等。一般来说大企业"走出去"的条件较好,而大部分中小企业条件较差,在"走出去"中面临诸多困难和不利因素:第一,我国中小企业不仅要与国内企业竞争,还要同一些发达国家先进企业竞争,在国际化经营的过程中,中小企业缺乏资金支持,融资相当困难,资金短缺,生产能力不能充分有效地发挥。第二,在产品技术日益分散化、复杂化的今天,新产品、新技术的研究和开发需要大量时间和成本投入,且具有很高风险。企业单纯依靠自己能力已经很难掌握竞争的主动权。第三,我国大部分中小企业对外投资经验不足,缺少精通国际间资本运作的管理人才。第四,目前,贸易壁垒对我国中小企业的影响逐渐减弱,取而代之的是绿色技术壁垒。

我国中小企业实施"走出去"战略的途径,主要有兼并与收购、依靠企业自身资源进行扩张、合资、战略联盟。面对上述那些不利因素,兼并、收购、合资、自身扩张方式,都不是我国中小企业实施"走出去"战略的较好选择;而与国内外相关企业构建战略联盟却是实现"走出去"的最佳途径。

所谓战略联盟,是指市场中两个或两个以上的企业自愿组成的一种企业之间松散的、以契约形式为纽带,追求长期、共同、互惠利益的战略伙伴关系。战略联盟能够帮助企业获得

先进技术,提高其研发能力,增强企业的核心竞争力,能开拓国际市场,降低企业国际化经营的风险。

战略联盟可为合作双方提供前面几种方式所不具有的显著优势:一是协同性,整合联盟中分散的公司资源凝聚成一股力量;二是提高运作速度,尤其是当大公司与小公司联合时更是如此;三是把握伴有较大风险的机遇,分担风险;四是加强合作者之间的技术交流,并在各自独立的市场上保持竞争优势;五是(与竞争对手结成联盟)可以把竞争对手限定到它的地盘上,避免双方投入大量资金展开两败俱伤的竞争;六是可给双方带来技术信息和市场营销信息,使之对于新技术变革能够做出更快速地调整,使合作者能够进入单方难以渗透的市场,最终可以达到双赢。

战略联盟还具有:创造规模经济、降低成本;实现企业优势互补、形成综合优势;有效地克服产业壁垒,占领新市场;有利于处理专业化和多样化的生产关系;有利于组织专业化的协作和稳定供给等战略优势。

从某种意义上来说,未来的竞争将不再是企业与企业的竞争,而是联盟与联盟的竞争,这是大势所趋。全球的电子企业和计算机制造商已加入了建立战略联盟的行列。尽管存在着超乎寻常的激烈竞争,但是也达成了一些水平协定。如苹果和数字公司已达成了有关生产标准的协定,松下和德国的仪器公司已达成合作开发芯片的协议,理光和松下半导体公司合作生产半导体元件的协议。在航空业,西班牙航空公司和泰国航空公司达成建立了航空运输战略联盟。在石油业,英国壳牌石油公司与俄罗斯石油公司建立战略联盟,合作开发西伯利亚油田等。这些成功的案例可以为我国中小企业提供有益的启示和借鉴。

中小企业构建战略联盟应该注意以下问题。

第一,谨慎选择联盟对象。在选择联盟对象时,首先要弄清楚候选企业的战略意图、合作经验、是否具有独特的核心竞争力和发展潜力等情况。

第二,强化组织学习,增强自身的竞争优势和创新能力。通过战略联盟,注意学习对方融化在组织之中的知识和技能。加强合作伙伴之间组织文化的融合。

第三,在合作中注意保护自己的核心竞争优势,尤其是核心技术,等等。

四、关于环渤海企业的"走出去"战略

以上基本分析和观点、思路,同样适用于环渤海地区。实施"走出去"战略不仅是环渤海企业自身发展的需要,也是环渤海地区提高区域国际竞争力的有效途径。

应当说,构成一个地区国际竞争力的因素包括诸多方面,如资源禀赋、人力资本、科技教育、人文和法制环境等,而最基本的还是产业和企业素质。

2006年5月26日《国务院关于推进天津滨海新区开发开放有关问题的意见》正式对外公布,意味着以滨海新区为龙头的环渤海经济圈的崛起。然而,历史上形成的区域内各省市的产业结构雷同,一体化动力不足,产业企业间分工协作关系不够紧密的问题仍严重

存在；与深圳特区和浦东新区相比，滨海新区体制创新的政策优势不够明显，真正作为区域发展龙头的拉动作用还不够大，同时管理体制尚待理顺，而且要同时面对众多区域的激烈竞争。目前，不仅珠三角、长三角发展势头依然强劲，西部大开发、东北振兴、中部崛起以及成渝地区综合配套改革获批，纷纷成为区域热点，这势必使得滨海新区对社会各类资源的吸引力大打折扣。环渤海区域企业实施"走出去"战略，到国际市场上寻求发展，是在新时期新条件下明智的战略选择，也有利于提高企业和区域国际竞争力。充分利用国家高度重视天津滨海新区和环渤海地区发展的绝好机遇以及所拥有的区位、资源、产业等优势，积极推进区域内企业"走出去"，成为环渤海地区今后工作的一项极其重要的战略任务。

环渤海中小企业应积极采取措施，积极推进国际化经营：

一要发展合作经营，建立战略联盟。应以龙头企业为依托发展国际化的合作经营，包括与国内大企业建立网络、联盟和其他战略伙伴关系。

二要积极运用现代信息技术推动中小企业开拓国际市场。

三要采取"小而专、小而精"战略。可以集中力量选择某个细分市场，进行专业化经营，走特色化道路。

四要重视自有品牌的建设和推广，实施名牌战略。中小企业不能仅仅满足于依靠贴牌生产赚取微薄的加工利润，而要积极实施名牌战略，主动向自主开发、自创品牌进军，努力开展以品牌为核心的国际营销，拓展发展空间。

从区域市场战略考虑，环渤海企业与东北亚区域的合作具有明显的区位优势。一是文化背景相通，虽然文化存在差异，但由于中国的儒家文化在这个地区的影响，使他们的文化能够共通。对于中国企业"走出去"中克服普遍面临的文化壁垒，这一区域具有明显的优势。二是经济发展的阶段有所不同，形成在产业升级和产业转换过程中的发展空间，有利于环渤海地区中小企业走出去与之联合。三是东北亚地区容易形成便捷的海、陆、空交通网络，人流物流成本相对较低。为此，环渤海中小企业应积极开拓与东北亚区域各国的经济合作。

五、为企业"走出去"搞好服务，是环渤海地区各级政府和中介机构义不容辞的责任

推进环渤海地区企业"走出去"，不仅是企业本身的根本出路和重要任务，而且是政府和中介机构义不容辞的责任。地域内各级政府和各类中介机构，要积极转变思想观念和工作作风，努力为企业搞好服务。

第一，要加大科技研发方面的投入。中国企业受自身实力和政策支持等方面的限制，提升科技含量的速度太慢，在国际竞争中处于不利的地位。中国政府一年投入的研发费用是160亿美元，美国政府一年投入的研发费用是2700亿美元。美国政府搞出来的科研成果无偿或低价转让给美国的中小企业，中国的中小企业很难与他们竞争。而WTO协议对政府补

贴形式的转让科研成果又没有明文禁止,我们的各级政府也应在国家宏观政策的指导下,发挥综合改革配套示范区的作用,制定适合本区域企业发展的科技支持政策,加大研发投入,增强企业在国际市场上的竞争力。

第二,要加大金融政策支持力度。中小企业的资金困难是当前比较突出的问题,应该采取多种形式的金融支持政策,改善中小企业的资金供应。

第三,要建立健全社会化服务体系,充分发挥行业协会、商会、学会等各类民间组织、中介机构的作用。各类中介机构也应当不断提高自身素质,增强实力和功能,规范自己的行为,提高服务水平,为增强企业国际竞争力,走向国际市场作出应有的贡献。

第四,要进一步加强外经贸信息服务体系建设。利用33个城市开通的环渤海信息网站,有关期刊、年鉴、电视、电台、研讨、论坛的多种媒体和形式,建立"企业境外投资意向信息平台""境外投资项目招商信息平台"和"境外投资中介服务机构信息平台",发布相关信息,为中小企业开拓东北亚区域市场和参与国际合作提供信息支持以及其他全方位服务。

(作者:刘东涛 余桂玲,此文系作者2008年2月28日在"环渤海企业合作促进会2007年度年会暨第三届'联合 发展 共赢'论坛"上的演讲)

第四篇　论市场体系完善与配套改革

　　此部分收入6篇文章,前三篇是20世纪80年代写的,后三篇是21世纪初撰写。需要说明:一是,几篇文章中的观点只是反映了本人当时对市场体系建立和经济改革的认识。现在看来,有些认识不一定很全面,譬如关于市场体系完善和配套改革,应当说都是长期的任务,都要有战略思维。当时将"配套改革"作为一种策略来概括显然不够妥当。二是,一个阶段,改革要有重点和突破点,但是也需要整体配套,不能长时间单项突进。因此,改革是一项包括方方面面庞大的系统工程,需要各路专业人士从不同的角度,研究设计改革的整体方案。限于个人专业知识、精力和篇幅,这里只涉及完善市场体系总体内容以及价格改革、国有资产、行政体制几个方面,其他各项改革只能点到为止,许多方面未做专门细致的研究和展开。所以说,这几篇文章并非表示作者认为这几个方面包括了完善市场体系体系和配套改革的全部内容。

论社会主义市场体系的总体构造

一、市场的内涵与市场体系

何谓市场体系呢？对此，目前有各种不同的解释。比较通行的说法是指消费品市场、生产资料市场、资金市场、技术市场和劳动力市场的合理流动。有的还提出劳务市场（或劳动力市场）、信息市场、房地产市场，等等。我认为这些提法尚未从总体上准确、完整地揭示出市场体系的实质和内涵。

所谓市场，有狭义和广义之分。一是指商品买卖的场所；二是指商品交换关系的总和。我们必须从这两个方面、两个角度来把握市场的定义。也必须从这两个方面特别是从"交换关系的总和"这一广泛的意义上来揭示市场体系的内涵。

从上述定义出发，我认为：市场体系应当是一个开放性的大系统。它主要应包括以下子系统：

空间结构系统。有国际市场、国内市场、区域市场、城市市场、乡村市场。这些大大小小的市场，又是以中心城市和中小城市为依托，以四通八达的交通网络、信息网络为纽带，连接为一个有机的整体。

市场机制系统。主要有供求机制、竞争机制、价格机制（包括利息、股息、工资等）。这些机制对于商品生产者的作用又都与商品经济的基本经济规律即价值规律直接相联系。

市场活动的客体要素系统。主要包括三个方面的要素市场。第一，生活消费品要素市场，可细分为农副产品市场、日用工业品市场、住宅商品市场、劳务市场，等等。还可按流通环节分为批发市场、零售市场。第二，生产要素市场，可细分为生产资料市场、劳动力市场、技术市场等。第三，资金市场，可细分为短期资金（拆借、贴现、抵押等）市场、长期资金（债券、股票等）市场，等等。

市场主体系统。包括商品的生产者、经营者、消费者和市场的调节者。其中，生产者和经营者主要是从事商品经营活动的企业；生产者和消费者是生产和消费的主体，他们决定着商品生产、商品交换的规模和方向；国家和各级政府作为市场的组织者、管理者，在商品调节经济活动、推动经济运行中也具有极为重要的能动作用。

市场的信息反馈系统。主要是对反映市场活动的各种信号进行搜集、整理、储存、发布的过程和网络系统。在当今"知识爆炸"、科学技术迅猛发展的时代，市场上任何一个信号，如价格和供求关系的变动、消费需求的趋势、竞争对手的投资意向、每一项科技成果的发明和应用、政府经济政策的变动，等等，都可能对生产者、经营者、消费者、调节者的决策产生决定性的影响。谁首先掌握了信息，谁就掌握了市场竞争的主动权。因此，信息系统应当在市场体系中占有重要位置。

市场法律法规系统。包括各种市场的组织管理法、各种经营活动的单项法规，以及宪法、民法、民事诉讼法等基本法中有关市场经济行为的部分，还有关于这些法律的审理、仲裁和监察监督机构和体系。有了完善的市场法律系统,市场主体行为才有法可依,正当的经营行为才能得到保护,非法的行为才能受到应有的制裁。法律系统的完善,是完善市场体系的一个重要方面。

上面大体上勾画了社会主义市场体系的轮廓。这里,还需要指出这个市场体系的几个基本特征:一是空间上的开放性。它每一个空间组成部分都是全方位开放式的,无论是国际市场、国内市场,还是城市市场、乡村市场、区域市场,都不应有人为的边界,不受条条框框的限制;二是运动形态上的复杂多变性。它的构成要素十分复杂,其运动形态瞬息万变,掌握起来相当困难,必须具备各种专门知识,必须精通现代市场学、现代营销学、现代金融学以及现代技术、现代管理等。三是各个子系统、各种要素之间的有机联系性。市场作为一个有机联系的整体,缺少任何一个子系统、任何一个要素,其形态和体系都是不完整的,其机制就会失灵。四是各种矛盾的对立统一性。首先是供给与需求之间、生产者与消费者之间矛盾的对立统一。其次是买者与卖者之间(表现为讨价还价)、商品的实物形态流通与价值形态的流通之间、生产资料流通与生活资料流通之间、工业与商业之间的对立统一,还有城市市场与乡村市场之间、北方市场与南方市场之间、东部市场与西部市场之间、国际市场与国内市场之间的对立统一,等等。最后,这些矛盾又集中地表现为市场的主体行为与客观规律之间的对立统一。主体(包括生产者、经营者、消费者、调节者)的计划和行为,只有符合市场客观规律的要求,才能使市场在绝对的经营性的不平衡当中求得相对的大体上的平衡,从而减少较大的波动,推动商品经济比较平稳的发展。目前,资本主义国家在这方面尚且能够有所作为,社会主义市场更应充分体现这一特征。

二、建立和完善市场体系应当着力抓好的几个重要环节

搞好企业所有制形式和经营方式改革,努力探索符合我国社会主义市场机制要求的企业模式。企业是市场活动主体中最重要的组成部分,也是市场机制作用的对象。市场体系的完善、间接控制的实现,有赖于市场机制本身的健全,也有赖于企业素质的提高,有赖于企业能够对市场变化的信号做出灵敏的、积极的反映。我国的企业特别是国有大中型企业,还远远没有摆脱掉作为国家机关附属物的身份,没有真正成为自主经营、自负盈亏的经济实体,仍然缺乏活力。其要害在于还固守着过去那种按照产品经济、计划经济的要求建立起来的传统全民所有制企业模式,公有化程度过高,与现阶段生产力发展水平和商品经济发展要求不相适应。《中华人民共和国企业破产法》的颁布,可以使企业负盈不负亏、不承担风险的现状有所改变。但这只是为企业造成一种外部压力,不能从根本上解决企业的动力问题。要使企业做到既负盈又负亏,既有开拓进取、提高盈利的动力和素质,又有承担市场风险的能力,要从企业本身下功夫,这就是进行所有制形式和经营方式的改革,寻找适合现阶段生产力发展水平和社会主义市场机制所要求的企业模式。只有这样,完善的、健全的市场机制才能发挥积极的作用。

通过发展横向经济联合开拓国内外市场。目前,我国蓬勃发展的横向经济联合,对于打破条条框框的封锁、开拓国内外市场,具有极其深远的意义。通过企业间的横向经济联合,可以不断地暴露我国市场体系许多不完善的方面,从而使我们的工作有的放矢、抓到实处、收到实效。因而应当在简政放权、增强企业活力、改革企业模式的同时,大力推动企业间的横向经济联合,用以促进社会主义市场体系的形成。

通过发挥价格机制的积极作用,带动各种市场的形成和完善。"价格是最有效的调节手段,合理的价格是保证国民经济活而不乱的重要条件。"(《中共中央关于经济体制改革的决定》)价格也是完善市场机制的核心问题。

因为价值规律是商品生产和商品交换的基本规律,等价交换(即商品的同等价值量相互交换)又是价值规律的客观要求;然而决定商品价值量的社会必要劳动的质和量是不能直接计算的(至于在遥远的将来能否准确计算也很难说),只有在市场交换的反复较量中,通过供求关系和竞争产生的价格波动,才能近似地表现出来。因此,排斥市场,忽视甚至否认供求关系和竞争机制在价格形成中的作用,只靠人为的计算调整决定价格,势必带有很大的主观随意性,使其既不反映商品的价值,又不反映供求关系。这种"随意价格""主观价格",既是造成企业不能平等(指同一起跑线)竞争的一个直接原因,又严重扭曲着市场机制的作用,制约着市场体系的完善。例如,农产品价格因购销倒挂,而出现农业越丰收国家补贴越多、财政负担越重的情况。住宅商品化的推行,阻力很大,困难重重,因为不是商品、没有价格、房租低廉,分房时就拼命争要,住宅的紧张状况多年不得缓解;从生产资料来看,虽已承认是商品,但主要还是由国家集中管制,价格的双轨制作为一种过渡形式,在实际中存在着许多难以克服的弊端。资金价格,特别是劳动力价格问题,从理论上还没有说清楚,没有价格或是价格被扭曲的市场,当然是谈不上完善的市场体系的。

努力实现国家对经济管理方式的转变,促进和保证社会主义市场体系的完善。国家对经济运行管理方式的转变与市场体系的完善,也是相辅相成、互相促进的。如果国家总是把企业管得死死的,把人、财、物、价等各种权力紧紧控制在自己手里,就不可能有平等的全面的竞争,不可能有完善的活跃的市场;另一方面,没有完善的市场,市场的机制不健全,间接控制也就无从谈起。因而,这两方面的改革,也应同步配套。从国家对经济的管理方式看,应当通过对各级政府经济管理机构和管理职能的改革,主要是向以下转变:一是从直接管理企业转向管市场,通过调节市场供求端正企业的经济行为,从而实现对企业的间接调节;二是从主要靠行政手段、靠指令性计划转向主要靠经济手段(各种经济杠杆和经济调节手段)、法律手段来调节经济的运行;三是各级政府的经济部门的工作重点,要从过去那种主要精力管硬指标转变到主要搞好调查研究、掌握政策、组织协调、控制货币发行总量、搞好供求总量平衡、提供服务、加强检查监督、建立有效的法律保障上来。可以说,实现这几个转变过程,也就是市场体系不断完善的过程。

建设和完善市场体系是一项浩大而复杂的工程。但是,只要我们锐意改革,善于学习,并长期坚持不懈,就一定能提高认识客观经济规律、按客观规律办事的能力,社会主义市场体系就一定会逐渐完善起来,我们就能够在驾驭市场、通过有计划地市场机制组织和推动商品经济运行中,不断地从必然王国走向自由王国。

(作者:刘东涛,此文系 1986 年 10 月在国务院发展研究中心、中国社会科学院财贸物资经济研究所和四川省社会科学院联合召开的"社会主义市场体系理论研讨会"上的发言,收录于四川省社会科学院出版社出版的《论社会主义市场体系》)

论全面配套、分步实施的价格改革思路

价格和所有制都是经济运行的基础要素，从而也都是体制改革的关键。从长远的观点看，体制改革是一项复杂的系统工程，不可能单项突破，一步到位。价格改革不能离开所有制及其他方面的变革而孤立地进行，必须全面配套、分步实施，只有这样才能顺利过关，步入坦途。

一、价格改革道路崎岖、困难重重

中华人民共和国成立以后，我国由于在理论上一度否认商品经济和价值规律的作用，将"物价固定不变"视为社会主义制度的"优越性"，在种种经济因素不断变化的情况下，长期实行冻结（或半冻结）物价的政策，致使价格体系越来越不合理，逐步地从总体上陷入结构性失衡状态。突出地表现在：农产品、能源、原材料价格和房租偏低，加工工业价格偏高，从而抑制了供给，扩张了需求，使短缺资源更为短缺，引起经济结构的严重失衡。党的十一届三中全会以后，开始酝酿并实行价格的调整与改革。综观我国价格改革的历程，每向前迈出一步，都在一定程度上加大了经济运行中市场机制的作用，然而每迈一步都十分艰难。通过几个阶段的改革我国僵硬的价格制度受到了冲击，比价不合理的状况已有很大的改变。但是，从总体上看，加工工业产品价格偏高，农产品、原材料、能源、交通、住宅等价格偏低的问题仍严重存在。同时，在新旧体制交替时期，旧的秩序和管理方式打乱了，而新的机制和秩序尚未建立起来，在经济生活的真空地带出现了大量的新问题、新矛盾，从而使价格改革处于一种"改下去有风险，退回去没有出路，停下来也没有希望"，进退维谷的两难境地。

扩张性的货币政策与短缺条件下的"投资饥饿""消费超前症"相结合，使社会总需求大于总供给的态势，持续时间过长，价格改革处于十分困难的宏观环境。形成总需求大于总供给的直接原因，在于扩张性的货币政策使货币供给的增长大大超过了社会商品供给的增长。从 1979 年到 1983 年，全国社会总产值、工农业总产值和国民收入只分别年均递增8.2%、7.9%、7.2%，而货币流通量却年均递增 20.1%，大大超过了经济增长速度。从 1984 年到 1986 年 3 年间，货币流通量年均递增 32%，比前 5 年平均增长速度还高 12%，而社会总产值、工农业总产值和国民收入只平均递增 13.4%、13.7% 和 11%，与货币供给增长率的差距进一步拉大，使总需求与总供给的矛盾不断加剧，导致物价的大幅度上涨。扩张性的货币政策主要来自两个方面的压力。一是财政赤字逐年增加。改革以来中央掌握的财力在逐年减少，但所支撑和包揽的各项事业的支出却在增加，大量的重点建设项目的投资增加；各种价格补贴，企业亏损补贴；国防、教育、外事、行政事业等支出，大大超过了财政的承受能力，经常收不抵支，造成财政赤字。到 1987 年，中央财政从人民银行透支借款余额累计约达 600 亿元，几乎占同期货币流量余额的一半。二是信贷规模急剧膨胀。信贷规模膨胀又同基建规模膨胀分不开，我国经济工作中本来就长期存在着急于求成、追求高速度的不良倾向。近年来，高度集权体制向分权模式的转轨，又采取了行政性地方分权的过渡形式，财政上实行分灶吃饭,投资上实行了拨款改贷款这就为"投资饥饿症"的发作提供了机会和条件。由于地方和企业的财力有所增强,同时掌握了很大一部分投资权,地方政府拼命地争投资,争项目,大上基本建设。争到规模指标以后就强令银行贷款,使信贷规模一再超过计划。据报载,1981年至1986年,国家用于全民所有制单位基本建设投资中,预算内资金从45亿元增至443亿元,而预算外资金却从248亿元增至709亿元。1987年前三个季度国家财政预算外投资又比上年同期增加1245亿元,增长34.5%。上了的项目银行就得放款,再加上行政干预,由此造成通货膨胀。与此同时,"消费超前"的倾向不断增长。尤其是国家机关、企事业单位、社会集团,脱离国情盲目追求生活方式现代化,推动社会集团消费恶性膨胀,"投资饥饿症"和"消费超前症"同时发作,使积累基金和消费基金一起膨胀,一旦超出国民收入总额,势必出现超分配现象,使社会总需求持续大于社会总供给,社会产品供应不足,表现为需求拉动的物价上涨。显然,在不改变上述环境的情况下进行价格改革,犹如给已经存在的通货膨胀火上浇油,势必给社会经济生活带来较大的震动;而要治理环境,就必须实行严厉的紧缩措施,实行财政、信贷"双紧"政策,这又在一定程度上要牺牲速度,有可能加剧供给紧张,这是价格改革遇到的第一个"两难"。

结构性调整所引发的成本推动型物价上涨与社会承受能力之间的尖锐矛盾,使价格改革难以得到广泛的社会支持,迟迟不能迈出实质性的步伐。产业结构不合理,是我国经济发展中一个带有根本性的问题。长期以来,农业落后于工业;成为经济发展瓶颈的能源、交通、原材料工业落后于加工工业;加工工业中短线名优产品供不应求,长线产品滞销积压,第三产业的发展落后于第一、第二产业的要求,不适应人民生活需要。产业结构的不合理,造成社会资源的严重浪费,投入多、产出少,速度高、效益差,产不适销、货不对路,供求不能平衡,社会经济不能良性循环。如前所述,产业结构不合理,与我国长时期实行冻结物价的政策造成价格结构的不合理有直接关系。今天,我们进行价格改革的重要目标之一,就是通过调整各种不合理的比价,发挥价格对经济的调节作用,促进产业结构的合理化。为此,必须调整农副产品、能源、交通运输、原材料以及社会服务的价格。这样做的结果,势必层层推动生产成本的提高,最后导致大部分日用消费品价格的普遍上涨。这就与企业有限的消化能力、广大消费者微弱的承受能力形成了尖锐的矛盾。如果企业的经营机制不能得到根本性的改造,职工工资收入不能大幅度提高,他们便会对改革抱消极抵触情绪,改革将失去广泛的社会支持。而企业经营机制的改造并非在短期内所能奏效的,国家又无足够的财力给职工大幅度提高工资。这就是价格改革所面临的第二个"两难"。

生产资料价格双轨制,产生了许多消极的社会效果。生产资料价格改革,采取了"双轨制"的过渡形式,对于过去那种单一的纯粹的计划调拨价格来说是一个进步,它对于将市场机制引入生产资料领域,发挥了积极作用。同时也为价格自身的改革和商品经济新秩序的建立带来新的困难,使得生产资料价格从"稳定性陷阱"步入"双轨制陷阱"。因为在市场秩序很不健全、政府机关和社会上纪律松弛、法制不严的情况下,"双轨制"的实行也助长了经济生活中的投机活动,使敲诈勒索、利用两种价格差额以权谋私、贪污腐化等活动日益猖獗,败坏党风和社会风气,已发展到难以容忍的地步。如任其发展下去,将有抵消甚至葬送整个改革成果的危险;然而马上取消"双轨制",又受其他方面改革深度的制约,有可能使价格总水平大幅度上涨;迫使相当一部分企业破产,很多人生活水平下降,带来较大的社会震动。如何从"陷阱"中尽快走出来成为亟待解决的一大难题。这是价格改革面临的第三个"两难"。

总之,价格改革面临十分严峻的形势。

二、配套改革是价格改革取得实质性进展的条件

价格改革的目标,是理顺各种价格,建立合理的比价关系,使之能够灵敏地反映劳动生产率和市场供求的变化,成为国家、企业、个人进行经济决策的依据,使生产要素得到合理地流动和优化配置。

经济体制改革的目的,是要充分发挥市场机制的积极作用,建立一套新的经济运行机制,建立社会主义商品经济新秩序,使经济稳定增长,生产力迅速发展。"七五"计划中提出"国家调节市场,市场引导企业"的理想模式,基本体现了国家对经济的间接调控意愿和市场的纽带作用。这一模式的基本含义有三层。第一,国家在经济运行中的职能是制定市场规则、维护市场秩序。第二,国家根据市场信号制定经济政策,更多地采用经济的、法律手段影响市场,通过市场引导企业行为。第三,国家和企业作为经济活动的主体,在参与市场活动的同时,又都受到市场机制的制约,它们行为的结果最终都由市场裁判。当然,这是一个理想的模式。中央提出把物价改革作为经济体制改革的关键,就是试图通过理顺价格,尽快完善市场机制,向这一模式推进。但在改革的步骤上并不能单项突破,一蹴而就。价格体制改革是经济体制改革的重要组成部分,体制不改革,其他改革也不能深化;反过来,其他方面的改革不配套进行,价格改革也很难奏效。

第一,价格与计划体制。由于我国长期采取产品经济模式,以计划为主要特征和手段,导致价格改革举步维艰。高度集权的计划经济要求有一个比较完善的信息传递系统和高水平的宏观决策系统。在我国,政府并没有也不可能掌握充分的信息,政府的决策缺乏民主性和科学性,政府的政策被地方、企业、个人的对策所削弱,政策效率递减。同时,国家计划是由上级层层下达,企业对产值、利润等产出指标设法打折扣,对原材料、资金等投入指标层层加码,再加上国家对企业预算软约束,计划的执行缺乏严肃性,企业常常通过各种关系变通计划,计划不能真实反映需求,因而扭曲由供求决定的价格。可见,计划体制不改革,价格就会一再被扭曲,导致企业在经营过程中追求计划完成,追求产值增高,不考虑经济效益和社会效益。

第二,价格与所有制。由于历史原因,我国长期以全民所有制为主体,但在城市经济体制改革进行多年后的今天,人们发现国有企业经营效果在同等条件下不如集体企业、私有企业。究其原因,在于所有制形式。由于全民所有制企业的生产资料、资金等属于全民所有,与每一个具体的人不发生直接的经济利益关系,国家利益无人代表,企业内部缺乏激励机制,外部缺乏竞争压力;同时,由于财产属于国家,企业领导者由国家委派,企业的厂长经理一方面代表国家,一方面代表企业。当强调宏观控制时,更多地偏向政府;一强调微观搞活,

又偏向企业,产生企业的短期行为,注重职工的眼前利益。国家对企业统得过死,企业的责、权、利脱节,对市场信息不敏感,对价格变动无动于衷。企业的经营成果显然与原材料进价及产品销价有关,但企业领导和职工与经营成果很少发生利益关系,价格机制不能对企业发生作用。可见,所有制不改,价格就失去良好作用对象,就不能发挥实实在在的效应。

第三,价格与投资体制。逐步改革投资体制,是实现宏观经济合理有效控制的关键,有利于理顺中央与地方、政府与企业之间的关系,有利于转变政府职能。单是价格理顺了,资金流向有可能增加合理程度,但并不能完全达到上述目标。投资体制不改革,地方和企业仍会为自身利益争投资、争项目、重复投资,投资规模膨胀无法扼制。在投资项目上,着眼于一些增产性项目,轻视节约性项目,重视加工工业项目,轻视原材料、能源项目;重视同一区域内协作项目,忽视区域外协作项目。结果只能是投资规模一再膨胀,投资结构轻型化,基础生产投资减少,产业结构不平衡,各地对资金利率缺乏弹性,地方和企业不顾资金高利率获得资金,甚至更加把眼光盯着中央财政,争取更多项目,中央出钱,地方收益,资金价格不能真正起作用。

第四,价格与金融体制。价格体制改革包括资金价格的理顺。资金价格的理顺依赖于金融体制的改革。中央银行与财政的关系不法律化、明朗化,货币发行得不到控制,财政巨额赤字向银行透支,经济总闸门失控,形成严重通货膨胀。在通货膨胀情况下,供需矛盾尖锐化,物价改革无从下手,价格根本无法理顺。即使主观上想理顺价格,也会因基础产品价格和加工产品价格轮番上涨而束手无策。同时经济由财政型向信用型转变,银行负担加重,长期超负荷运行,导致银行自发抗拒业务发展。专业银行非企业化,使银行失去发展的后劲,缺乏活力,丧失自我发展、自我改造、自我适应的能力。银行体制的改革落后于经济体制的改革,成为继续深化体制改革的阻碍。资金市场不能很快形成,资金价格不能理顺,而且不理顺各级政府与银行的关系,仍然依靠政府的力量下达信贷计划,资金价格同样不能对信贷规模和流向起调节作用。

第五,价格与税收体制。税收与价格同属经济杠杆,对经济起调节作用。合理的价格体系使企业在同一起点上竞争,不合理的税收体制又使企业在经营成果的竞争中处于不平等地位。长期以来税利不分,使得国家财政收入受到冲击,要么是国家收益得不到保护,要么是企业利益受到损害,企业留成过少,缺乏自我发展的能力。利改税后,实行中央、地方分灶吃饭,只是确定了中央与地方财政收入的分成比例和办法。但对收入形成的来源未加以划分,财政收入仍然是大锅饭,地方为自身利益,拼命挤中央财政,减少上缴数量;中央财政不平衡,就要抑制地方减免税收搞活企业的措施,地方自主权受到影响。各企业负担不均,鞭打快牛的现象,不利于企业竞争,税负高的企业会变相提高产品价格,合理的价格体系再受扭曲。

三、改革战略思路的选择:总体配套、分步实施

在价格改革的种种战略思路中,笔者主张选择总体配套、分步实施的战略。

整个经济体制就如一架由若干零部件构成的大机器,各部分互相关联,共同推动着机器

的运转,任何一个部件不合质量标准或中途坏损,都会影响整个机器的正常运行。我国传统经济体制的巨大惯性,不仅仅表现在某一两个方面,而是表现在体制的各个方面。这就决定了经济体制改革的整体性。如果改革措施不配套,某些改革的积极效应就会被另外一些方面的改革滞后所抵消。比如,价格不改,商品生产者和经营者就不能在同一起点上平等竞争;以所有制为重点的企业制度不改,企业就不能对价格变化作出灵敏的反应,也难以消化涨价因素,价格机制就失去了良好的作用对象,价格改革就不能发挥实实在在的效果;价格上涨了,利率(资金价格)不上调,人们就会提款抢购,减少储蓄,冲击市场;商品价格提高了,工资不动(劳务价格),人们的生活水平就会下降,对改革抱消极和抵制情绪,影响社会安定;合理的价格体系可使企业在同一起点上竞争,不合理的税收体制又使企业在竞争中处于不平等的地位;财政体制、投资体制不改,地方和企业仍会为自身利益争投资、争项目,相互攀比,投资规模膨胀、重复建设等问题就无法扼制;金融体制不改,银行听命于政府官员,财政赤字向银行透支、货币超量发行,信贷膨胀等现象就很难得到有效控制,财政预算软约束的问题就不能从根本上解决;再有,保险事业如不更快发展,企业破产制度以及大步价格改革等都不能付诸实施。如此等等。可见,价格改革绝不能离开其他方面的改革而孤军深入,必须与计划、所有制、投资、金融、财政、税收、流通、保险等方面的改革配起套来,相互衔接,这样才能推动整个经济运行机制的转变。

所谓总体配套,就是要把价格改革与所有制、税制、财政、投资、金融等方面的改革配起套来,设计相互衔接、协同推进的整体方案。方案应在相当广泛的范围内充分酝酿讨论,最后提交全国人民代表大会或人大常委会通过,形成带有强制性的文件,在全国实施。所谓分步实施,主要通过两个大的步骤,基本完成价格改革任务,使新市场机制在经济运行中占据主导地位。第一步,从1989年到1990年,用2年时间完成配套改革方案的设计和讨论,与此同时进行局部改革,治理通货膨胀,为大步改革创造较为宽松的宏观经济环境,并做好价格改革的宣传教育,提高人们的心理承受能力,使全社会理解改革、支持改革。第二步,从1991年一举推出综合配套改革方案,大体上用五年时间,到1995年实现方案所设计的目标。

第一,所有制配套改革。所有制改革以搞活企业为中心,从扩权让利开始,逐步发展到按照"所有权和经营权分离"为原则转变企业的经营制。到目前为止,两权分离的经营模式主要有承包制、租赁制、股份制等,每一种模式中又包含多种形式。今后的所有制改革,1989、1990年应在进一步发展与完善承包责任制并使之规范化的基础上,把产权制度的改革提上日程,明确各经济利益主体的产权。为此,对小型企业可完全放开,或租赁经营,或拍卖给集体和私人企业;对中型企业,有计划推行股份化。对不同企业,国家、企业、个人所售股份可以有所不同。后五年在证券市场逐步发达时,可将建立产权市场、企业股份化作改革重点之一,国家也可以通过购买股票对企业实行不同程度的控制;对一些大型企业,可以实行集团股份制,使之发展为实力雄厚的股份企业集团。在目前,对各种经营方式,不能一哄而起,不能搞一刀切,各种所有制都有适应自身发展的条件。产权制度改革的一个难点。对此,结合上述经营方式的变化,资产归属权也随之转移。拍卖形式中,产权完全转移;股份制形式中,划分出国家产、企业产,国家和企业根据各自占有的股份取得收益。在这个基础上形成产权市场,通过股票买卖,转移各类产权,优化产业结构。

第二,投资体制的配套改革。需进行以下几方面的改革:一是划分投资范围。原则是中央和地方政府只负责兴办那些企业无力兴办的事业,中央财政主要负责那些具有国家意义的事业,如国防、宇航技术、基础科学、卫生、能源交通开发等;地方政府主要负责地方基础设施、教育、治安、消防、医疗、环境与住宅,以及其他社会福利事业等。二是确定收益原则。谁投资,谁收益,共同投资共同收益,明确投资主体、确定受益主体,不得出现受益者不投资的现象。三是建立健全投资法规。严格投资项目的审批程序,避免任意增减投资项目,改变投资规模。四是强化预算约束机制。目前还不得不用行政命令的办法,强行控制投资规模,缓建、停建一批基建项目。但这终究不是长久之计,容易造成一刀切,使某些合理的投资项目被压缩下来,一旦某个项目中途停建,会造成人、财、物的巨大损失,而且各地还会想方设法,利用别的名义扩大投资。从长远看,要用经济手段取代行政命令,从控制项目转化为控制预算,将预算软约束转化为预算硬约束。这四点,大部分从现在就可以做起。

第三,税收体制的配套改革。应分步骤从两个方面进一步深化改革:第一,1989、1990年主要是强化税收的职能,抓紧制定完整而稳定的税法。保证税法的严肃性与实施的普遍性。税法应体现同等企业一视同仁的原则。实行中央和地方利税分享、保证中央政府收入来源的稳定性,地方收入用于地方建设,力争税务部门如银行一样实行自上而下的垂直领导。第二,后五年实行彻底的利税分离。税收具有强制性的特点,任何企业均须依法纳税。对于国有企业来说,纳税后必须再上缴部分利润或红利,这是两种不同的收入:税收是国家作为经济管理职能强制收取的;利润是国家作为资产所有者的收益。税收外的利润在投资者之间分配。哪一级政府投资哪一级政府取得收益,保证责权利对称。

第四,金融体制的配套改革。搞好金融体制改革,首先理顺财政与银行的关系。从现在起,要严格划分财政与中央银行的关系,货币发行权独立化、法律化,采取严厉措施,坚决控制住货币供给总量和信贷规模,并大幅度提高银行存贷款利率。从1990年开始,实行新体制:一定时期内的货币发行计划交全国人民代表大会讨论通过,由中央银行独立执行,中央银行只对人大常委会负责,不对行政长官负责。任何部门和行政领导不能凭个人权力任意增减计划。财政赤字通过发行债券解决,要求发行债券的期限不超过一年,以稳定人民购买心理。各专业银行与中央银行之间及各专业行之间的资金往来,都是借贷关系。中央银行将信贷计划分配结束以后,各专业银行如需超计划,可以通过贴现、抵押等多种有偿方式向中央银行借款或通过资金拆借市场向其他专业银行借款。弱化专业银行的行政作用,强化其企业性质。各专业银行完成中央银行的各项指标即可。各级中央银行对专业银行的计划执行情况起监察作用。专业银行独立于各级地方政府,银行职工个人利益与经营效果挂钩。银行为自身利益,有必要独立行使信贷审批权,地方政府不得干预。地方政府因特殊情况需要资金可以有三个途径:一是发行地方政府债券;二是由地方财政担保,进行资金拆借;三是与银行协商,对银行因发放该贷款造成的损失予以补贴,以放宽各专业银行的经营范围,允许业务交叉,对新组建的金融机构可以采用股份制,对原有专业银行的股份化则要慎重对待。

关于金融市场,目前主要有一级市场,即证券发行市场、国库券转让市场、资金拆借市场。有人主张尽快建立二级市场——证券交易所。我们认为,目前从证券发行数量范围、种类等方面看,多数地区条件尚不成熟,近期应着重发展一级市场,二级市场可以先采取场外交易,对发行的证券允许自由买卖,待时机成熟后,水到渠成,形成二级市场。

第五,关于价格自身的改革。1989—1990年,主要是治理通货膨胀,创造适于改革的宽松环境。同时,有计划地进行局部改革和调整。原则是对供大于求或供求大体平衡的商品的价格,可以尽快放开。对于企业获得的高额利润可通过税收杠杆加以调节,其收入用作价格改革基金。我国劳动力供过于求,存在大量失业人员,尤其是农村劳动力更为富余。放开后,劳动力价格不会上涨太多,并可加强相互间的竞争,促进劳动者素质的提高。近两年可在农村及城镇的非国有经济中放开,1991—1995年期间再实现大部分放开。

我国农业在国民经济中占的比重很大,事关重要。我们建议,对于农产品制定保护价格,对于农业生产资料的价格调整,要给农民以补贴,以保护农民生产积极性,稳定经济。

发展生产资料市场,国家应尽快根据市场供求情况,增加供给,逐步缩小供求差额。对于计划价格与市场价格差别不大的可以尽快放开,对差价较大部分,可以用2—3年时间,分别情况一步或两步,调高计划内价格,使两者尽快接近,待1990—1995年,按商品类别一部分一部分地放开,将双轨制范围缩减到最小的程度。

在建立生产要素市场的过程中,还要充分注意到生产要素整体市场的建立,也就是实行企业的兼并和破产制度。这有利于改造企业机制,促进产业结构调整,同时也是消化价格改革涨价因素的根本途径。近两年可在局部试点,1990年以后五年大面积推开。

第三产业收费和消费资料价格调整,着重调整交通、房租、服务等行业,对一些必需消费品放开价格。在放开的过程中,要把物价上涨与工资增长联系起来,增加人民的实际承受能力和心理承受能力。同时,价格政策中,无论哪一个改革措施的出台,都必须加强物价的监督和管理,避免人为哄抬价格,破坏改革成果。

第六,政治体制的配套改革。实际表明,我国经济运行中暴露出的问题,如盲目追求速度、投资膨胀、集团消费膨胀、信贷失控、货币发行失控、政企不分、贪污腐化等,无不与政治体制改革的滞后有关。看来,政治体制不改,经济的运行就很难脱"权力"和个人意志的支配。改革中,必须对政府官员的经济权限做出极其明确、非常严格的规定,使其不得滥用职权,随意插手和干预企业的微观经济活动,不准以任何借口、任何名义在公司任职,通过经商活动以权谋私,杜绝权力商品化、货币化的现象。

总之,价格改革十分复杂,风险较大,能否取得改革的成功,主要取决于三个条件:一是要有一个科学的总体配套改革方案;二是要取得广大人民群众的理解和支持,和政府共渡改革难关;三是有赖于各级政府清正廉洁,带头严格遵守改革的纪律,精心组织改革方案的实施。这三条做到了,我们就能够稳步地把改革不断推向前进。

(作者:刘东涛、赵玉华,原载《天津社联学刊》1988年第12期,获天津市纪念十一届三中全会征文二等奖,压缩修改写后刊发于《价格理论与实践》1989年第1期)

治理环境战略与配套改革策略的思考

　　1988 年秋季严峻的经济形势,迫使我们重新审视当时酝酿中的改革方案,对经济发展的速度、政策和改革的思路、策略进行必要的调整。治理经济环境、整顿经济秩序、紧缩经济的一系列布局,实质上是一次调整。

一、治理环境与改革的关系

　　第一,治理经济环境不是放弃改革,而是为改革创造必要的条件。对于改革需要一个什么样的宏观经济环境,中外一些著名经济学者多有论述。大多主张:改革需要有一个较为宽松的、经济发展比较均衡的宏观环境。因为:经济改革的核心问题是发挥市场机制的作用,而市场机制只有在买方市场已经形成,供给略大于需求的情况下,才能发挥积极作用;在比例严重失调,整个经济绷得很紧,供应品严重缺乏,卖方市场占上风的情况下,市场机制很难发挥积极作用,改革难以取得成功。这种情况下,首先应集中力量抓调整,等到比例关系大体协调后,再进行全面改革,而且改革开始后的一段时间,要有意识地把发展速度放慢。对于"数量扩张冲动"和"投资饥饿病"如不严加控制,将引发种种危险:通货膨胀、加剧短缺、重新集中化、真正的消费减少、部门发展不均衡等。改革起步时大幅度提高劳动报酬是不适当的,这样做势必激化供求矛盾,造成通货膨胀引起群众不满。实践证明,这些思想对改革中的社会主义国家有普遍的借鉴意义。

　　近年来,我国经济运行和经济生活呈现出一系列不正常的现象,概括起来讲可说是:"急、热、紧、涨、乱"。急,是在发展与改革上急于求成的思想重新发作,盲目追求高速增长,急于闯"物价改革关";热,是经济发展势头过热,多元化的利益主体相互攀比规模和速度,消费水平和消费方式脱离国情超前发展;紧,是"投资饥饿病""消费超前症"与扩张性的货币政策相结合,使总需求大于总供给的矛盾日趋尖锐化,经济运行极度紧张;乱,是市场秩序混乱,乱批发、乱涨价、乱收税、乱摊派、乱发照,"私倒""官倒"勾结起来损公肥私、以权谋私,至使权力商品化、货币化的现象日甚一日,败坏党风、政风和社会风气。这种状况造成发展与改革"双驹争道"、相互撞车的局面。显然,在不改变这种经济环境的情况下,改革是难以向前推进、难以取得成功的。因此,治理环境、整顿秩序不仅是国民经济稳定发展的要求,也是为改革创造一个较为宽松的经济环境的迫切要求。

　　第二,治理环境离不开改革,而且只有改革才能"治本"。为尽快缓解严重的通货膨胀,稳定物价、稳定经济、稳定人心,防止形势的进一步恶化,治理环境、整顿秩序中采取一些强硬的行政手段,是十分必要的。然而,这些行政手段的作用毕竟是有限度的,大多是治标不治本。"冰冻三尺,非一日之寒"。目前中国经济生活中出现问题,如经济失调、通货膨胀、"官倒"盛行、贪污腐败、分配不公等,有经济政策上的原因,也有体制和民族传统文化上的深层原因,而且是经济机体中多种"综合症"长期积累的结果。我国的经济体制不仅缺乏足够的动力,而且在微观上、宏观上都是"软约束"的,这种状况不改变,就不能从根本上消除投资膨胀、消费膨胀、供给短缺的深层体制原因，经济运行就难以摆脱少数人的"权力"和个人意志的支配，贪污、受贿等一类权力商品化、货币化的腐败现象就不能从根本上得到解决。即使是当前的治理、整顿措施，也不能再简单地只是用直接的行政手段，而是要更多地运用间接的调控手段和法律手段。如提高存贷款利率，就是运用经济杠杆来调控经济的运行，这本身就是一种改革。

第三，治理经济环境、整顿经济秩序要有战略的观点。中央将治理环境、整顿秩序作为今明两年工作的重点，绝不意味着这一方针只是权宜之计，抓一阵子就可以了事。这是由于：第一，我国近年出现的通货膨胀及其他问题，绝非偶然现象，而是日积月累的结果，消除通货膨胀，尤其是要消除其产生的原因，也绝不是短时期可以奏效的；第二，我国是一个有着几千年封建社会影响的农业大国，商品经济刚刚在发展，市场秩序很不健全，要把社会主义的商品经济建立起来谈何容易；第三，纵观世界各发达国家，无不将治理经济环境、消除通货膨胀、控制物价上涨、解决就业、调整结构作为其经济政策的长期而且是主要的目标，何况我们这样一个宏观管理的水平和手段还比较差的国家呢。可见，即便是形势好转后，也不能轻易说治理、整顿的任务就完成了。如若掉以轻心，"通胀"这只猛兽仍会卷土重来。

二、紧缩总量 调整结构 防止滞胀

实行紧缩（紧缩财政、紧缩信贷）政策，是为了克服经济过热，缓解总需求与总供给的矛盾，进而实现治理环境、抑制"通胀"的目标。

但必须清楚地看到，在抽紧银根、紧缩经济的过程中，强制性急刹车、不加区别"一刀切"的做法，有可能在压缩需求的同时也压缩了有效供给。这是由于：第一，改革以来，我国投资主体已出现明显的多元化特征，中央政府能够控制的基建仅仅是那些对国民经济有深远影响的关键项目，预算内投资占全社会固定资产投资的比重仅为13%左右，行政性的投资紧缩影响最大的恰恰是这部分基建项目；而对那些社会效益不佳的预算（及预算外的）投资，目前的行政性紧缩措施则效用微弱。第二，我国工商企业，特别是在国民经济中起骨干作用的国有大中型企业，过去基本上没有自有资金，设备是由财政拨款购置的，流动资金几乎全靠银行贷款。银行突然抽紧银根，收回贷款，这种急刹车式的紧缩措施，势必使这些企业陷入困境。工业企业将因缺乏资金不能及时购进原材料，影响正常生产；流通部门将因缺乏资金，无法收购工农业产品。其结果，必然出现工业积压、流通萎缩、市场脱销，供求矛盾进一步尖锐化，通货膨胀与生产停滞并存的局面。第三，抽紧银根之后，由于农行资金短缺使农产品收购资金筹措遇到困难，大量农副产品特别是粮食收购不上来，近来已出现不少地区无钱支付收购农副产品的现金、给农民打"白条"的问题。如不采取积极对策，不仅影响市场农副产品供应，而且严重打击农民的生产积极性，危及农业生产。第四，改革以来，旧体制所造成的"投资饥饿症"并没有治愈，相反行政性的地方分权、财政上的分灶吃饭、投资主体多元化，进一步为"投资饥饿症"的发作提供了条件。严厉的紧缩，可能在一段时间内使通货膨胀率明显下降。但随之而来是供给减少，经济停滞。在停滞了一个短暂的时期后，压缩需求的机制可能顶不住扩张生产、提高收入、攀比消费的冲动和来自各方面的压力。闸门一开，便会发生新一轮的更为严重的通货膨胀。可见，滞胀交替出现的可能也是存在的。

如此看来,既要治理环境,抑制通胀,又要防止经济停滞;既要压缩需求,又不能伤害而是要致力于增加有效供给。只有这样,才能一步一步地驱散通货膨胀的影响。这里的关键是:在紧缩需求总量的同时,切实搞好经济的结构性调整。

第一,必须坚定不移地将紧缩政策贯彻到底。十三届三中全会以来,治理环境、压缩需求、抑制"通胀"的工作,取得了一定成效。但成效还不大,许多该压的项目还没有压下来,而且压下来的项目中75%以上是尚未上马的,大量上了马而该压缩的正在加紧施工。在这种情况下,如对紧缩的政策稍有动摇,则有可能使紧缩半途而废。为了解决企业的困难,避免1989年生产大幅度滑坡,适度调整紧缩政策是必要的,但绝不能放弃紧缩总量的原则。

第二,国家、地方、部门,在紧缩总的前提下,都要按照国家计委排定的产业顺序,并结合自己的情况,用更大的力量抓调整,确定好各自的产品发展战略和产业政策。优先发展那些高需求(能源、交通、农业、原材料、名优产的)、高效益、高技术、高创汇的产业和产品;压缩和限制些低需求、低效益、耗能高的长线产业和长线产品。这才是抑制需求、增加有效供给的可靠途径。

第三,调整投资结构、信贷结构,以优化产品结构、企业结构、产业结构。国家应在财政政策、信贷政策上向名优产品、优秀企业、短线行业倾斜,并迫使那些行业生产能力过剩但没有前途的小企业破产或转产,以保证大企业的资金能源和原材料。

第四,要针对调整结构所必然产生的社会后果及早制定综合对策。如加快社会保险制度的建设,做好行业再培训的组织工作等,以便为破产企业、失业职工另谋生路。否则调整结构就会变为一句空话。

第五,还要进一步提高银行存款利率,以扩大储蓄,回收货币,而且要提高到弥补"通胀"因素后为正利率。同时,逐步提高贷款利率。

三、配套改革的策略选择

世界各社会主义国家改革的实践表明,不论是价格改革,还是所有制改革,都不能孤军深入。经济改革必须以改造整个经济的运行机制为中心全面配套,稳步推进。但这不等于说,在一定的时期内,不可以有所侧重,这里有一个改革策略的选择问题。

在紧缩而且形势异常严峻的条件下,全面贯彻"治理环境,整顿秩序,深化改革"的方针,是一件十分不容易的事情。这里的关键是针对当前情况,搞好改革策略的选择与调整,找好治理、整顿、调整、改革的结合点,使这几个方面能够较好地衔接起来。为此,当前应着重抓好以下几方面的改革:

第一,结合加强和改善宏观控制,把金融体制改革提到突出的地位上来。一是进一步理顺金融与财政的关系,防止财政赤字从银行透支;二是理顺银行同中央政府的关系,一定时期的货币发行计划交全国人民代表大会讨论通过,由中央银行独立执行,中央银行只对人大常委会负责;三是理顺银行同地方政府的关系,中央银行对各分行和专业银行实行垂直领导,地方政府不得任意干预银行的信贷审批权;四是抓紧建立银行法,使货币发行和金融管理独立化、法律化。同时,辅之计划管理的改善、财政政策的配合,做到计划不留缺口,财政不打赤字。计划体制、投资体制、财税体制等方面的改革也应相机推进。物价方面,近期以局部改革、稳步前进为宜。

第二,结合经济的结构性调整和增加有效供给,进一步深化企业改革。在完善承包制的同时,积极推动企业间的联合与兼并。通过联合与兼并优化产品结构、企业结构和产业结构,继续落实政企分开,对企业放开经营。

第三,结合反腐败和清理公司等,加快政治体制改革。党和政府机关的腐败现象,已成为目前人民群众意见最大、对发展与改革干扰最大的问题。从根本上解决产生腐败现象、官僚主义等问题,必须加快政治体制改革。

政治体制改革,从大的方面来说,一是要抓好党政机关的廉政建设,推进党政机关工作的规范程度和公开制度。二是强化人民代表大会以及司法机关的权力,实行"党、政、法"三权适当分开,党和政府的负责人不具体干预司法工作,让法院独立审判、检察院独立检查。同时,提高其他各党派和人民团体的参政、议政权利,形成权力制衡制度。三是推进政治民主化、决策科学化的进程。四是通过新闻传播媒介、信息网络等多种渠道,实行全方位的监督。五是抓紧人事制度改革,尽快实行公务员制度。

(作者:刘东涛,文章收录于 1989 年 4 月天津市经济体制改革研究会《探索》论文集)

国有资产管理体制改革的新突破

党的十六大报告把改革国有资产管理体制作为深化经济体制改革的阶段性重大任务,对确定国有资产的出资人、组建管理机构、完善动力机制等重大问题都有新的表述。认真学习党的十六大关于国有资产管理体制的论述,领会其理论上的深刻内涵和实践上的指导性,对于我们重构公有制为主体、多种所有制共同发展的基本经济制度相适应的国有资产管理经营新模式,具有十分重要的现实意义。

一、国有资产管理理论和实践的简要回顾

第一阶段(1984—1987 年):主要特点是所有权与经营权适当分离的改革。

1984 年党的十二届三中全会《关于经济体制改革的决定》指出,过去那种传统经济体制的主要弊端,是政企职责不分,条块分割,国家对企业统得过多过死,企业缺乏应有的活力等。为此,要对这种体制进行根本的改革,要把增强企业活力,特别是全民所有制大中型企业的活力作为经济体制改革的中心环节。围绕这个中心环节,主要应当解决好两个方面的关系问题,一个是国家和全民所有制企业之间的关系,一个是职工和企业之间的关系。在这一阶段,经济体制改革是沿着简政放权、政企分开、转变企业经营机制、增强企业活力这样一种思路进行的。当时,虽然没有直接提出改革国有资产管理体制问题,但是改革实践中必然会触及国有资产的管理问题。特别是承包制的种种弊端逐渐暴露出来,加上我们管理制度上的缺陷,国有资产的流失屡屡发生。国有企业股份制改造也涉及国有资产的评估、产权

的转移等问题。在 1985 年和 1986 年,理论界就有人提出政企分开必然要求政资分开,即应把政府作为行政管理者和对社会经济一般管理者的职能分开。随着改革时间和认识的深化,改革国有资产管理问题逐渐被提上议程。

第二阶段(1988—1992 年):主要特点是理顺国有资产产权关系的改革。

1988 年 3 月,全国七届人大政府工作报告中明确指出:"要抓紧建立国有资产管理体制。"4 月全国人大在批准国务院机构改革方案时,正式批准了国家国有资产管理局的建立。同年 8 月 31 日国家编委审议并确定了国家国有资产管理局的"三定"方案。根据"方案"的规定,按照"统一领导、分级管理"的原则,建立起从中央到地方的国有资产管理体系。天津市国有资产管理局于 1990 年成立。它标志着国有资产管理走向建立新体制的起点。1992年邓小平明确提出了社会主义市场经济理论。同年 10 月,党的十四大报告在论及转换国有企业特别是国有大中型企业经营机制时指出,要"通过理顺产权关系,实行政企分开,落实企业自主权,使企业真正成为自主经营、自负盈亏、自我发展、自我约束的法人实体和市场竞争主体,并承担国有资产保值增值的责任"。从而在党的文件中正式提出理顺产权关系问题。这阶段国有资产管理局做了大量具体工作,但由于在管理机构的设立、运作过程中的关系等诸多问题,国资管理局难以担负起确保国有资产保值增值的任务,其成立与运作并没有取得成功。

第三阶段(1993—2002 年):主要特点是着手进行国有资产管理体系制度的改革。

1993 年党的十四届三中全会在《中共中央关于建立社会主义市场经济体制若干问题的决定》中指出:"对国有资产实行国家统一所有、政府分级监管、企业自主经营的体制。按照政府的社会经济管理职能和国有资产所有者职能分开的原则,积极探索国有资产管理经营的合理形式和途径。加强中央和省、自治区、直辖市两级政府专司国有资产的机构。当前国有资产管理不善和严重流失的情况,必须引起高度重视。有关部门对其分工监管的国有资产要负起监督职责,根据需要可派出监事会,对企业的国有资产保值增值实行监督。严禁将国有资产低价折股,低价出售,甚至无偿分给个人。要健全制度,从各方面堵塞漏洞,确保国有资产及其权益不受侵犯。"1996 年 3 月,《关于国民经济和社会发展"九五"计划和 2010 年远景目标纲要的报告》和《纲要》稿中,也进一步提出"要加强国有资产管理。按照国家统一所有、政府分级监管、企业自主经营的原则,建立权责明确的国有资产管理、监督和运营体系。建立和完善产权登记、统计报告和资产评估等国有资产基础管理制度"。还提出,把专业经济管理部门逐步改组为不具有政府职能的经济实体,或改为国家授权经营国有资产的单位等。这期间,上海、深圳成立了以主要领导挂帅的国有资产管理委员会,进行国资管理新体制尝试,并取得了较好的成效。三级管理经营的"沪深模式"为十六大提出构建国有资产管理理论创造了丰富的实践经验,而国家和大部分省市国资管理机构在 20 世纪末的政府机构改革中先后并入财政部门内。国有资产管理的职能受到削弱。

二、国有资产管理体制改革的三大突破

回顾历史我们看到,十一届三中全会以来的国有资产管理体制改革,沿着所有权与经营权分离的思路进行了一系列的探索与改革,并取得重要进展。在此基础之上,党的十六大报

告审时度势,高屋建瓴,鲜明地提出把改革国有资产管理体制作为深化经济体制改革的重大任务,对新的国有资产的管理运营模式进行了描述,为下一步深化国有资产管理体制改革,稳妥地实现我国经济的转型奠定了坚实的基础。在当前深化经济体制的改革中把国资体制改革作为突破口,好就好在环节选得准,直接面对并解决国有资产出资人长期缺位的难题;好就好在时间选得及时,当前市场体系已见雏形,人们的思想观念已经发生了根本性的变化,国有资产管理体制已经到了非改不可的时候,对此已形成共识;好就好在方式方法选得合乎国情民意,中央与地方政府作为国有资产的代表"一分为三",各司其职、各得其所,必将极大地发挥出各方面的积极性,为我国全面建设小康社会注入强大动力。

突破一:明确中央与地方分别享有出资人权利,突破了国有资产出资人代表只能是中央政府的传统模式。

国有资产出资人是国有资产所有权的代表,国有资产所有权的归属是国有资产管理体制的核心。党的十五大以前,国有资产一直强调为中央所有,中央与地方分级管理,出资人即国有资产的产权代表只能是中央政府。党的十六大突破了这一界限,提出要通过建立法律法规,明确由中央、省、地市"一分为三",分别代表国家行使所有者出资人权利,享有所有者权益。这就结束了以往地方政府只有管理权而不享有所有者权益的历史。划分出中央政府与地方政府在国有产权管理上的分工,为增强产权界定中的可操作性,党的十六大还规定,中央政府作为出资人的权利限于重大的基础设施、重大的资源性资产、涉及国家安全的大型国有企业资产,其他方面国有资产的出资人权利都交由地方政府。权益是经济发展的动力与目标。这种明确的分工有利于对国有资产的责任化管理,有利于提高地方投资、改善环境的积极性,有利于减少产权交易中的社会成本,有利于提高国有资产的保值增值。我国自然地域辽阔,区域经济特征明显,中央与地方经济利益相对独立,全国 10 多万亿国有资产、几十万个国有企业由中央与地方两级政府担当出资人,分别享有占用权、经营权、收益权、处置权。这不仅是实事求是的明智之举,更是治国安邦的创新之策。尤其对地方政府是极大的鼓舞与鞭策,必将激励地方政府以主人的身份,有计划、有步骤地开展资源利用、经济开发、环保建设,必将使地方政府更加重视经济社会的可持续发展。对国有资产出资人代表的"一分为三",是党的十六大报告中重建国有资产管理体制的精髓与核心,是我们党坚持实事求是和与时俱进精神的重要体现。它必将对建设我国社会主义市场经济体制做出历史性的贡献。

突破二:提出建立管人、管事、管资产三结合的专司部门,突破了分属不同部门多头管理的现行体制。

我国现有的国资管理体制是多头管理体制,分别由不同的部门负责。资产权归财政(国资管理部门)、投资权归计委、人事权归组织部、业务权归行业主管部门。这种体制是没有哪一个部门对国有资产保值、增值负完全责任。在实际运作中,资产的保值与增值与哪一个部门关系都很重要。投资投错了项目、选的人不合适、理财口径有问题、业务指导有偏差,都可能造成国有资产流失。所以,建立管人、管事、管资产相结合,责、权、利相统一的管理机构,将管理需要的所有职能捏到一块,统筹考虑国有资产运作十分必要,也符合国际通行的惯例,责任与权益归为一身,将结束政出多门又无人真正负责的历史,从实际操作中解决了国有资产出资人到位的问题。党的十六大提出的中央与地方建立国有资产专司部门,实际上否定了原在财政部门设立国有资产管理局的做法,建立由各级政府直属的专司机构,实现国有资产管理部门与一般经济社会职能管理部门的分设,有效地解决了政资分开。即将建立的各级国有资产管理机构具备了层次高、有权威、关系顺的职权条件,为逐步把国有资产管理与经营体制改革引向深入提供了重要的组织保证。

突破三:重塑国有资产运营主体,突破了以行业主管部门为运作主体的现行机制

自党的十四大提出我国建立社会主义市场经济体制的目标后,有些地区已经尝试了新的国有资产管理模式。十六大提出继续探索有效的国有资产经营体制和方式,事实上再一次肯定了各地在国有资产经营方面的有益探索,认同了以国有资产管理机构为龙头的三级运行机构的试运行。这是对现有的国有资产以行业管理为运作主体的现行机制的重大突破。十六大提出在三级国有资产管理体制的新框架中,中央与地方各成体系,成立由政府组建的国资管理机构。由于划定了中央与地方的国有资产领域范围,三个级别的国资管理机构就不再是一般的上下级之间关系。首先,要分别对同级政府负责。该机构负责制定符合国家法律法规的导向性政策,确定下一层国有资产经营公司的经营目标、考核奖惩制度、确定其领导人选。国资管理机构与国资经营公司的联系,主要手段是政策导向、契约合同、人事控制。下面一层是授权经营国有资产的经营公司,它必须完成与国资管理机构签订过的各项契约,经营国家独资、控股、参股的国有资本,不具体管理权属企业的日常事务,而是依据其在企业中的国有股份行使法人财产权利,确保其保值增值。经营公司与权属企业的关系是企业间的资产连带关系,不是行政上下级关系。再下面一层就是国有企业。包括国有独资、国有控股、国有参股企业,它仅接受国有资产经营公司对自己行使股东的权利,具有独立的经营权。应该说,这三个层面线条是清晰的,也是宜于操作的。在国有资产监管、运营方面,中央政府、地方政府都履行"出资人"职责,做到国有资产行政监管与国有企业运行分开;国有资产经营公司的介入,切断了企业与政府的直接联系,基本解决了政企不分的问题;新的国有资产管理模式基本理顺了国有资产管理、运营、监督三个层面的关系,为我国国有资产管理与经营创造了全新的运作模式。

三、重构天津市国有资产管理体制的三项建议

(一)重构国有资产管理新体制的原则

国有资产与非国有资产的重要区别在于它追求的不仅仅是自身回报,更重要的是社会效应。国有资产作为全民资产要为全民的利益服务。因此:一是要坚持国有资产可持续增长的原则。新体制要能够增强资产的流动性、公益性、社会性,能够强化资产的保值增值。二是要坚持战略上加大调整国有资产结构力度的原则。国有资产有多种形态。公共产品形态,如城市公共设施;自然资源形态,如矿山、石油;现金形态,如各种公共基金;企业形态,等等。资产的形态变化并不影响总资产的变化。新体制要在"所为"上明确领域,引导国有资产在国计民生重要行业发挥积极作用。三是加快从一般竞争性行业退出的原则。天津市现有限额及以上国有工业与商业和国有控股企业近4000家,占全市企业总数的35%,折合资

产 3100 亿元,占全市企业资产总数的 81%;在 1355 家国有工业企业中,亏损企业就占 684 家,国有商业批零企业的整体经营利润也是亏损的。效率低,收益差,几乎成为国有企业的通病。为此,新体制要促进国有资产从一般竞争性行业中退出的步伐,大大减少国有企业数量和股本量。这里涉及两个问题:一是股本退出后投到哪里去? 我们认为,变现后投到公共产品可以改变经济建设的环境条件;变现后充实社会保障基金可以维持社会稳定,都是很好的选择。二是退出后谁来补位? 我们建议鼓励集体、私营、外资企业购买或参股国有企业,鼓励和推行国有企业职工持股制度,也可以考虑由优势企业搞低成本扩张以及加大国企破产的力度等方式解决这一问题。四是要坚持社会稳定的原则。我国当前正处在经济制度转型时期,参照国外体制改革的教训,保障社会的稳定比经济提速更为重要。建议用退出的国有资产加大投入社会保障基金的力度,确保国企职工因国有资产退出后下岗期间 3 至 5 年的生活保障,从而使本市经济体制改革得以顺利进行。五是要坚持依法重构的原则。从建立政府的国资机构到建立完善的国有资产经营公司,从各环节实际运作到市、区两级部门的监察,都需要严格按照有关法律法规进行。在我国《国有资产法》尚未出台前,可以按党的十六大精神先搞一个《天津市国有资产管理的暂行办法》,明确各级国有资产管理和经营机构、责任人的责、权、利等相关规定。以此稳步推进天津市的国有资产管理体制的改革进程。

(二)重构天津市国有资产管理模式框架设想

第一,由市人大常委会下设"国有资产监督管理委员会",依法成为政府的监管系统归口单位。在市级政府中组建常设的"国有资产管理委员会",作为政府管理国有资产的专司部门,与同级政府财政部门平级,在直接对市长负责的同时,代表政府向市人大提交年度工作报告,接受市人大常委会的监督和质询。国有资产管理委员会的职责决定其机构设置。可考虑至少由这四部分职能机构组成,即国有资产政策法规制定机构、国有资产经营预算编制管理机构、国有资产经营状况考核监督机构、国有资产代表人选任免机构。为此,建议逐步将目前存在于财政局、经贸委、商委、交委、人事局、组织部等有关单位的国有资产管理职能,依照产权管理的分类要求重新整合,纳入国有资产管理委员会。其监管的对象是授权经营的国有资产经营公司和大型企业集团。天津市的区县一级政府,所辖国有资产规模不大,集中度不高,独立制定有关国有资产监管、运营政策的意义不大,建议暂不组建这一级国有资产管理机构,但可以在有条件的区县先行调研和开展试点,摸索经验。

第二,组建国有资产的被授权运作主体系统。天津市现有部分大型企业集团、国有投资公司、较大规模的国有控股公司属于这种机构。建议最好组建一批跨行业的国有资产经营公司,作为连接政府与企业的中介组织。它们是具有法人资格的企业,具有运作国有资本的权利,承担着国有资产增值的责任。它们对市国有资产管理委员会负责。从本市实际情况看,近几年国有资产经营运作机构的主要职责是:盘活存量资产,开展产权转让,优化资产配置;独立地承担对国家的经济责任。原则上,不搞原来行业主管局的翻牌。过去行业主管局的机构设置基本为行政管理型,缺少经营运作资本的经验,加之历史上与企业的千丝万缕联系,不宜提倡转为"国资经营公司"。市一级可以考虑组建多家"国资经营公司",国有大型企业集团(汽车集团等)可直接授权改组为国有控股公司,计委、经委、财政局成立的投资公司也可整合后改为国有控股公司。各国有资产经营公司最好是将股本交叉投资于各企业,即交叉持有同一家企业的股份,实现产权多元化,减少垄断,增强股本流动性。各区县按照国有资产的集中度和规模情况,由市国资机构授权设2—3家区域性的"国资经营公司"。

第三,重塑国有资产的经营企业。按照党的十六大精神,国有资产经营公司与权属国有企业之间的关系,是以资本为纽带形成的关系。前者作为资本经营将资产投入该经营主体,后者则要为此资产保值增值与前者建立明确的责任与利益协议。企业将完全成为无上级单位,同时与政府也不存在直接的联系。国有企业的任务,是按照现代企业制度要求,建立完善内部法人治理结构,承担各项经济指标的完成职责。按照党的十六大要求,本市的国有企业除极少数必须由国家独资经营外,都要积极推行股份制,发展混合所有制,实现投资主体的多元化。

(三)重构国有资产管理体制的目标

重构国有资产管理体制,要考虑与国际通用规则的接轨,要切实解决现存运行机制中的弊端。归纳起来,关键要解决好"三个层次"的规范建设,真正实现"三个分离"的改革目标。第一层次,设立的管人、管事、管资产相结合的相对独立的国有资产管理机构,要解决好政府代理国有资产所有权职能的机构与社会经济管理职能的机构的切实分离,实现政资分离;第二个层次,新组建的国有资产经营公司(含授权经营的大型集团公司、国有控股公司),要切实形成国有资产管理与经营(具体国有企业)成品的隔离带,实现国有资产的营运职能与国有资产的监管职能的分离,即专司经营国有资产,当好国资管理机构的"承包商",实现政企分离;第三层次,要解决好企业所有权出资人到位问题,也要解决好企业法人财产经营权的分离问题。总之,国有资产管理的改革方向要沿着为强化资产增值、突出出资人地位和权责的这样一条思路进行,让企业成为真正的市场经济主体和法人实体。

(作者:刘东涛、李胜毅,此文获天津市学习贯彻"三个代表"重要思想和党的十六大精神征文一等奖,收录于天津人民出版社2003年5月出版的《继往开来 与时俱进》)

论深化滨海新区行政管理体制改革

中共天津市委第九次党代会的报告中指出:"进一步加快滨海新区开发开放,决定天津的前途命运,牵动区域协调发展的全盘,关系全国发展的大局。"加快滨海新区开发开放和改革创新,事关重大、任务光荣而艰巨,若取得决定性进展迫切需要强有力的组织保证。

一、天津滨海新区行政区划现状

天津滨海新区包括塘沽、汉沽、大港三个行政区和天津开发区、天津港保税区、天津港三

个功能区以及津南区葛沽镇、东丽区的无瑕街。基本情况见下表:

天津滨海新区行政区划情况表

区域	人口(万人)	面积(平方公里)	所辖镇街数	其中:街	镇	乡	所辖自然行政村
滨海新区		2270.0	38	22	9	4	
塘沽	46.2	790.2	12	11	1		
汉沽	16.8	441.5	9	5	4		
大港	32.0	1113.8	12	5	3	4	
津南葛沽镇	4.5	44.0					(25 个行政村)
东丽无瑕街	3.0	25.0					
开发区							
保税区							
天津港							

塘沽区区域面积 790.2 平方公里,2006 年户籍人口为 46.2 万人。下辖新村、新河、新港、北塘、杭州道、向阳、解放路、三槐路、大沽、胡家园、渤海石油 11 个街和新城镇。区境南北长 50 公里,东西宽 25 公里,拥有 92.16 公里长海岸线。

汉沽区总面积 441.5 平方公里,其中城区面积 20.1 平方公里。2003 年末,全区户籍常住人口 167979 人,其中城市人口 122496 人。汉沽区辖 5 个街道、4 个镇:汉沽街道、寨上街道、河西街道、天化街道、盐场街道,大田镇、杨家泊镇、茶淀镇、营城镇。

大港区是一个以石油和石油化工为主体产业的新型滨海城区。全区南北长 48 公里,东西宽 36 公里, 总面积 1113.83 平方公里, 其中,陆地面积 963 平方公里,滩涂面积 85.5 平方公里,荒地 72.5 平方公里。海岸线长 34 公里。总人口 32 万人,其中非农业人口 21 万人,占总人口的 67%,全区共辖 4 个乡、3 个建制镇、5 个街道办事处、60 个居民委员会。

东丽区无瑕街。地处海河下游工业区,分布于津塘公路两侧,总面积 25 平方公里,人口近 3 万。辖区内现有工业企业 70 多家,其中天津钢管公司是天津市特大型工业企业,与之配套的 30 万吨海绵铁项目已动工兴建,投资 800 万元的轧钢厂已竣工投产,列入天津市重点工程的第三煤气厂正在加紧规划。此外,下属企业还生产化工、建材、服装、工艺品等多种产品。无瑕街紧邻天津机场,距天津港 13 公里,距京津塘高速公路 6 公里,交通十分便利。辖区内现有仓储场地 20 多处,外贸冷库近 10 座,津塘公路两侧还有丰富的土地资源,是发展仓储的理想场所。同时利用紧邻天津钢管公司和即将兴建第三煤气厂等各种优势,无瑕街将大力兴办餐饮、娱乐、服务设施,积极发展第三产业,力争建成多种行业综合发展的经济新区。

津南区葛沽镇。总面积 44 平方公里,人口 4.5 万,所辖 25 个行政村。葛沽镇是滨海新区冶金工业基地和副食品供应中心之一。全镇现有各类企业 116 家,其中三资企业 10 多家,初步形成了大滩锅炉厂、津南化肥实验厂、葛沽服装厂镇骨干企业,正在兴建的天津渤海冶金工业公司,年产铁 40 万吨。根据滨海新区经济发展的总体规划,葛沽镇将建设三资企业开发小区、国有企业改革试验区、高新技术产业园区、新型工业区、旅游观光服务区和仓储区等六大功能区。同时,综合发展商贸、房地产、农业、农村运输业、建筑业等,把葛沽镇建成以冶金、化工、电子、服务等出口创汇型为主体的新型改革开放综合试验基地。

二、深化新区行政管理体制改革迫在眉睫

应当说,从 20 世纪 80 年代开发区设立,特别是从 20 世纪 90 年代滨海新区成立以来,无论是滨海新区管委会,还是各行政区、功能区的各级领导机构、职能部门,都为滨海新区的建设和发展做出了巨大的贡献。但是,也不可否认,滨海新区现行的行政管理体制确实已经不适应新阶段新形势和新任务的要求。现在的天津滨海新区包括三个行政区、三个功能区和津南区一个镇、东丽区一个街。它还不是一级行政区划,而是一个经济区域。其运行构架,从组织领导体系或者说从行政管理体系上说,新区管委会还不是一级政府,而是一个综合的协调机构。其职能主要是负责编制新区的发展规划,对区域内发展建设中遇到的一些重大事宜进行协调。而区域内几个行政区、功能区的职能和权限却是实实在在的,这是天津滨海新区与深圳特区、上海浦东新区的一个根本区别(深圳特区和现在的海浦东新区都不单单是一个经济区,其领导机构也不仅是一个协调机构,而是一级行政区划、一级人民政府)。

面对各行政区、功能区在发展中各自为政、盲目竞争、无序开发、相互争夺有限的资源、功能混杂、重复建设,市场失灵的领域和环节互相推诿扯皮、长期投入不足等诸多矛盾和问题,新区管委会综合协调的执行力和约束力就往往显得苍白无力。结果是大大降低了协调决策的效率,成倍增加了发展的行政成本。为了解决这些问题,从新区管委会到市委、市政府采取了一系列措施:一是加强新区管委会的宏观调控职能,在新区管委会下成立了规划、环保、科技分局,组建了财政、土地整理中心,最近又成立了联合投资服务中心。二是市委、市政府从人事上加强了对新区工作的统一领导,先是由一名市委常委兼滨海新区工委书记和管委会主任,由塘沽区委书记兼开发区、保税区工委书记。第九次党代会上又成立了全市最高层次的滨海新区领导小组,市主要领导分别兼任组长、第一副组长。三是对一些关系全局的重大项目,如天津港建设、东疆保税港区建设、空客 A320 项目、100 万吨乙烯和 1000 万吨炼油工程等,大都成立了由市领导直接牵头的项目领导小组,等等。这些措施对统筹协调滨海新区各行政区、功能区的关系,对于缓解上述矛盾和问题发挥了积极的作用。然而,大多仍属一些过渡性的措施,并没有从根本上解决严重制约滨海新区加快发展的深层次矛盾和问题,行政管理体制仍然是制约滨海新区发展的突出瓶颈。为此,深化滨海新区行政管理体制改革和创新势在必行、迫在眉睫。

三、改革的基本思路和设想

(一)对已有改革方案的评介和分析

近年来,对于天津滨海新区行政管理体制改革的模式,各方面专家曾经先后提出过多种设想和建议。大体上有以下几种方案:第一,以新区的核心区(即塘沽区、开发区、保税区、天津港)为基础,整合相关部门,组建滨海新区人民政府;第二,大体上以海河为界将新区一分

为二,设南区、北区,以北区为主体成立滨海新区人民政府,南区暂时维持现有行政体制,石化产业功能区划归新区政府;第三,在核心区基础上再将整个东丽区划入滨海新区,成立新区政府;第四,在基本维持现行行政区划和体制的基础上组建新区政府。

我认为,上述几种方案各有利弊。第一种方案,优点是便于集中人力、物力、财力着力解决新区资源配置和优化中的突出问题,比较快的完善新区的功能,迅速形成竞争力和新区整体形象。缺点是实施改革的阻力较大,因为目前的滨海新区已经包括了2270平方公里,这样一个区域概念已经得到了各方面的认同,如果想把哪一个行政区、功能区甩掉,显然是不现实的。第二种方案应当说也有比较大的合理性,但实质上与第一种方案差不多,只是在核心区的基础上又增加了个汉沽区,而汉沽区人口规模、面积都相对较小。第三种方案不包括汉沽区,而把东丽区包括进来,也不无道理,因为东丽区正好处在京津塘经济和城市发展主轴线上,且位于新老市区的中间位置,现在相当一部分区域已作为滨海新区的功能扩展区,正在开发建设之中。其缺点也是改革的阻力较大。第四种方案,优点是改革的目标模式与新区行政区划的现状相吻合,发展容量比较大,有利于我们在考虑整个滨海地区发展布局规划整体上的科学性、合理性,而且改革的阻力小。但其缺点也较突出,就是区域过大,改革中在行政区划上难以打破原有的格局。

(二)方案选择和建议

首先,区分滨海新区规划区和滨海新区行政区两个不同的概念。滨海新区规划区应包括整个滨海地区2270平方公里范围,滨海新区行政区应当是未来滨海新区政府行使行政管辖权的区域。这两个概念的范围可以是一致的,也可以是不一致的。将来无论选择哪一方案,应明确两条原则:一是2270平方公里规划区范围内均享受滨海新区政策;二是空间规划应当是统一的、具有约束力的。

在此原则下,尽快整合核心区(新区管委会、塘沽区、开发区、保税区、天津港行政管理)的行政机构,组建副市一级的滨海新区人民政府。与之相适应,组建新区人大、政协及相关部门。其他行政区(即大港区)的机构及隶属关系暂时不变。

行政体制改革和创新,涉及方方面面利益关系的调整,一定会有阻力,阻力主要来自现行体制的既得利益者。因此改革的决心要大、步子要稳、工作要细。改革整合方案应精心设计并在一定范围内征求意见、科学论证的基础上,进行比选后作出最佳决策。并要上报国家批准后实施。

组建统一的新区政府,一要认真贯彻国务院(2006)20号文件的要求,体现"精简、协调、效能、廉洁"的原则;二要体现党的十七大关于"加快行政管理体制改革,建设服务型政府"的要求。党的十七大报告提出,"要加大机构整合力度,探索实行职能有机统一的大部门体制,健全部门间协调配合机制"。着力转变职能、理顺关系、优化结构、提高效能,形成权责一致、分工合理、决策科学、执行顺畅、监督有力的行政管理体制。精简和规范各类议事协调机构及其办事机构,减少行政层次,降低行政成本,着力解决机构重叠、职责交叉、政出多门问题。这些论述为我们滨海新区行政机构改革指明了方向,应得到切实贯彻。

新区政府、人大、政协及相关职能部门的组建,人员编制应严格控制。主要来自三个方面:一是由市级机构选派一部分;二是从区域内各行政区、功能区行政机构选调一部分;三是面向国内外招聘一部分。

不论哪个方案,人员怎么解决,职能部门设置一定要摆脱原来的模式,要在探索职能有机统一的大部门体制,健全部门间协调配合机制方面进行创新,先行先试。要在有利于优化资源配置,促进科学发展、和谐发展、率先发展,广大人民群众得到更多实惠,同时兼顾各方利益的原则下,尽快构建起精简、高效、廉洁,强化统一领导而又充满生机与活力的行政管理体制机制,使天津滨海新区成为全国开放程度高、发展活力强、具有竞争力的地区之一。

(作者:刘东涛,刊发于《城市》2008 年第 11 期)

关于推进天津滨海新区综合配套改革试验的几点建议

中央把加快滨海新区开发开放、进而带动区域经济发展纳入国家发展的总体战略,这是天津市委、市政府领导全市人民为之长期奋斗、企盼已久的一件大事。我们必须牢牢抓住这次历史性机遇,积极推进滨海新区开发开放。

近年来,我们围绕加快新区发展,深入实际,进行了大量的调查研究,也参加了由国家发改委宏观经济研究院牵头的滨海新区规划前期研究工作,深切体会到市委、市政府 10 年前作出"10 年建成滨海新区"这一战略决策的英明正确,深刻认识到新区在国家整体发展战略布局中的重要地位和作用。同时也感到,加快滨海新区发展,必须着力研究和解决一些制约新区发展的突出问题,必须积极推进滨海新区综合配套改革。

一、制约新区发展的突出问题主要表现

一是结构问题。2004 年新区地区生产总值为 1250 亿元,今年可达 1500 亿元。三次产业结构比例大体为 1:70:29,第二产业比例高达 70%,第三产业比例不足 30%,远不如全市 3.6:53.2:43.2 的水平,更不如国内外发达地区和先进大城市的水平。当然,在一定时期内新区经济还要靠制造业发展来带动和支撑,但是服务业比例过低也表明该地区的产业结构和层次不够高。制造业内部,产业的集中度也不高,真正有带动力的大企业不多,有自主知识产权的大企业和产业更少。虽然开发区各项指标在全国领先,但支撑开发区乃至整个滨海新区经济规模快速扩张的骨干力量,基本上是外商独资企业,而其中的龙头企业又多以加工贸易为主,相互缺乏产业关联,并没有真正形成相互配套的产业集群,也没有在天津市及其所联系经济腹地形成比较完整的产业链,对整个天津和腹地产业结构升级带动作用有限。

二是布局问题。由于历史上种种复杂的原因,导致天津沿海地区产业和城镇布局很不合理,化工、轻纺、机械、电子、物流、房地产等产业布局分散,产业区和住宅区功能混杂,产业区形象和影响力不突出,产业集群竞争力差。尤其是化工产业遍布塘沽、汉沽、大港三区。虽经多年调整,但收效不大,规划中的化工区离城区、港区仍然较近。而且目前各区为了追

求经济利益,往往不惜牺牲资源环境搞雷同式重复建设。共用基础设施投入不足,严重短缺。

三是资源环境问题。尽管讲新区地域开阔,发展潜力还很大,但从与经济社会发展需求相比,可利用的土地资源已越来越少,加之国家对土地的严格管理与审批,建设用地越来越供不应求。且发展中环境污染、湿地减少、生态破坏等问题仍较突出,村容镇貌脏乱。

四是新区与老市区的关系问题。滨海新区前十多年开发建设成绩巨大。主要表现为吸收外资发展加工制造业以及迅速扩大港口吞吐能力等功能建设上,当然也修了轻轨、快速路、海河外滩公园等。但总体而言,城市综合服务功能建设是相对滞后的。新区的核心区即滨海新城至今尚未形成整体形象。新区和老市区在功能上如何分工,各自应突出什么特色,之间应有怎样的内在联系?如何统筹协调滨海新区开发建设和老市区及其他区县调整改造的关系,形成新区、老区发展的有机结合、良性互动,实现整个城市空间布局、功能结构的协调互补性转换?缺乏整体性的研究设计和操作。

五是新区与腹地的关系问题。滨海新区作为北方第一大港——天津港所在地,作为我国华北和西北地区的重要贸易口岸所在地,本来与这些腹地的经济社会发展有着天然的、不可分割的联系,而且新区的发展也须臾离不开腹地的支持。然而,由于种种复杂的原因,多年来这种天然的联系在很大程度上被割断了。这里既有国家战略布局上的问题,也有国家层面管理体制上的问题。如何恢复和强化这种联系?有很多很多工作要做。其中包括新区与腹地之间铁路通道和高速路网的建设,这些地区在发展中行政区划的突破,新区作为口岸城市服务功能的加强和完善,腹地市场经济的充分发展,区域协调机制的形成,等等,均有待取得实质性的进展。

二、从多方面加大工作力度,推进新区综合配套改革试验的建议

第一,深化企业改革改组改造,为新区发展提供强大动力。滨海新区内中央和市属大中型国有企业较多,这些企业机制不活、包袱沉重、效益不好。要以股份制为基本组织形式,以产权多元化为主要方向,对这些企业进行公司制改组改造,为新区发展提供内生动力。

要坚持走新型工业化的道路。要瞄准国际一流水平,通过引进国外资本、中央大企业资本、民营资本,加快对国有老企业的嫁接改造,增强这些产业的国际竞争力。有计划地推进天碱、天化、大化、天船等老企业的搬迁改造改组,盘活存量资产和无形资产,使之早日焕发生机与活力,重振昔日雄风。

同时,要积极引导扶持民营企业做大做强。

第二,积极进行经济运行机制方面的体制创新。建议国家充分利用滨海新区的区位优势、港口优势、资源优势、产业优势等,积极支持天津滨海新区在财税体制、科技体制、人事干部制度、散货交易、航运交易、产权交易、产业投资基金、金融期货、自由港、自由贸易区等方面先行先试。

应在新区编制形成中国北方的散货交易指数、航运交易指数、金融期货指数。

要从滨海新区和天津市的实际出发,适当松动和下放土地的审批管理权限,把不适于作为耕地的大量盐碱滩涂解放出来作为产业和城镇建设用地。

要按照科学发展观的要求,认真研究完善经济社会发展的指标体系,改进对各级领导干部的政绩考核。

第三,创新新区管理模式,建立低成本、高效率的行政管理管理体制。要抓紧设计新区行政管理体制的改革方案,可考虑分三步走。第一步,在方案未设计成熟之前,按照市委八届八次会议精神,扩大新区管委会的规划、经济和人事权力,强化新区管委会的宏观调控职能;第二步,对核心区行政管理机构进行功能整合,先把新区管委会与塘沽区、开发区、保税区、港口规划管理等机构整合起来,成立副市一级的滨海新区政府;第三步,整合大港、汉沽及其他有关区域的行政管理机构,或将之纳入新区政府,或作为新区政府的派出机构。

第四,国家层面的改革。鉴于京津冀区域发展在国家发展全局中的战略地位,建议国务院成立京津冀区域发展规划和协调委员会。国家发改委建立京津冀规划和发展协调司(或办公室)。同时,从国家层面对京津冀区域宏观管理体制问题进行深层次研究。

(作者:刘东涛,刊发于《求知》2006 年第 1 期)

另注:关于天津滨海新区行政区划变动,2009 年 10 月 21 日国务院批复同意天津市调整滨海新区行政区划, 11 月 9 日天津市召开滨海新区管理体制改革动员大会传达国务院批复,设立滨海新区人民政府,撤销滨海新区领导小组和工委以及开发区、保税区工委,撤销塘沽、汉沽、大港三个行政区政府,将其管辖范围统一并入滨海新区管理,从此滨海新区由功能区变为天津市最大的行政区。

第五篇 论城市、区域功能定位和经济发展战略

此部分收录关于城市、区域功能定位和发展战略的研究成果 14 篇。其中 1 篇总体上论述了城市、区域功能定位的内涵和重要性,以及制定城市、区域发展战略的原则与方法;1 篇扼要介绍了天津城市性质和功能定位的历史变迁;有 10 篇是 20 世纪 80—90 年代和 21 世纪初,关于天津市及其部分区县功能定位和发展战略的研究成果。当时,本市在航空航天产业方面还基本是空白,报告和文章中没有反映,现在大飞机、大火箭、直升机已成规模,特此说明;还有 2 篇是关于环渤海、京津冀区域发展战略的文章。这些成果中引用的数据主要由天津市统计局提供。

论城市、区域功能定位和经济发展战略

一、功能定位、发展战略极其重要性

功能定位泛指对某一城市或某一地域(地区、村镇等),明确其在更大的区域(或层次)发展中所处的地位,划定其发挥作用的范围,以及发挥何种作用。发展战略是指导发展全局、取得发展成效的总方针、总路线。

对一个城市、一个区县来说,明确功能定位和发展战略至关重要。第一,功能定位和发展战略是指导城市和区县一切工作的基本依据。只有明确了功能定位和发展战略,才能按照功能定位的要求编制规划、调整结构、摆布项目、制定政策、扶持引导、搞好服务。一个城市或区县的领导者,如果没有全局和战略观念,对所在城市、区县所处的地位以及应当发挥怎样的作用都说不清,很难设想他能够驾驭这个城市、这个区县的全局,领导该城市或区县实现跨越发展。第二,从更大的区域范围和更高层次上讲,明确城市、区县功能定位和发展战略是落实国家、省市发展战略的客观要求。因为,每个城市、区县都是其所在国家、省市的重要组成部分,其经济社会发展状况会对国家、省市整体发展状况产生不同程度的影响。如若各个城市、区县都不能按照国家、省市定位和发展战略的要求很好地发挥各自的功能作用,那么,国家、省市的定位和战略目标也就不能落到实处。第三,各城市各区县选准自己的定位,明确并实施正确的发展战略,可以有效地减少和避免重复建设。可以促进各地特色经济的迅速发展,并逐渐形成规模优势,优化了产业结构和布局结构,节约了资源,保护了生态环境,有利于人口、资源、经济、社会、环境的可持续发展。第四,目前各城市各区县同全国各地一样,都在认真编制第十个五年计划,搞好功能定位和发展战略研究,对于编制一个既体现国家和省市要求又符合本地区实际的五年规划,对于在跨入新世纪之际工作开好局、起好步,有着非常重要的现实意义。

近年来,研究功能定位、制定发展战略,已经引起各级领导的重视。如天津市委、市政府以及红桥区、和平区、河西区、北辰区、津南区、塘沽区、河东区等,都曾先后邀请研究机构帮助研究功能定位和发展战略,并用以指导工作,收到明显成效。

二、研究功能定位和制定发展战略需要遵循的原则

要有世界眼光、大局观念。研究确定一座城市、一个地区(包括区县)的功能定位和发展战略,要放在国际国内发展大环境下来研究考量,准确把握世界经济、政治、文化乃至资源环境发展变化大势,充分体现国家现阶段方针政策的要求。当前,最重要的是要体现党的十五大精神,高举十一届三中全会以来的路线不动摇,高举邓小平理论、"三个代表"重要思想、科学发展观的旗帜不动摇。充分体现党在社会主义初级阶段的基本路线和基本方针。

与所在区域定位和发展战略相协调的原则。服从和服务于区域、省市总体发展目标的要求。显而易见:其一,天津市的定位要充分体现环渤海、京津冀区域总体发展战略的要求;其二,国务院已明确宣布了天津的城市功能定位和发展目标:天津是环渤海地区的经济中心,要建设成我国北方重要的经济中心和现代化港口城市。那么,天津各区县都应当在实现这一定位和战略目标的过程中扮演不同的角色、承担不同的功能和任务。必须把自己放到整个天津市发展的大环境中,找准自己的位置,明确自己的发展方向。

发挥比较优势的原则。每个城市、区县所处的地理区位、气候条件、自然资源、民族风俗、经济社会发展水平各不相同,都具有自己的比较优势,其经济发展必然呈现不同特色。因此,每一座城市每一区县必须正确认识自己所处的环境、优势和劣势、发展潜力,按照国家、省市经济社会总体发展战略的要求,从自己的实际情况出发,明确发展方向和重点,做到扬长避短,着力发展自己具有区位优势、资源优势、人文优势的产业,也即特色产业,并逐步把优势做大做强。这样,才能走出一条符合客观经济规律、速度比较快、效益比较好的发展路子。

可持续发展的原则。我国是一个人口众多、资源相对不足的国家。坚持可持续发展战略,实现经济社会与人口、资源、环境的协调发展,是一项基本国策。我们在经济发展中,必须牢固树立人口合理增长、提高人口素质、节约资源、提高经济增长质量和效益以及保护生态环境的观念,牢固树立绿色、生态、“绿水青山就是金山银山”的新理念,在工业农业现代化过程中,坚决实行有效控制下的“边发展、边治理”“边利用、边保护”的方针,绝不能重走西方国家曾经走过的“先污染后治理”的老路。全市和各区县发展目标和战略的选择必须充分体现这一原则和理念。

近期和长远兼顾原则。全市和各区县发展的目标定位和战略选择,必须瞻前顾后、远近兼顾。这是由于目标定位和发展战略本身具有的稳定性和长期性所决定的。它既不能脱离现实条件,搞“假、大、空”或“洋冒进”,又要超越现实,着眼于发展,坚持高起步、高标准。尽量不给或少给今后的发展设置障碍,不给或少给后人留下遗憾。

三、功能定位和发展战略的实施

找准自己的功能定位,制定一个正确的发展战略,并将之付诸实施,并不是一件容易的事。它需要付出极其艰苦的努力、做大量的工作。

首先,要求城市、区县主要领导给予高度重视,视为做好城市、区县领导工作的前提,当作为官一任、造福一方的头等大事来抓。遗憾的是,目前仍有一些城市或区县的领导者缺乏全局意识和战略观点,尚未将这件事摆在应有的位置,也还有一些城市或区县至今没有一个明确的目标定位和发展战略,这些城市、区县的领导者还在那里凭老经验做工作,满足于跟着感觉走,以其昏昏、使人昭昭。这是不可能很好地驾驭全局,凝聚人心,带领干部群众实现跨越发展的。

其次,要采取科学的态度和方法。功能定位和发展战略事关城市和区县发展全局,事关人民群众、子孙后代的根本利益,必须认真对待,不可草率从事。最好的办法是城市、区县领导及其综合部门与研究机构相结合,共同研究制定。一般说来,有的城市,尤其是各区县研究力量相对较弱,且受所处地域、工作岗位局限,给自己定好位或制定一个好的发展战略有一定困难。因此,应当善于借助外脑,借助社会专业研究机构来帮助自己做好这件事。这些研究机构,拥有大量各类学有专长的人才,他们眼界开阔、见多识广,掌握先进的科研手段和方法,且不受地区部门利益局限,一般能够比较客观公正地分析问题,得出符合社会发展规律的结论。实践证明,城市或区县领导与专家相结合,研究制定发展战略,可以大大提高决策的科学性,收到事半功倍之效果。

最后,研究的目的是为了应用。研究功能定位,制定发展战略,是为了用以指导经济社会发展的实践。功能定位和发展战略的实施不仅仅是领导者的事,也不只是靠某一个某几个部门的努力所能办得到的,甚至不是只靠本城市、本区本县所能做到的。必须得到全社会的广泛参与和认同,并变成一城市或一区县广大干部群众的自觉行动,才能得以有效实施,才能成为推动经济社会发展的强大力量。因此,城市、区县的功能定位和发展战略确定之后,必须通过各种方式广为宣传,力求取得社会方方面面、广大群众的认同和支持。应当善于用定位和战略去影响各部门各单位的规划、计划、工作方案,去影响人们的思想观念、实践活动。可以说,研究、制定以至实施功能定位和发展战略的整个过程,也是更新观念、统一思想、发动群众的过程。

天津市有 18 个区县(滨海新区行政区划调整后变为 16 个),它们是经济发展中一支不可忽视的力量,是全市国民经济的重要组成部分。我们相信,随着全市和各区县功能定位和发展战略的不断明确,其经济发展的特色将会更加鲜明,优势将会更加突出,全市经济发展的布局结构将趋于更加协调,一个龙腾虎跃、优势互补、协调发展的格局将出现于津沽大地。天津作为北方重要经济中心城市和现代化港口城市的宏伟目标也将随之变为现实。

(作者:刘东涛,2001 年 2 月成稿)

天津城市功能定位的历史变迁

历史上,自明清以来,天津城市功能定位发生过五次较大的变动。

一、历史上的天津城市地位和性质

天津市地处华北平原东北部,东临渤海,北依燕山,地处海河流域下游,素有"河海之冲"之称。天津早期曾是茫茫大海,其陆地经历了"沧海桑田"多次变化,考古年龄距今约 700 年时,海岸线基本稳定下来,形成现在的海陆分布形势。隋朝修建京杭运河后,南运河和北运河的交会处称"三会海口",是天津最早的发祥地。

天津城市形成和发展的重要时期是在宋、元、明、清四个朝代。1214 年,出于军事上的需要,南宋在天津三岔口设直沽寨。元朝改直沽寨为海津镇,成为漕粮运输的转运中心,这里军事和经济活动日渐活跃,其经济地位日渐重要,并以"畿辅门户"著称。

明建文二年(1400),镇守北京的藩王朱棣在此沿大运河南下,同他侄子明惠帝争夺皇位。朱棣做永乐皇帝后,为纪念由此起兵"靖难之役",在明永乐二年(1404)十一月二十一日,将此地改名为"天津",作为军事要地筑城设卫,军事建制称"天津卫",天津城从此诞生。

随着漕运规模扩大,大运河成为沟通南北的水运通道,运河与海河交汇的三岔河口成为水陆转运枢纽。明代中叶,天津设"五集一市"河口贸易转运基地,成为北方商品集散地。清雍正三年(1725),将天津卫改为天津州,雍正九年(1731)又改为天津府,成为京都首邑,河运粮食年运量达到四百余万石,为城市发展创造了有利条件,促成了天津地区商业贸易的繁荣,天津很快发展成为运河北部新兴商业城市。

1860年(清朝咸丰十年),第二次鸦片战争后,天津辟为对外通商口岸,打通了中国北方与世界联系的通道。1865年,天津洋货在全国洋货进口总额中占第三位,1894年上升为第二位,成为仅次于上海的洋货进口港,成为初级的国际港口城市。

1867年(清同治六年),清政府在天津设置三口通商大臣衙门,兴办制作枪炮弹药的"天津机器局",1870年(清同治九年),李鸿章来津任直隶总督兼北洋通商大臣,在津任职25年,兴办一系列洋务事业,开办军工厂、大沽船坞、开平矿务局、津唐铁路和老龙头火车站以及电报房、邮政局、电话局等,并在洋务运动中把西方资本主义生产技术和科学知识引入我国,对天津近代经济、文化、科学,特别是制造业的发展产生了重要影响,当时天津被称为"洋军火之总汇""亚洲最大的兵工厂",成为北方洋务运动的中心。这从客观上刺激和促进了天津民族资本主义的发展。天津作为首都的出海口和重要门户的作用日益突出。与此同时,这里盐的产销也极其旺盛,特别是由于日光晒盐技术得到普遍推广,盐的产量因而大增,天津随之成为北方最大的海盐集散市场。随着漕、盐和商业的发展,金融市场也日渐活跃。天津很快由军事据点和漕粮运转中心发展成为中国北方的工商业大城市。到鸦片战争前夕,天津已成为"畿辅首邑"。清代编写的《畿辅通志》上说,天津"地当九河要津,路通七省舟车,九州万国贡赋之艘,士官出入,商旅往来之帆樯莫不栖泊于其境。江淮赋税由此达,燕赵渔盐由此给。当河海之冲,为畿辅门户,俨然一大都会也"。此时,天津已经成为带有半殖民地半封建性质的第二大工商业大城市、我国北方经济中心。

二、中华人民共和国成立初期天津城市地位和性质

中华人民共和国成立以后,中共天津市委和市人民政府,认真贯彻党的城市工作总方针,领导人民群众很快医治战争创伤,取消帝国主义经济特权,走独立自主之路,没收官僚资本,保护民族工业,鼓励私营经济发展;在津郊农村进行土地改革;稳定市场,恢复经济。团结调动各方面力量积极参加新中国建设。在不长时期里建立起国营经济体系。继而进行三化一改(即社会主义工业化和国家对农业、手工业、资本主义工商业的社会主义改造),建立起公有制的基本经济制度和计划管理体制。使人民群众当家做了主人,极大地焕发出社会主义建设的积极性,各条战线呈现出欣欣向荣的景象。

此间,尽管工作中走了一些弯路,但总的来说,在很长时期里,天津呈现工业发展迅速,

内外贸易活跃,各项经济指标在全国名列前茅。一直到 20 世纪六七十年代,天津仍保持着首都门户、全国第二大工商业城市、北方经济中心的地位。

上述天津在全国和区域发展中的这种地位作用,不是哪些人事先谋划和确定的,而是在长期发展历史中自然形成的。当然,那些见之于史料的表述,也是先人们根据天津历史发展的客观现实给予客观评价和概括的。

三、20 世纪 80 年代的天津城市定位

新中国建立后前 30 年内,经过全市人民的艰苦奋斗,天津经济和各项事业取得了巨大成就。但是在很长一段时间里,由于各种原因的影响,天津城市建设和人民生活历史欠账很多。尤其是随着周边城市的迅速发展,天津在全国和区域发展中的作用不断下降。面对发展中的困难和问题,天津向何处去? 在全国和区域居于何种地位与作用? 应当朝着什么样的方向建设和发展? 市委市政府领导、各部门和学术界,对于天津的城市性质、地位和作用、发展战略等,进行了长期艰苦的探索。

进入 20 世纪 80 年代,随着国家工作重点以经济为中心的战略转移,以城市为中心的经济体制改革的步步深入和整个国民经济发展战略目标的确定和实施,对于天津的地位、作用和发展战略,天津社会各界的意见渐趋一致。在认真研究,反复酝酿的基础上,综合各方面的意见,1985 年天津市十届人大三次会议通过的《天津市城市总体规划方案》中,对此进行了集中概括。1986 年国务院正式批复了《天津市城市总体规划方案》并明确指出,要把天津建设成为"拥有先进技术的综合性工业基地,开放型、多功能的经济中心和现代化的港口城市"。这是国家第一次通过正式文件对天津在社会主义建设时期的城市性质、功能、地位作用做出的科学定位。

其中,关于开放型、多功能经济中心,天津市人民代表大会上所作的政府工作报告和天津市国民经济和社会发展"七五计划"都做了具体的表述,就是充分发挥"一个基地、五个中心"的作用。即在进一步发挥工业基地作用的同时,要积极发展海、陆、空交通运输,使天津成为交通中心;积极发展商业、外贸、服务业、旅游业,使天津成为贸易中心;积极发展金融、保险、信托事业,使天津成为金融中心;积极发展电信、情报、新闻、出版、咨询服务,使天津成为信息中心;积极发展科学、教育、文化事业,开辟技术市场,使天津成为科学教育中心。

四、20 世纪 90 年代和 21 世纪初国家对天津的城市定位

党的十一届三中全会后,在党中央、国务院领导和支持下,天津市通过实施"七五""八五""九五"计划,经济发展和城市建设实施完成了一系列战略性工程,改革开放中发展步伐不断加快。特别是进入 20 世纪 90 年代,通过实施"三五八十"阶段性奋斗目标,经济发展速度连续多年保持两位数增长,工业布局实现战略东移,发展格局进一步优化,城市面貌焕然一新。

这期间,市委、市政府在制定"九五"计划和今后15年发展目标时又明确提出,"到2010年,努力把天津建设成为全国率先基本实现现代化地区之一,成为我国北方的商贸金融中心、技术先进的综合性工业基地、全方位开放的现代化国际港口大都市。就是说,要努力把天津建设成我国北方的经济中心"。

1997年12月20—21日,时任总理李鹏来天津考察时指出,党中央、国务院对天津发展一直非常关心,对天津的改革开放和现代化建设寄予厚望。国务院经认真研究提出:"天津市是环渤海地区的经济中心,要努力建设成为现代化港口城市和我国北方重要的经济中心。"这既是党中央、国务院对天津城市定位的又一次重要表述,也是对天津工作的肯定和殷切期望。

2006年7月27日,国务院正式批复同意修编后的《天津市城市总体规划(2005—2020年)》,提出了天津新的城市定位:天津是环渤海地区的经济中心,要将天津逐步建设成为经济繁荣、社会文明、科教发达、设施完善、环境优美的国际港口城市、北方经济中心和生态城市。

可以看出,新的城市定位较之前的提法又有所变化,一是将"现代化港口城市"调整提升为"国际港口城市"。二是将"我国北方重要的经济中心"调整提升为"北方经济中心"。三是增加了建设"生态城市"的发展目标。四是推进滨海新区开发开放,并将之提升到国家战略的高度,成为新规划修编的重点,也成为这一时期天津工作的重点。

《国务院关于推进滨海新区开发开放有关问题的意见(国发[2006]20号)》和《天津市城市总体规划(2005—2020年)》对于天津滨海新区的功能定位是:依托京津冀、服务环渤海、辐射"三北"向东北亚,努力建设成为我国北方对外开放的门户、高水平的制造业和研发转化基地、北方国际航运中心和国际物流中心,逐步成为经济繁荣、社会和谐、环境优美的宜居生态型新城区。这成为天津城市定位的组成部分和重要支撑。

五、中国特色社会主义建设新时代天津城市定位

在改革开放政策的推动下,随着经济的快速发展,发展中的不平衡、不协调、不可持续问题也日益显露出来。党的十八大于2013年胜利召开,对于夺取中国特色社会主义新胜利、全面建成小康社会作出全面部署,提出新要求。此间国家和各地正在编制"十三五"规划。2014年2月26日,习近平总书记亲自主持座谈会,就京津冀协同发展问题发表重要讲话,京津冀协同发展成为国家重大发展战略。2015年4月,党中央、国务院审议通过了《京津冀协同发展规划纲要》。《京津冀协同发展纲要》以疏解北京非首都功能为核心,对于京津冀协同发展的时代背景和重大意义、总体要求、空间布局、北京非首都功能疏解、重点领域突破、补齐短板、创新驱动、加大改革力度、试点示范等作出了全面安排,同时明确了北京、天津和河北省在区域发展中的功能定位。其中,对天津定位是"一基地三区",即"全国先进制造研发基地,北方国际航运中心核心区、金融创新运营示范区、改革开放先行区"。2016年党中央、国务院又做出规划建设"雄安新区"的重大战略决策,称之为"国家大事,千年大计"。这标志着国家对新时期天津功能定位发生重大变化,天津发展又进入新的重

大调整期。

回顾历史上天津城市发展定位的变迁,深深感到,一座城市的性质、功能定位至关重要,它既是制定城市发展战略的前提,又是城市发展战略的重要内容;城市的功能定位既有相对稳定性,然而又不是一成不变的,需要随着时代和国内外形势特别是周边地区情况的变化不断完善;人们对于城市的功能定位的认识,会有一个从不自觉到自觉、从认识到实践的过程。一旦科学准确地认识了城市(和地区)的功能定位,并将之变为规划,进而变为自觉地实践活动,必将为城市和区域协调可持续发展提供理论根据和强大动力。

目前,天津人民在天津市委和市政府领导下,正在按照习近平视察天津时"三个着力"的重要要求,认真贯彻落实党的十九大精神,贯彻实施"十四五"发展规划,扎扎实实落实中央对天津"一基地三区"的新的城市定位。在这一进程中,天津一方面要继续进行产业结构调整优化,加快转变经济发展方式,大力发展智能制造为代表的先进制造业,真正建成先进制造业强市;另一方面是着力构建"津城""滨城"双城发展格局,增强"滨城"城市综合配套能力,提升"津城"现代服务功能,加快形成合理分工、功能互补、协同高效的空间布局,在区域和国家发展中发挥更大作用,做出更大贡献。

(作者:刘东涛,2021 年 9 月整理成稿)

天津"十五"时期经济发展战略思路研究

21 世纪初的 5 到 10 年,是我国经济和社会发展的重要历史时期,也是天津市全面落实国务院对其定位,实现市委、市政府提出的战略目标的关键时期。从天津实际出发,认清形势,理清思路,选择正确的发展战略,对于科学制定天津"十五"发展计划,有重要的参考意义。

一、"十五"时期经济发展面临的主要矛盾

改革开放 20 年来,天津的经济和社会发展取得了巨大成就,特别是党的十四大以来,天津综合经济实力显著增强,连续多年实现两位数增长。但是,也不难看到,无论是从综合经济竞争力、人民生活水平、发展后劲,还是从城市形象来看,天津与其应有的水平相比都还存在明显的差距,特别是在其他城市和地区竞相加快发展的形势下,其经济地位不断下降,如不采取有力措施,天津在全国大城市中的排位将会继续后移。

从标志城市综合经济实力的 GDP 指标来看,20 年间,天津在全国大中城市中的排位,已由第 2 位降至第 5 位。预计近期将被深圳超过。天津的财政收入 90 年代以来在全国大中城市中已从第 3 位降至第 5 位。城市居民年平均收人大体比北京低 2000 元,比上海低 3000元,比广州低 4000—5000 元。20 世纪 90 年代天津累计固定资产投资不到上海的 1/3,仅相

当于北京的一半,只是广州的 70%。按 GDP 和人均 GDP 的增长速度对比,1999 年天津在环渤海七省市(天津、北京、河北、山西、内蒙古、辽宁、山东)中排位第七位。天津 GDP 占七省市总计的比重已由 8.47% 下降到 6.34%;人均 GDP 由七省市平均水平的 2.5 倍下降到1.9倍。

从产业发展与功能定位来看,北京和上海已趋于协调,而天津则还在"磨合"之中。面对国内外形势的深刻变化,天津要加快建成我国北方重要的经济中心和现代化港口大城市,率先基本实现现代化的宏伟战略目标,在综合经济竞争力、整体素质等方面,显然还存在着诸多问题和矛盾。主要是:

产业结构调整缓慢、产业整体素质不高与市场需求、竞争方式日趋现代化的矛盾。从迎接新经济挑战、增强经济中心辐射力的角度看,天津产业结构中不仅第一、二、三次产业比例不合理,更重要的在于高新技术产业刚刚起步,新兴第三产业成长不快;工业部门中,主导产业群的增长质量低,产业集中度不高,产业带动作用弱;传统产业技术改造投入不足,主要生产工艺、技术装备落后,资源利用率低;具有竞争力的优势企业和优势名牌产品少。这与求新求快的现代市场需求、与主要依靠技术创新和规模经济的现代化竞争方式很不适应。

经济管理方式陈旧与发展市场经济的矛盾。政府职能转变滞后于微观基础改革,长期形成的传统的经济管理模式尚未根本转变,致使新的职能常常被扭曲。审批制仍然是政府管理经济的主要方法,而公共产品的提供、信息发布、市场秩序的规制等都很不足,严重地制约着市场经济的发展。

要素市场发展缓慢与增强中心城市要素聚集作用的矛盾。近年来,天津消费品市场和生产资料市场发育较好,而各类要素市场,如资本市场、技术市场、劳动力市场等相对京、沪等城市发展缓慢,规模小、层次低,尚未取得实质性突破。一方面严重影响本市资源的合理流动,影响企业资产重组和产业结构的调整;另一方面,又限制了外地要素流入,制约了天津在更大范围内优化资源配置。

城市建设管理"散乱差"与塑造现代化港口大城市形象的矛盾。天津城市建设虽然取得很大成绩,城市面貌发生很大变化,但与现代化港口城市的要求相比,差距极大。规划工作落后于形势发展,城市布局散乱,调整不力;建设规模小,起点低;规划约束力不强,新的散乱现象屡屡发生;管理无序及管理层次低,导致城市文化品位不高,从而严重地损害了天津作为北方重要经济中心应有的设施完善、交通便捷、文明有序、环境优美的现代化港口大城市形象。

改革滞后与加快发展、保持社会稳定的矛盾。天津经济发展缺乏足够的动力和活力,一个深层次的原因是经济体制改革滞后。国有企业机制不活、素质不高的状况没有得到根本改变;非公有制经济发展缺少公平的竞争环境;人才等要素资源流失大于流入,社会保障体系还很不完善;改革滞后制约了经济结构调整,下岗人员增加,就业渠道狭窄,社会不稳定因素增多,进一步加大了正确处理改革、发展与稳定关系的难度。

产生这些矛盾的深层次原因,在于天津受计划经济传统观念和体制影响较深,积累的问题较多,改革开放以来,"求稳怕乱"的思想较重,在观念、体制方面创新的力度不够,丧失了不少改革发展机遇。解决这些矛盾,提升天津地位必须在思想观念、发展思路、战略选择、运作机制上实行一系列的创新。

二、"十五"时期经济发展的总体思路

(一)天津作为北方重要经济中心的内涵

正确理解城市功能定位的内涵,是选择"十五"发展战略的重要前提。根据天津的优势和区域经济发展的市场取向,天津作为北方重要的经济中心应包括三个层次的内涵:一是北方航运中心、物流中心、购物中心;二是北方制造业中心;三是北方金融中心、信息中心、科技中心和人才中心。其中航运、物流、制造业和金融中心是最核心的内容。

1.北方航运和物流中心

天津港在我国北方特别是在华北、西北的航运中心地位是不可替代的。在发展亚欧大陆桥运输和东北亚经济中,也有明显的优势。在未来的发展中,一是要把天津港建设成设施先进、管理科学、功能齐全、效益领先的国际大港;二是要推进空港、信息港和陆路为载体的现代化交通体系建设,为北方航运中心构筑良好的设施基础;三是以港口为龙头,促进物流产业的发展,形成以京、津、冀为中心的中国北方内外贸易门户,全方位、高效的综合性现代物流服务中心。

2.制造业中心

目前,我国仍处于工业化中后期的发展阶段,因此,我国在今后相当长时期内,仍将把发展制造业作为战略来考虑。天津是我国重要的制造业基地之一,凭借雄厚的工业基础、独特的区位条件和良好的区域环境,发展制造业应是建成一北方重要经济中心的一个重要战略选择。

3.金融中心

天津是中国人民银行九大跨省区(市)分行之一的天津分行的所在地,还设有证管办,管辖范围除北京外,辐射整个华北地区。天津可借助这个有利条件,大力发展金融业。津冀晋蒙四省区市的经济总量、人口规模(1999年)分别达到8909亿元和13139万人,都高于广东省,加之天津的直辖市地位、金融业基础、北方主枢纽港的功能,发展金融业不仅具有国家的支持条件,而且是市场经济发展的客观需要。要领会好中央赋予的华北金融中心的政策取向,用好用足中央给予的金融政策,千方百计加快金融业发展,使天津真正成为华北地区的金融中心。

(二)阶段性战略目标

"十五"时期,面对新的历史时期所赋予的机遇与挑战,天津应实现经济与社会超常规、跨越式发展,为构造我国北方重要的经济中心的完整框架奠定坚实基础。

"十五"时期天津应选择的阶段性战略目标是:

经济发展继续保持较快增长速度,经济素质明显提高,综合经济竞争力位居全国大城市

前列,争取位于全国省区市的上游地位。

经济结构调整取得显著成效,高新技术产业和第三产业占据优势地位。

基本完成国有经济布局的战略性调整和国有企业战略性改组,率先建立与国际惯例接轨的市场体系。

滨海新区、高新技术产业园区、中心商务区、涉外会展区等经济功能区建设取得重大进展,使之成为能够更好地展现中心城市功能和国际港口大城市形象的标志区,构筑起天津经济发展的新优势。

城乡居民收入水平和生活质量显著提高,并为形成人与自然和谐共存的生态环境奠定基础。

(三)指导思想

第一,坚持以"三个代表"的重要思想为指针,突出发展社会生产力这一主题,进一步解放思想,转变观念,推进两个文明建设,形成加快发展的强大动力。

第二,坚持以改革统揽全局,推动结构调整、技术创新、对外开放,处理好改革、发展、稳定三者的关系,在深化改革、加快发展中实现社会稳定。

第三,坚持产业配置、城市建设,对外开放高标准、高起步的发展思路,依靠创新实现跨越式发展。

第四,坚持突出重点,集中精力解决影响全局的关键问题;集中优势资源,重构天津的产业优势和环境优势;在突出发展第三产业和制造业的同时,发展高科技和高新技术产业。

第五,坚持可持续发展的方针,节约、保护和科学利用资源,处理好当前与长远的关系,推进经济增长方式根本转变。坚持以人为本,优化生态环境,实现经济与社会协调发展。

(四)战略选择

"十五"时期,为推进天津经济的知识化、国际化、市场化、城市化进程,依据发挥优势的原则、重点突破的原则和可持续发展的原则,建议重点实施以下"四个带动"战略。

1."高新技术带动"战略

天津实施"高新技术带动"战略的要点是:以高新技术带动传统产业的改造;以高新技术带动产业结构的优化升级;用电子信息技术装备国民经济各部门,带动国民经济信息化、知识化、现代化。从实际出发,发展电子信息、生物工程和医药以及新材料等新兴产业。

2."物流产业带动"战略

现代物流业是依赖于现代信息技术手段,紧密联系生产,流通、消费各个环节的新型产业,是 21 世纪天津经济发展极具潜力的新领域。致力于发展现代物流业,将带动天津社会组织形式现代化变革;带动现代服务产业群落的形成,促进新兴服务产业的集约化发展;带动物流、商流、资金流、信息流、人才流的集聚和扩散,促进天津流通中心的形成;带动海、陆、空交通产业的发展,促进城市载体功能的提升。

3. "滨海新区带动"战略

滨海新区是天津港所在地,是特殊政策经济功能区聚集地,是改革开放的示范区,具有快速发展的得天独厚的资源优势和政策优势,是最具经济发展活力的地区。要以加快滨海新区的开发建设,来带动整个城市布局的调整,扩展天津经济发展的空间;带动天津对内对外开放层次和水平的提高;带动全市观念的更新和体制创新。

4. "城市建设带动"战略

城市建设涉及生产和消费的各个领域。"十五"时期是天津城市建设大发展的重要时期,加快城市现代化建设,将强有力地带动市场需求的扩大,促进建筑业、建材业、房地产业、装饰装修业等产业的发展,从而有力地拉动经济的增长;将带动生产和生活环境的改善,促进社会物质文明和精神文明的现代化;城市建设与城市功能布局的调整、完善相结合,可以有效地带动中心城市功能的增强和提升,从而树立北方重要经济中心和国际港口大城市的良好形象。

三、"十五"时期应突出抓好的几项战略措施

第一,以"两个创新"为动力,再造天津的产业新优势。天津作为一个老工业基地,在长期发展中曾形成许多知名品牌,同时也积累了许多深层次的矛盾,结构落后、调整缓慢、机制不活、经营困难,加之改革开放以来,全国各地经济迅速崛起,天津工业的许多品牌优势相继丢掉,而新的品牌优势又没有形成,致使产业素质和竞争力下降。

为此,天津在"十五"时期,必须以市场为导向,以体制创新和科技创新为动力,加快产业结构的调整和老企业改造。要按照有取有舍、有所为有所不为的原则,选择有限目标,实行重点突破,在积极参与国内外市场竞争中构筑新的品牌优势和产业优势。从目前情况看,高新技术产业中,电子信息、生物工程和制药、新材料、新能源等,传统产业中的机械制造、化工、食品以及物流、商贸金融等具有成为这种产业的可能。

天津的产业结构调整,要在继续加快第三产业发展的同时,努力提高知识技术在各产业中的含量,以有效地提高产业素质和竞争力。为此,要以企业为主体,以高校和科研院所为生力军,努力构造自己的创新体系,推动高新技术产业发展和传统产业改造。同时,要善于利用国内外智力资源和研发成果,以滨海新区、高新技术产业园区为载体,构造我国北方规模最大、技术最先进的制造业中心。

天津经济缺乏足够的活力,一个深层次原因是体制改革滞后。"十五"时期应加强对改革的谋划和领导,切实加大力度,使之由被动向主动、由浅层次向深层次、由模仿型向创新型推进,加快体制的根本转变。要搞好国有经济的战略性调整,对一般性竞争行业大胆而有步骤地实行"国退民进"。以体制创新为核心,以实现产权多元化为主要目标,深化国有企业改革,使企业真正成为"四自"的法人实体和市场竞争主体。

要把国企改革同大力发展非公有制经济结合起来,营造非公有制经济大发展的良好环境,鼓励私营、个体等非公有制经济做优、做大、做强。

第二,以滨海新区为龙头,带动全市对内对外开放上水平。天津滨海新区具有区位、港口、资源、开发度高等诸多得天独厚的优势。应当按照外向型、多功能、高技术的发展方向,加快开发开放步伐,形成整体优势。力争"十五"时期将之建成国际化程度高、技术先进的现代化工业基地,具有自由港功能的现代物流中心和现代化国际港口大都市的标志区。

滨海新区应当乘管委会、工委刚刚成立的东风,加强统一规划、协调和管理,集中优势资源加快建设一港三区(天津港、塘沽区、开发区、保税区),完善基础设施,改善投资环境,推进一体化进程,加快现代物流、涉外金融、国际贸易和旅游等服务业发展,形成高度开放的港口经济区、各类工业加工区、物流运作区和金融商贸综合区等各具特色、相互融合的功能区布局,力争三五年内把一个面向21世纪的中国北方对内对外开放的龙头的形象树立起来。

要把新区开发与老区改造密切结合起来,形成老区支持新区、新区带动老区、共同发展的格局。加快实施工业东移战略,新上工业项目原则上摆在滨海新区,部分需要调整改造的老企业也应逐渐迁移到滨海新区;以开发区、保税区和海洋高新技术开发区为核心,加大招商引资力度,吸引更多的外商投资建厂;要通过加快新区的开发开放带动全市的对内对外开放,使天津成为跨国公司进入北方的基地和窗口,成为外资企业的研发基地、海外留学人员的创业基地,为拉动天津经济增长和中西部地区发展做出更大贡献。

第三,以发展现代物流产业为切入点,增强中心城市的流通和服务功能。天津有海港、机场,又是重要陆路交通枢纽,天津港保税区已初具国际物流中心运作模式,全市金融、涉外服务机构众多,具有建设物流中心的条件和资源优势。天津应借助这些资源优势,以建设我国北方国际物流中心为目标,积极推进现代物流产业发展,形成布局合理、配置高效、功能齐备的现代物流体系。

为此,应大力加强物流基础设施建设。对港口、机场、铁路、公路等物流载体和通道进行现代化改造,依托海港、空港、陆路枢纽规划建设现代物流中心,建设物流信息平台,与大力发展电子商务相结合,形成现代化的物流网络。培育一批有竞争力的物流企业。应借鉴国内外先进经验,加强物流产业发展中的风险管理、标准化管理和法规建设,为物流产业发展提供技术、管理和法制保证。同时大力发展各种相关现代服务业,形成现代化的流通服务体系,保证商流物流相互衔接、高效运作。

第四,以城市功能建设为重点,塑造北方重要经济中心和国际港口大都市的新形象。为实现把天津建成北方重要经济中心的目标,城市形象设计主要应体现在三个方面:一是流通中心形象,二是产业发展中心形象,三是文化名城形象。

为此,天津要把增强和完善流通中心功能摆在首位。"十五"时期应当把市场体系建设摆在特别重要的位置,认真制定和实施"商贸兴市"战略。要建成北方最大的小商品市场和建材市场,争取建成北方最大的汽车市场。加快中心商务区、国际经贸展示区、国际港口商务区的建设。依托北方最大的海陆空综合交通枢纽,以港口经济为龙头,大力发展物流产业和集散贸易,构建塘沽—东丽—河东大流通产业区。尤其要把国际港口商务区和会展中心的建设作为重中之重,尽快启动。通过市场建设和流通产业的大发展,重振商埠雄风,把天津作为北方流通中心形象树立起来。

要依托大型企业、科研院所,培育、创建具有信息传播、科研产业化服务、市场开发、经济协作等综合功能的若干个产业发展中心,向外延伸产业链,发挥带动内地产业发展的功能。凭借南开区高校和科研院所集中高新技术产业园区坐落于此的优势,搞好南开科技广场工程,筹划建设中国北方环保产业发展中心形象工程,建设好鞍山西道—白堤路—复康路科贸街,以及若干各具特色的开发小区,树立天津作为北方重要制造业发展中心的新形象。

依托天津近代史遗产丰富的优势,充分挖掘历史文化资源,明示天津的历史地位和爱国主义教育功能,并发挥其旅游经济效益。同时,在城市现代化建设中把天津作为重要教育文化中心城市的形象突现出来。

要围绕城市的主要功能,加大力度安排基础设施建设。一是进一步加快天津港南疆北疆的开发,加快10万吨级航道的建设。二是在建设港口物流中心基础设施的同时,大力搞好信息系统和城市交通建设。抓紧筹措资金,建设城市轨道交通体系,突出解决新老城区交通联系。三是制定全市生态建设规划,高标准规划、控制、建设以海河为轴线的城市景观体系。

为了塑造城市良好形象,要对城市的土地资源、经济资源、人文资源做出科学的评价,讲究城市经营之道,向经营要资金、要效益,使城市各种资源的价位不断提升。

第五,以机构改革为契机,加快实现政府职能转变。面对市场化、国际化进程加快的形势,市政府及其各职能部门,应当按照市场经济的要求和精简、效能的原则,加快机构改革的步伐,进一步转变政府职能,努力实现管理方式的创新。管理内容要以直接管理微观经济活动向着力于编制规划、制定政策、规范市场秩序、搞好综合服务、营造良好投资环境转变;管理和调控方式,要从主要依靠行政手段向主要依靠经济和法律手段转变。要努力提高规划的科学性、权威性,加强法制建设,提高依法行政水平,按照"公开、公平、公正"的原则,维护好市场秩序,增强市场的透明度。尽快健全完善社会保障体系,切实提高深化体制改革和实施经济结构战略性调整的社会承受能力。

(作者:刘东涛、秦广生、孙兰玉、刘伯德等,王永治、徐国弟、常修泽、孙鸿武为顾问并参加讨论和修改,刊发于《宏观经济研究》2001年第2期)

关于"十五"期间天津经济发展思路的创新

"十五"期间,是天津向现代化的国际港口城市和北方重要经济中心迈进的关键时期。在这一时期,面对国际国内的竞争和挑战,天津将如何应对? 如何实现跨越式的发展? 我们认为,关键要在思想观念和发展思路上实现一系列的创新。

一、经济结构调整,要以实现产业升级为目标,以市场为导向

天津是一个老工业基地,加工工业综合配套能力比较强,在长期发展中形成了许多知名

品牌,六七十年代"飞鸽高翔""牡丹盛开""铁牛遍地""金鸡长鸣"曾经成为天津人的骄傲。改革开放以来,随着全国各地经济的迅速崛起,天津工业产品和工业企业的传统品牌优势一个一个丢掉,而新的品牌优势又没有形成。除了摩托罗拉、康师傅方便面、王朝葡萄酒、奥的斯电梯等三资企业产品在市场上有较高的占有率和知名度以外,民族工业中真正形成品牌优势、具有较强竞争力的产品寥寥无几。究其原因,固然与天津老工业企业较多、历史包袱沉重、投入和技术开发能力不足有关,但从主观上来看,与思想观念和经济发展思路上没有摆脱"自成体系、自我配套""大而全、小而全"等传统观念的影响也有很大关系。为此,天津必须摆脱传统观念的束缚,树立积极参与区域分工和国际分工的观念,按照发挥优势、有取有舍、有所为有所不为的原则,选择有限目标,实行重点突破,在积极参与区域分工和国际分工中,选准自己具有发展优势的产品和产业,重点加以扶持,尽快构筑起新的产品优势和产业优势,力争在不太长的时间内,使某些产品和行业在国内外市场上具有较强的竞争力和较大的市场份额。从目前情况看,生物工程和制药、食品、新材料、新能源等产业具有成为这种产业的可能。

加快产业结构升级,既是提高产业竞争力的迫切需要,也是提高经济整体素质、实现天津经济发展目标定位的需要。继续加快第三产业特别是新兴第三产业的发展,迅速提高第三产业在全市国民经济中的比重,提高新兴第三产业在第三产业中的比重,是加快产业结构升级的必由之路。"十五"期间,天津要把发展第三产业、服务贸易、知识经济摆在突出的位置,特别是要大力发展教育、房地产、金融保险、证券、咨询、旅游、社区服务、电子商务和现代物流等各类新兴第三产业,努力实现经济结构由第二产业占优势向第三产业占优势的转变,使三次产业"二三一"的排序更快地转变为"三二一"排序,实现产业结构的优化和升级。

科技进步是提高产业素质和产业竞争力的主要手段。随着知识经济、科学技术的迅猛发展,产品和产业的竞争力越来越取决于其知识含量、科技含量的多少。未来的经济竞争必定是科技实力、科技水平的竞争,是高对高的较量。天津要在未来国内外市场竞争中占有一席之地,必须及早跳出低水平重复、低对低竞争的圈子,切实把经济工作的注意力从数量型、速度型增长转变到质量型、效益型增长上来,精心选择具有一定科技优势和市场开发前景的领域,瞄准世界先进水平,不失时机地抢占技术制高点,实现技术跨越和领先优势,做到高人一等、领先一步。

大力发展高新技术产业,利用高新技术改造传统产业,是坚持走内涵扩大再生产的道路,实现经济增长方式转变的重要途径。要把市场导向和政策扶持有机结合起来,加大对高新技术产业的政策倾斜,积极推进高新技术产业的发展,使之真正成为对天津经济具有强大拉动力的新增长点,拉动天津经济整体素质的提高。

为应对国内外市场日趋激烈的竞争,天津在工业领域必须更加有效地利用高新技术加快改造传统产业,包括用高新技术改造传统产品,实现产品升级换代;改造传统设备,提高工业生产的技术水平;改造传统工艺,实现生产过程自动化;改进管理,实现管理现代化。要以壮士断腕的气魄,下决心淘汰那些工艺和技术落后的生产能力,尽可能采用当今世界最先进的技术、工艺和设备,切实提高产品的知识含量和科技含量,使传统加工制造业焕发生机。

二、区域经济的发展,要以推进京津联合为中心,迈出实质性步伐

正确处理京、津、冀的关系,是"十五"期间必须给予关注的一个重大课题。京津冀是我国北方的核心经济区,这一地区的稳定和繁荣,对于带动北方经济发展有着特殊重大的意义。京津冀关系的核心是京津关系。京、津两个特大城市,在长期发展中形成了各自的优势和特色,也形成了密不可分的互补关系。同时,在计划经济时期和现行体制下,两市又各自孤立发展、追求自成体系、搞了大量重复建设,产业结构雷同,严重制约着这一地区的可持续发展。经济全球化、知识化、市场化、城市化进程的不断加快,特别是中国加入WTO,为推进京津联合提供了新的契机和动力。天津应当积极地参与这一地区产业分工,主动加强与北京及周边其他地区的沟通和对话,寻求共同利益,打破地区界限和行政壁垒,统一规划好这一地区的发展;要把企业作为经济联合的主体,以具有市场竞争力的产品为龙头,以资产联结为纽带,在区域范围内搞好企业重组和产业整合;要坚持打好"服务牌",充分利用自己的比较优势,全方位为北京搞好服务,在服务中得到更快的发展。

三、城市功能建设要进一步摆脱传统生产型模式的影响,以实现功能定位为主要目标,确立经济中心型、服务型发展模式

实现把天津建设成为北方重要经济中心的目标。在很大程度上依赖于城市流通和服务功能的加强。当然,建设北方经济中心,并不排除建设工业基地,尤其是不排除高新技术产业的发展。但是,天津能否成为北方经济中心,关键不是看它建了多少个工业生产项目,而是看它能否为强大的人流、物流、资金流、信息流提供坚实的保证和高效的服务,看其对人流、物流、资金流、信息流吸引力和辐射力的强弱。

从目前天津硬件条件看,尽管仍然是我国北方重要的水陆交通枢纽,但陆上没有直达中西部地区的铁路大通道,天上直飞国内外大城市的航班过少。不少国内外客商感到来津投资、交易或旅游不便,转而把目光投向其他地区或城市。从软件条件看,天津的服务意识不够强,利用自己的优势服务北京、服务北方、服务全国的思想树立不牢,尽管几届政府也喊出"打好服务牌"的口号,然而在实际工作中贯彻落实不力,没有拿出切实有力的举措和招法,实质性的进展不明显。这是天津在"十五"期间应着力解决的一个问题。为此,必须在城市建设的指导思想以及城市功能上,努力实现从传统生产型城市向经济中心型城市、服务型城市的转变,加快建设与北方经济中心城市相匹配的城市基础设施,特别是现代化的对外交通设施、信息港工程、现代化多功能的文化、旅游、会展设施,完善城市的服务体系,优化物流、商流和旅游环境,增强服务意识,提高服务水平和效率,以吸引更多的人流、物流、资金流、信息流。

四、经济体制改革，要以制度创新为重点，向深层次、整体性推进

加快经济发展，除了要明确发展的方向、战略目标和战略重点外，必须从根本上解决发展的动力问题。天津经济发展缺乏足够的活力和动力，一个深层次的原因是体制改革滞后。为此，必须加大力度推进经济体制改革，为加快发展清除体制障碍提供强大动力。不论是从解决发展的动力来看，还是从应对加入 WTO 挑战的需要来看，加快体制转变的紧迫性都是显而易见的。

推进经济体制改革，要有明确的目标。这就是党的"十五大"所提出的"到 2010 年建立起完善的社会主义市场经济体制"。包括塑造市场经济的微观基础，培育和建立起比较完善的社会主义市场体系和宏观调控体系。天津应率先实现经济体制的根本转轨。

经济体制改革是一个系统工程，不能零敲碎打、就事论事，也不能单项突进，必须制定整体配套的一揽子改革方案，有领导、有步骤地进行。市委、市政府"十五"期间应加强对改革的谋划和领导，切实使经济改革由被动改革向主动改革、由模仿型改革向创新型改革、由浅层次改革向深层次改革、由不配套向整体配套改革推进。应当将国有经济改革与非国有经济发展很好地结合起来，在某些竞争性领域大胆而有步骤地实行"国退民进"；积极鼓励非国有经济与国有经济相互参股，形成多元投资主体。

五、政府管理经济的方式要减少对行政手段的过分依赖，尽快转向主要依靠经济手段和法律手段进行宏观调控

深化经济体制改革，搞好经济结构调整，推进技术进步，扩大对外开放，加快经济发展，都要求改善经济的宏观调控，充分发挥市场在资源配置中的基础性作用。可见，实现政府对经济管理方式的转变，既是搞好经济结构调整，提高资源配置效率的要求，也是实现经济体制转变的一项重要内容。

从当前情况看，各政府部门对经济的调控仍过多地依赖于行政手段，直接干预企业的微观经济活动。而且，在体制转轨过程中，旧的经济管理职能和管理方式尚未转过来，而新的职能扭曲、错位现象在不断产生。这些都打乱了市场经济的规则，影响了天津的经济环境和直辖市的形象。

实现经济宏观控制方式从主要依靠行政手段向主要依靠经济手段和法律手段转变，必须首先解决政府职能定位，推进政府机构改革，精简机构、减少环节、提高效能，提高依法行政水平，使各级政府真正把主要精力转移到调查研究、编制规划、制定政策、搞好服务、营造良好的投资环境上来；要积极培育和发展各类市场，特别是要大力扶持资本、劳动力、技术等要素市场，健全市场规则，清除市场障碍，打破地区封锁、行业壁垒和部门垄断，加快建设统一开放、竞争有序的市场体系。按照"公开、公平、公正"的原则，努力维护和增强市场的透明度；要进一步加快资本市场的发展，努力争取中央政府支持，把天津作为金融创新的试验地。要按照政资分开的原则理顺国有资产管理和运营体系，搞活国有资产，确保国有资产保值增

值,使国家对经济的管理从各级政府直接管理企业转变到管理国有资产上来;要加快建立和完善社会保障体系,切实提高改革风险的社会承受能力。这都是"十五"期间市政府应着力解决的重要问题。

六、拉动经济增长,要把优化收入分配结构、增进居民消费、扩大有效需求摆上重要议程

改革开放以来,随着国民经济的迅速发展,天津人民群众的生活水平有了显著的提高。1999年城镇居民人均可支配收入和农民人均纯收入分别为7650元和4055元,城市人均住房使用面积达到13.1平方米,气化率达到95%,住宅热化率达到47.7%。同自己过去比,变化是巨大的。然而,京沪穗深城市居民可支配收入分别为9182.8元、10932元、12018.5元、20240元,相比之下天津的差距也很大。由于居民收入和购买力上不去,反过来又制约市场的繁荣和生产的发展。

"十五"至2010年期间,我国的经济增长将更多地面临需求约束,其中关键是消费需求约束。天津在保持经济持续快速发展的同时,应当千方百计增加居民收入,努力提高城乡人民生活水平。要实行鼓励消费的政策,从主要调控生产投资活动转变为同时注重对消费的鼓励和引导,通过增加收入、开展消费信贷等途径,不失时机地促进居民消费结构升级,培育新的消费热点,拉动天津经济更快地增长。

七、解决劳动就业问题,要在经济发展、结构调整和扩大对外开放中寻求新途径

对于天津这样一个老工业城市来说,经济结构调整和改革力度的不断加大,必然导致大量职工下岗,加上劳动力的自然增长,就业问题会更加突出。"十五"期间,如何实现充分就业将是政府必须面对的一个重要课题。为此,天津应充分利用我国加入WTO契机,优先发展抢占世界市场份额的产业,并使新的产业优势尽快转化为新的扩大劳动就业的增长点。

一是实现充分就业与加快第三产业发展密切结合起来。围绕天津城市流通和服务功能进一步提升这一目标,积极拓展国际服务贸易及其他相关的第三产业新领域,大力发展第三产业中的高新技术行业,使之成为创造劳动就业的新岗位。要特别注重开拓我市第三产业利用外资的新领域,并将创造新的劳动就业岗位作为与外方就资源配置合作的重要条件。要充分利用国家即将出台的《中小企业促进法》,扶持第三产业领域中的中小企业扩大规模,加快发展,为下岗职工创造更多的就业机会。

二是大力发展非公有制经济。要像关注国有企业那样,像给予外商投资企业特殊政策那样,促进非公有制经济加速、上规模,实现跨越式发展。

三是面向世界大市场,走出去寻找劳动就业机会。一方面,借我国"入世"放开外贸经营权这一契机,鼓励更多有条件的中介服务业务;另一方面,鼓励有条件的企业到国外投资

建厂。

四是要加强人才培养、培训,特别是中专、中职、高职教育从现在起就要强化专业技能培养。为企业富余职工转岗和抢占国外劳动就业岗位打下坚实基础。

(作者:刘东涛,《中国人力资源开发》2002 年第 1 期发表,获天津市优秀调研成果二等奖)

关于天津市"十一五"期间经济社会发展总体思路的研究

改革开放以来,天津市积极贯彻党中央、国务院一系列方针政策,国民经济和各项社会事业发生了深刻变化。特别是"九五""十五"期间,市委、市政府制定的"三五八十"四大奋斗目标提前全面实现,为天津率先基本实现现代化奠定了坚实基础。"十一五"期间,是全面建设小康社会承前启后的关键时期,也是天津实现市委八届三次会议确定的"三步走"战略目标的关键时期。编制好"十一五"规划,对天津加快建设成我国北方重要经济中心和现代化国际港口大都市,具有重大的意义。

一、"十五"以来天津经济和社会发展的简要回顾

"十五"以来,天津经济发展上了一个新台阶,整体经济实力显著增强,经济体制改革不断深化,对外开放进一步扩大,社会各项事业全面发展,人民生活水平稳步提高,城市面貌显著改善。

1. 综合经济实力显著增强。"十五"以来,天津市国民经济持续快速发展。2001—2003 年国内生产总值年均增长 13%,比同期全国高 4.8 个百分点,是本市历史上经济发展最快的时期之一。

全市 2003 年人均国内生产总值达到 25874 元,折合 3126 美元,比 2000 年增长 44.2%。2001—2003 年,全市国内生产总值累计完成 6236.2 亿元,比"九五"同期增长 1.7 倍;全市财政收入大幅度增长,由 2000 年的 244.8 亿元增加到 2003 年的 451.7 亿元,2001—2003 年累计实现 1132 亿元,比"九五"同期增长 2.3 倍。

2. "三五八十"四大奋斗目标提前一年全面实现。国内生产总值提前四年实现了翻两番。到 1996 年,提前四年实现国内生产总值比 1980 年翻两番,比提前三年的目标又提前了一年。此目标的实现,使本市发生了历史性的转变,进入全国较快发展地区行列。

危改成效显著。截至 2002 年,市中心区累计拆除各类旧房 1523 万平方米,新建住宅4487 万平方米, 45 万户、150 多万群众喜迁新居。

国有工业企业嫁接改造硕果累累。截至 2002 年全市工业累计实施嫁接改造调整项目811 项,吸引外商投资 49 亿美元,工业经济生机和活力大大增强。

十年基本建成滨海新区的目标提前一年实现。2002 年工业总产值完成 1700 亿元,占全市规模以上工业总产值的比重达到 51.2% ;外贸出口 72 亿美元,占全市外贸出口的比重达到 62% 。2001—2003 年滨海新区实现国内生产总值 2449.8 亿元,新区国内生产总值占全市的比重由 2000 年的 34.2% 提高到 2003 年的 40.6% ,对全市经济的支撑作用突出。

3. 经济结构调整出现新特点。"十五"以来,全市三次产业全面发展,完成增加值分别由 2000 年的 73.5 亿元、811.5 亿元、754.4 亿元增加到 2003 年的 89.7 亿元、1212.3 亿元和 1084.9 亿元。2003 年三次产业的比重分别为 3.7%、50.8% 和 45.5% 。

农业生产结构进一步优化,养殖业和蔬菜的生产得到大力发展,养殖业产值占全市农业总产值的比重由 2000 年的 43% 上升到 2003 年的 58% ,达到 194 亿元。

工业形成一批优势产业。以电子信息、生物技术与现代医药、新能源及环保材料为代表的高新技术产业在工业生产中增长迅猛,"十五"以来年均增长 25% ,是经济增长最快的产业。高新技术产业总产值占限额以上工业总产值的比重由 2000 年的 23% 提高到 2003 年的 30.5% ,达到 1235.9 亿元,对全市工业增长的贡献率达到 37.0% 。

服务业内部结构发生新的变化。交通邮电仓储业和批发零售餐饮业快速发展,"十五"以来年均增长率分别是 12.6% 和 12.1% ;房地产业规模不断壮大,2003 年全市房地产业实现增加值占服务业比重达到了 11.1% ,较 2000 年提高 3 个百分点;信息、金融保险等一些现代服务业迅速兴起,优化了产业结构。

4. 各项改革稳步推进。国有及国有控股的大中型企业集团加大了联合、兼并、重组的力度,2001—2003 年有近千家中小企业的国有资本采取多种方式有序退出;新的财税体制改革方案出台实施,农村税费改革试点顺利进行;整顿规范土地市场秩序和宏观调控政策得到落实;市场体系进一步完善;行政管理体制改革稳步推进,政府职能进一步转变。

5. 对外开放水平不断提升。对外贸易快速增长。2001—2003 年我市累计外贸进出口总值 804.7 亿美元,是"九五"时期五年总和的 1.2 倍;外贸出口累计 354.7 亿美元,是"九五"五年总和的 1.2 倍。外贸出口依存度由 2000 年的 42% 提高到 2003 年的近 50% 。出口商品的结构得到改善,机电产品出口占全市外贸出口总额的比重由 2000 年的 48.5% 提高到 2003 年的 63.9% 。

利用外资质量明显提高、投资领域进一步拓宽。2001—2003 年我市累计实际利用外资近 86.6 亿美元,占改革开放以来实际直接利用外资的 35% 。2003 年末,世界 500 强企业中,已有 98 家在津投资 251 个项目。投资领域涉及电子信息、交通运输设备、化学原料、机械设备、医药制造业等,此外服务业利用外资也保持较快增长。

6. 基础设施日益完善。自 2001 年以来,城市建设全面铺开,城市交通、供水、供电、供气、邮电通信能力和城市生态环境大为改善。2001—2003 年城市基础设施建设投资累计达 619.5 亿元,占同期全部固定资产投资的四分之一,相当于"九五"时期五年基础设施投资的总和,主要投向公路、港口、地铁、轻轨等重要基础设施项目。2003 年海河两岸综合开发全面启动,全年完成投资 56 亿元。

以港口为中心的海陆空立体交通网络进一步发展。2001—2003年,我市新增高速公路212公里、港口泊位31个。2003年天津港已与世界上160多个国家和地区的300多个港口建立业务联系;港口货物吞吐量达到1.6亿吨,是"九五"期末的1.7倍;机场旅客吞吐量110.1万人次、机场货物吞吐量5.7万吨,分别是"九五"期末的1.2倍和1.09倍。城市交通更加快捷,2003年津滨轻轨开始试运行、地铁一号线进入主体施工阶段、全市公交运营线路达到351条,比"九五"期末增加13条。

现代化通信手段进一步普及,社会信息化进程明显加快。固定电话交换机由2000年的320万门增加到403万门,移动电话交换机由237万门增加到383万门;光缆总长度和互联网用户由2000年的0.7万千米、62万户分别达到2003年的1.9万千米和206万户。

7.社会事业全面发展。科技创新体系建设得到加强。数字产品、动力电池等一批科技专项启动实施,生物技术、海水淡化等领域的科技攻关取得新进展。2001—2003年全市重大科技成果3423项,757项达到国际先进水平。

高等教育毛入学率由"九五"期末的34.7%提高到2003年的49%,学龄儿童和高中阶段入学率2003年分别达到99.97%和93.1%。首批31所示范高中校全部建成并投入使用。

文化卫生体育事业更加繁荣,市民素质和城市文明程度进一步提高。相继建成了周邓纪念馆、天津图书大厦、海河医院、人民医院等一批文化和医疗设施。体育事业取得新的成绩,2001—2003年在世界和洲际比赛中共获得28枚金牌、17枚银牌和12枚铜牌,天津女排获全国联赛和锦标赛冠军。

社会福利事业不断发展。2003年全市低保对象26.7万人、各种福利院床位1.6万张,分别是2000年的10.3倍和5.4倍;农村社会保障网络覆盖率达到74.3%,比2000年提高45.3个百分点。

8.城乡居民生活水平进一步提高。2003年城市居民人均可支配收入达到11046元(按新指标口径为10313元),比2000年增加2905元,增长35.7%;农民人均纯收入达到5861元,比2000年增加1491元,增长34.1%。2003年末,城乡居民储蓄存款余额1991.8亿元,比2000年增加819.4亿元。居民家庭恩格尔系数2003年为37.7%,比2000年降低2.4个百分点,显示了居民家庭生活正向着殷实小康的奋斗目标稳步推进。

"十五"以来,天津的经济增长一直位居全国各省市前列,为经济社会更快更好发展聚集了能量,广大群众得到了实惠。主要经验是:

紧紧抓住"发展"这个第一要务,聚精会神搞建设,一心一意谋发展,坚持以经济建设这个中心不动摇;坚持以人为本、执政为民的一贯宗旨,把"一切为了人民,一切依靠人民"作为一切工作的出发点;坚持观念创新、体制创新、机制创新,在创新中谋求发展;坚持资源、环境和经济社会统筹发展,走可持续发展道路。

但是,在经济社会发展取得巨大成就的同时,也还存在着一些亟待解决的问题。一是第三产业发展不够快,占全市经济总量的比重偏低,低于我国超大城市52%的平均水平;二是产业和企业组织结构不合理,产业积聚程度低,民族经济中缺少竞争力强的名牌大企业,国企改革滞后,民营经济和中小企业活力不够,个体私营经济的比重偏低;三是经济增长仍然主要靠投资、铺摊子拉动,能源、资源的消耗居高不下,依靠科技进步提高效益和质量的集约型增长方式仍不是主流;四是就业和再就业压力仍比较大,社会保障体系急需加快构筑步伐;五是不同社会群体间收入差距拉大;六是经济实力和城市功能还不够强,在区域经济中的地位和作用亟待提高。

二、"十一五"期间天津经济社会发展走势的基本判断

(一)"十一五"时期国际经济环境分析

国际产业结构调整和转移步伐明显加快。20世纪80年代以后,全球经济结构进入新一轮以"信息技术为核心的新技术广泛采用"为特征的结构调整期,发达国家发展知识密集型产业、新兴工业化国家和地区发展技术密集型产业,面临劳动密集型和一般技术密集型产业向发展中国家转移。以跨国公司为主体的企业间的兼并、联合,成为企业组织结构调整的新潮流。商品(包括服务)、信息、技术及生产要素跨境流动加快,各国经济之间相互依赖越来越紧密。经济全球化在给各国带来发展契机的同时,也必然加剧全球竞争。

科技进步日新月异。以信息技术为主导的新技术革命经过几年调整,在全球范围得到更为广泛的应用,网络化深刻影响并改变着人们的生产和生活方式。信息、生物技术、新能源和航天、海洋、新材料等领域孕育着新的重大突破。

新的贸易保护主义盛行。随着经济全球化的发展,传统的贸易保护方式、贸易保护主义将以新的形式,如设置技术壁垒、绿色壁垒、实施反倾销诉讼等形式存在,并在一定条件下盛行,导致全球贸易摩擦增多,这无疑会加大欠发达国家出口的成本和难度。

(二)"十一五"时期国内经济环境分析

经济体系融入国际进程加速。随着加入WTO过渡期的结束,我国要全面履行"入世"承诺,执行世贸组织规则,市场要全面开放,经济体制、运行机制、经济管理和法律制度方面要与国际接轨,中国经济将全面融入世界经济体系。这种趋势必然促使我国在思想观念、政策法规、管理体制、运行机制以及技术标准等方面,按照国际市场的要求加以转变和完善,按国际规则办事,同时对政府职能转变也提出挑战。

市场经济体制改革步伐加快。"十一五"时期是完善社会主义市场经济体制的攻坚阶段,中央与地方分级财政体制、税收体制、地方行政区划体制、国有资产管理体制、国土资源管理体制、社会保障制度等将有较大变革。随着归属清晰、权责明确、保护严格、流转顺畅的现代产权制度的健全,市场信用制度将逐步完善,市场秩序会出现根本性好转。这有利于增强企业和公众创业创新动力,经济发展将迎来一个较好的体制环境和市场环境。

以城市或地区为龙头,按经济规律合理配置资源的经济区域发展壮大。在全球化背景下,世界经济的发展、国家间的竞争,更多地体现在区域竞争上,区域集聚程度正在成为国际资本流动选择的首要因素。国家、地方政府、企业对区域问题的重视程度与日俱增。从现实

状况看,珠三角、长三角地区已显示优势,京津冀、成渝等区域内的各方政府也在积极探索联合之路。

市场需求结构与产业结构加快升级。2003 年中国人均 GDP 首次突破 1000 美元,标志着消费结构和产业结构进入一个新的阶段。消费结构将从温饱型向小康型升级。消费结构的升级将进一步带动住宅、汽车、城市基础设施建设、通信、金融服务、医疗保健等产业增长,中国经济将进入以市场为基础,以技术进步为支撑的新型重工业化发展阶段。

发展的资源环境约束进一步增强。按照现有资源利用水平和发展模式,以及人民生活质量提高的要求,土地、水、矿产、电力等重要资源供给将日趋紧张,生态环境质量日益严峻。一方面资源能源供需矛盾日益突出,另一方面也在很大程度上破坏了环境,土地沙化、空气质量恶化等现象比较严重。“十一五”期间,我国将按照可持续发展的科学发展观,努力降低能耗,减少污染,实现经济发展与环境保护的双赢。

(三)天津经济社会发展走势的基本判断

“十一五”时期,是天津市经济社会实现“三步走”战略目标和完善市场经济体制的关键时期。在科学发展观的指导下,经济结构优化升级,投资需求合理回落,消费需求稳中趋旺,出口需求快速增长,实现经济社会全面进步,又是体制性、结构性、社会性问题的凸现期,是社会多方面转型的加速期。

天津经济社会处于快速发展的黄金时期。根据美国经济学家罗斯托经济起飞理论,在 GDP 人均达到 1000 美元后的国家或地区,会进入一个起飞阶段,当 GDP 人均达到 3000 美元后,将进入经济社会加速发展阶段。本市 2003 年已经实现人均 GDP 3000 美元,迎来经济社会的快速发展阶段。

第一,“八五”至“十五”期间经济建设积累的巨大能量,将在“十一五”期间得到全面释放。预测,通过实施“三步走”战略,到“十一五”末,将实现人均 GDP 超过 6000 美元。天津将建成现代化国际港口大都市、世界制造业基地和我国北方的国际物流中心。伴随着对海河综合开发改造,天津将告别传统工商业城市的旧面貌,成为生态化现代化水准的宜居城市。

第二,按照科学发展观的要求使产业结构得到优化调整:一次产业科技含量提高,绿色食品供应量大增;二次产业调整更加符合国际市场需求,形成具有比较优势和竞争优势的电子通信、汽车及机械装备、生物医药、化工、冶金、环保新能源及新材料六大优势产业群,建成国内重要的世界性制造业基地;服务业将超过第二产业增长速度,在不断完善和提升中心城市功能的同时,成为重要的经济增长级。

第三,围绕可持续发展战略,促进经济增长方式的转变,资本密集型企业积极向技术密集型企业转化,科技进步贡献率有较大提高。考虑到城市就业需要,部分劳动密集型的都市企业、中小企业、民营企业、餐饮企业等得到较快发展,天津经济社会可持续发展将跃上新水平。

第四,城镇化进程加速,人民生活水平显著提高。“十一五”期间,城市化率将逐年稳步提高,城镇体系更加完善。消费结构更加优化,恩格尔系数逐年降低,就业、住房、医疗保健条件进一步改善,城乡居民收入水平和生活质量将进一步提高。

第五,科技教育更加受到全社会的普遍重视。国家、企业、个人对"人力资本"投入增大,高等教育、继续教育、专项教育等事业全面进步,科技教育事业将更加兴旺发达。

本市经济社会进入加速转型期。党的十六大提出在 21 世纪头二十年要"全面建设惠及十几亿人口的更高水平的小康社会",并且"完善社会主义市场经济体制和扩大对外开放"的战略任务。天津市提出要在 2010 年建设成北方的经济中心和现代化国际港口大都市,在全国率先基本实现现代化的奋斗目标。要实现上述战略任务和奋斗目标,本市在经济结构、经济增长方式、经济管理模式和社会结构等方面还存在许多不适应之处,必须加快转型步伐。

三、天津经济社会发展的主要指标预测

GDP 与人均 GDP。2003 年天津市实现 GDP 2447.66 亿元,折合 2000 年不变价约为 2370 亿元。

预测 2010 年天津市户籍人口约为 950 万。人均 GDP 要达到 6000 美元,需使 GDP 达到 4685 亿元人民币。预测 2005 年,天津市 GDP 可望达到 3300 亿~3500 亿元(现行价)。按 3400 亿元计算,5 年要增长到 4685 亿元(2005 年不变价),只要每年增长 6.6% 即可。

但是,如果在 2010 年以前我国实行户籍改革,届时计算人均 GDP 的人口数就不只 950 万了。

预测 2010 年天津市常住人口约为 1150 万。人均 GDP 要达到 6000 美元,需使 GDP 达到 5672 亿元人民币。按 2005 年天津市 GDP 3400 亿元测算,5 年要增长到 5672 亿元,不考虑价格因素,需要每年增长 10.78%。从天津市各产业发展态势和建设项目储备看,"十一五"期间保持年均增长速度在 10.78% 以上是可能的。因此,即使是按常住人口计算,提出使人均 GDP 达到 6000 美元以上的目标也是可以实现的(即使按照 10.78% 的速度增长,考虑价格因素,到 2010 年实现的人均 GDP 也会显著超过 6000 美元)。

通过各种方法得出的最可能实现的预测结果是:"十一五"期间年均增长速度为 12%,到 2010 年 GDP 可达到 6000 亿元,按常住人口计算人均 GDP 可达到 6400 美元(2005 年价,折合 2000 年价约为 6300 美元)。

但,预测方法不可能考虑到实际工作中能够吸纳更多投资、落实更多项目的可能性。规划环境容量建设时,必须要求能够满足比 6400 美元更高的需要。近 20 年来,天津市人均 GDP 大约每五年翻一番(现行价)。"十一五"期间环境容量建设至少要考虑满足人均 GDP 翻一番的要求。

就业。"十一五"期间是天津市面临就业需求压力最大的 5 年。

第一,每年净增加适龄劳动人口 7 万,前所未有。而此前以高校扩招等办法推迟就业的青年,在"十一五"期间要求就业,已无法再推迟。

第二,产业结构改造需要转岗就业的需求虽然比"九五"期间小了,但仍然不可忽视。

第三，外来劳动力在天津的就业结构中占有比例。从下表看出，2000—2003 年间，天津市社会从业人员增加了 23.9 万，而劳动力总供给超过本市户籍适龄人口的数额增加了 22 万（平均每年增长 4.84%），几乎与前者相等。而这个数额，特别是其增量中的绝大部分为外来劳动力。

2000 年和 2003 年天津市社会从业人员情况　　　　　　　　单位:万人

	劳动力 总供给	户籍适龄 劳动人口	劳动力总供给超过 户籍适龄人口的数额	社会从业 人员合计
2000 年	753.27	608.11	144.89	486.9
2003 年	793.86	626.92	166.94	510.9
三年差额	40.86	18.81	22.05	23.9
平均每年增长速率	1.78%	1.02%	4.84%	1.61%

可以预见，外来就业人口在"十一五"期间仍将呈明显增长趋势。

第四，随着经济结构的变化，天津市每单位 GDP 提供的就业岗位比例迅速降低。平均每年约降低 10%。而就业增长对 GDP 增长的弹性也仅为 0.9 左右。

依此计算，"十一五"期间为确保满足本市劳动力需求，每年至少需提供 8 万个就业机会，GDP 的增长至少要保持在 12% 以上。要提供更多就业机会，就必须注重发展高就业产业。

关于城乡居民收入差距。城乡居民收入差距在 20 世纪 90 年代出现一次大的变化，1990 年城乡居民收入比曾达到 100:65 的高水平，到 1999 年下降到 100:53。到 2003 年，已恢复到 100:56.8。

"十一五"规划中，城乡居民收入差距，最低要求:保持 2005 年的比例不再扩大。建议计划参用数字:到 2010 年上升到 100:60 以上。

城乡居民收入预测。2000—2003 年期间，天津市城市居民人均可支配收入的增长对 GDP 增长的弹性低于 0.6（0.5738）。按此弹性，如果 GDP 年均增长为 12%，城市居民人均可支配收入年均增长约为 7%。到 2010 年，可由 2003 年的 1253 美元上升到 2682 美元，达到预计 2010 年基本现代化标准（3600—3800 美元）的 70%—75%。如果 GDP 年均增长 10.78%，2010 年城市居民人均可支配收入可达到 2007 美元，达到届时基本现代化标准的 52%—56%。

按照 100:60 的比例，2010 年农民纯收入可达到 1205—1610 美元。

因此，必须在大力加快 GDP 增长，速度不低于 12% 的同时，注重发展能够带动提高收入的产业，拓宽本市居民就业和收入渠道，并大力引进高收入居民，才能更快提高天津市城乡居民的人均收入。如果采取措施得当，可望使收入增长的弹性提高。建议可提出计划目标达到 2400 美元，力争达到 3000 美元。

2010 年经济、社会发展与生态环境建设主要指标测算,见下表所列。

2010 年天津经济社会发展与生态环境主要指标测算情况

序号	指标项	单位	2003 年	2010 年预测值
1	人口和经济实力			
1.1	常住人口	万人	1011.3	1150
1.2	人均 GDP	美元	2951.6	6400
2	科学教育			
2.1	R&D 费用对 GDP 之比	%		2
2.2	高新技术产品占工业总产值比重	%		40
2.3	教育经费占 GDP 比重	%		5
3	人民生活水平			
3.1	城镇居民人均可支配收入	美元	1258	2400—3000
3.2	恩格尔系数	%		30
3.3	城镇人均住房使用面积	平方米	17.5	22.5
3.4	每万人拥有中高级医生数	人		40
3.5	平均期望寿命	岁	76	78
4	城市化与城市现代化			
4.1	人口城市化率	%	63.6	80
4.2	城乡居民收入比例		100:56.8	100:60
4.3	人均道路面积	平方米	8.8	12
4.4	建成区绿化覆盖率	%	31	36
4.5	城镇住房热化率	%		80
4.6	燃气气化率	%		100
5	可持续发展能力			
5.1	人口自然增长率	%	<0.1	<0.1
5.2	万元 GDP 取水量	立方米		100
5.3	千克能耗生成 GDP	美元		2.2
5.4	城市污水处理率	%		70
5.5	工业废气处理率	%		100

四、"十一五"期间天津经济发展的总体思路

(一)指导思想和总体发展思路

党的十六大指出,新世纪前 20 年是我国进一步加快发展的战略机遇期。并提出经过 20

年努力,建设一个能够惠及 10 多亿人口的小康社会的宏伟目标。党的十六届三中全会又围绕全面建设小康社会的根本任务,提出了要坚持以人为本,树立全面、协调、可持续发展的科学发展观问题。

为充分抓住战略机遇期,市委第八次党代会提出,在新世纪的前 10 年,"把天津建设成为国际港口大都市和我国北方重要的经济中心,建立起比较完善的社会主义市场经济体制,成为全国率先基本实现现代化的地区之一"。市委八届三次全会又进一步提出了"三步走"发展战略,明确提出到 2010 年,全市人均国内生产总值要达到 6000 美元,较 2003 年的人均国内生产总值 3000 美元翻一番的宏伟目标。

"十一五"五年,既是我市实现市第八次党代会确定的宏伟目标和"三步走"战略目标的关键五年,又是天津积蓄能量,集聚优势,为后 10 年进一步加快发展夯实坚实基础的关键时期。"十一五"天津经济发展的指导思想是:以邓小平理论为指导,全面树立和落实科学发展观;进一步深化改革,扩大对内对外开放,在更高层次上、更大范围内参与世界经济全球化分工和区域经济联合;转变经济增长方式,全力推进天津国民经济全面、协调、可持续发展。

围绕天津经济"十一五"发展的指导思想,全市上上下下,方方面面,在认识上要把握好"四个统一":

一是要统一到中央对战略机遇期的认识上来。要抢抓机遇,先人一步,进一步充分发挥比较优势,吸纳更多的国际生产要素向我市转移,促进天津对外开放和国民经济进一步加快发展。

二是要统一到中央关于发展是第一要务的论断上来。要始终以邓小平同志的发展理论为理论基础,促进经济增长方式的转变。

三是要统一到对国情、市情的认识上来。要从实际出发,充分发挥各区域优势,更加有效地利用两个市场,两种资源,保持经济均衡协调发展。

四是要统一到确保经济运行全面、协调可持续发展的要求上来。切实落实五个"统筹",开拓对外开放与国内发展的良好互动新局面。

依据上述指导思想,天津"十一五"期间总体发展思路应该是:通过三个"联动",三个"统筹安排",实现经济与社会协调发展,产业与环境协调发展,人与自然的和谐共存。高标准、高质量地实现天津市战略定位目标。三个"联动"是:港城联动、城乡联动和内外联动。三个"统筹安排"是:结构调整与布局调整统筹安排、经济建设与环境建设统筹安排、物质文明建设与精神文明建设统筹安排。

(二)战略目标

"十一五"期间,天津经济发展的战略目标是:结构调整取得重大进展,经济增长方式发生根本性转变;体制改革取得实质性突破,经济增长的内在动力明显增强;"科教兴市"战略取得显著成效,经济自主增长的能力明显提高;经济、社会整体素质全面上水平,城市综合竞争实力明显提升。"十一五"期末,全市人均国内生产总值达到或超过 6000 美元。

(三)战略任务

1. 着力调整经济结构

第三产业发展相对滞后,劳动力资源优势未得到充分发挥,经济增长对资源、资本密集型产业依赖程度相对高是天津经济结构的突出问题。优化第一产业、提升第二产业、繁荣第三产业是"十一五"期间集中调整经济结构的基本任务。以科技进步促进农业产业化、标准化、生态化;紧紧抓住国际制造业转移的重大机遇,全面实施新一轮嫁改调,进一步做强第二产业,实现产业高级化、集群化;以海河综合开发和加快港口建设为契机,大力发展物流业和现代服务业为重点,全面加快服务业的发展,推进第三产业面向国际化,适应新发展,拓展新领域,实现现代化。

在经济结构调整中,要特别重视布局结构的调整。要通过调整,增强产业的聚集效应,进而培育产业链,创造良好的产业生态环境,并树立天津产业区形象,大力增强天津的核心竞争力。要走集群化发展的路子,在加快实施工业布局东移的同时,发展中心城区的都市工业、各区县的特色工业化区。要以物流、商贸和旅游会展业为骨干,大力发展服务产业带。特别要促进滨海新区产业结构升级,形成优化的经济结构,增强其对全市经济发展的带动作用。

2. 迅速扩张产业规模

将优势产业做大做强是"十一五"期间,我市产业规模扩张的基本任务。

扩张产业规模的首要任务是加工制造业。要以开放度更大,技术水平更高、聚集效应更强、资源配置更合理为目标,大力发展电子信息、汽车、冶金、化工、医药和新能源及环保六大优势产业。并通过技术改造和产品结构调整,实现产业升级。与此同时,加快建设以十二大产品基地为重点的一批标志性名牌拳头产品和大型制造基地,在发展壮大六大优势产业的同时,大力振兴装备制造业。到"十一五"末期,初步建成以高新技术产业为主导,以先进制造业为支撑,都市型工业和区县特色工业竞相发展的现代工业体系。形成特点更加突出,在国内占有重要位置的优势产业群,并确立天津制造业在全球产业分工体系和国家战略产业的重要地位。

服务产业的规模扩张要围绕港口的发展和海河综合开发,在物流、商贸、金融、旅游、会展、中介服务等优势行业的发展有新的突破。

3. 加快引导消费升级

改革开放 20 多年的实践证明,消费结构的不断升级,不仅必然会推动产业结构的升级调整,而且最终会成为拉动经济增长发展的原动力。"十一五"期间,从消费结构的发展趋势讲,天津城镇居民的消费将进一步摆脱求"生存"的温饱型,而向求提高的发展型和求舒适的享受型转变。农村居民的消费必将从侧重量的增加转而向侧重质的提高和品种的增加转变。

促进加速这一转变过程,一是要着眼于增加人民群众的收入,下力量搞好扩大劳动就业、社会保障和理顺分配关系;二是营造良好的消费环境,改善供给结构,增强吸引力,扩大消费需求;三是完善商业布局,开拓农村消费市场;四是相关产业要与时俱进,提高自身竞争力,适应和引导消费需求。

4. 拓展城市发展空间

城市是发展经济的载体。"十一五"期间,要把经济发展这一蛋糕做大做好,就要强化作为载体的城市对经济发展的承载能力,拓展城市发展空间。一是在拓展城市发展空间的内涵上挖掘潜力。要超前做好城市国土规划,科学做好经济布局结构调整,提高土地资源的利用率,最大限度地突破国土资源约束的瓶颈。与此同时,广泛吸纳各方资本加快城市基础设施的建设。二是在拓展城市发展空间的外延上做文章。一方面,应加快郊区城市化进程。另一方面,要大力推进"城乡联动"。把城市的发展与郊县的发展结合起来,走以城带郊(县)、以郊(县)促城、城郊(县)互动之路,逐步改变城郊(县)二元结构,推进城郊(县)一体化。要统筹城郊(县)规划,构筑大都市,使天津的郊县真正成为承载天津加快经济发展的新的载体、新的增长点。

(四)战略选择

为确保"十一五"期间天津经济发展战略目标和战略任务的实现,依据全面、协调、可持续发展的原则,除应继续实施"十五"期间提出的"高新技术带动""物流产业带动""滨海新区带动"和"城市建设带动"战略外,"十一五"期间还应着重实施以下战略。

1. 区域开放战略

改革开放以来的实践证明,抓住国际产业转移的机遇,推进区域开放带的形成,就能实现跨越式发展。20世纪80年代,我国抓住了国际上以轻纺产品为代表的劳动密集型产业向发展中国家转移的历史机遇,着力发展轻纺产品的加工贸易,珠江三角洲等地区便快速崛起。20世纪90年代,我国又一次抓住了机电产业转移的机遇,家电、手机、微型计算机、集成电路等一批新型产业群迅速发展起来,促进了长江三角洲地区的加速振兴,也推进了珠江三角洲地区的升级。

目前,以信息技术为代表的高新技术产业的转移正方兴未艾。天津应紧紧抓住这一机遇,联合环渤海地区各省市,采取扩大区域开放战略,加强对外开放的总体规划与协调,突破体制瓶颈,加强产业间的合作和集聚,立足京津冀,联合环渤海,面向东北亚乃至全世界,构建大规模、高水平的吸纳国内外生产要素大平台,加快自身发展,把蛋糕进一步做大做优。

2. 自主品牌战略

自主品牌是产业发展的水平标志,是城市核心竞争力的重要组成部分。

为推进天津高新技术产业进一步加快发展,"十一五"期间,要强化自主研究开发和引进国外先进技术相结合的方针。要明确"十一五"乃至更长时期内,高新技术产业发展的方向、规模和目标。要在税收、信贷、财政等方面加大鼓励自主开发"高新技术"的政策。引导企业立足自我,通过技术创新不断开发和培养拥有自主知识产权的专有技术和核心技术的自主品牌产品。

与此同时,要大力促进业已形成规模的加工贸易的转型升级。进一步提升利用外资的质量与水平,实现引进、消化、吸收目标,促进加工贸易从代加工(OEM)向代设计(ODM)再向自创品牌(OBM)的转变。促进国内企业真正成为具备自主发展能力的加工贸易的载体。

3.港城联动战略

港依城兴,城以港荣。港口是城市繁荣昌盛的核心战略资源,城市是港口赖以生存与发展的母体。港城互为动力,两个优势互为依托,联袂共进,将形成巨大的叠加效应,是实现建设国际港口大都市战略目标的根本途径。

"十一五"期间,要从战略的、全局的高度,解决好港口与城市协调发展的问题。一是在经济社会发展中,要以港口为龙头,带动物流、商贸、旅游、加工和装备制造业的发展;二是要统筹城市建设和港口建设,以港口为中心,建设现代化基础设施体系;三是港口的发展建设,要为天津创造良好的形象,增强天津的吸引力、凝聚力,带动天津的服务产业上水平,为天津和区域的发展做出更大的贡献;四是港口功能建设要与环境保护结合起来,构筑海、人、产业和谐共存的生态型国际一流大港。

4.农村城市化战略

加快农村城市化进程,可以直接拉动房地产和建筑业较快增长,既是扩大市场需求、引导消费升级、拉动经济增长的有效途径,也是解决本市城乡二元结构、缩小城乡差别的需要。它不仅会增加农民收入,而且将从根本上改变农民居住环境、生产生活方式以及思想意识。"十一五"期间,天津应把解决"三农"问题放在突出的位置。

五、"十一五"期间天津经济社会发展的主要战略措施

(一)以继续推进经济增长方式转变为中心,加快经济结构调整步伐

产业结构是一个城市、地区或国家竞争力的决定性因素,也是其经济社会发展水平的重要支撑和主要标志。为了实现前述经济社会发展战略目标和任务,必须进一步加快产业结构调整步伐,实现产业结构升级。

第一,坚持走新型工业化的道路。产业结构调整必须按照党的十六大提出的要求,"坚持以信息化带动工业化,以工业化促进信息化,走出一条科技含量高、经济效益好、资源消耗低、环境污染少、人力资源优势得到充分发挥的新型工业化路子"。在调整中要进一步贯彻"追求高水平、实现新跨越""高人一筹、领先一步""低水平是包袱、高水平是财富"的战略思想,坚持有所为、有所不为,下决心淘汰一批劣势产业,集中优势资源,大力扶持和做强一批优势产业。

第二,产业结构调整的基本方向和总体目标。"十一五"期间,第二产业要提高技术能级和聚集度;第三产业要着力提高比重、提升层次和辐射能力;第一产业要向集约化、生态化和多功能化发展。积极推进三次产业结构由目前的"二、三、一"向"三、二、一"的排序演进。到2010年,天津要形成以高新技术产业为主导、先进制造业为支撑、服务业优势明显、农业

特色鲜明,三次产业协调发展的现代化产业新格局。

第三,精心选择和培育并做大做强主导产业。依据产业的增长效应、规模效应、就业效应、关联带动效应和可持续发展效应,以及外商投资密度和投资趋势,通过分析近五年来的相关统计资料,同时考虑环渤海区域内特别是津、京、冀的产业分工和协作关系,建议选择以下产业作为"十一五"时期的主导产业:(1)以电子信息、生物技术和医药、光机电一体化、新能源和新材料为主的高新技术产业;(2)以汽车、化工、冶金和装备机械为主的制造业;(3)以现代物流、房地产、金融保险、旅游和社会服务为主的现代服务业。

第四,第三产业的调整。要以大力发展现代服务业和以信息技术改造传统服务业为重点,加快发展步伐,提高比重、提升层次。一要加速发展以金融、现代物流、电子商务、技术咨询、信息服务等为内容的生产性服务业,增强其对第一、二产业的渗透力和区域辐射力;二要大力发展房地产、旅游、医疗保健、文化体育、非义务类教育、社区服务等为内容的新兴服务业,不断满足消费结构升级的需要;三要改革和提高包括政府公共管理服务、基础教育、公共卫生、公益性信息服务等为内容的公共服务业,提高服务的层次和水平,构建与国际港口大都市相适应的现代公共服务体系。

第五,制造业的调整。要紧紧把握国际产业转移和我国处于重工业化阶段的战略机遇期,坚定不移地优先发展信息产业,大力推进信息技术应用,构建以高新技术为主导的具有国际竞争力的先进制造业基地。一要加快建立以大中型骨干企业为主体的技术创新体系,营造自主创新氛围,实行引进与创新相结合,提升自主创新能力,形成核心竞争优势;二要积极利用国际资源,走国际产业联合之路,进入国际产业链,形成推进高新技术产业发展的新模式,有效推进高新技术产业基地建设;三要积极利用信息技术和高新技术改造提升汽车、机械、冶金、化工、轻纺、建材等传统产业,增强产业竞争力,构建新的产业链条,扩大优势产业规模;四要结合产业布局调整,依托各开发区和产业园区,积极实施产业集群战略,推进产业融合、产业集聚,建立和发展具有竞争优势的产业集群,提升产业能级和区域竞争力。

第六,农业结构调整。要坚持以信息化、市场化、公司化带动农业产业化、现代化,构建与城市融为一体,具有生产功能、生态功能和休闲旅游功能等功能多元化的沿海都市型农业。一要培育壮大一批具有抗风险和竞争力的产业化龙头企业,创新"公司＋农户""工厂＋基地"的产业化模式,完善社会化服务体系,以加快产业化步伐;二要发展知识型农业,大力发展优质、高效、生态、安全的现代农业,建设绿色、无公害农产品及有机食品优势产业带,运用高新技术改造传统农业,积极推进农业生产作业专业化、设施化和工厂化,推广集约化、规模化、标准化经营和品牌统一化,实现由粗放农业向集约农业的转变;三要大力发展外向型农业、生态农业、休闲观光农业,拓展农业的社会文化消费功能,满足都市人们价值观念更新和消费方式升级的需求。

第七,要完善促进产业结构调整升级的产业政策体系,对主导产业实行政策倾斜。利用产业政策促使各种资源、要素向主导产业聚集,培育主导产业发展壮大。一是财税、银行、土地规划等管理部门,对确定培育的主导产业的技术改造、新技术新产品开发、老企业的改组改造改革,在税收返还、信贷、贴息、用地等方面应实行扶植政策,给予大力支持。二是完善企业并购、重组政策,推进主导产业的骨干大型企业发展壮大,提高竞争力。三是进一步完善扶持小企业发展的政策支持体系,鼓励为小企业服务的技术推广、中介代理、担保认证等机构的发展。四是建议市、区政府和相关部门研究扶植主导产业、优势产业加快发展的引导资金。

(二)以战略规划为龙头,调整优化全市生产力布局

1.指导思想和基本要求

要在科学发展观的指导下,按照"五个统筹"的原则,编制好远近兼顾、城乡协调、产业与城镇布局合理、人与自然和谐共存的经济社会发展规划和城市总体规划,力求物质生产力、文化生产力和生态生产力的最佳结合。在规划中进一步明确全市各行政区、功能区的功能定位,着力构造各具特色、产业优势突出的产业区和生产、生活、生态"三生俱佳"的城镇发展格局。

要以规划为龙头,整合全市的各种资源,使其按照规划确定的方向流动,实现资源合理配置和经济社会的协调、可持续发展。

要通过立法使规划具有权威性,不经过法律程序不得随意变动。

2.全市生产力布局基本构架

要按照一轴两带的格局展开。一轴:京津塘城市带主轴线。两带:滨海发展带和静海—蓟县发展带。

(1)要精心打造主轴线

要突出抓好京津塘高速公路沿线的发展。首先要紧紧抓住京津塘高新技术产业带的建设,努力早日建成以中关村为龙头的中国硅谷。同时,要沿京津塘高速公路大力建设以天津港为龙头的"商谷"。

要把塘沽地区建设成为现代化港口城市标志区。在物质生产发展方面,要把这里建设成为国际性的现代化制造业基地的示范区和国际物流基地的中心区。

要把中心城区建设成为中国重要的知识经济中心、天津的服务产业中心、政治文化活动中心、都市型工业分布区。要把天津历史文化名城的潜力发挥出来,把文化产业与旅游业发展紧密结合起来,以中心城区带动全市旅游业大发展。

要把北辰区建成重要的先进技术制造业产业区和物流商务流通功能区。

东丽区和武清区也是京津城市带上的重要环节,在生态、经济、文化建设中都要坚持高水平,功能和形象要符合主轴线的要求。

(2)东西两带各自发挥优势,协调发展

滨海发展带,即塘沽、汉沽、大港共同建设现代化海洋产业基地。

要继续推行工业战略东移,战略主导性工业项目向东线摆布。塘沽区集中摆布高新技术工业。大量用水的工业大项目向滨海两翼展开。大港区、津南区分别建成世界一流的石油化工产业区和环保产业区。

静海—蓟县发展带(内陆发展带):

西青区中东部与南开区联手发展已形成高等教育和高新技术产业区,应继续做优做强,西部成长为物质和文化发展的强力增长极。

静海、宝坻、蓟县各自发展特色产业群落,突出发展优势产品,打造强势品牌,树立在国内外叫得响的产业形象。

3. 研究编制构建强势产业区的规划

四个大型制造业产业区:第一,泰达制造业示范区,引进先进示范性工业项目,发展高新技术产业以引进型为主;第二,华苑产业区,以自主开发为主发展高新技术产业;第三,大港石油化工产业区;第四,海河下游(由无瑕街、葛沽至新港船厂、临港工业区)装备制造业产业区(生产油田、港口物流装备,环保装备,海水淡化装备等)。

若干个中小型产业区:西青电子工业园、华苑新能源产业园等。

落实市委关于发展优势产业的战略举措,各区县要制定发展特色优势产业规划,如北辰的现代医药、家电与电工器材、酒奶饮品和家居用品四大产业都具有优势,市、区应合力打造几个"中国××城"。

此外,建议研究规划第五个大型产业区——东方车城。地点:在包括杨柳青、韩家墅、王庆坨—双口—北仓—天穆—宜兴埠五镇及仓联庄的范围内。生产铁路机车、汽车、自行车和其他行走机械,推进制造、商贸、市场、商务和科研融合,形成产业群。要突出发展汽车工业,优化提升这里的汽车零部件生产,做强整车基地。要做大汽车和各种车辆市场,形成名扬国内外的车城。

建议研究规划津东大流通产业区。地点:由天津港到天津站后广场。以天津港为龙头,由物流带动,大力发展商贸、商务、金融等流通产业,并带动现代物流产业、物流加工工业及物流装备修造工业及科研的发展。

要研究在南仓建设物流产业区的规划。

(三)以实现产权多元化为中心,继续深化经济体制改革

天津作为一个老工商业城市,国有老企业比较多,这些企业受传统计划经济体制影响较深、历史包袱沉重、经营观念和机制落后。20世纪90年代,加大了改革开放力度,对相当一部分国有企业实行了嫁接改造和公司化改制,非公有经济迅速发展,所有制结构和企业机制发生了很大变化。但相对于先进地区和市场经济的要求来说,本市经济体制改革的步子仍然不够快、不够大,经济发展的体制性障碍仍然不少,市场配置资源的能力仍然较弱。为此,需要进一步加大改革的力度,为经济发展提供强大的动力,创造充满生机和活力的体制环境。

一是在所有制结构方面,要按照十六大的要求,继续收缩国有经济战线和国有资本覆盖的范围,多渠道盘活国有存量资产,提高国有资本在基础性产业和特大型企业的集聚度。二是要以产权多元化为目标,以股份制为主要形式,继续对国有企业进行新一轮战略性重组和公司制改造,实现"产权清晰、权责明确、政企分开、管理科学",健全决策、执行和监督体系,

使企业真正成为"自主经营、自负盈亏、自我发展、自我约束"的法人实体和市场主体。按照现代市场经济要求,转换企业的经营机制,提高企业整体素质和核心竞争力,构造产业结构优化和经济高效运行的微观基础。三是积极引导和大力发展非国有经济,特别是对外资、民营资本要扩大市场准入,减少进入壁垒。四是进一步规范和完善市场体系,促进要素市场发展,促进社会中介组织和行业协会健康发展,推进诚信体系建设,创造公开、公平、公正的市场环境。五是推进行政管理体制改革、加快政府职能转变。使政府职能尽快转变到制定发展规划和政策、搞好经济调节、市场监管和公共事务上来,建立廉洁高效、运转协调、行为规范的行政管理体制。

(四)以提高城乡居民收入和城市化水平为主要途径,推进发展由主要靠投资拉动向主要靠消费拉动转变

根据许多国家和地区的经验,人均GDP(国内生产总值)达到3000美元之后,社会的消费结构将会向发展型、享受型升级,人们对改善住房条件、旅游需求、医疗、养老需求,以及文化生活的需求都会明显增强,由此推动产业结构的升级和服务业的加速发展。目前,天津人均国内生产总值已超过3000美元。因此,我们应把握有利时机,紧紧抓住新出现的消费亮点和消费趋向,在巩固和发展已有消费热点的同时,积极培育住宅、汽车、旅游、教育、文化等新的消费增长点,带动经济增长。

考虑到"十一五"期间天津仍需保持较高的发展速度,且有一大批建设项目投产,居民收入和购买力也还不够高等实际情况,经济发展应当实行投资拉动与消费拉动相结合的方针。与此同时,要采取积极鼓励消费的政策,促使经济发展由主要靠投资拉动向主要靠消费拉动转变。

一要努力开辟就业岗位,增加城乡居民收入和消费能力。要把开辟劳动密集型的行业作为战略任务来抓。大力发展区县经济、都市工业和家政、餐饮、社区服务等劳动密集型产业,鼓励中小企业和非公有制经济发展,引导灵活多样的就业方式,鼓励自主创业和自谋职业。在发展经济、扩大就业的同时,千方百计增加城乡居民收入,提高消费水平。

二要健全社会保障体系,引导消费预期。对于养老、医疗、就业等涉及城乡居民切身利益的改革,要合理把握改革的力度和节奏,避免居民负担过快加重。同时,要进一步健全社会保障体系,继续做好"两个确保"工作,搞好"三条保障线"的衔接,稳步推进国有企业下岗职工基本生活保障向失业保险并轨。加快建立农村最低生活保障和医疗保障体系,减轻农村居民的养老、医疗等支出负担,增强消费者信心。此外,还应加强收入分配的调节,提高个人收入调节税的起征点,减轻中低收入者的税收负担。

三要创造条件完善消费政策,培育消费热点。继续清理和消除计划经济时期颁布的抑制消费的有关规定,取缔不合理的收费。继续推进城镇住房制度改革,加快培育二级市场,完善住房公积金制度,提高居民购房能力,大力发展经济适用房。积极创造条件,继续培育旅游、教育、文化、娱乐、体育、保健等新的消费热点。同时,大力改善服务质量,解除居民消费的后顾之忧。

四要加强消费者权益保护,改善消费环境。继续完善消费品市场相关的法律、法规和规章,加大执法力度,严厉打击制假售假、价格欺诈等行为,坚持不懈地整顿和规范市场秩序。建立健全消费者权益保护的法律体系,深入开展消费者权益教育,增强全社会保护消费者权益的意识。大力发展现代流通业,规范网上购物、电话购物、送货上门等新兴营销方式。加快城市通信、互联网设施建设,引导居民扩大电信消费。

五要适应消费结构变化,促进服务消费。尽快转变重生产、轻消费和重物质消费、轻服务消费的观念,大力发展信息服务、金融理财服务、租赁服务、社区服务、家庭个人医疗服务等各种服务业,拓宽服务领域,扩大居民服务性消费。

六要建立健全社会信用体系,发展消费信贷。大力普及信用文化,加快信用立法,建立健全社会信用体系,规范和鼓励信用服务中介机构发展。大力宣传消费信贷,积极拓宽消费信贷领域,创新消费信贷品种,扩大消费信贷的规模。

七要加快农村城市化的步伐。通过实施农村工业化、城市化的战略和政策,促进农村人口和产业向城镇聚集,带动农民知识化和生产方式、生活方式、消费方式的升级,带动房地产、建材、服务业等相关产业发展。

(五)以解决滨海新区体制和发展模式问题为突破口,开创全市对内对外开放新局面

天津滨海新区自1994年设立以来,经过10多年开发建设,已经成为全市最大的区域经济增长点,而且仍有巨大的发展潜力,呈现出强劲的发展势头。应看到,新区带动区域经济发展的作用还远未发挥出来,新区产业布局分散,一方面资源和环境制约的矛盾加剧,另一方面发展中各行政区、功能区受利益驱动盲目竞争、无序开发的问题比较突出,严重影响新区的可持续发展。这些问题的深层次原因是新区的管理体制问题。

为此,应以新区体制改革为突破口,启动新区乃至全市新一轮对内对外开放。由于新区体制上的矛盾主要体现在核心区,据此可以积极借鉴浦东经验,并结合天津实际,设计优先整合核心区的改革方案。一是可以考虑从整合塘沽区政府和开发区管委会的职能入手,理顺核心区的经济社会管理机构。如以开发区管委会为主归并整合经济管理部门,建立新区经济发展工作部;以塘沽区政府及其有关职能部门为主,整合社会司法部门,设立新区社会事业工作部和司法工作部,分别统管核心区各类社会事业和司法工作。在此基础上带动南北两翼的大港、汉沽同步发展,三至五年完成整合,使整个滨海新区形成经济和行政一体化的统一整体,相机建立统一的滨海新区政府。

为了实现这一改革目标,需要强化核心区内行政区的社会事业和司法管理职能,而淡化其经济管理职能;与此同时强化新区管委会的干部人事和经济调控权力,使其在整合机构、布局规划和结构调整中发挥应有的作用。为了推进改革,建议将新区党的工委进一步实体化,设组、宣、统、办等职能部门,赋予其干部任免建议权,并赋予新区管委会土地规划审批权和经济利益协调分配权等。

(六)以实施资源持续利用和环境保护工程为重点,努力建设现代生态城市

面对资源和环境制约日益突出的问题,"十一五"期间,天津必须把资源和环境工作摆在

更加突出的位置。

第一，要从战略和"执政为民"的高度上深刻理解中央提出坚持科学发展观的丰富内涵和重大意义，从指导思想到工作安排上高度重视资源和环境问题。以对子孙后代负责的历史责任感统筹人口、资源、环境、经济、社会全面发展，坚决克服工作中只顾当前不顾长远、只注重经济建设而忽视生态建设和环境保护的倾向，确保"全面、协调和可持续发展"的战略思想得到全面贯彻和落实。

第二，切实转变经济增长方式，大力发展循环经济。要把经济结构调整与发展循环经济有机结合起来，在产业选择、项目安排、产品设计、生产过程的各个环节，切实贯彻循环经济的"三R"原则，即减少资源利用量和废弃物排放量（Reduce）、实施物料的循环利用系统（Recycle）、努力回收利用废弃物（Reuse），加强对资源消耗和废弃物排放的管理控制，实现以最小的资源消耗、最少的废弃物排放取得最大的经济效益、环境效益和社会效益；切实把经济发展从高投入、高消耗、高排放、低效益的粗放型增长方式转变到低消耗、低排放、高科技、高效率的集约型增长方式上来，实现经济发展与环境保护双赢。

在工业领域，要加强钢铁、石化、化工、电力、建材、轻纺等重点行业的能源、原材料、水等资源的消耗管理，实行"减量化、再利用"。要搞好生态工业园区建设，并以园区为依托促进产业集聚，延长产业链，通过成员间副产品和废弃物的交换、能量和水的逐级利用、基础设施和公共服务的共享，谋求资源的最佳配置以及经济、环境的最佳效益。在企业内部要积极推行清洁生产，不断改进产品设计和生产工艺，减少对人体和环境的危害，提高市场竞争力；在农村和农业领域，要积极推行产业化、园区化、设施化、标准化，大力发展生态农业。合理使用化肥和农药，避免对水体和耕地的污染。要加强种植业、养殖业、畜牧业、农产品加工业以及新兴旅游业、服务业之间的产业链接，构造互利互补、良性循环的生态产业链。在流通和消费领域，要大力提倡以人为本、节约资源、保护环境的新理念，加强对废弃物的管理和回收利用，加强对再生资源的研究和利用，变废为宝、造福人民。要规范市场秩序，打击假冒伪劣，加强产品、食品的标准化管理，构筑绿色通道和绿色环境，建设节约型、生态型社会。

第三，以技术创新推进资源的开发利用和环境保护。要加大资源利用和环境保护领域的科技投入，组织研发具有普遍推广意义的资源节约和替代技术、能量梯级利用技术、延长产业链和相关产业链接技术、"零排放"技术、有毒有害原材料替代技术、回收处理技术、绿色再制造技术等，努力突破制约循环经济发展的技术瓶颈。天津在海水淡化、中水回用技术和产业化方面，已取得显著成效并居国内领先水平，应进一步加大投入和工作力度，加快产业化步伐。应以推进热电联产、热电冷联产以及电、水、盐化工联产技术和产业化为重点，辅之以风能、太阳能、地热、天然气的能源开发利用，建立和发展以清洁能源为主的滨海新型循环经济能源产业体系。

第四，以制度创新带动资源的优化利用。大胆探索改革现行的资源和环境管理体制，整合现有机构，扩大公众参与和民主决策，建立统一管理我市各种资源与环境的决策和调控机制。近期，可以借鉴京、沪等先进城市的经验，完善水资源有偿使用制度、取水许可制度和水权制度，与此同时整合水资源管理机构，建立新的统一的水务管理机制。

第五,强化资源规划管理,合理安排各项用地。要按照天津城市功能定位和建设生态城市的要求,合理确定未来30年土地利用结构,建立"三三三"土地利用模式。要增加城市中心区公共绿地面积,城市边缘地区保留大片开敞空间和绿化带,提高大都市圈的森林覆盖率、湿地保护率,扩大自然保护区面积和农田防护林面积。同时,限制老市区"摊大饼式"发展,构建多中心组团发展模式,搞好资源支持系统和生态系统配套,分散中心城区生态压力。

第六,加强生态建设,强化生态调控机制。在城市规划和建设中,配合海河综合开发改造、战略东移、区县经济发展,在产业带上建设海河森林都市生态廊道;在市域范围内架构由多条生态廊道、森林公园、湿地公园、城郊森林、绿色通道和农田防护林网组成的生态防护体系,构造天津"山、水、田、城、海"的生态都市格局和现代生态文明形象,为天津实现战略目标提供生态保障。按照生态环境和自然地理资源特点,天津市分为六个不同的生态功能分区:北部的山地生态林水源文物保护区、中南部的湿地生态保护区、中心城市生态保护区、中部城市化生态功能发展区、南部城市化生态功能发展区。通过生态廊道和自然公园的建设,构建中心城市生态保护圈,力争"十一五"期间城市生态环境明显改善。

限制城市过度发展,保护现有的生态资源,积极推动生态恢复与重建工作,恢复和强化城市生态调控能力。

北部山地生态林水源文物保护区、中部的湿地生态保护区治理的重点是恢复植被、保护自然植被或湿地生态系统,涵养水源,治理水土流失。

中部和南部城市化生态功能发展区,重点解决生态农业、水资源的开发与合理利用以及土地退化、盐碱化、沙化问题。

第七,加大宣传力度。要利用各种形式和宣传媒介,大造舆论,强化资源和环境意识,形成全市人人都能从我做起、节约资源和保护环境人人有责的社会氛围。

(七)"以人为本"、统筹安排,着力解决社会事业发展中的突出问题

改革开放以来,天津的各项社会事业有了很大发展,综合发展水平长期位居全国前列。特别是教育、社区建设、精神文明、社会治安等工作更为突出。但是,也存在许多不容忽视的问题。

根据社会科学文献出版社2003年3月出版的《中国城市竞争力报告》(城市竞争力蓝皮书)提供的数据,本市的综合竞争力比较靠前,但也不容乐观。该书认为,2002年城市竞争力排名中,天津的指数为66.84,城市综合竞争力在200个城市中排名第9位,除香港、澳门外,上海、深圳、北京、广州、东莞、苏州都排在天津的前面。在中国200个城市中综合知名度排名中,天津为第5位,在内陆仅次于北京、上海。

该书还提供了中国47个最具竞争力的城市排名和与社会发展发展相关的一些指标。其中,天津有些指标比较靠前,比如科技竞争力指标(该指标包括科技实力指数、科技创新能力指数、科技转化能力指数等)排名全国第3位,仅次于北京、上海;而人才竞争力指标(包括人力资源数量指数、人力资源质量指数、人力资源配置指数、人力资源需求指数、人力资源教

育指数)排名第 21 位;环境竞争力指标(包括城市环境质量指数、城市环境舒适度指数、城市环境优美度指数、城市人工环境优美度指数)排名第 34 位;文化竞争力指标(包括价值取向指数、创业精神指数、创新氛围指数、交往操守指数)排名第 46 位,不容乐观。

该报告认为"天津是中国北方重要的经济中心城市,综合竞争力很强","天津的政治文化区位也非常明显,仅次于北京和上海局全国第三位"。但问题不少,比如,天津"资源,尤其是水资源缺乏","科研投入比较少,科研开发、科技转化能力不高,高新技术产品开发优势不明显","环境竞争力不强"和"文化竞争力需要提高"等(参见中国城市竞争力报告,社会科学文献出版社 2003 年版,第 1、18、246 页)。

总之,天津存在的突出问题是:中心城市交通拥堵、环境污染严重、资源供求矛盾加剧、就业压力加大、农村城市化步伐不快、村容村貌落后、市场秩序和信用体系需要进一步完善、教育收费秩序有待进一步规范,等等。

为了提升城市的整体素质,满足人们日益增长的社会文化需求,促进人的全面发展,"十一五"期间,天津在加快经济发展的同时,要全面贯彻"以人为本"的方针,更加关注和加强社会事业的发展。

第一,继续贯彻科教兴市战略,在继续抓好硬件建设的同时,着力抓好"软件"特别是教师队伍的建设,全面提高教育质量,规范收费秩序,高度重视和加强职业教育,为现代化建设提供强有力的智力支持。

第二,高标准搞好城市规划和功能建设,提高城市管理水平,着力解决交通堵塞、环境污染脏乱、社会安全等突出的问题。

第三,积极做好人口管理、计划生育和就业工作。继续推行优生优育,抓好义务教育、素质教育、成人教育、终身教育等,加强和改进对流动人口的安置、管理、服务和教育,全面提高人口素质,做好下岗职工的培训和再就业工作。

第四,要继续抓好社会保障制度的建设。完善社会保险制度,加快建立覆盖全市的劳动和社会保障信息系统,统一协调养老、医保、失业、工伤、生育五大系统,使政府得以进行有效的宏观调控,公民具有知情权,得以运用制度维护自身权益。

第五,要大力推进物质文明、精神文明、政治文明和民主法制建设,提高城市的文化品位和整体素质,努力构建安定和谐、文明有序、人民安居乐业的社会环境。

(八)以实施"港城联动"为抓手,带动经济中心和国际港口城市功能建设

天津港是天津市的核心战略资源,是天津最大的优势。为了加快天津发展,更好地发挥天津作为经济中心城市的作用,"十一五"期间,要认真落实 2003、2004 年市政府召开的两次港口工作会议做出的一系列战略部署,加快实施"港城联动"战略,形成港口与城市互动发展的新格局。

一是努力构筑四大功能体系,即以港口为龙头的现代化大交通体系、以港口为枢纽的现代物流体系、以港口为依托的临港工业体系、以港口为核心的综合服务体系。

二是围绕形成四大功能体系和港城联动机制,加快实施一批带有战略意义港口设施和

外部配套工程,如北疆 30 平方公里人工岛工程、20 万吨级深水航道工程、集装箱物流中心建设和集装箱煤码头改扩建工程、南疆散货物流中心功能建设和扩建工程、20 万—30 万吨油码头建设工程以及天津港联结市区和腹地的公路、铁路战略通道等工程。

三是要加强统筹规划和协调。统筹安排港口和城市规划,确保港口发展和功能体系建设所需空间,统筹协调解决港口规划、产业规划、海河开发规划、海洋规划、新区发展规划、城市总体规划之间的关系和矛盾,优化资源配置,谋求最佳效益和可持续发展。

四是充分利用两种资源,奋力开拓两个市场。港口和城市都要在进一步扩大对内对外开放中谋求更快的发展,在互相依存、优势互补中,通过市场运作解决建设和发展中的资金、货源、人才、技术等问题。

五是要着力营造合力兴港、港城联动的软环境。要加大宣传和培训的力度,研究制定支撑四大功能体系和港城联动机制的配套政策,深化体制改革,推进港区一体化,创新港口和城市管理体制,落实《中华人民共和国港口法》,完善港口和城市的法律法规体系,建设统一高效的口岸信息平台,加快发展现代服务业,完善港口与城市服务体系,真正形成"合力兴港、港城联动"的社会舆论环境、政策环境、法律环境、体制环境和服务环境,有效地增强港口城市的综合竞争力。

(作者:刘东涛、孙兰玉、赵立华、刘伯德、李胜毅、方学敏、李文增、崔泽营、刘祥敏、王泽敏、冯攀、代人元,获天津社会科学优秀成果一等奖)

关于红桥区城市功能定位及发展战略研究报告

1997 年夏,应红桥区委、区政府和开益国际咨询研究中心的邀请,天津市经济发展研究所承担了红桥区城市功能定位和发展战略的课题研究,目的是为区委、区政府领导及市有关部门决策提供参考。研究报告中的一些思路和观点已经变为区委、区政府的决策,并在逐步变为现实。这里发表的是综合报告的压缩稿。

一、红桥区在天津实现跨世纪发展中面临的挑战与机遇

《天津市国民经济和社会发展"九五"计划和 2010 年远景目标纲要》的制定,为天津市跨世纪发展描绘了宏伟蓝图。天津市总体战略目标的提出,在客观上要求各区县加快发展,要求各区县明确在实现总体战略的格局中担当的角色和发挥的作用。在这种情况下,红桥区适时提出对本区的城市功能定位,这关系到红桥区以什么样的姿态跨入 21 世纪,对推动红桥区的长远发展和实现全市总体目标,都具有十分重要的意义。

各区在贯彻全市总体发展目标中,都提出了各自的发展思路和对策,都在利用各自的优势,采取大举措,谋求大发展。

天津市整体发展战略的实施和各区加快发展的态势,对红桥区来说,既是挑战,也是机遇。红桥区加快发展的主要机遇有:

第一,天津市实施"西进东出"战略,地处中心市区西北部的红桥区应抓住"西进"这一有利时机,捷足先登,加强与京冀以及西北等地区的联合,开展全方位的合作。

第二,天津市提出建设北方商贸金融中心的目标和鼓励发展第三产业的重大政策,为红桥区加快发展第三产业提供了强大的推动力。

第三,本市"兴区兴县"战略的提出,使红桥区发展区域经济有了更多的主动权。

第四,全市实施"科教兴市"战略,为红桥区开拓高教科研新领域,并在千里堤内外早日形成天津市第二高教科研区,展示了光明前景。

第五,实施可持续发展战略,为红桥区改善环境开发自然和人文旅游资源,建成花园城区开辟了广阔天地。

第六,以成片危陋平房改造为重点的旧城改造工程,为红桥区优化城市功能布局,改善交通,发展房地产业,提供了充分的余地。

第七,京沪高速铁路建设规划,为西站地区的改造提供了难得的历史性机遇。

第八,各区加快发展的新形势,也为红桥区开展区域合作,优势互补共同发展,提供了更多的机会。

二、发展中的优势和主要矛盾

红桥区作为天津市的发源地,在长期的历史发展中形成了六方面的优势:

一是区位优势。红桥区位于中心市区西北部,是我市实施"西进"战略的主要通道,在津京冀联合发展中处于最优位置。穿越红桥区的津浦铁路线是全国铁路网的重要干线,区内有三个长途汽车站,通往郊县和兄弟省市;有津京、津保、津永三条公路在境内通过,是我市连接京冀晋豫等地区的重要通道。坐落于区内的西站是连接津浦线和京山线的枢纽。西站还是地铁的始发站、长途客运和公交汽车枢纽站,有条件成为我市商务交通副中心。

二是自然环境优势。红桥区地处中心市区上风头,大气污染源少,大气质量好;地势高、水位低,土壤植被好,南运河、北运河和子牙河流经区内,自然环境清新优美,有利于建成花园市区。

三是商贸优势。大胡同、估衣街、针市街和河北大街一带历史上就是天津商业中心,瑞蚨祥、谦祥益、元隆、天一坊、耳朵眼等老字号,享誉国内外,仍然是招徕国内外客户的金字招牌。大胡同小百货批发交易市场,吸引辐射全国广大地区,单位面积经营效益全国最好。前三期工程已建成投入使用,第四、五期工程前期准备工作也已就绪,为进一步发展积蓄了后劲。这一商贸优势也是我市建设北方商贸中心的重要基础和强有力的支撑点。

四是历史文化优势。红桥区是天津市的发祥地,是民族工商业的"摇篮",是中国第一所大学(北洋大学)所在地和本市第一所中学(铃铛阁中学)诞生的地方。这里历史文化积淀深厚,有吕祖堂、清真大寺、近代著名教育家严修故居、估衣街等众多古迹和以"泥人张""刻砖刘"等为代表的传统文化遗迹,还是天津民俗文化和饮食文化的发源地,适合大力发展文化旅游产业。

五是科技优势。区内有四所部属科研险所、两家应用性很强的高等院校和十余家市属应用科研单位。红桥区科技园区建立后,民营科技单位迅速发展,如能建立良好机制,充分开发这批智力资源,对于红桥区科技兴区,将会发挥强有力的推动作用。

六是土地资源优势。在子牙河两岸尚有 5 平方公里左右的成片"生地"可供开发,旧城区新、老建筑物混杂的情况较少,便于整体规划,成片改造。

最可贵的是红桥区领导班子意识超前、开拓进取,重视发展战略的研究;红桥人素有干事业吃苦耐劳、锲而不舍的精神,其中又不乏经营人才和能工巧匠。有这样的班子和这样的人民,红桥区的发展大有希望。

红桥区发展中面临的主要矛盾和问题是:

1. 城市发展重心东移与红桥区经济社会发展的矛盾

21 世纪 20 年代以后天津城市重心呈东移趋势,红桥区经济地位相对下降。计划经济时期,在其他各区都安排了大量工业和公共设施建设项目,而对红桥区长期没有大的投入。近年来,全市商业中心东移的步伐加快,各方面对在新的条件下如何发挥红桥优势关注不够,使该区与其他区的差距拉开,在全市中的位置和重要性有所下降。

2. 交通不畅与城市发展的矛盾

红桥区境内缺桥少路,特别是跨越"三河一线"(南北运河、子牙河和津浦铁路线)的道桥工程滞后,影响着本区与周边区域特别是中心市区的联系。人流、物流、商流不畅,影响地价升值,招商引资难度大,产业布局难以展开,城市建设颇受影响。

3. 骨干产业单一与经济增长的矛盾

近些年来,大胡同小百货批发交易市场有了较快发展,形成了一定气候,然而未能带动起相关产业的发展。其他地段的开发相对滞后,致使经济布局一头沉。这样的产业结构不仅抵御市场风险的能力脆弱,而且难以适应加快发展的要求。

4. 经济实力薄弱与社会发展的矛盾

据 1996 年统计,该区财政收入不足和平区(中心市区第一)的 1/3,也不足河东区(中心市区第五)的 2/3。由于财政支出捉襟见肘,使旧城改造和各项社会事业发展受到严重制约。

从当前看,红桥区经济发展中的主要矛盾是,城市载体功能与经济社会发展需求不相适应。这主要体现在三个方面:一是市政设施欠账太多;二是缺少有吸引力的服务设施;三是缺少现代化的商务机构。对人流、物流的凝聚力、吸引力较差,留不住高素质人才,招商引资困难较大。经济社会发展难以走上良性循环的轨道。

三、城市功能定位

为了使红桥区跟上全市发展的步伐,走上良性循环轨道,在全市的发展中发挥更大作用,关键是解决其城市功能定位问题。据此,对红桥区城市功能定位的表述提出以下两个方案：

一是以西站为依托形成中心市区商务、交通副中心，辐射国内外的北方小商品、物资集散地，成为商贸繁荣、科教发达、工业先进、功能完备的花园市区；

二是形成中心市区商务、交通副中心，辐射国内外的北方小商品集散地，文化、旅游产业发达的花园市区。

这样的定位主要是基于以下考虑：

第一，这种表述比较准确地描述了红桥区的城市性质和功能。

第二，这一定位突出了红桥区特有的优势和特色，特别是突出了其交通、商贸、文化方面的优势。红桥区作为辐射"三北"乃至全国的小商品集散地的特有优势正是其他市区不可替代的。从交通优势看，本市中心市区两个铁路枢纽之一的西站就坐落在红桥区，这里有全市最大的长途汽车客运站和地铁始发站，由此经过的京沪高速铁路项目已列入国家规划，以西站为依托，有条件形成中心市区交通商务副中心。从文化优势看，不仅具有开发旅游产业的潜在优势，而且发展科研教育事业具备较好的条件。

第三，定位中表述的"交通、商务副中心"是中心市区的副中心，意味着它是"市级"的；"北方小商品物资集散地"是立足北方、辐射国内外的。这就对红桥区主要功能作用的范围做了明确的界定。

第四，定位也体现了天津市要建设"一个基地、五个中心"总体发展战略的要求，是全市总体发展格局中的重要组成部分。

为此，要建设好"两个中心、五个产业群落、一个基地"，即商务交通中心、小商品交易中心；站前服务产业群落、小商品产业群落、文化旅游产业群落、西站物资流通产业群落和新技术产业群落；爱国主义教育和生态工程基地。形成与交通、商务副中心地位相匹配的现代化城市功能载体和服务体系。

四、发展战略与对策

对红桥区功能定位的表述，也是该区城市发展的战略目标。

为了实现这一目标，必须实施"以路带城，贸文兴区（此处'文'指科技、教育、文化、旅游），培育主导行业，构造产业群落"的总体发展战略。

实施这一战略的主要对策是：

1. 以南进北出道路建设为重点，解决该区与市区主部联系

规划建设跨越津浦线和子牙河、连接红桥北大街和大丰路的大通道，利用西站改造的大好时机加以实施，充分发挥西站地区功能；规划建设西青道向东延长线，使之与金钟桥大街联为一体，解决大胡同地区商品集散的问题。建议市政府实施拓宽北门里、南门里大街，使之成为贯穿全市南北的交通大动脉。尽早安排咸阳路贯通工程，缓解中环线压力。

近期，重点建设广开四马路北段延长线、拓宽改造南运河南路东段。进行金钟桥大街拓宽

改造,并使南运河南路东段与河北大街南段连接,解决大胡同地区商品集散运输的紧迫问题。

加强协调,尽快打通三号路、芥园道两条放射线建设,拓宽中环线勤俭道路段。

2. 结合西站地区的改造,建设商务、交通副中心

利用西站作为公路、铁路交通枢纽的优势,建设交通、商务副中心。建议市政府充分利用京沪高速铁路建设的有利时机,按照跨世纪发展的要求和国际性港口大都市的标准,高质量地做好西站及周围地区的改造规划。一要精心规划西站前、后广场,形成天津市两大车站双双临河屹立的景观。二要规划好站前、站后服务设施的布局,积极发展商务金融、信息、购物、餐饮、娱乐、邮电等产业,加快各类市场的培育,形成相互配套的服务产业群落。三要在西站西规划建设好物资流通中心,使之与唐口交易中心、南仓交易中心共同在天津建设北方商贸中心大业中发挥重要的支撑作用。

近期,在西站附近建设天津市最大的现代化长途客运中心,作为我市实施“西进”战略的一大举措。适应大胡同小商品集散的需要,在西站西建设物资配送中心,逐步发展为服务产业群落。

3. 统筹规划,完善功能,建设北方小商品集散地

按照全市建设北方商贸中心的要求,进一步完善北方小商品集散地的规划。将金钟桥大街以东、北门外大街以西和南运河以北地段、三条石地区都纳入规划视野,统筹安排各类小商品产业的发展,使之从单纯的交易功能逐步发展成为包括加工、储运、配送、金融、信息、服务等为一体的多功能、网络化、综合性的小商品产业群络。同时保护估衣街,恢复估衣街东口传统风貌。

近期,在加快实施大胡同小百货批发商城后续工程的同时,要提高市场的管理水平,营造良好的投资、经营环境;调整市场批发结构,逐渐形成专业化分区;搞好配套功能建设,促进市场的健康、协调发展。

4. 发掘人文和自然资源,开发旅游产业

要充分利用红桥区历史文化积淀深厚、文物古迹多的优势,从引滦纪念碑到烈士陵园之间,规划开发南运河旅游带。恢复建设“龙飞渡跸”坊、老城博物馆、天津工业史博物馆、穆斯林风貌建筑、民族大世界、民族风味食廊、水西庄古街肆等。在子牙河北岸以植物园为依托开发观光农业、花卉产业,建植物物种博物馆、观赏鱼展览馆等。争取在平津战役纪念馆建成的基础上续建军事模拟游乐场。扩建吕祖堂,使之与平津战役纪念馆、烈士陵园等共同成为爱国主义教育基地。在植物园规划区内,开发观光农业、花卉产业,建植物物种博物馆、水族馆等,促进植物园的建设,使之尽早形成我市生态工程基地。

近期搞好“一片两堤”建设,先期在平津战役纪念馆周围开发花卉产业和游乐场。对子牙河北岸大堤进行整治,形成与海河公园媲美的带状公园。在北运河延伸桃花堤至西沽公园,广植桃柳,建议搞好河两岸的治理。共建北运河景观带。

5. 实施科教兴区战略,发展高科技产业群落

以现有科研单位和高等院校为基础,积极争取各有关部门继续在千里堤外规划安排高

教科研单位,使千里堤内外尽早形成天津市第二高教科研区。并使之与津霸工业小区改造结合起来,促进科研成果转化为生产力,成为能够带动本市西北部地区工业向高科技发展的龙头。把三号路西段逐渐改造成为科技贸易街,积极创造条件,使这一地区尽快形成高新技术产业群落。

近期,主要抓好三件事:一是以三号路西段科贸街为核心作为启动点,筹建北洋科学工业园。二是在红桥职大、区党校现址基础上,规划建设区成人教育中心。通过土地置换把教师进修学校、职工中专、区图书馆等单位迁建于此,发挥智力资源的集聚效益。三是根据经济发展需要,努力开辟特色专业课程,搞好职工继续教育和下岗职工再就业培训。

6. 面向国内外市场,搞好区街工业

红桥区工业的发展,既要考虑现有基础,扬长避短,又要面向未来、面向 21 世纪,实现跨越式发展。紧紧地围绕电子产品、生物工程、环保工程等有发展前景的行业,引进国内外知名大公司投资建厂,培育主导行业。

同时也要充分利用本区的商贸和科研优势,组织引导区街工业企业大力发展都市型工业。寻找切入点,积极开发特色产品,加速产品专业化、规模化进程,创名牌增效益。

7. 打好"民族牌",发展特色经济

搞好西北角地区少数民族经济和文化的发展规划,建设"穆斯林大世界";辟建民族商业街;利用少数民族集居的特点,开展与国内外的商贸、文化往来;发展适合少数民族风俗惯的特色旅游。结合这一地区的平房改造,在清真大寺附近辟建少数民族风味食品街。近期,因地制宜规划改造小伙巷民族食品市场,使之上档次,特色更为突出。

8. 适应市场经济多元化趋势,大力扶植非国有经济的发展

进一步贯彻国家发展多种经济成分的政策,积极扶植个体、私营等多种经济成分发展,鼓励采用股份合作制等现代资产组织形式,逐步发展壮大,以形成企业集团,成为区街经济的支柱。

结合"抓大放小"的举措,按照产权多元化的方向,对市里下放到区的企业,与区属现有企业统筹谋划,分类排队,搞好组织结构调整和资产重组,将其搞活,使其重现生机。

9. 进一步推进全方位区域经济联合,拓宽招商引资渠道

借助天津市作为北方最大的沿海开放城市的影响,利用红桥区特有的优势,积极贯彻实施"西进"战略。由区政府牵头,组织区内工商企业、经营者和社会联系广泛的、有影响的民间人士出访,寻找合作机会,开拓合作领域,扩大红桥区在周边和中西部地区的影响,争当我市实施"西进"战略的主力军。制定更加优惠的政策,加强软硬件环境建设,筑巢引凤,利用多种形式招商引资,参与区内开发与建设,推动全区经济社会发展。

近期,在西站商务、交通副中心规划区抓紧筹建面向西北五省区地县(市)、乡镇以及企业驻津单位的"西北大厦",使之成为这些地区、单位在本市的窗口,并成为本市实施"西进"战略、服务内地的一个起动点。同时,大力开展与京冀等周边地区广泛的联合与合作。积极搞好服务,在联合中求发展。更好地发挥本市北方商贸中心的作用。

10. 摘好精神文明和法制建设,创造宽松的经营环境

坚持"两手抓、两手都要硬",切实抓好精神文明建设。采用各种现代宣传教育手段和群众喜闻乐见的新形式,营造精神文明氛围,提高本区人民的文化道德素质,树立起红桥人在市场经济条件下开拓进取、奋发向上的新形象。以公共活动场所为重点,不断推出新招,创造一流环境、一流服务、一流社会风貌。

利用多种媒介,强化对外宣传,扩大红桥区在国内外的影响和知名度。政府综合部门和行政执法部门要强化公仆观念,增强服务意识,提高办事效率和服务水平,多为企业办实事。

加强法制建设,创造良好的市场秩序和社会秩序,确保经营者的合法权益,使广大经营者投资放心、经营舒心、获利安心。

11. 完善城市服务体系,提高居民生活质量

在发展经济的基础上,改善居民生活环境,提高生活质量。应从红桥区的区情出发,走"民办公助"的新路子,主要依靠社会力量搞好教卫文体设施建设,建立功能完善的服务体系。

中小学教育,进一步发挥本区教师的聪明才智,提高教学水平,同时应通过各种形式引进高素质教育人才。选择一二所有发展潜力的薄弱校或新建校,重点扶植,使之达到区重点校水平。再选择一所区重点校加以扶植,努力使其成为津门名校。

卫生事业,规划建设临床医疗、预防保健和科研教育三大体系。近期,努力实现红桥区医院的扩建,调整迁建一些医疗网点,方便本区居民,特别应培育、建设专科医院,扩大医疗服务的辐射范围,以提高经济效益和社会效益。

努力完善社区文化服务体系,丰富居民的文化生活。以文化宫为基础,将一些文化设施向这里集中,形成红桥区文化活动中心;积极开展有特色的群众文化活动;通过引资、筹资扩建或新建梦园、佳园、芥园、民族文化宫四个档次较高的娱乐中心。

体育事业,当前要抓住国家体委有意向在本区开发"绿色城堡"的项目,争取立项实施。尽快筹资建设以红桥区体育场为基础的体育中心项目,充分开发利用现有设施,开展专业和群众体育活动,增强人民体质。

12. 精心规划,狠抓落实

实现红桥区城市功能定位和发展战略目标,一个很重要的任务是搞好红桥区城市功能分区规划,并把城市功能定位和发展战略研究的成果落到红桥区城市规划修编中来,体现到天津市城市总体修编规划中去。树立执行规划的法制观念,保证规划的严肃性;再就是要加强领导,狠抓落实。要把功能定位和战略研究的成果反映到党代会、人代会的文件上,组织成专门班子,赋予权力,落实责任,积极推动各项战略措施真正落在实处。

实现红桥区跨世纪发展设想,落实上述对策,关键在人。为此,一是要推动新一轮思想解放,以"三个有利于"为标准,进一步转变观念。二是进一步实施跨世纪人才工程,采用全新机制,培育和广纳人才,把启用和引进人才作为开创各项事业的关键。三是要取得广大干部群众的大力支持,把宏伟的奋斗目标变为群众的实际行动,形成同心同德、群策群力,献身

红桥,振兴红桥的新局面。

同时,建议市政府在实施工业重心东移的过程中,对地处我市西北部经济基础比较薄弱、财政收支比较困难、旧城改造任务比较艰巨的红桥区给予关注,做出相应的政策安排,使其跟上全市发展的步伐。

(作者:刘东涛、陈德隆、刘伯德、王南利、孙延海、张晓光、孟新民,1997 年成稿,刊发于《天津经济》1998 年第 3 期,获天津市社会科学优秀成果二等奖)

实施高新产业带动战略 建设生态化都市新区
——天津市北辰区经济社会发展战略研究

北辰区是天津市四个环城区之一,在全市发展中具有重要的战略地位。在天津实施"三步走"战略的新形势下,如何全面正确认识自身的优势、问题和潜力,把握机遇,找准定位,选择切实可行的发展战略,已成为关系北辰区全局和长远发展的当务之急。

一、加快发展的基础和条件

(一)比较优势明显,发展潜力巨大

1. 区位优势

北辰区位于天津中心市区北部城郊接合部、京津塘高速公路两侧,区政府驻地距首都北京 110 公里,距天津国际机场 16 公里,距天津港 50 公里,是天津连接北京、冀北地区的通道和重要经济走廊。

北京和天津作为世界知名的两个特大城市,也是人才、信息、科技、文化、资金、市场等各种资源以及国内外经济社会活动高度聚集之地,京津两市之间又有京津塘高新技术产业带相连,这种区域环境为北辰区的发展提供了绝好的条件。

2. 交通优势

本区历来是我国北方的交通和储运重地,境内有华北最大的铁路编组站,铁路干线、专用铁路线、高速公路、国道、省级道路纵横交错,形成了四通八达的交通网络。其便利的交通设施,为北辰的经济发展和经济辐射功能的发挥构筑了独特的物质基础。

3. 资源优势

北辰区地域辽阔,辖区总面积 478.5 平方公里,相当于 6 个中心市区面积总和的 3.15 倍。外环线以内面积 64.2 平方公里,居全市之首。区域内较为丰富的可供开发利用的土地资源,为该区经济社会可持续发展提供了广阔的空间。除区属土地资源以外,区内老国有工

业和仓储运输企业也占有大量土地,其中不少占地期待着置换开发。区域内拥有刘园、北仓两个大型市级苗圃,全长115公里的北运河、永定新河、子牙河等7条主河道以及占地面积5平方公里的永金(银河度假区)、大兴两座水库,特别是西部青光镇所辖区域的绿色植被和生态环境为全市各区县所少有,潜藏着巨大的开发价值。

4. 产业优势

北辰区是天津的工业和物资储运重镇,拥有北辰科技园区等著名的工业区和"中储"等著名大型仓储运输企业。特别是改革开放以来,随着乡镇工业的崛起和个体私营经济、外商投资企业的增长,医药、机电、冶金、化工、汽车配件、家具等制造业和物流产业迅速发展,成为北辰经济的支柱产业,为北辰区今后的大发展奠定了雄厚的产业基础。

5. 人文优势

北辰区人杰地灵,文化底蕴深厚,孕育了不少名人志士。清朝历代皇帝几乎都曾在此驻足。清末民初的政治家和教育家孙洪伊,教育家温世霖、徐肃静,著名教育家张伯苓,大戏剧家和外交家张蓬春,天津早期地下党的领导人安幸生,著名战斗英雄杨连弟,以穆成宽、穆祥雄父子为代表的在国际游泳大赛多次夺冠并称雄中华泳坛数十年的穆氏家族,世界武术冠军郎荣标,都是北辰人。天穆、北仓、宜兴埠等历史名镇,以及辖区内LG空调器、双街钢管、王朝葡萄酒、速效救心丸、复方丹渗滴丸等知名产品及其生产企业,也都以其深厚的文化内涵闻名中外。北辰区还被国家文化部命名为现代民间绘画画乡、全国文化先进区,文学创作、戏剧、歌咏、花会、收藏等群众性的文化活动应有尽有,非常活跃。这些丰富的人文资源与其他产业加以整合开发,必将变成巨大的现实经济优势和社会财富。

(二)综合经济实力增强,奠定了加快发展的物质基础

近10年来,北辰区经济快速发展,经济规模不断扩大,综合实力显著增强。"九五"期间,生产总值年均增长22%,在全市位居前列,比全市平均水平高11.3个百分点;财政收入年平均增长24.6%,居全市首位,比全市平均水平高9.2个百分点。

从1999年起,全区工业销售收入、增加值、利税总额,连续5年名列本市农口12个区县前茅。2003年全区实现生产总值119亿元,比上年增长18.9%;三级财政收入18.2亿元,增长49.3%;农民人均纯收入7268元,增长10%。综合经济指标位居农口区县前列。由此表明,北辰区已经具备进一步加快发展的物质条件。

(三)对内对外开放成效显著,招商引资形势喜人

十几年来,北辰区积极推进对内对外双向开放,大力发展外向型经济,截至2003年,外资实际到位9.41亿美元。有316家"三资"企业建成投产,年产值达141亿元。出口企业发展到200家,2003年完成出口交货值71.8亿元,比上年增长30.9%;出口创汇5.5亿美元,增长38%。北辰科技园区和9个镇的工业基础设施和投资环境日臻完善,招商和投资形势空前活跃。

(四)领导班子团结一致,开拓进取、多谋善断

北辰区的领导,坚持"发展是硬道理",牢牢抓住发展这个"第一要务",协同、协调、协力,聚精会神搞建设、一心一意谋发展。从实际出发,积极探索出一套行之有效的用人机制,形成了目前全区上下同心同德、步调一致、共谋发展、共建新北辰的大好政治局面,为加快发展提供了坚实的组织保证。

二、面临的发展环境和机遇

当今世界,和平与发展仍然是时代的两大主题。世界经济全球化的趋势日益强劲,科技进步日新月异,区域经济联合与竞争同时推进并不断升级。各发达国家经济结构调整和产业转移速度加快,世界制造业正在向中国涌动,一些物流业巨头开始登陆中国,许多著名跨国公司看好中国未来,纷纷将地区总部、制造业基地、研发中心和采购中心迁往中国。中国加入世界贸易组织,标志着我国经济进一步与世界经济接轨,将更多的分享经济全球化带来的好处。党的十六大制定的全面建设小康社会的奋斗目标和一系列方针政策,展现了美好的发展前景。各种信息表明,新世纪前 20 年将是我国经济社会发展的重要战略机遇期。这一战略机遇期对于正在快速发展的北辰区来说尤其重要。

顺应国内外的发展大势,天津市第八次党代会确定了新世纪前 10 年率先基本实现现代化的"三步走"战略和五大战略举措,提出要大力发展海河经济、大力发展海洋经济、大力发展优势产业、大力发展区县经济、大力发展中小企业和个体私营经济。在新的形势下,各区县都在积极落实市委、市政府的战略部署,认真研究、精心谋划新一轮的发展方略,竞相构筑有竞争力的发展环境,区域间竞争将更加激烈。

这一战略机遇期和大背景,既为北辰区的发展提供了千载难逢的历史机遇,同时也使其面临更加激烈的竞争和严峻的挑战。发展的机遇稍纵即逝,市场竞争优胜劣汰、不进则退。在机遇与挑战面前,容不得四平八稳和丝毫懈怠。

目前,北辰区整体经济素质还不高,多数产业和企业的竞争力还不强。特别是第三产业发展滞后,环境治理任务繁重,城乡形象尚未摆脱郊区和旧村镇落后面貌;产业和城镇布局还不够合理;社会事业发展与人民群众日益增长的文化生活和健康需求还很不适应;人才短缺又进一步制约了经济社会发展。这些问题和差距同时也是发展潜力。清醒地看到存在的差距,从而奋力进取,抢抓机遇,扬长避短,发掘潜力,迎接挑战,是必然选择。

为此,北辰区须在明确功能定位的基础上,制定一个既统领当前各项工作,又能指导北辰长远建设的发展战略,用以统一全区干部群众的思想,指导北辰人更加顺利地完成新时期的历史任务。

三、功能定位

研究编制一个切实可行、符合北辰区当前和未来发展客观规律的经济社会发展战略,首

要的问题是必须明确北辰区的功能定位和城区性质。通过近年来认真的调查研究,并根据发挥优势、扬长避短的原则;树立科学发展观、实现可持续发展的原则;坚持"五个统筹"和远近兼顾的原则,按照天津的城市性质、功能定位和总体发展战略的要求,对北辰区的功能定位提出如下表述:

北辰区是京津塘高新技术产业带与天津中心城区的结合部,京津地区重要的交通枢纽和迅速崛起的新型工业基地;要建设成为技术先进的制造业强区、联系京津冀的商务流通功能区,成为特色鲜明的生态化都市新区。

这一表述,前三句说的是北辰现在所处的区位和地位,也是其发展的基础和条件;后三句表明了其未来发展的目标和功能定位。做出这样一种表述的主要考虑是:

第一,"京津塘高新技术产业带与天津中心城区的结合部"。这一提法,比较鲜明、准确地反映了北辰区的区位特征。这种结合部的特殊重要性在于:第一,它可以利用这种区位优势积极地承接北京乃至世界的高新技术辐射,吸引高新技术产业在此聚集,为把天津建设成为世界性的制造业基地做出贡献;第二,它可以利用这种结合部的区位优势,在京津冀联合发展中发挥独特作用;第三,随着中心城区的扩展,这一结合部还可以在建设天津现代化的中心城区和统筹城乡协调发展中发挥特殊重要的作用。总之,凭借这种结合部的优势,可以有效地聚集京津两个特大城市乃至国内外的人才、资金、信息、技术、产业,加快北辰发展,并在实现天津的战略目标和拉动区域经济发展中发挥积极作用。

第二,"京津地区重要的交通枢纽"。这是北辰区在区域中所具功能作用的客观描述。如前所述,这里不仅有北方最大的铁路编组站,而且有京津塘、京沪、津保、津沈、津冀5条高速公路和8条干线公路、5条干线铁路从区内起始或交汇,这也是其他区所不具备的,它为人流、物流和产业在此聚集提供了极好的先决条件。

第三,"迅速崛起的新型工业基地"。这句话讲的是北辰区的产业特征、发展态势及其在所处区域内的地位。这里已经聚集了LG电子、天士力、美伦、六中药、王朝、华润啤酒、华唯斯特、高丘六合、万达、双街钢管、斯必得等一大批现代化的工业企业,规划中的制造业群落正在如火如荼建设之中,京津塘高新技术产业带上一个现代化的新型工业基地已见雏形。

以上三点,集中地反映了北辰区在区域发展中的地位、特点和优势。这也是北辰区招商引资的三张王牌,加快发展的三大基石。

第四,"技术先进的制造业强区"。这是北辰区的目标定位之一。北辰区是一个老工业区,随着技术进步的加快,必须加快经济结构调整,大力发展先进的制造业,并利用高新技术和适用技术改造传统产业,实现产业结构升级,才能保持其作为区域重要工业基地的地位。经过前些年来的建设和调整,北辰区的先进制造业已具备一定基础,但真正能称得上高新技术的产品和企业并不多,作为一个高新技术产业区的整体规模、整体形象、整体优势、整体影响力和知名度还未树立起来。为落实市委提出的"三步走"战略,按照高起点、高标准的要求,在现有基础上努力把北辰区建设成为技术先进的制造业强区,是必要的,也是完全可能的。

第五,"联系京津冀的现代化商务流通功能区"。这是北辰区未来发展的目标定位之二。

北辰区历来是物资储运重地,现在又有中储物流、和新物流、奥良物流以及各种交通工具(自行车、摩托车、汽车)等大型市场和沃尔玛配送中心,家世界大型配送中心也在规划建设中。实际上北辰区已是天津第二大物流作业区。北辰区完全可以依托京津地区交通枢纽的优势和已经形成的商贸物流业基础,建设成高标准的辐射力强的商务流通功能区。

第六,"特色鲜明的生态化都市新区"。这是一个全面反映北辰区经济社会发展成果的综合性目标,是一个与时俱进、充分体现科学发展观要求而又鼓舞人心的目标。当前,环境质量已经成为影响北辰区形象、制约北辰区发展的重要因素,为此区委、区政府于2002年底适时地提出了"环境立区"的战略思想,就是要建设一个生态化的新区。

20世纪80年代,外环线的划定昭示着要把北辰区的64平方公里的地区建成都市区的战略意图。在20年的发展过程中,规划都市圈的面积越来越大,都市化要求达到的标准也不断提高。按照天津市最新的空间发展规划,中心城区轮廓线内北辰区的面积将达到100平方公里,占整个中心城区的四分之一。这100平方公里加上双街新城区面积将达到120平方公里以上,占整个北辰区面积的四分之一。这里的人口总量将占到全区的70%以上。实现这两个四分之一,标志着北辰区的属性要发生根本性改变,即要实现由一个传统的郊区向现代化都市区的历史性跨越。

这种根本性的改变,将不限于面积和人口的比例,也不限于产业结构的提升上,更重要的是要体现在城区功能和社会文化发展的水平上。

作为普通城区的一部分,北辰区环内三镇已是非农业就业基地和非农业人口的生活基地。"十五"期间,环内都市化的工作提上日程,近年来步伐进一步加快。现在,北辰区中心生活区(CLD)已初见端倪,也显示了一定的吸引力和辐射力。打造区域性商务区(RBD)的工作也已经起步。还将发展建设区域性的文化中心(RCD)和教育中心(RED)。实际上,如果不加强城区功能的吸引力、辐射力,提高社会文化发展水平,形成强大的新增长极,要实现这样的空间发展规划也是不可能的。

今后10年,是北辰区历史发展的转型期,建设都市新区的任务已经现实地摆在面前。都市新区的建设必将使北辰区社会发展实现一次历史性跨越,使北辰人的价值观念、社会意识、文化心理和物质生活状况发生质的变化。建设都市新区的提出,是北辰区特有区位决定的。因为北辰区将有100平方公里面积纳入中心城区范围,同时双街新城区又是由中心城区边缘发展起来的。

都市新区不同于原有的城区,也不同于原来的六个中心市区。要把这个新区建设成为独具特色的生态化的都市区。要在城市形态、产业结构、社会文化上独具特色,要在生态环境建设上居各都市分区领先水平,要大力营造环境污染少、大气质量高、绿色植被好、最适宜人们居住、生活和工作的城区环境,形成新区特有的吸引力。

北辰区一定要充分发挥处于中心城区与京津塘高新技术产业带结合部的区位优势,在建设技术先进的制造业强区和商务流通功能区的基础上建设好生态化都市新区。

四、发展战略

为实现上述功能定位和战略目标,从现在起到 2010 年这一时期内,北辰区应依托京津优势,重点实施"高新产业带动战略"。这里所讲的高新产业,一是指高技术产业,二是指新兴产业,其中也包括新兴服务业。

(一)"高新产业带动"战略的要义

高新产业带动战略也可概括为"一带四化"战略。"一带"是高新产业带动,"四化"是产业集群化、农村城市化、环境生态化、城市功能现代化。

第一,用高新技术产业带动工业结构调整和产业结构升级,促进关联产业聚集,构筑具有国际竞争力的新型产业区。

第二,用高新技术带动农业产业化和农村城市化,全面实现城乡一体化。

第三,通过发展高技术产业、新兴产业优化经济结构,带动环境保护和环境治理,提高环境质量,实现区域环境生态化。

第四,用高新技术、电子商务带动城市基础设施的改造升级,带动大市场建设和商贸流通、现代服务业加快发展,带动城区功能实现历史性转变。

此外,通过发展高技术产业和新兴产业,促进人们学知识、学技术、学文化,带动农民和企业员工知识化。

(二)战略选择的主要依据

第一,实施高新产业带动战略符合国家的战略部署。早在 1994 年国家科委就已经组织国内各方面的专家进行了反复论证,并决定借鉴发达国家和新兴工业化国家的经验,借助京津两大城市的人才和科技优势,沿京津塘高速公路摆布高新技术产业,将之建设成为高新技术产业带,一些专家则提出要把这里建设成中国的"硅谷"。天津市也制定了科教兴市战略,强调在追求技术进步方面要"高人一筹、领先一步""高水平是财富,低水平是包袱"。北辰区重点实施高新产业带动战略,将会得到国家和天津市各有关部门多方面的支持。

第二,重点实施高新产业带动战略有利于宣传和发挥北辰的区位优势。北辰区位于京津塘高新技术产业带与天津中心城区的结合部,在未来经济发展中的战略地位显要。沿京津塘高速公路一线,除位于塘沽的天津经济技术开发区启建于 1984 年并取得辉煌成就之外,自 1994 年国家提出建设京津塘高新技术产业带这一战略构想以来,沿线又摆布了北京大兴开发区、河北省廊坊开发区、天津市武清开发区、北辰科技园区和塘沽海洋高新技术产业开发区。其中,北辰科技园区目前是办得较好的。重点实施高新技术产业带动战略,有利于宣传北辰的区位优势,吸引国内外的注意力,扩大招商引资;也有利于北辰区在已有的基础上,把优势做大做强。

第三,实施"高新产业带动战略"有利于提升北辰区制造业的整体素质和竞争力。制造业特别是先进制造业仍然是北辰区经济社会发展的第一拉动力。经济是基础,发展是硬道理。为进一步增强经济实力,为迅速改变城乡的落后面貌,为实现全面建设小康社会和现代化的目标,北辰区仍然应当依托京津的各种资源优势,抓住一切机遇,大力发展技术先进的制造业,在现有基础上进一步做优做强科技园区,不断抢占高新技术产业带的制高点,用信息化带动工业化,用工业化带动城市化和现代化,有效地提高制造业的整体素质和竞争力。

第四,大力发展新兴产业是北辰区面临的重要任务。北辰区要实现上述目标定位,仅仅发展制造业、建成一个工业基地是远远不够的。因为,作为天津北部的都市新区,除了要有较强的经济实力之外,还要对周边地区有较强的吸引力和辐射力。为此,就要在大力发展制造业的同时,加快交通运输业、商贸流通业、房地产等各类服务业特别是现代服务业的发展。譬如信息咨询、金融保险、旅游、会展、文化娱乐、法律、会计事务,还有科教文卫体等各类社会事业,都应达到一定的繁荣程度。与之相适应的各种基础设施也要完善起来。这样才能具备其作为一个生态化都市新区的条件和功能。

综上所述,高新产业代表着北辰区和天津市未来产业发展的方向,它具有牵一发而动全身的带动作用。北辰区的特殊区位赋予了其现阶段实施"高新产业带动战略"所具有的强烈的时代感和区域特色。将它作为北辰区今后一个时期的核心战略,对于全区干部群众将会产生强大的凝聚力和动员力;对于国内外的投资商也会产生积极的影响力和吸引力。2002年底,区委、区政府曾提出"调整强区、科技兴区、开放富区、环境立区"战略思路(简称"四区战略"),从四个不同侧面明确了全区工作的战略重点,反映了全区干部群众一心一意谋发展、聚精会神搞建设、迅速改变北辰区面貌的强烈愿望,正在变成干部群众建设北辰、发展北辰的强大动力。现在,提出重点实施"高新产业带动战略",将使全区干部群众的注意力更加集中、工作重点更加突出,实际上它将与"四区战略"相结合,共同构成一个完整的战略体系,用以指导北辰区早日实现建成都市新区的战略目标。

五、四大战略举措

今后一个时期,北辰区经济和社会发展工作的指导思想是:全面贯彻落实科学发展观和市委确定的"三步走"战略,依托京津优势、构筑产业集群、统筹城乡发展,提升城市功能,努力把北辰区建设成为特色鲜明的生态化都市新区,为把天津建设成为北方重要经济中心现代化国际港口大都市和生态城市做出更大的贡献。为此北辰区提出构筑强势产业群、打造服务产业带、加快发展社会事业、提升城市化水平"四大战略举措"。

(一) 构筑制造业十个强势产业群

实施产业集群战略,集中优势资源,调整优化产业群落,重点构造几个具有竞争力的强势产业群。

1. 进一步做强原有的三个强势产业群:(1)现代医药;(2)家用电器;(3)金属加工和机械制造业等。

2. 整合培育四个成长型产业群:(1)交通工具产业(以自行车、摩托车和汽车零部件的生产、流通为主的"北辰车城");(2)家具产业;(3)酒奶饮品产业;(4)电材产业(电力、电信、电工器材等）。

3.创建三个新的产业群：（1）生物技术和精细化工产业；（2）文体用品产业；（3）电子产业。

4.规划扩展科技园区北区，扩展范围南起永定新河、北到北京排污河、西起京津塘高速公路、东至津围公路。要把这里作为实施高新产业带动战略的关键点。

（二）打造和培育三条服务产业带

1.北运河、京津公路文化和商贸服务产业带；

2.宜兴埠—银河旅游风景区（普东路、津围路）观光旅游服务产业带；

3.龙州道—津霸公路一线特色体育、生态旅游服务产业带。

（三）大力发展文化产业和各项社会事业

针对北辰区社会事业发展滞后的问题，要高点跟进，大力发展先进文化，带动社会事业加快发展。

1.要结合城市形象建设和旅游业的发展，依托社区、村镇、企业、学校和历史人文资源，搞好社区文化、村镇文化、企业文化、校园文化、运河文化建设，保护继承优秀历史文化，大力弘扬和树立现代文明的新理念。

2.要大力营造学习型社区；抢先建成天津重要职业教育基地；构筑以高新产业园区和院校为载体的人才高地；再建若干个"万科新城"式的新型居住区。

通过发展教育、培训、文化建设和构筑吸引人才、留住人才的生活环境、发展环境这样两大途径，从根本上改变本区的人口构成，有效地提升本区居民的整体素质。

3.搞好大型社会事业项目建设。精心打造本区社会事业的"十大标志性工程"：（1）北辰公园；（2）运河民俗博物馆；（3）区图书馆、档案馆；（4）广电中心；（5）多功能综合性体育中心；（6）示范性中学；（7）社区学院；（8）青少年和老年活动中心；（9）星级宾馆；（10）全国示范中医医院。通过这十大工程提升北辰社会事业发展水平。此外，还要配合有关单位搞好河北工业大学、天津市职业大学等大型科教项目建设。

要以这些重大举措推进优生优育、群众体育、卫生保健、社会保障、社区服务等各类社会事业全面发展。

4.要加强精神文明建设和民主法制建设，建立文明有序的市场秩序和健康稳定和谐的社会环境。

（四）完成城市化历史性任务

1.城市化率达到80%。

2.城镇人均住房使用面积、人均道路面积、绿化覆盖率、集中供热率、气化率、污水处理率、生活垃圾处理率等城市化指标基本达到现代化水平。

3.按照布局规划和功能分区要求，突出特色，搞好城区和村镇规划、建设，促进农业劳动力转移和人口向城镇集中。

4.充分利用外环线绿化带、刘园苗圃、北仓苗圃等绿化景观和北运河、永定新河岸线,推进生态环境建设,形成特色鲜明、能够体现生态化都市新区要求的城镇体系。

六、战略布局

(一)产业布局

产业布局的原则:(1)产业区要相对集中,以便集约经营;(2)临近交通枢纽或交通干线;(3)尽量临近原材料产地;(4)与居住区相对分离;(5)越来越注意形象和生态环境建设。

1.制造业

根据上述原则,北辰区制造业布局可按"一条形象线、十个产业群"的格局展开。

"一条形象线",即以北辰科技园区南、北两区为端点,沿京津塘高速公路树立起北辰区制造业的"主形象线"。要始终把这条线作为高新制造业发展的重点。

要进一步加快北辰科技园区的建设与发展。按照"八通一平"的标准完善环东发展区基础配套设施,建立园区综合保税仓库,提升管理和服务水平,全力打造国家级园区品牌。特别是要把规划建设北区扩展区作为把北辰区建设成为高新产业区的战略中心所在,抓紧规划和招商引资,前三年运作起步,后四年全力发展,到2010年前取得决定性的胜利,吸引和聚集一批科技含量高、投资规模大、带动能力强、产业优势突出的大项目,使科技园区的经济总量在目前的基础上再翻一番以上。

要把高新制造业项目以各种形式拿到高速公路沿线去,相对集中地展现给世人。沿京津塘高速公路从科技园区南区至北区一线,包括宜兴埠、小淀、大张庄、双街四个镇的部分区域,形成北辰区高新制造业产业带,带动全区经济规模上一个大台阶,产业结构上一个新高度。同时可在高速公路出口处建设综合性会展中心,使之成为展现全区经济社会发展成就的辉煌殿堂和进一步促进北辰发展的高效能商务平台。

"十个产业群",从北辰区的现实与可能出发,可分为三个层次:

第一个层次,做大做强三个享誉国内外的强势产业群:

(1)新型中医药产业群。以京津塘高速公路一带,宜兴埠、天穆、北仓三镇为主线,包括其他地方,如六中药厂等。要创建一个享誉世界的中国特有的新型中医药产业群。

(2)家电产业群。以LG厂区为中心,以宜兴埠、小淀、天穆为主,形成家电产业群。

(3)金属加工与机械制造产业群。北辰区历来是天津市重要的机械制造业基地。除车辆和电材以外,金属压延、各种金属制品、普通机械和专用设备及其配套零部件的生产,特别是双街钢管厂等企业发展势头良好,是北辰经济的重要支柱。而发展这个产业群,北辰又具有难得的物流商贸优势,已借助物流产业形成中国重要的钢材市场。应当大力兴办机械及零部件市场,整合资源,增强产业关联,形成金属加工与机械制造产业群。

第二个层次,整合培育四个新的成长型产业群:

(4)交通工具产业群。在宜兴埠、北仓、双口、青光、天穆五镇和科技园区分布着大量车辆及零部件制造业及相关商业企业。当前规划的发展重点有:以科技园区、青光、北仓、宜兴埠为主的汽车及其零部件产业群,在普济河东路建设汽车商贸街;以双口、青光、北仓为主的自行车产业群等。应在北仓的北韩公路段建设自行车会展中心,扩建天穆铁东摩托车市场。要创出"车城"的无形资产,大力凝聚产业发展资源,建设产业文化,构筑交通工具产业整体形象,加快该产业发展。"北辰车城"与杨柳青汽车制造厂、王庆坨自行车镇乃至仓联庄的机车车辆厂可以联合形成国内外知名的大规模、综合性交通工具产业区,形成"东方车城",为天津市作为世界制造业基地树立形象。

(5)家居用品产业群。家居用品生产在北辰区广泛开展。生产经营的家具用品包括家具、厨具、洁具、饰材、日用及装修工具等。需要形成整体形象,构筑发展中心。要不断开发在世界市场上占有重大份额的产品,扩大产业规模。

(6)电材产业群。电力、电信、电工器材的生产是本区重要的经济支柱,规模较大的有各种线缆,技术水平较高的有高压开关等。今后要取得更大的发展,逐步培育商务功能,形成完善的产业群落。

(7)酒奶饮品产业群。北辰区生产酒类品种之齐全极为少见。这本身就是有价值的无形资产,应当利用和发展。王朝酒业填补了中国酒业的空白,20年来对中国酒文化带来重大影响。应当可以更多地引进外国品种酒,丰富中国的酒业和市场并扩大外贸。金士力酒高起步,直接打进高档酒市场。今后向补酒、药酒方向发展前景广阔。天津的啤酒生产地在双街,产品有莱格、雪花、何夫人啤酒。此外,本区还生产一些白酒和料酒等。要创造一种文化氛围,让酒产业在北辰区根深叶茂地发展起来。

海河乳业、光明梦得是天津重要的奶业大型企业,正在迅速发展。饮料产业常做常新,北辰区应当借助酒奶两大优势,伺机发展饮料新品,把果蔬及其他高新优农产品的生产优势更充分地利用起来,并作为创建饮品产业群的生力军。

第三个层次,创建三个新的产业群:

(8)生物技术和精细化工产业群。要结合治理西堤头化工区的污染,积极培育发展生物技术和精细化工产业。

(9)文体办公用品产业群。文体办公用品产业是发展最快的工业行业。北辰区一定要抢上这条快车道。青光和双口有一定的基础,要结合青光体育旅游区及双口高教区的规划,抓住天时地利,加紧发展这一产业。要打破传统的发展模式,走出一条新的路线。要作为产业区来做,结合体育文教的发展、市场开发和引资来发展制造业,而不仅做工厂区。

(10)电子产业群。电子产业是当今社会的新兴产业和先导产业,对其他产业的关联度大、带动力强、附加值高。北辰区应抓住河北工业大学等智力资源和开发能力,创建电子产业群。

2.服务业

建成"一老三新"物流中心,打造和培育三条服务产业带,突出发展辐射功能强的开放型服务产业,把北辰区建设成天津城区北部的综合性增长极。

北辰区的发展已经从建设工业增长极迈进建设综合性增长极的新时期。今后,不仅要发展为本区生产生活服务的服务业,更要面向国内外大市场,积极发展辐射面广、服务范围大、经营资源多、带动作用强的开放型服务产业,带动北辰区的经济发展和城市功能建设,促进天津城区结构的调整。

(1)物流产业中心

坐落于北辰南仓地区的"中储物流"是我国现有最大的现代化储运企业,要为其提供良好的软硬环境,让其尽快成长为国际水平的现代物流企业。附近还有"和新"物流、"奥良"物流等现代物流企业,宝供集团也拟在此兴建大型物流基地。要以其为依托,大力发展商务功能,积极发展第三方物流,形成功能和管理现代化、规模蔚为壮观、名声日隆的物流产业和物资市场群落。

与此同时,在东西部各自发展建设一处大型、综合性的物流中心,分别面向京津保、京津唐地区。随其发展商贸商务和物流商务功能,发展物流加工、储运配套工业及附属服务业,形成以物流为主导的产业群落。

在大张庄镇兴建"家世界"物流中心,依托其购储配送功能,发展储运配套和加工工业及附属服务业。

(2)三条新兴服务产业带

京津带。由北运河文化旅游线和京津路商务中心线复合而成(城区内)。现已由北运河文化旅游线的建设先行起步。要依托北辰公园、伊斯兰居住区、滦水园、马祖公园等,开发建设文化、图博、旅游、娱乐、休闲、居住等功能。可利用穆成宽、穆祥雄创出的天穆村游泳运动名望,规划建设大型天穆水上运动中心,争取 2008 年建成。要充分开发特有的历史文化遗产,对外形成较强吸引力,为北辰的经济发展聚集人流、物流、商流、信息流、资金流等资源。以后要在此基础上,解决现存一些问题,进而大力开发京津路东侧,把京津路建设成有一定服务范围的,一定层次的现代化商务中心线。要在 2010 年前形成整体形象。

银河带。由京津路口沿与河北区交界的天穆南界、普东路、津围路至银河旅游风景区。以产业观光和休闲旅游领衔,发展为综合性新兴服务产业带。现有以天士力为代表的产业观光项目,自行车专业市场和兴建中的汽车商贸街,规划建设项目银河旅游风景区等。今后要逐步安排会展中心等大型商务设施并带动专业市场和其他服务设施的建设。在 2007 年初步连缀成线,以后继续发展。远期,旅游产业还将向大兴水库及其周边方向发展。

龙津带(龙州道—津霸公路一线)。以瑞景小区和青光镇为中心,近期可以由物业、社区服务、信息咨询、娱乐、观光旅游等服务业起步。目前,该区域内有青光马场、滑翔机场体育相关设施,并建有国家体育总局授名的奥林匹克花园居住区等,可以特色体育、生态旅游领衔,大力开发体育旅游项目,伺机辟建体育休闲城堡、竞技场馆、特种体育场地。争取国家和市体育局支持,建设几个训练基地。结合产业文化建设发展自行车体育项目,如场地、长途、越野比赛和铁人三项赛。力争将这里建设成以特色体育和生态旅游产业而著名的新兴服务产业群落。

与此同时,要精心搞好龙州道和北仓道两侧的规划,合理安排商贸、文体、旅游等服务设施,将之建设成横贯北辰城区东西的主轴线。

3.农业

要实施生态农业发展战略,根据北辰区的自然条件和生态特点,规划建设一个自然资源特别是土地资源和水资源可持续利用的物质循环系统。

在东部利用河湖水网条件,积极发展渔牧业,构造生态产业链,逐步建成粮、牧、水产、绿色食品加工和旅游观光农业相协调的综合经济区。在西部利用优良的土质,重点发展林果业,调整产业和产品结构,进一步扩大林木覆盖率。在中部可重点发展花卉、副食品市场和农业科技研发、中介服务等,进一步强化农产品流通和研发服务功能,促进产业化。并策划发展相关的旅游业,使其与农业互相支撑。应扩大引河桥市场的规模,完善功能,使之成为北部的农产品交易中心,与引河桥即将建成的花卉市场相呼应。在东、西部分别建立水产和果品等有地方特色的交易市场,形成以初级集贸市场为基础,批发市场为中心、结构完整、功能互补的市场网络。

农业发展空间逐渐被压缩,但农业始终是建设生态型城区的有益要素,不会也不应当完全退出。要更加有效地利用土地,发展高技术农业、精品农业、特色农业,发展观赏型、参与型、教育型等多种形式的观赏、休闲农业。生产优质高效产品。农业产业化龙头企业要相对集中摆布在中部,以利用那里商务流通功能集中的优势。农业会展应在综合性会展中心里占有一席之地。

要不断加强生产基地建设,创建一批无公害农产品生产基地、标准化生产综合示范区,并实现农业园区化,到2010年初步建设成科技农业示范区、畜牧养殖示范区及有地方特色的观光农业区。

(二)城镇布局

1.城市化梯次推进的三个圈层

北辰区城市化进程的现状形成梯次推进的三个圈层:

环内三镇(指北仓、天穆、宜兴埠)及四街,已成为天津中心城区的一部分,现状为市区。战略任务是都市化。

沿环三镇(指小淀、双街、青光),现状为已基本实现城镇化。战略任务是城区化。要建设新型生态化城市带。

环外三镇(指双口、大张庄、西堤头),发展情况有较大差异。大张庄基础最为薄弱,应积极寻求和培育亮点,加快发展。西堤头镇有着规模较大的老镇"东西刘"等村,基础虽较雄厚但问题较多,改造任务很重,要大力调整产业结构、治理环境,全镇范围村镇布局也需要做较大的调整。双口原是薄弱地区,现在抓住了较好的发展机遇,但实施规划尚处在起步期。战略任务是城镇化。

2.生态化城区的三大分区

北辰区要建设成21世纪都市新区,与近现代形成的老城区模式最明显的区别在于要贯彻生态化的新理念。要根据现有条件,分别形成东、西、中三种不同形态的生态化城区。

西部。要进一步发展林区,适当扩大林木覆盖率,把城镇建在林丛中,形成森林中的带状城镇。

东部。远景规划为水网中的城镇群。2008 年南水北调实现后,立即抓紧实施生态恢复建设工程。要借鉴水乡模式,构建东部城区形态。

中部。要建成包括工业区和生活区的大片城区。这个城区一定要按照新的理念做规划,充分安排林带、公共绿地、农田、水体等各种调节生态系统的有益要素的优化组合,求得社会、经济、综合效益最大化。

要充分利用北运河、永定新河的岸线资源,搞好"两河三堤"生态工程规划,广植桃柳,合理安排景点和休闲游乐设施,形成生态景观带,在发挥其防汛功能的同时,发挥其生态调节和休闲旅游作用。

七、战略步骤

2004—2010 年是北辰区争取率先实现现代化的时期,是建设高新产业区的战略决战期,是由建设工业增长极向建设综合性增长极的战略转型期,是由传统的郊区向现代都市区迈进的质的跨越期。

与全市基本实现现代化三步走的年度划分同步,经济社会发展水平要争取每年有明显变化,每3—4 年跨越一个发展阶段。

第一步,2004 年要由 2000 年的宽裕型小康水平跨越到富裕型小康水平。人均 GDP 指标要超过初步现代化标准,达到5000 美元以上;农民人均纯收入超过 960 美元;城镇居民人均可支配收入达到1480 美元。

第二步,2007 年要初步实现现代化。人均 GDP 达到基本现代化水平,超过 7000 美元;农民人均纯收入超过 1200 美元;城镇居民人均可支配收入达到 1970 美元。

第三步,2010 年要率先基本实现现代化。人均 GDP 达到现代化水平,超过 11000 美元;农民人均纯收入超过 1600 美元;城镇居民人均可支配收入达到 2600 美元。

2004 年是上述决战期和转型期的起步年。

2005—2007 年是关键阶段。要完成的重大任务有:(1)实现初步现代化的各项目标;(2)启动并实施科技园区北区扩展区建设;(3)第三产业比重提高到38%;(4)城市化率力争达到65%;(5)运河文化旅游带初步建成、银河旅游服务产业带初步形成;(6)滚动修编经济社会发展规划。

2007—2010 年全面完成上述决战期和转型期任务的阶段。应完成的重大战略任务有:(1)实现基本现代化目标;(2)科技园区北区扩展区初步建成;(3)第三产业比重达到40%;(4)城市化率达到80%;(5)京津路商务线形成整体形象,龙州—津霸特色体育、生态旅游服务产业带初步形成;(6)东部水网区生态恢复建设工程初见成效;(7)伺机启动永定新河生态景观带建设。

北辰区 2003—2010 年经济社会发展目标预测

	2003 年	2004 年	2007 年	2010 年
人口与经济实力				
户籍人口(万人)	32	32.4	36.5	38
非户籍人口(万人)	14.6	16	40	50
GDP(亿元)	119	140	210	320
人均 GDP(美元)	4500	5200	7000	11000
三级财政收入(亿元)	18.2	21.8	26.5	40
产业结构调整				
三产增加值在 GDP 中的比重(%)	34.3	34.5	38	40
进入产业化体系的农户比重(%)	61	65	74	85
高新技术产业增加值占工业增加值的比重(%)	37.6	38	44	50
8 大行业增加值占工业增加值的比重(%)	67.9	70	80	85
销售收入超亿元的企业(家)	52	58	75	100
对外开放				
累计协议(合同)外资(亿美元)	19.8	22	30	45
累计外资到位(亿美元)	9.4	10.6	16	25
出口交货值(亿美元)	70.4	84.4	145	220
境外办企业(累计家)	8	10	20	30
科教兴区				
科技三项费用投入(万元)	885	1066	2081	4063
劳动者平均受教育水平(年)	11	11	12	14
人民生活水平				
人口平均寿命(岁)	73	74	75	76
农民年均纯收入(元)	7268	7995	10000	13400
折合美元(美元)	880	968	1210	1620
城镇人均可支配收入(元)	11200	12300	16400	21800
折合美元(美元)	1350	1480	1970	2600
恩格尔系数(%)	42.7	41	35	30
养老保险覆盖面(%)	27	30	40	50
城市化与城市建设				
人口城市化率(%)	38	45	65	80
城镇人均住房使用面积(m²)	20	22	25	28
气化率(%)	33	35	70	100
集中供热率(%)	79	82	90	95
污水处理率(%)			80	90
城镇集中污水处理率(%)			50	50
人均公共绿地(m²)	17.4	20	30	35
绿化覆盖率(%)	32	35	40	45
生活垃圾处理率(%)	52	53	60	70
人均道路面积(m²)	6	9	13	15

八、近期对策

按照功能定位和发展战略的要求统一思想,造势宣传。以上定位和发展战略之要点,一旦得到区委、区政府主要领导的认同和批准,首先要在区级几大班子范围内充分讨论,统一认识;然后要在镇以上领导干部中统一认识,通过举办各层次的宣讲会、培训班等多种形式宣传群众,使北辰区的定位和战略深入人心,将这些战略思想变成北辰人的强大精神动力和自觉行动。

与此同时,要抓好造势宣传。一是要精心策划和举办高层次的大型研讨会,使北辰区的定位和战略思路得到市领导及各部门的广泛认同和大力支持,并积极争取将北辰区的定位写到全市有关文件和规划文本中去,为发展战略的实施铺平道路;二是利用各种媒体大造舆论,使之在全市及周边地区广为流传,借以提高北辰区的知名度,形成"干事业到北辰"的强大社会氛围。

发挥规划和产业政策的导向作用,整合区域内各类资源。要按照科学发展观和"五个统筹"的要求,编制好《北辰区"十一五"经济和社会发展规划》,搞好城区国土资源规划的修编,把这次战略研究成果中的思路,特别是有关北辰区定位、发展战略和城区布局的内容体现到城区国土规划中,并通过一定的法律程序使之具有法律效力。

要按照规划的要求统筹城乡发展,摆布产业和各项社会事业,整合各类资源,减少重复建设和盲目发展。做到集中优势资源保重点,发挥资源的整体效益。

要根据城区功能布局调整的需要,抓紧研究制定导向性的产业政策。对于符合功能布局要求的产业,要有相应的鼓励政策,引导其加快发展;对于不符合功能布局要求的产业,要有限制性的政策,限制其发展。

要动员全区各部门各单位,在总体发展战略和规划的指导下,组织编制好分部门、分产业的专项发展规划,并坚持不懈地抓好落实。

依托产业群、形象线和大项目,大力开展主题招商。要以十大产业群、三条服务产业带和相关的一些大项目为依托,精心策划和开展一系列主题招商活动。要打破镇域、村域界限,按照功能布局规划制定新的招商引资准入条件,开展联合招商、定向招商,实现优势互补、资源利益共享,提高招商和投入产出的整体效益。要精心选择国内外那些信誉高、管理规范、资金实力雄厚的大投资商合作开发。

对于园区扩展区、双口工业区、家世界配送中心、南仓现代物流中心、银河旅游风景区、旧村改造、多功能综合性体育中心、星级宾馆等对北辰发展拉动力较大的项目,都应成立专门领导小组,紧紧盯住,加强组织协调,及时解决立项和实施中的问题。

还要根据发展战略的要求,精心策划包装一批以弘扬运河文化及穆氏水上春秋精神为特色的高起点、高品位的文化体育展览项目,及早做好前期论证工作。

加大经济结构调整力度。进一步坚决贯彻"调整强区"的战略思想,按照功能定位和发展战略的要求,以大力发展高新产业、特色经济、民营经济为着力点,加快调整和优化产品结构、企业结构、行业内部结构和整个经济结构。加大对名牌拳头产品、优秀企业、特色产业的扶持力度,帮助其加快发展、做大做强。要充分利用老国有企业的场地、设备、人才等资源,整合和盘活国有资产,积极发展楼宇经济和都市工业。在大力发展加工制造业的同时,切实加快第三产业特别是现代物流、展览、旅游、咨询、职业培训、文化、体育等新兴第三产业发展,使之尽快成为新的经济增长点,繁荣城乡市场,方便居民生活,提高城区的流通服务功能和吸引力、辐射力。

农业主要是围绕都市农业、特色农业、生态农业,大力推进农业产业化、园区化、标准化。要重点培育若干个有实力的龙头企业和中介服务组织,加强市场和示范基地建设。通过这些龙头企业、服务机构、市场和示范基地,组织农产品生产和流通,为农户提供资金、技术、市场信息和产前、产中、产后服务,尽快形成产业链和规模优势,使农业增效、农民增收。

要进一步深化经济体制改革。重点是加快所有制结构调整,放手引导和扶持个体、私营、股份制等民营经济加快发展。要选择一批产品有特色、市场有前景、经营者素质高的民营企业,帮助其总结发展经验,分析研究市场形势,及时解决经营和发展中遇到的问题。要减少审批环节,提高办事效率和服务水平,从政策、信息、培训、招商等多方面提供服务,为其加快发展、做大做强创造良好的软环境。

实施人才工程,延揽和培养各类人才。实现经济社会发展的战略目标,落实经济社会发展的各项战略任务,关键在人,关键在于能否聚集各类人才。首先是具有能够体现“三个代表”要求、富有开拓创新精神和较高决策能力的领导集体。关键之二,就是能不能延揽和造就一大批愿意来北辰发展的各类专业人才,特别是一大批高素质的经营管理人才。解决的途径:一是面向国内外进行公开招聘;二是从现有人才中选择一批,通过各种途径重点加以培养提高;三是充分利用区位优势,开发利用京津的人力资源;四是进一步精心营造一个具有强大的竞争力、能够吸引和留住人才的发展环境。

加强城乡基础设施建设,统筹城乡协调发展。创新和完善政府投入与市场相结合的多元化投融资机制,建立区级小城镇建设专项基金,采取多种方式鼓励吸引社会资本、私人资本参与城乡基础设施建设。坚持“以城建城”的筹资策略,完善土地运行机制,实现土地资源合理占用和资金的良性运转。

加强城乡基础设施建设。完善路网、水网、信息网、生态网等基础设施系统,高标准建设公共服务设施,并根据迁村并点情况,调整布局。突出抓好以下几件事:

拓宽改造京津路、205国道、津霸公路等主干道路。津霸公路不仅是天津中心市区通向我市西部地区的一条重要通道,也是天津与河北保定地区的一条重要联络线。目前此路等级低、路面窄,严重制约着北辰青光地区的发展和天津与腹地的经济联系。我们要积极争取市有关部门支持,将开发这条通道早日列上日程。改变这一地区交通不畅的问题。

有计划地治理坐落在北辰区的农药厂、化工厂、水泥厂污染,改造天津市第一殡仪馆。以此有效地改善北辰区的发展环境和人居环境。

要大力加强城镇功能区建设,每一个镇都要建设一个繁荣发达的商贸区、一个体现现代化文化品位的休闲娱乐区和一个优美舒适的生活居住区,使城镇成为生产、生活、生态三生俱优的现代化新型小城镇。

为此,还要创造促进人口转移的政策环境,妥善安置失地农民就业和社会保障,促进农村劳动力转移,促进村落聚集和农村生活方式的转变,加快实现农村城市化。

(作者:刘东涛、刘伯德、孙洪武、丁国柱、林凤兴、阎金明、闫耀军、刘宇兴等;2004年12月结稿,刊发于《天津经济》,时任市政府研究室主任,刘景伟为课题组组长,北辰区主要领导和各部门、各街镇负责人给予大力支持,并直接参与了调研活动)

实施"通道带动"战略 重塑河东城区形象
——天津市河东区"十五"——2010经济发展战略研究(要点)

一、发展背景

(一)发展的基础和条件

第一,诸多比较优势,蕴藏着加快发展的内在潜力。

区位优势。位于中心市区东部,沿河、近港,有8.2公里岸线,在六个中心市区中离海港、空港最近。

交通优势。有内环线、中环线通过,又是通往京津塘高速公路、机场、港口、火车站、开发区、保税区的必经之路,是天津市海、陆、空交通要冲,交通设施、功能之多,潜力之大在本市领先。

土地资源优势。占地面积40平方公里,土地资源重组和开发潜力巨大。

人文资源优势。拥有厚重的文化积淀,界内大直沽为"天津卫"七十二沽之第一沽,故有"先有大直沽,后有天津卫"之说。著名的"老龙头"火车站和北洋机械局(东局)、北洋水师学堂和北洋武备学堂、周公祠旧址等也在河东界内。

第二,综合实力增强,奠定了加快发展的物质基础。

第三,城市建设的力度加大,改善了加快发展的投资环境。

第四,第三产业的率先发展,进一步强化了城区服务载体功能。

第五,对内对外双向开放,拓展了经济发展的空间。

(二)发展中面临的机遇与挑战

经济全球化步伐加快,新技术革命、信息产业、知识经济的迅速发展,经济结构调整在全世界范围内展开,为各国、各地经济的发展提供了更大的空间与动力,同时也带来了风险与压力。这对河东未来的发展必将产生深刻的影响。我国加入世界贸易组织进程加快,天津对外开放步伐加大、领域的拓宽,为河东区利用外资拓展了新领域。

国务院已将天津定位为:环渤海的经济中心,要建设成现代化国际港口城市和我国北方重要的经济中心。在实现这一定位和战略目标中,河东及其他各区都要承担各自的职能,找准位置,调整功能和结构。

滨海新区建设进入新的发展期,河东区可凭借区位优势,乘滨海新区大发展的东风加快本区发展。

未来10年内,新老市区间交通设施建设将进一步强化河东区的交通优势,从而为河东区特色产业的形成和投资环境的改善增加新的亮点。

根据《天津城市总体规划》,天津市将建设中心商务区,河东南站地区是中心商务区的重要组成部分和起步区。这对河东区商业商务功能的开发,提高河东商业商务在全市内地位是千载难逢的极好机遇。

老工业改造和布局调整,为河东区土地、设备、人才等资源的再开发、重配置带来了新的机遇。

面临的挑战(略)

二、战略目标(功能定位)

明确功能定位应遵循的原则:

第一,与全市总体目标相协调的原则,即服从和服务于全市总体发展目标。

第二,发挥优势的原则。

第三,可持续发展的原则。

第四,远近兼顾的原则。

根据上述原则,对河东区经济发展战略目标(也即功能位)提出如下表述:

河东区是中心市区连接滨海新区的前沿,是实现全市经济重心东移的战略要地,要建设成天津重要的交通枢纽和商业商务中心,都市型工业集中和社会服务现代化的新城区。

三、战略要点

实施"开发通道功能、推进资源重组、实现产业创新、塑造城区新形象"的战略。

四、重点产业

重点发展:交通运输产业、商贸流通业、都市型工业和社会服务业。

五、城区布局

(一)构建优势显著的八个功能区

大王庄地区——行政文化中心。

大直沽地区——建成区级商业文化中心。

中山门地区——居住区和都市型工业区。

二号桥地区——工业区。

站后地区——改造为中心市区最大的交通枢纽和内贸服务中心区。

靶铛村地区——都市工业集中的居住区。

唐口东地区——发展为集散贸易区。

万新地区——新型居住区。

(二)建设特色鲜明的八条城区形象线

要把每个功能区的精华凝聚到各自的主形象线上,由线把整个城区中各个功能区贯穿起来,以线为纲,设计河东区的新形象。

第一,海河岸线。突出一个"绿"字,近岸辟建宽阔的绿化带,其后摆布特色鲜明、文化气息浓厚、品位高雅的城市服务设施,高层建筑尽可能远离岸线,留下开阔的视野和气流通道,形成多层次景观。

第二,卫国道—华昌大街。河东区的一条金色大道,天津市的礼宾大道和企业家过往的要道,应建成一条国内外闻名的商社大街,成为天津的一大亮点。

第三,张贵庄路。将建成津滨快速路,在河东区范围内发展为商贸大道。

第四,津塘路。应建成集交通、商业、文化综合性功能的大道。

第五,程林庄路。现正在此线上建设河东公园,邻近有北洋水师学堂和机械东局旧址,这条路又是我市东部一条学院路,且已建有 SOS 儿童村,可增设老年村,并沿线营造文化氛围,把它建设成城区的文化生活中心。

第六,六纬路。应作为河东区的"大拇指"工程,将其建设为首届一指的商业形象线,并发挥其开发示范作用。

第七,内环线。十一经路段是中心商务区的轴线,新开路段是内贸服务区的轴线,应在现有的基础上继续努力,使这条靓丽的彩带变得更加夺目。

第八,中环线。我市主要景观线之一。应把每一段特色鲜明地突现出来,使之成为一条五彩缤纷的大彩带。

总之,要树立可持续发展的观念,加强土地开发的控制和管理,加大调整力度,经过十几年的努力,建设好八个功能区,"一岸、五线、两环"八条形象线。将一个令人向往的现代化新河东展现于津沽大地。

近期,要按照区委、区政府的安排,重点实施好"四、四、三"工程。

六、八项对策

第一,统一思想,形成共识。

第二,抓好土地资源的优化配置。

第三,大力发展民营经济。

第四,积极扩大对内对外开放。

第五,大力开发人力资源。

第六,全面促进技术创新。

第七,精心搞好城区文化建设。

第八,加快政府职能转变。

(作者:刘东涛、孙兰玉、刘伯德、孙延海、纪克莹、钱建跃、何 江,原文2.5万字,刊发于《天津经济》2000年第10、11期)

天津市津南区国民经济和社会发展"十一五"规划基本思路

进入21世纪以来,随着世界经济全球化趋势不断增强、我国社会主义市场经济体制初步建立和不断完善,党中央适时提出了全面建设小康社会的宏伟目标和贯彻科学发展观、提高党的执政能力等总体要求。津南区人民认真贯彻落实党的路线方针政策,在区委、区政府的正确领导下,努力实现区"十五"计划制定的目标任务,增强了全区的经济实力,进入了新一轮经济增长的上升期。为进一步把握机遇,迎接挑战,再创辉煌,必须站在历史高度,制定具有前瞻性、针对性、导向性和可操作性的五年规划,保证"十一五"时期经济社会的快速、协调和可持续发展。本文拟从基础条件,"十一五"规划的指导思想、发展定位与布局、主要经济指标、重点任务与措施等几个方面进行一些探讨。

一、津南区经济社会发展的基础条件

经过研究"十五"时期以来快速发展的实际,结合今后时期面临的宏观环境与发展趋势,我们认为,津南区具备六大发展优势。

(一)得天独厚的区位优势

随着京津大都市圈建设宏观思路的不断强化和深化,天津城市空间发展战略研究的基本结论是,未来天津城市要沿海河带状发展。津南恰处于重点区域,从而给未来发展带来历史性机遇。这是津南最大的比较优势。

(二)逐步强化的园区经济优势

津南开发区、津南国家农业科技园区、咸水沽、八里台、北闸口等工业园区和工业载体具备了一定规模,成为全区经济的首要增长极。这是津南未来发展最直接的基础优势。

（三）充裕且有一定素质的劳动力资源优势

津南区初中及以上文化程度的人口比重达到近60%,劳动力的知识层次不断提高,加之市中心区高素质劳动力的扩散和外部欠发达地区劳动力的涌入,为产业发展提供了有力支撑。这是未来发展最具支持力的优势。

（四）潜力大、待开发的旅游资源优势

葛沽九桥十八庙、郑家大院古建筑、清乾隆行宫遗址、宝辇文化和妈祖文化,小站稻、小站练兵、小站四清等传统历史文化和历史事件都是难得的旅游资源。这是津南未来发展潜力巨大的资源优势。

（五）不断优化的软环境优势

区委、区政府出台了一系列招商引资的优惠政策,在全市率先成立了经济发展服务中心,行政审批制度改革的力度不断加大。服务水平的提高、投资环境的优化,得到了众多客商的认可。这是至关重要的地区发展优势。

（六）团结一致、创新实干的凝聚力优势

在区委、区政府领导下,全区上下聚精会神搞建设,一心一意谋发展,紧紧抓住第一要务,狠抓总量扩张、结构调整、技术创新、对外开放"四件大事",实施"三个一"战略(即建设一批农业基地和龙头企业,建设一批工业园区和工业载体,建设一批新型城镇和中心村)、"六个五"工程(即每年新建60个固定资产投入500万元以上的企业),促进了经济社会的快速发展。这是最根本的政治优势。

这些优势是客观的,但存在的问题也不可忽视。一是总体经济规模小,地区竞争力不强,比较优势尚未得到充分发挥。二是招商引资总量偏小、水平偏低,缺少规模项目和主导产品。三是经济结构仍不尽合理,支柱产业的科技水平不高,存在低水平重复建设,科技和人才制约着优势产业的快速发展。四是基础设施建设滞后于经济社会发展,多元投入格局尚不完善。五是群众收入水平增长较为缓慢,就业压力大,社会保障体系的支撑力较弱。六是总体发展环境有待进一步优化。仍然存在因土地利用、平改拆迁、基层政权建设等引发的群体性事件,政府部门的服务质量也需进一步提高。

二、"十一五"规划的指导思想

"十一五"时期津南经济社会发展的指导思想是:以邓小平理论和"三个代表"重要思想为指导,全面贯彻党的十六大以来的路线方针政策和市、区党代会精神,按照以人为本、全面协调可持续的科学发展观和"五个统筹"的总体要求,继续坚持推进"三个一"战略,正确处理改革发展稳定的关系,加快推进工业化、城市化、现代化进程;继续采取扩大园区、狠抓招商、搞好技改、加大基础设施投入、优化发展环境等有力措施,大力发展海河经济、园区经

济、优势产业和非公有制经济;不断扩大就业,增加群众收入,完善社会保障体系,提高人民的物质文化生活水平和健康水平;把津南区建成经济实力雄厚、人民生活富裕、文化繁荣昌盛、社会文明进步、生态环境优良的现代化新城区,促进全区经济社会快速、协调和可持续发展。

确定这样的指导思想,一是要体现科学发展观的要求,抓住发展这个解决津南所有问题的关键,把以人为本、经济社会协调发展放在突出位置。二是要体现区委、区政府施政方略的连续性,继续沿着"三个一"为特征的津南发展模式快速发展。三是要体现狠抓经济工作的重点措施,确定招法和抓手,从而具有更强的操作性。四是要体现广大人民利益这个根本出发点,通过加快经济社会发展来扩大就业、增加群众收入。五是要体现把津南区建成现代化新城区的宏伟蓝图,明确经济、社会、文化、生态、人民生活等各方面的宏观目标。

三、"十一五"时期的发展定位与布局

进入21世纪以来,津南区的宏观发展环境和自身发展条件都发生了很大变化。就宏观环境而言,经济全球化、政治多极化趋势逐渐增强;我国加入世贸组织以来与世界经济接轨的步伐加快;我国经济加速发展,政府宏观调控的力度也在逐步加大;天津实施"三步走"战略,发展海河经济、海洋经济、优势产业、区县经济、中小企业和个体私营经济五大举措加快了经济社会发展的步伐;同时,伴随京津大都市圈建设的宏观背景,天津城市带状发展的规划呼之欲出。就自身发展条件而言,"三个一"战略、"六个五"工程的实施扩张了经济总量,津南经济步入良性循环轨道;园区经济的快速发展积蓄了潜能,一批规模项目成为全区经济新的增长点和支撑点;经济发展环境和生活居住环境明显改善,各种经济形式竞相发展的格局业已形成,全区基本具备了"十一五"时期跨越式发展的基础条件。

从贯彻落实科学发展观的要求和上述发展条件出发,津南区未来的发展定位应当确定为"海河南岸新城区"。结合区域布局,可概括为"规划三带一心二城三镇,建设海河南岸新城区"。"三带"即海河和津沽公路之间的海河综合开发带,以海河开发带动商住、旅游等服务业的发展;津沽公路和津港公路之间的现代工业经济带,形成以津南开发区、泰达科技工业区以及各镇工业园区和工业载体为主体的经济增长极;津港公路以南的休闲旅游和现代农业经济带,形成以津南国家农业科技园区和天嘉湖旅游区为主体的"生态农业 + 休闲旅游"的产业格局。"一心"即实施咸水沽镇区的北扩东移,依托咸水沽、双桥河两大镇区,建设天津市的新都市中心,使之成为"海河南岸新城区"的标志区。"二城"即双港、辛庄两镇合建"河畔星城",葛沽镇建设滨海新区卫星城。"三镇"即北闸口、小站、八里台三个新型城镇。

"海河南岸新城区"的发展定位和区域布局,蕴涵五个特点:一是体现了科学发展观的要求,有利于城乡一体化发展和工业化、城市化的良性互动。二是体现了海河经济对津南整体发展的拉动,突出了津南地处海河南岸独特的区位优势。三是突出了津南作为天津城区重要组成部分的深刻寓意,实现了由郊区到环城区、再由环城区到城区的历史性新跨越。四是形成了以新都市中心为核心,商住、工业、农业为辐射区的扇形结构布局,形成

"北三(第三产业)中二(第二产业)南一(第一产业)"的产业格局,功能分区合理。五是三次产业依次布局,各具强有力的依托,产业集中度高。三产依托新都市中心、"二城"和天嘉湖,二产依托津南开发区、泰达科技工业区、各镇工业园区和工业载体,一产依托津南国家农业科技园区。

四、"十一五"时期的主要经济指标

生产总值:"十一五"期间年均递增15%,2010年达到231亿元,五年翻一番;后10年按年均递增10%测算。

财政收入:"十一五"期间年均递增20%,2010年达到33.5亿元;后10年按年均递增15%测算。

固定资产投资:"十一五"期间每年保持在30亿元水平,五年累计投入150亿元;后10年按年均投入25亿元测算。

农民人均纯收入:"十一五"期间年均递增10%,2010年达到12700元;后10年按年均增长1000元测算。

提出上述目标,基于以下考虑:一是随着科学发展观的提出,对地区发展的评价将由传统GDP向绿色GDP转变,目前其内涵尚不明确,但比"十五"实际增速适当下调是必须的。从津南情况看,五年翻一番的增速是比较适宜的。二是财政收入高于同期GDP的增长,是由全区目前的经济结构决定的,预计短期内仍难以同步等速。三是"十一五"时期应注重调整投资结构,克服低水平重复建设,不断提高投资效益,降低能源、资源消耗,促进经济增长方式转变。因此,经济增长速度不宜过快。四是从就业结构和收入结构上看,群众收入来源主要是二、三产业,农民人均纯收入水平现在已经不低,与其他指标同步等速增长难以实现,保持年均10%的增长是个很高的目标。

五、"十一五"时期的重点任务与措施

(一)实施科教兴区、人才强区战略,促进经济社会快速发展

全面落实科技是第一生产力的思想,树立科学的人才观,尊重知识,尊重人才,建立高素质的党政人才、企业经营管理人才和专业技术人才三支队伍,支持人才干事业,鼓励人才出成就,把科技、教育和人才摆在经济社会发展的重要地位,促进经济建设逐步转移到依靠科技进步和提高劳动者素质的轨道上来。

(二)调整经济结构,转变经济增长方式

按照"一产调优、二产调大、三产调强"的思路,调整产业结构。建立归属清晰、权责明确、保护严格、流转顺畅的现代产权制度,按照现代企业要求,调整企业组织结构。积极发展二、三产业,创造更多的就业岗位,加快农业劳动力向非农产业转移,调整就业结构。

以科技为先导、市场为依托,调整产品结构和投资结构。通过经济结构的大力度调整,促进经济增长方式由外延式、粗放型向内涵式、集约型转变,从而提升产业层次和市场竞争力。

(三)狠抓园区经济,促进支柱行业做大做强

津南开发区、津南国家农业科技园区、泰达科技工业区、各镇工业园区和工业载体,是推动全区工业化、带动城市化发展的主力军,也是支柱行业集中布局、不断发展的基地。必须进一步加大力度,加快建设速度,吸引更多的投资项目入驻。现有的机械制造、环保、钢铁、金属制品、化工、电子信息六大支柱行业(产值均占全区工业总产值的5%以上)要通过技改扩建增加总量;通过不断强化管理、开拓市场、提高效益,尽快做大做强。同时,培育生物制药、农副产品深加工等新兴行业,形成新的经济增长点。

(四)大力招商引资,促进全区经济和就业规模不断扩大

一是明确招商重点。在积极引进高质量中小项目的基础上,努力创造条件,争取在引进大跨国公司和大财团方面实现突破;整合并包装咸水沽新城区、双(港)辛(庄)地区、东嘴岛、天嘉湖周边、泰达科技工业区等成片开发项目,集约化、规模化招商;围绕环保、电子信息、汽车配件、农副产品深加工等支柱行业,实行产业链、产业群招商;利用骨干企业的资产存量和品牌优势,实施嫁接改造调整。二是拓宽招商领域。在继续抓好工业领域招商的基础上向农业、服务业拓展;由以吸引港台韩项目为主向吸引欧美日项目方向转变;由以引进客商直接投资办企业向引进资金、技术、管理经验和人才,实行项目融资、股权投资、购并重组、嫁接改造、BOT等多种方式转变。三是创新招商方式。坚持以商引商、以友引商、筑巢引凤等有效的传统方式,发展中介招商、委托招商、网上招商、规划招商、环境招商和产业链招商。四是加强招商宣传。采用多种渠道,在多种媒体上进行招商宣传,努力营造亲商、助商、富商的良好社会氛围。五是提高招商质量。加强开发区、工业园区等载体的基础设施建设,提高配套标准和水平;适当提高入驻项目标准,形成园区的产业特色;合理布局、有序摆放项目,增强聚集效应和辐射效应;实行环保一票否决制,避免低水平重复建设,保持园区的可持续发展。

(五)加快改革步伐,积极发展非公有制经济

深化企业改革,以现代产权制度为核心,加快现代企业制度的建设步伐。落实行政许可法,为企业发展创造公正公平的社会环境,鼓励、支持和引导个私经济、三资经济、股份制经济和混合所有制经济发展。依法保护企业和公民的合法权益,促进非公有制经济放心放开发展。

(六)积极发展新兴行业,提升服务业层次

随着全面建设小康社会、率先基本实现现代化步伐的加快,人民生活水平和消费水平

的不断提高以及老龄化社会的到来,人们的消费理念发生重大转变,教育、住房、文化娱乐、医疗保健、交通通信等方面的支出比例不断提高,旅游经济、假日经济、银色经济等新兴经济快速兴起和发展,从而为服务业的发展提供了广阔的市场空间。今后服务业的发展仍必须贯彻以人为本的科学发展观,紧紧围绕市场需求引导消费,加快发展。一是巩固发展市场、商饮、交通运输、房地产等传统支柱行业;二是积极发展科技信息、中介服务、金融保险、社区服务、家政服务等新兴行业。特别是积极开发传统旅游资源,实现旅游业发展的新突破,以民俗和近代史为核心,打造津南特色游品牌,为全区服务业发展增加新的亮点。

(七)培育一批农业基地和龙头企业,发展都市农业

以节水农业、高效农业为重点,建设"四区一带"(无公害蔬菜种植区、经济作物种植区、畜牧养殖区、水产品养殖区和高速公路两侧绿色产业带),继续调整农业结构;积极发展无公害食品、绿色食品和有机食品,使生态农业成为高效农业的重要组成部分;培育并壮大一批农业基地和种养业龙头企业,建立各类农业协会和中介组织,搞活农产品流通,促进农业产业化经营;以津南国家农业科技园区为龙头,加快农业科技的普及推广,发展设施化、标准化、产业化的现代都市农业。

(八)围绕海河经济,加快全区基础设施建设

围绕发展海河经济,加快基础设施大配套建设,启动柳林风景区、河畔星城、咸水沽北部新城区、东嘴岛、天嘉湖周边地区等成片开发,带动"一心两城"建设,为海河南岸新城区的发展奠定基础。

(九)搞好各项社会事业,实现经济社会协调发展

一是普及科技知识,以市场为导向,建立健全技术创新体系和运行机制,推进科技与经济社会发展的紧密结合,促进科技成果尽快地转化为生产力;大力推广信息网络技术应用,用信息化带动工业化,促进社会文明进步。二是全面落实党的教育方针,以理想信念教育为核心,以爱国主义教育为重点,以思想道德建设为基础,教育培养德智体美全面发展的社会主义合格建设者和可靠接班人;搞好继续教育、终生教育,提高全民的科学文化素质。三是坚持先进文化的前进方向,广泛开展群众文化活动,繁荣文化市场,发展津南特色文化,创造高文化含量的社会环境,满足群众日益增长的精神文化需求。四是贯彻以农村为重点、预防为主、中西医并重的方针,提供多层次、多样化、质量优良、费用低廉的社会公共卫生和基本医疗服务,满足人民不断增长的健康需求,使人民享有同小康生活水平相适应的医疗服务;提高应对突发性公共卫生事件的快速反应和处理能力,确保公共卫生安全。五是巩固政府与社会共办体育事业的格局,加快群众体育社会化、竞技体育专业化步伐,建设适合区情的全民健身体系和多元化体育服务体系,不断提高群众体育普及水平和竞技体育水平,促进体育事业发展。

(十)做好就业再就业工作,不断提高群众生活水平

抓好二、三产业,创造更多的就业岗位,妥善安置本地失地农民及富余劳动力,在"农"字以外寻找解决"三农"问题的出路。转变群众择业观念,教育群众树立艰苦创业、勤劳致富思想,坚持劳动者自主择业、市场调节就业和政府促进就业的方针,创造良好的就业环境。积极组织技术技能培训,使每位劳动者掌握一至两项新的从业技能。宣传、引导群众把握就业形势,在劳动力结构调整的"四个一批"(即发展高效农业留住一批,发展二、三产业转移一批,上大学、出国劳务或外出打工输出一批,解决养老保险或进入城乡低保退养一批)中找准自身定位,确定创业或从业方向,以便充分施展个人才华,获得经济与社会效益。

(十一)认真解决资源、资金制约,支撑经济社会快速发展

一是解决土地瓶颈。抓住土地利用规划修编的机遇,争取扩大建设用地规模,启动重点大片的开发,保证园区和载体的土地供应。二是解决资金瓶颈。在多元化融资方面取得新突破。三是加快全区基础设施建设。提高配套标准,促进镇区、园区及载体实现道路、排污、排沥、供电、供水、供热、燃气、通信、有线电视管线和土地平整的"九通一平",并积极创造条件向信息通、市场通、法规通、配套通、物流通、资金通、人才通、技术通、服务通和土地平整等"新九通一平"转变。

(十二)加强生态环境建设,实现可持续发展

一是积极发展环保产业,建设中国北方环保科技产业基地,促进环保企业开拓市场,开发新兴环保产品,发展静脉产业。二是推广清洁生产技术与工艺,促进企业节能降耗和废物排放减量化、资源化,鼓励零排放。三是大力发展循环经济,延长工农业生产和资源重复利用的链条。四是严把投资项目环保关,坚决实行环保一票否决和建设项目"三同时",改造或淘汰一批高消耗、高污染的企业。五是加强生态建设,加大造林绿化力度,建立天嘉湖生态保护区、生态工业园和绿色社区,加快发展生态农业。六是加大环保治理力度,实行污染物排放总量控制和排污许可证制度,以水、气、声、固、光等污染源为重点,加强环保监督执法,建立生态补偿机制和绿色 GDP(国内生产总值)核算体系,全面推进适宜人居的生态城镇建设,形成全区生产发展、生活富裕、生态良好的文明发展格局。

(作者:刘东涛、孙兰玉、赵厚信、崔泽营、刘伯德、赵立华、林凤兴、牛桂敏、方学敏、刘祥敏、王泽敏,压缩稿刊发于《天津经济》2005 年第 12 期,原文 2.5 万字)

滨海新区重点产业的选择及对策研究

第一部分　滨海新区产业现状分析

天津滨海新区是天津为推动全市实现跨越式发展采取的重大战略举措。经过 10 年的开发建设,新区经济和社会事业取得长足发展。2003 年,地区生产总值达到 999.75 亿元,比 1993 年增加 887.39 亿元,增长 7.9 倍,占全市经济总量的比重由 1993 年的 21.0% 上升为 40.9%。随着经济的快速增长,产业结构也发生了巨大变化,新兴产业迅速增长,传统产业得到改造提升,为新区更大的发展奠定了坚实的物质技术基础。

一、新区产业结构现状分析

产业结构的现状。2003 年,新区完成生产总值 999.75 亿元,其中:第一产业增加值7.39亿元;第二产业增加值 693.18 亿元,其中工业增加值为 656.81 亿元,占第二产业增加值的 94.8%;第三产业增加值 299.18 亿元,三次产业比例为 0.74:69.33:29.93。与 1993 年相比,第一产业增长 2 倍;第二产业增长 8.4 倍,其中工业增长 13.6 倍;第三产业增长 7.3 倍。三次产业结构比例变化幅度为 6.9 个百分点(各产业增加值占生产总值比重变化幅度绝对值之和)。其中第二产业比重上升 3.4 个百分点;第一产业和第三产业分别下降 1.5 个百分点和 2 个百分点。可见,新区宏观经济结构的变化,主要是第二产业,特别是工业规模迅速扩张形成的。

工业结构的现状。按增加值规模排序。2003 年居前 10 位的行业:石油和天然气开采业和通信设备,计算机及其他电子设备制造业,化学原料及化学制品制造业,石油加工、炼焦及核燃料加工业,交通运输设备制造业,黑色金属冶炼及压延加工业,塑料制品业,通用设备制造业,农副食品加工业,食品制造业。上述 10 个行业合计比重占新区工业总量近 90%。其中,居前两位的行业合计比重占工业总量的 55.6%。

工业结构的变化。10 年来,随着规模的迅速扩张,工业结构也发生了很大变化,据对 33 个行业统计,其中有 32 个行业比重发生了变化,上升的有 21 个行业,占 63.6%;下降的有 11 个行业,占 33.3%,行业结构变化幅度达 76.6%。见下表:

1993—2003 年行业结构变化比重

	1993 年比重(%)	2003 年比重(%)	2003 年与 1993 年比重差
合计	100.0	100.0	76.7
1. 石油和天然气开采业	29.4	28.4	-1.0
2. 非金属矿采选业	4.3	0.5	-3.8

	1993 年比重(%)	2003 年比重(%)	2003 年与 1993 年比重差
3. 食品加工业		1.7	1.7
4. 食品制造业	0.2	1.5	1.3
5. 饮料制造业	0.2	1.1	0.9
6. 纺织业	1.7	0.6	-1.1
7. 服装及其他纤维制品制造业	0.9	0.9	
8. 皮毛、毛皮羽绒及其制品业	0.6	0.1	-0.5
9. 木材加工及竹、藤、棕、草制品业	0.3	0.1	-0.2
10. 家具制造业	0.2	0.6	0.4
11. 造纸及纸制品	0.2	0.3	0.1
12. 印刷业、记录媒介的复制	0.1	0.2	0.1
13. 文教体育用品制造业	1.0	0.9	-0.1
14. 石油加工及炼焦业	19.8	5.2	-12.6
15. 化学原料及化学制品业	19.3	8.9	-10.4
16. 医药制造业	0.4	1.3	0.9
17. 化学纤维制造业	0.4	0.5	0.1
18. 橡胶制品业	0.2	0.7	0.5
19. 塑料制品业	0.9	1.9	1.0
20. 非金属矿物制品业	1.6	0.6	1.0
21. 黑色金属冶炼及压延加工业		3.9	3.9
22. 有色金属冶炼及压延加工业		0.2	0.2
23. 金属制品业	1.5	1.3	-0.2
24. 普通机械制造业	0.9	1.8	0.9
25. 专用设备制造业	7.3	0.4	-6.9
26. 交通运输设备制造业	3.7	4.9	1.2
27. 电气机械及器材制造业	1.9	1.5	-0.4
28. 通信设备、计算机及其他电子设备制造业	3.1	27.2	24.1
29. 仪器仪表及文化办公用机械制造业	0.5	0.6	0.1
30. 其他制造业	0.5	0.7	0.2
31. 电力、蒸气、热水的生产和供应业	0.8	1.4	0.6
32. 煤气生产和供应业		0.1	0.1
33. 自来水的生产和供应业		0.2	0.2

　　从上表可以看出,多数行业的比重变化不大。在比重上升行业中,只有通信设备、计算机及其他电子设备制造业上升幅度大,从 1993 年的 3.1% 上升为 27.2%,提高了 24.1 个百分点,成为新区工业主体行业之一。黑色金属冶炼及压延加工业则主要是无缝钢管公司的

建成投产,使本行业取得较大发展。新区工业结构的变化,特别是电子及通信设备制造业、黑色金属冶炼及压延加工业和交通运输设备制造业迅速发展,显示着新区的资源指向的传统工业稳固发展,新兴现代工业规模迅速扩张,工业结构优化升级取得显著成效。

第三产业结构的现状。第三产业是涵盖行业众多的服务业,是联系生产与生产,生产与消费领域的纽带。世界经济发展规律表明,随着科学技术的进步,物质生产能力大大提高,致使开拓市场和提供优质服务对企业发展显得日益重要,因此产业之间及社会各领域之间的联系日益紧密和广泛,第三产业的规模扩大速度明显加快,最终成为国民经济的主体成分。2003 年,滨海新区第三产业完成增加值 299.18 亿元,其中:交通仓储邮电业完成102.52 亿元,占 34.3%;批发零售餐饮业完成 85.99 亿元,占 28.7%;金融业完成 24.81 亿元,占 8.3%;房地产业完成 14.18 亿元,占 4.7%;其他行业完成 71.68 亿元,占 24.0%。与 1997 年比较,交通仓储邮电业增长 1.5 倍,比重下降 1.3 个百分点;批发零售餐饮业增长 1.8 倍,比重提高 2.1 个百分点;金融业增长 30.7%,比重下降 8.3 个百分点;房地产业增长 4 倍,比重提高 2.3 个百分点;其他行业增长 2.3 倍,比重提高 5.2 个百分点。可见,新区第三产业基本格局没有改变,但是由于各产业发展速度的差异,结构比例变化较大,其他行业比重明显提高,说明一些新兴服务业得到较大发展,房地产业也得到较快发展。而金融业基本处于原地踏步状态。

二、新区产业的主要特点

工业经济占主体地位,门类比较齐全,支柱产业突出。10 年来,新区按照建设现代化的世界性制造加工基地的目标要求,突出发展工业经济。2003 年,新区完成工业增加值656.81 亿元,占新区经济总量近三分之二。新区工业的基本特征呈现出两面性:一是行业分布广,门类比较齐全的分散性。从国家标准行业分类看,在 39 个大类行业中,新区除黑色金属矿采选业、其他采矿业和烟草制品业 3 个行业没有外,在其余 36 个行业中均有生产活动。二是支柱产业明显的突出性。多年来,紧紧抓住国际制造业转移的机遇,积极创造条件,承接国际产业转移,新区集中精力发展优势产业,形成了电子通信、石油开采及加工、海洋化工、现代冶金、机械制造、生物制药和食品加工七大产业为主体的优势产业。全年完成工业总产值 1900 亿元,占新区工业总量的 90.0%。

现代物流业兴旺发达。物流业是新区的重要产业。2003 年,新区交通运输邮电仓储业实现增加值 102.52 亿元,占第三产业的 34.3%。新区的物流业主要包括三个部分:口岸物流、为加工制造业服务的物流、为城市服务的商贸物流。现代物流业是经济发展到一定阶段而产生的一种新兴产业。多年来,随着新区经济的发展,综合经济实力不断增强,基础设施不断完备,有力地推动了物流业的发展。一是形成了以海港航空港为代表的立体化、枢纽型交通网络。新区是国内唯一拥有大型港口和国际机场的开放区域。天津港是我国北方重要的国际港口和首都北京的海上门户,是京津及华北、西北地区对外贸易的重要口岸,是我国综合运输体系的重要枢纽和沿海主枢纽港,是能源物资和原材料运输的主要中转港之一,是北方地区的集装箱干线港,2001 年成为中国北方第一个亿吨国际大港。2003 年,完成货物吞吐量 16182 万吨；完成集装箱吞吐量 301.54 万标准箱。天津滨海国际机场为中国民航局确定的四大机场之一，随着天津对外开放的发展，客货运规模不断扩大。二是为口岸配套服务的物流业蓬勃发展。新区是仓储业比较发达的地区，仓储、运输、代理及围绕物流的产业比较集中，仓储企业已发展到几百家，从业人员近 5 万人，年营业收入几十亿元。三是"以国际贸易为导向，以物流为基础，以仓储运输为依托，以保税为连接"的天津保税区充分发挥功能优势，通过大力引进国际知名物流企业，搭建国际采购交易平台、扩展物流基地发展空间等方式，有效地提高了物流运作层次与水平，国际贸易、物流分拨、临港加工和商品展销四大功能不断增强。2003 年，保税及非保税货物进出区总值累计完成 92.3 亿元，进出口货物达到 214 万吨。进口汽车市场活跃，经保税区分拨、销售的进口汽车 4.9 万台，连续多年保持全国第一位。保税区已成为汽车零部件、电子产品及电子元器件、钢材、机械设备等商品的重要分拨配送基地。同时，随着新区，特别是开发区制造加工业的发展，为满足生产企业实现零库存运作，降低生产成本的需要，第三方物流企业得到较快发展。四是初步形成了以北方建材市场、陶瓷市场、新洋市场等市场体系，成为新区物流业的重要组成部分。

外向型经济特征明显。10 年累计批准三资企业项目 5381 个，实际利用外资 147 亿美元，占全市同期实际利用外资的 63.0%，占新区固定资产投资的 58.0%。2003 年，三资企业工业总产值完成 1037 亿元，占新区工业总产值的 61%。世界 500 强中来自 12 个国家和地区的 64 家跨国公司在新区共投资了 135 家企业。1993—2003 年，新区外贸出口由 5.03 亿美元，增长到 89.38 亿美元，增长 16.8 倍。2003 年，新区对外贸易依存度为 147.6%，其中外贸出口依存度为 75.7%。另外，新区在注重扩大对外开放的同时，积极推动对内开放，十年来与国内 30 个省市、自治区签订经济合作协议 1770 项，吸引投资 136.7 亿元。全国上千家企业与新区产业直接配套。

高新技术产业发展迅速。电子信息、生物医药、光机电一体化、新材料、新能源和环保六大高新技术产业群已初具规模。其中，电子信息是高新技术产业的主体。据开发区统计，2003 年全区实现高新技术产品产值 719.87 亿元，占开发区工业总产值的 57.5%，比上年增长 25.3%。以液晶显示器、数码相机、数字摄像机、等离子电视等为代表的新型数码电子产品不断涌现，产量增长迅速。生物医药、新材料、新能源等产业也快速增长，产品结构进一步优化。同时，随着新区开发建设日见成熟，一些科技研发中心落户新区，泰达生产力促进中心、国家纳米中心、华生生物园、泰达软件园、天大科技园、清华工业园、南开大学化工产业园、中国科学院水声工程中心、天津大学国家工业结晶技术中心、中国医学科学院泰达生命技术研究中心、国家农业科技园，以及海洋高新技术开发区等，形成了研发中心、高新技术孵化器和产业化基地为载体的科技创新体系。这些为新区高新技术产业发展提供了有力的技术支撑。

工业具有较强的竞争力。按照区域经济学理论关于判断一个区域经济结构竞争能力水平的方法，我们把新区的工业增加值指标分别放入全球和全国范围之中进行了比较分析。从与全世界工业比较情况看，1998 年至 2001 年期间，全世界工业增加值增长 3.8%，同期新区工业增加值增长 2 倍，实际增长量为 262 亿元。其中世界份额分量为 4.91 亿元；结构偏离分量为 14.73 亿元；竞争力偏离分量为 242.08 亿元，分别占 1.9%、5.6% 和 92.5%，三项指标均为正值。2001 年，世界经济低迷的一年，比 1998 年仅增长 3.8%，所以份额分量仅占 1.9%，结构偏离分量仅占 5.6%。相对于世界经济，2001 年是新区经济持续保持强劲增长的一年，从而显示出新区工业较强的竞争能力。从工业行业看，竞争力强的主要是办公机械，计算机、收音机、电视及其他电子设备制造业，石油、天然气开采业，化学、石油、塑料、橡胶制品业，基本金属制造业，以及食品、饮料制造业和金属及机械制造 6 个行业，竞争力偏离分量为 234.9 亿元，占新区竞争力偏离分量的 97%。从与全国工业比较情况看，2001 年，全国工业实现增加值 27718.54 亿元，比 1998 年增长 46.5%，同期新区工业增加值增长 2 倍，大大高于全国的增长速度，三项指标分别是全国份额分量为 62.4 亿元，结构偏离分量为 24.4 亿元，竞争力偏离分量为 175.2 亿元，分别占 23.8%、9.3% 和 66.9%。可以看出，新区工业较全国而言，仍以竞争力强为特征。从行业看，成就新区竞争力强的主要是通信设备、计算机及其他电子设备制造业，石油天然气开采业，化学原料及制品制造业，黑色金属冶炼及压延加工业，普通机械制造业，塑料制品业和非金属矿采选业等行业。

三、新区对全市经济增长的带动作用

滨海新区是天津经济最大的增长点。2003 年，全市实现生产总值 2447.66 亿元，比 1993 年增长 3.6 倍，绝对值增加 1911.56 亿元。同期，新区实现生产总值 999.75 亿元，比 1993 年增长 7.8 倍，绝对值增加 887.39 亿元。占全市的比重由 1993 年的 21% 提高到 40.9%，10 年间，对全市经济增长贡献率为 46.4%。新区对全市经济增长的带动作用主要是工业部门，在新区经济快速发展过程中，始终维系着"二三一"的产业格局，1993 年，第一产业完成增加值 2.43 亿元，第二产业完成增加值 74.09 亿元，第三产业完成增加值 35.84 亿元；分别占全市的 6.9%、24.5% 和 18.1%。2003 年，第一产业完成增加值 7.39 亿元，第二产业完成增加值 693.18 亿元，第三产业完成增加值 299.18 亿元；分别占全市的 8.2%、55.7% 和 26.9%，可见，第二产业发展最快，所占比重最大，而二产中工业占 95%，说明工业是新区乃至全市经济增长的主体。

新区经济的发展为提升市区财政实力做出了贡献。随着经济的快速发展，新区为国家贡献的能力显著增强。2003 年，新区的全部财政收入为 171.8 亿元，占全市同口径的 38%，比上年增长 19.1%，增加 27.57 亿元。其中，中央级收入增长 21.3%，市级收入增长 30.2%，区级收入增长 11.7%；分别增加 16.89 亿元、5.04 亿元和 5.63 亿元，中央级和市级收入的增加额合计占 80%，可见，新区创造的价值主要为国家做贡献。

新区是带动全市外向型经济发展的龙头。新区自开发建设以来，积极实行开放型经济发展之路，努力营造与国际经济运作惯例仿真环境，成为全市外商投资最活跃的地区，10 年累计批准三资企业项目 5381 个，累计合同外资额 240 亿美元，实际利用外资 147 亿美元，占全市同期实际利用外资的 63%。外贸出口由 5.03 亿美元增长到 89.38 亿美元，增长 16.8 倍。占同期全市的 25.9% 和 60.5%，比重提高了 34.6 个百分点。

四、新区产业结构存在的主要问题

第三产业比重明显偏低,新兴服务业发展滞后。新区开发建设10年来,第三产业得到较大发展,但是与经济总体发展比较,速度明显偏低,其比重下降2个百分点。第三产业是国民经济中联系生产和消费、推动现代化生产建设和提高人民生活质量的高层次产业。一般地说,经济发展水平越高,第三产业比例越大。按目前滨海新区的经济发展水平,已进入工业化的中后期,而第三产业的比例则存在较大不足。虽然滨海新区的基本定位是突出发展制造加工业,但是第三产业比例过低,也不利于整个区域经济和社会的健康发展。从第三产业内部行业发展情况看,一是其他行业和房地产业比重提高最大,说明房地产开发、信息咨询、中介服务、科技开发和旅游业等新兴产业得到发展。二是金融业比重下降8.3个百分点,与经济发展明显不匹配。

产业关联度不强,带动力大的主导产业,特别是具有自主产权的主导产业缺乏。滨海新区的工业企业大部分是利用外资建设起来的,由于难以统筹规划,使企业间缺乏产业关联度,多数企业只是以自身的规模扩大为新区经济的增长做出贡献,特别是一些大型企业缺乏对新区其他企业的带动作用,没有形成合理的产业群落和产业链。这种产业方式,由于拉大了企业与原材料市场和产品市场之间的距离,虽然工业规模很大,但经济效益不高。2003年,新区工业增加值率为27.4%。在36个行业中,增加值率高于总体平均水平的有17个行业。其中突出高的是化学纤维制造业,石油和天然气开采业,非金属矿采选业,纺织服装、鞋、帽制造业,水的生产和供应业,电力、热力的生产和供应业6个行业。可以看出这些行业基本是与新区资源指向相关的产业,以及保证新区生产和生活的公用事业部门。

企业自主创新能力不足,接受高端产业转移能力较弱。一是某些企业的生产成本高,毛利率低下。例如通信设备、计算机及其他电子设备制造业,生产成本高达91.8%,正是由于一些企业缺乏自有知识产权的核心技术,其生产只是来料加工形式,附加价值不高的因素。二是由于企业在产业分布的散落性,产业上下游缺乏紧密的配套环境,使一些跨国公司的高端产业难以在此落户。

空间布局分散,经营较粗放,规模效益不明显。尤其是化学工业遍布的塘沽、汉沽、大港等地区。

第二部分　滨海新区产业结构调整,确定重点产业的环境影响分析

党的十六届三中全会指出,21世纪头20年,对我国来说,是一个必须抓住并且可以大有作为的重要战略机遇期。就天津滨海新区而言,在目前已经初步形成一定产业竞争优势的情况下,进而实现未来产业结构的调整、优化、升级,培育更具发展潜力、更具国际竞争力的产业这一目标,从当前国内外经济大环境看,应该说滨海新区面临着不可多得的历史机遇。抓住机遇,迎接挑战,充分利用好时代赋予的发展空间,滨海新区将进入一个更快发展的历

史时期。

一、国内外经济大环境有利于滨海新区加速产业结构的调整、优化、升级

经济全球化,国际产业结构加速调整与转移大趋势,是天津滨海新区加快产业结构调整、优化、升级,确立并发展重点主导产业的最大机遇。能否根据世界经济发展与趋势,选准主导产业,对一个地区经济发展的成败至关重要。目前,世界范围内科技创新与产业的转移,就给我国经济结构调整与产业升级提供了不可多得的外部环境。不少发达国家就是充分利用了这一日趋国际化的大背景,借助自身的科技优势,不断重复着自身的产业结构的调整、优化、升级与转移。美国就是个典型例证。由于及时进行产业结构调整与升级,使经济发展找到了新的动力,创造出历史上最长的扩张期,竞争力连续雄居全球榜首。世界范围内的产业转移,最终形成了世界各国对全球资源共享,在全球范围内配置资源,共享市场的经济全球化大格局。应该说,这一大格局大趋势是我们加速产业结构调整、优化、升级,并培育和发展更具发展潜力和更具国际竞争力的主导产业的最大的"利好"条件。

在世界范围内的产业转移中,跨国公司不仅充当了载体角色,还起到了十分积极的推波助澜的重要作用。20世纪90年代初美国"摩托罗拉"落户滨海新区。回顾近10年来新区电子信息产业的成长与发展,不能不说与世界产业转移息息相关,不能不说得益于世界经济全球化这一大背景。天津滨海新区未来产业结构的调整、优化与升级,进一步打造新的产业竞争优势,仍然要充分利用这一十分有利的大环境,坚持利用外资,盯住跨国公司。

市委、市政府确定的工业东移战略和发展六大支柱产业决策,是滨海新区加速产业结构的调整、优化与升级,培育和发展主导产业的又一良好机遇。为给优势产业发展创造更大空间,加快形成工业布局的崭新格局,市委、市政府作出了主体工业东移滨海新区,实施工业布局重心战略东移的决策。并将电子信息、汽车、冶金、化工、医药和新能源及环保六大支柱产业确定为大力发展的优势产业,并作为市委八届三次全会提出的五大战略举措之一。这一大背景又是滨海新区加速工业结构调整、优化与升级的最好机遇。

在工业东移的实施中,市政府早在2001年就制定了"十五"期间完成200户东移的计划,至目前约130户已经启动。伴随着开发区、保税区开发面积的扩大以及《天津市国有土地有偿使用办法》的出台,工业东移的步伐将进一步加快。

在政策推动的大环境背景下,作为优势产业的六大支柱产业,电子信息产业在新区已成气候,未来将得到进一步的发展壮大。海洋化工、石油化工产业,则将借助得天独厚的资源优势和业已形成的良好基础加快发展,形成规模。汽车、生物制药、现代冶金、新能源及环保产业将借助龙头企业的带动作用,从无到有,从小到大,最终形成产业竞争优势。

另外,一个国家,一个地区,其经济保持较大幅度增长主要靠一些高增长行业来支撑,这一特征已经体现在我国近些年来的经济增长上。我国近些年来经济增长保持在7%以上,其增长力量就主要来自于居民消费结构和产业结构升级相关的高增长行业。国务院发展研究

中心产业经济研究所的"中国产业增长景气指数"研究结果显示,今年1—7月,汽车、机械、建材、钢铁、医药、家电、食品、电力、煤炭等行业均呈现出显著的景气与上升态势。房地产、电子及通信设备制造业等行业也都保持了较高的增长速度。从当前和今后一个相当长的时期看,这些与居民消费结构和产业结构升级相关高增长行业仍然是拉动经济增长的主要因素。这一特征与国际上很多国家的发展规律也是相符一致的。以美国为例,在很长一个时期,汽车、建筑、钢铁一直是国民经济的三大支柱。应该说,我国已经进入一个靠高增长行业拉动经济增长的发展阶段。滨海新区牢牢把握这一规律,顺势调整升级,其经济发展必然会在目前基础上进一步提速。

加快港口建设步伐,将促进港口经济为龙头的第三产业的发展。天津港是天津市的重要战略资源。港口既是天津经济发展的龙头,也更是滨海新区经济发展的龙头。市政府已决定从2003年起至2010年投资270多亿元,加快天津港的发展及外部配套设施的建设。为配合这一综合大项目的实施,切实促进港口加快发展,政府依据《中华人民共和国港口法》,决策对港口经营和管理实施政企分开,提供了体制上的保证。伴随着天津港未来向现代化、世界一流大港宏伟目标的迈进,滨海新区以港口为龙头的港口经济特色也会在现有基础上进一步提速发展。

滨海新区10年的发展实践证明,具有港口经济特点的经济发展,不仅因具有港口本身独特竞争力优势而可形成较大规模的以港口为核心的服务业,而且,还可借助这一优势,充分发挥产业的扩散效应,从而带动航运、修造船、集疏运、货代等直接相关产业,以及信息、贸易、金融、中介等相关服务业,形成完整的港航物流产业链。这一产业链不仅会直接或间接为滨海新区和天津全市GDP做出贡献,还将拉动新区本身的产业结构升级。这样的例证世界范围也有不少,如荷兰鹿特丹港直接和间接创造的GDP就占了鹿特丹市GDP的26%,香港这一比重也高达25%。

加快港口建设步伐,打造世界一流大港,加快港口经济发展,这样一个大背景,又为滨海新区聚集了港口、开发区、保税区、海洋高新技术开发区和大型工业基地,这一全国独一无二的比较优势,为加快以物流业为主体的服务业的发展提供了机遇,打下了基础。

国际服务业转移大趋势,为滨海新区加快服务业发展提供良好的机遇。目前,跨国公司开始了新一轮全球性产业布局的调整。在这一转移中,除制造业仍然是重心外,服务业向新兴市场国家的转移趋势也日渐明显。

服务业国际转移主要表现在三个层面:

一是项目外包,即企业把非核心的辅助型业务委托给国外其他公司。项目外包也广泛应用于产品制造、工厂服务、人力资源管理、金融、保险、会计服务等多个领域。伴随着世界经济全球化的深入发展,项目外包市场将进一步迅速扩大,据有关资料显示,其年增长率在20%以上,预计到2010年,将达到20万亿美元的市场规模。

二是跨国公司业务离岸化。即跨国公司将一部分服务业务转移到低成本国家地区。而且这种离岸化有进一步加快发展的趋势。目前,亚洲的东南亚国家地区、印度、中国;南美的巴西、墨西哥等是承接跨国公司离岸服务业务的重要的国家地区。离岸业务主要集中在电话客户服务、金融、保险、人力资源管理、工厂服务等领域。

三是服务业外商直接投资。一些与跨国公司有战略合作关系的服务企业,如物流、咨询、信息等企业,为了给跨国公司在新兴市场国家开展业务提供配套服务,而进行国际转移。20世纪70年代,服务业只占全球外商投资总量的四分之一。20世纪90年代以来,全球服务业吸收的外商投资已超过第一、第二产业之和,比重一直占到一半以上。

目前,全球新兴市场国家都在创造条件,积极承接服务业的国际转移。我国也已经出现承接服务业国际转移明显加快的形势。滨海新区已经具有承接服务业国际转移的良好基础环境,应抓住机遇,进一步加快服务业的发展。

在面临诸多良好机遇的同时,滨海新区在产业结构的调整、优化与升级中,也充满挑战。一是重复建设问题。目前,在河北省,天津市640公里长的海岸线上,从北到南依次分布着秦皇岛、京唐、天津、黄骅四个大港口。虽然这些大港口都"吃不饱",但各自都在不断加大投资进行扩建,就天津港而言,未来的更加激烈的竞争不言而喻。二是环渤海各地区产业"雷同化",尽管相互之间没有什么关联,但过度竞争却不可避免。如何做到"领先一步,高人一筹",是滨海新区产业结构的调整、优化与升级并最终确定重点产业应把握的关键所在。

二、滨海新区产业结构的调整、优化与升级应把握的几个战略思路

第一,大力发展高新技术产业和先进制造业。从比较优势和竞争优势相结合的角度看,在当前的国际分工体系中,中国有条件发展成为全球的制造业基地。但是,这种制造业基地不是由境外企业控制的"世界工厂"或"加工场"角色,让跨国公司控制着核心技术、关键元器件、关键设备、品牌和销售渠道。而是应该成为一个拥有自我创新能力、自主知识产权、独立品牌和销售渠道的全球化的制造业基地。按照这个要求,应该说,滨海新区经过10年实践已经有了相当的良好基础。在未来产业结构的调整、优化与升级中,应遵循上述指导思想,更加有效地利用外资,通过消化吸收来发展自己的高新技术产业和先进制造业,以奠定滨海新区作为一个重要的全球制造业基地的地位。

第二,要抓好品牌建设,掌握和发展核心技术。经过10年的发展,目前滨海新区在发展加工贸易的过程中,已积累了许多有益的经验。通过扩大发展加工贸易促进滨海新区产业结构的调整、优化与升级,应该说是一个可行的途径。今后的重点应该是进一步提高加工贸易的档次和利用外资的质量,把抓好品牌建设放在突出位置。要加大研究与开发投入,增加科技含量,培育自己的研发体系,开发自己的产品和品牌。同时还要看到,传统加工贸易产业的发展已经开始面临劳动力成本逐步提高、国际竞争更加激烈的压力,为了打造新的竞争优势,适应新的竞争的需要,就要大力推动加工贸易向新高技术产品为主的方向转变,通过不断提升自主开发能力,从目前的代加工(OEM)向代设计(ODM)转变,最终实现自创品牌(OBM)。

与此同时,通过扩大发展加工贸易,提高区内配套能力,延长产业链,增加辐射带动作用。

第三，要认真走好"信息化带动工业化"的"新型工业化道路"。目前,信息技术的发展和在国民经济和社会领域的广泛应用不仅极大地提高了劳动生产率,降低了资源消耗和生产成本,减少了环境污染,而且使人类生产活动和社会活动开始进入信息化和智能化时代,进而引起世界经济和社会的巨大变革。滨海新区在产业结构的调整、优化与升级中,应十分重视信息化在工业化发展中的倍增作用和催化作用,在大力推进信息化的进程中,积极实践以信息化带动工业化,走好新型工业化道路。一方面要加快推进信息技术的产业化,进一步提升信息产业对新区经济发展的贡献率。另一方面,应广泛应用电子信息技术武装和改造传统产业,以提高传统产业的集约化程度和生产效率,使传统产业赋予新的内涵,新的生存和发展方式,达到使传统产业可持续发展的目的。

第四,要注意形成产业的聚集效应。产业聚集是市场经济条件下,工业化进行到一定阶段的必然产物,是现阶段产业竞争力的重要来源和集中表现。近年来,伴随着对外开放的不断推进,我国沿海地区已经出现了十分明显的产业集群化趋势。在产业集群内,大量的相关企业在空间上集聚,企业间高度专业化分工,形成完整的产业链和生产配套关系。这种产业集聚最大的优势就是企业一旦在集群内"落地"就会"生根",而极少向外迁移的情况,除非整个生产链条都向外迁移。在产业布局上,新区要注意形成产业聚集效应这一方向,要把握聚集度高,专业化程度高、产业链条清晰的原则。尤其是汽车、冶金、化工等这样上下游衔接紧密、联合化、连续化作业的行业,更要突出产业的聚集度。围绕这一方向,在吸引投资上要创造条件,合理布局,鼓励成区、成园、成群、成链的投资。

第三部分　重点产业的选择

一、重点产业选择的原则

第一,从属于、服务于新区定位的原则。滨海新区产业发展定位的主要依据是滨海新区经济社会发展的战略定位,而滨海新区的定位,则依据天津市的定位。

天津要建设成现代化国际港口大都市、中国北方重要的经济中心。在这一历史进程中,滨海新区应当承担先行带头作用,要建成现代化国际港口大都市的标志区,实现天津发展战略目标,振兴华北、西北经济的启动点。

为了实现天津市的宏伟目标,市委、市政府已经明确要把天津建成国际性的现代化制造业基地、东北亚地区的国际物流中心。

为此,滨海新区一是要建成国际性的现代化制造业基地的示范区。二是要建成国际物流基地的中心区。滨海新区应当、也有条件承担起这两大历史任务。滨海新区的产业选择应紧紧围绕着这两大目标。

第二,示范性和带动性原则。滨海新区要努力发展外向型和先进示范性产业,努力发挥滨海新区产业的示范性和带动作用。

第三,发挥资源优势原则。要充分利用资源,大力开发资源优势产业。如石油、海水矿产、水资源等。

第四,产业集群化原则。要抓住优势产业,做大做强。同时,要深入研究产业关联关系,延伸、做强产业链,大力培育优势集群,形成良好的产业生态。

注意点不要停留在个别的优势产品、优势厂家上,要科学认定、大力构建具有国际竞争力的优势产业集群,形成国际知名的优势产业区。

第五,可持续发展原则。产业发展不应破坏生态环境,建设占地不妨碍将来的发展。经济建设要有延续性的系统思想,有长期的谋划。

二、支柱产业分析

1. 产业结构现状中的支柱产业。根据滨海新区统计资料,把三次产业划分为 23 个部门(行业),比较各部门所占 GDP 份额及在三年间增长的贡献率,排序如下表。

三次产业各部门所占 GDP 份额及贡献率

	按 GDP 比重排序			按增长的贡献率排序	
1	15.77%	石油开采	1	17.12%	石油开采
2	15.08%	电子信息制造	2	11.16%	运输邮电
3	10.25%	运输邮电	3	8.53%	化工
4	8.60%	商业餐饮	4	8.11%	商业餐饮
5	7.17%	其他服务业	5	7.85%	机械
6	6.71%	化工	6	7.18%	其他服务业
7	5.04%	机械	7	5.54%	电子信息制造
8	3.64%	建筑业	8	3.08%	食品工业
9	2.90%	石油加工	9	3.00%	建筑业
10	2.48%	金融保险	10	2.88%	冶金
11	2.41%	食品工业	11	2.81%	石油加工
12	2.24%	冶金	12	1.69%	金融保险
13	1.42%	房地产	13	1.20%	医药
14	0.90%	公用工业	14	0.86%	金属制品
15	0.74%	医药	15	0.79%	服装革毛羽绒
16	0.74%	农业	16	0.59%	木材家具
17	0.71%	金属制品	17	0.57%	文体用品及其他
18	0.62%	非金属制品	18	0.56%	纺织
19	0.54%	服装革毛羽绒	19	0.49%	农业
20	0.52%	文体用品及其他	20	0.24%	房地产
21	0.37%	木材家具	21	0.21%	介质及制品
22	0.34%	纺织	22	0.10%	非金属制品
23	0.27%	介质及制品	23	-0.77%	公用工业

其中,公用工业包括环保处理、自来水、燃气、热水蒸气和电力供给;

文体用品及其他包括玩具,文教体育用品制造,工艺品制造及其他制造业;介质及制品包括造纸、印刷、音像介质及音像制品制造业。

从表中可以看到,排在前 7 名的都是石油开采、运输邮电、化工、商业餐饮、机械制造、其他服务业和电子信息制造业,只是序位略有不同。

其中,运输邮电业中是以物流业(仓储运输业)为主,如果扣除邮电业,物流业仍能保持前 7 的地位。

商贸餐饮业中是以商贸业为主,如果扣除餐饮(含旅店业),商贸业仍能保持前 7 的地位。

其他服务业是一个庞杂的组合,将其分解开来,则没有哪个子项能留在前 7。

因此,得出的结论是,2003 年以前,滨海新区的主要产业有 6 个:(1)石油开采业;(2)物流业;(3)化学工业;(4)电子信息制造业;(5)商贸业;(6)机械制造业。

这些产业可归并为:电子信息产品制造业、石油和化学工业、汽车和装备制造业、港口物流和相关服务业。

2. 规划发展的支柱产业。(7)汽车制造业。2003 年,丰田汽车整车项目已经开始发挥效益。按照规划,预计 2005 年高档轿车和客车整车制造业的增加值将达到 96 亿元,全部汽车工业增加值占全区 GDP 的比重可达到 4%。"十一五"期间要在发展整车大项目的同时,吸引和发展零配件生产,形成汽车产业集群。到 2010 年,整车制造业的增加值将达到 190 亿元,全部汽车工业总产值要达到 1000 亿元,增加值占全区 GDP 的比重可达到 6%。(8)冶金(主要是高档钢管和金属制品)。2003 年,冶金工业占全区 GDP 比重为 2.24%,在上表中居第 12 位。2004 年 2 月,天津钢铁有限公司一期工程已开始试生产,这个比重将升入到前 10 位。2005 年,该二期工程投入生产;2007 年,天铁集团板材加工基地将建成投产;天津钢管公司的现代化不锈钢冶炼与热扎工程也将在"十一五"期间建成。以这些大型企业为骨干,带动冶金工业生产效益的全面提高。到 2010 年,冶金工业的产值将达到 300 亿元以上,增加值占全区 GDP 的比重可达到 3%,进入支柱产业行列。新区的冶金可归入装备制造业。

2003 年,医药制造业增加值约可达到 9 亿元。2004 年开始加速增长,按照规划,预计 2005 年,医药制造业增加值占全区 GDP 的比重将达到 2% 以上。到 2010 年可达到 4%。

三、潜导产业分析

潜导产业指具有较大发展潜力,有可能培育发展为优势产业、主导产业或支柱产业的产业。潜导产业又可分为拉动经济发展的产业和引导技术创新的产业。

(一)拉动经济发展的产业

我国从短缺经济走出来的二十几年间,经济规划的关注点已经由主要关注瓶颈部门,转为越来越关注拉动增长的部门。

根据天津市 2002 年投入产出表(处理为 33 个部门),做出每个部门的增长对全部经济增长的带动影响力分析。得出影响力系数如下表:

影响力系数

序号	系数	部门	序号	系数	部门
1	1.5520	居民服务	18	0.9288	冶金
2	1.3497	农业	19	0.9063	食品
3	1.3339	介质及制品	20	0.8693	木材家具
4	1.3233	机械	21	0.8611	体育文化广电
5	1.2884	科技服务	22	0.8470	汽车
6	1.2807	旅游	23	0.8036	房地产
7	1.2770	石油加工	24	0.7793	非金属制品
8	1.2265	公用工业	25	0.7108	社会保障政府社团
9	1.2166	文体用品及其他	26	0.7005	服装革毛羽绒
10	1.2035	采油	27	0.6942	教育
11	1.1791	金属制品	28	0.6807	纺织
12	1.1578	电子信息制造	29	0.6732	采盐
13	1.1184	商务	30	0.6661	生物医药
14	1.0860	商贸	31	0.6644	运输仓储
15	1.0695	金融	32	0.6540	卫生医疗
16	1.0486	信息服务	33	0.5850	化工
17	1.0008	建筑			

其中,信息服务业包括邮电、计算机软硬件服务、计算机网络业等。

旅游业包括旅游管理、旅行社、旅店业、餐饮业、娱乐业。

这表明,居民服务、农业、介质及制品、机械、科技服务和旅游业的发展,需要全部经济有较大的增长。当经济增长性很弱的时候,这些部门的发展被摆在靠后的序位。当需要寻求经济增长的拉动力时,应当对这些部门予以较大注意。

先进的居民服务业、先进的市场化的农业、文化传媒制品业、先进的机械制造业、科技服务及旅游业的发展水平和发达程度正是区分发达国家与发展中国家的标志。

这些部门的产业关联性质不是一成不变的。天津市这些部门的特征(发展水平)以及它们在产业结构的影响力排序中地位的上升,都显示了天津产业升级的步伐,认识这些部门地位的变化,对于发现未来发展的拉动力具有现实意义。

在上表的前 9 项中,农业和服务业占重要地位,有几个工业行业,也与消费使用关系较为密切,有文化传媒制品业、机械制造业(其增加值中家用电器占较大比重)、汽油、公用供给、文体用品制造等。

关于服务业。在上表中,居民服务、科技服务、旅游、商务、商贸、金融保险和信息服务业都排在前 16 位。

重视这些部门的发展,对于拉动经济发展具有战略意义。不过,还要研究这些部门的发展机制,政府和企业发挥作用的机制,这些部门当前的发展阶段与前景,预测其发挥带动作用的可能性,才能认定"十一五"期间内哪些可作为潜导产业。

滨海新区中的天津港保税区和作为天津城市商业副中心的塘沽区都是北方重要的商贸业基地。商贸业是必须大力发展的带动性产业,但它已经是滨海新区的支柱产业。就商贸业内部看,新兴业态是整个商贸业的前导。但,也已有了相当显著的发展。

商务和金融保险业既是带动性很强的产业,也是企业经济发展的重要支撑,滨海新区的发展已经到了要把商务和金融保险业的发展摆上重要日程的阶段。

旅游业的聚集力是多方面的,具有全面促进经济、社会、文化发展的效能。滨海新区拥有开发自然生态旅游、人文旅游、休闲康乐旅游的可开发资源相当丰富,开发工作已见成效,随着继续投资的增加和这里旅游业无形资产的自然增长,效益将日益展现出来。

产业旅游,特别是商务旅游,是天津旅游的重要方面。旅馆、写字楼的使用更是把商务、金融等行业与旅游行业紧密地结合在一起。为配合商务和金融保险业发展新阶段的到来,要把会展业和旅游业作为商贸业的潜导产业、各行各业商务的潜导产业摆上重要的战略地位。

科技服务和信息服务业与生产、生活的发展,特别是与技术进步关系密切。居民服务业的发展体现着社会的全面发展,也是构建投资、投智环境,增强吸引力的要素。

现代服务业,特别是商务和旅游是滨海新区"十一五"期间的潜导产业。

关于渔农业。从农业生产的投入结构看,天津农业已具有沿海都市型农业的特征。

各行业需求系数划分

直接需求系数		完全需求系数	
1.1201	农业	0.1816	食品
0.3272	食品	0.0634	生物医药
0.1275	运输仓储	0.0632	农业
0.1172	商贸	0.0495	纺织
0.1096	化工	0.0389	商贸
0.1013	生物医药	0.0338	石油加工
0.0857	机械	0.0294	运输仓储
0.0828	冶金	0.0247	公用工业
0.0820	公用工业	0.0143	金属制品
0.0728	石油加工	0.0108	商务
0.0619	纺织	0.0093	居民服务
0.0578	商务	0.0076	非金属制品

在农业投入的需求中,食品占第一位,说明农业已经是以养殖业为主(是一种深加工的农业结构)。商贸、物流占重要地位,表明农业已经是市场型农业。对化工、生物医药、机械的需求不断加大,表明农业生产的技术水平在不断提高。

天津全市是这样,滨海新区更是这样。它的这些特征应当会更加突出。

目前,农业还处在从传统向现代化的转变之中,今后滨海新区农业的发展应当更加突出沿海的特点,更加市场导向化,实现产业化。

另一方面,由于新区农业创造的增加值在全区增加值中所占比重很小,社会对农产品的需求面广量少,因此在短期内新区的农业对经济发展的拉动力是有限的。

(二)引导技术创新的产业

除电子信息制造业外,生物技术和现代医药、光机电一体化、新材料、海水淡化及设备制造、新型环保设备等高新技术产业的开发在滨海新区均已有相当的基础。这些领域的技术研发和产业化,可以有效带动新区的技术创新和产业结构升级。

四、重点产业发展条件分析

1. 市场需求空间分析

一般来说,某些产业的市场需求空间,与经济发展的一定历史阶段有直接关系。目前,我国正处于工业化中期阶段。根据发达国家的经验,该阶段经济发展的一个显著特征是,经济增长往往靠一些高增长的行业,特别是那些与居民消费和产业结构调整密切相关的行业的快速增长来支撑。而电子信息产品制造业、石油和化学工业、装备制造业以及物流商贸业等正是这样一些行业。显然,这些行业未来的市场需求空间还是十分广阔的。当然,这一规律被业内人士所普遍认同,因此同行业间的竞争也异常激烈。能否在竞争中取胜,关键是看谁能尽早形成产业规模和较强的竞争力。

2. 发展环境条件分析

应当说,滨海新区背靠京津冀、面向渤海,拥有北方最大的港口,腹地辽阔,土地、石油、原盐等海洋资源和人力资源丰富,工业基础雄厚,产业协作配套能力强,产业工人素质高,交通、能源、供排水等基础设施完备,经过多年建设已基本形成高度开发的发展环境,具有发展制造业和港口物流业的多方面的比较优势。

3. 各重点产业发展基础和前景分析

前述各重点产业,发展基础、目前达到的规模水平及进一步发展的支撑条件不尽相同,现简要分析归纳如下:

第一,电子信息制造业。以摩托罗拉、三星电子、LG 等跨国公司为支撑,已形成较强的竞争优势,产品在国内外市场也占有相当份额。今后,电子信息产品制造业仍将是新区重点支持发展的支柱产业。

第二,石油和化学工业,有得天独厚的资源条件和产业基础。只是由于体制、结构和国家产业布局的等原因,发展步伐落后了,未形成应有的规模优势。近年来,国内外许多重量级大型石化企业都看好天津滨海新区的发展条件,争相前来投资发展。目前,有关部门正在规划建设 100 万吨乙烯、1000 万吨炼油项目预计"十一五"期间一期工程可建成投产。

第三,汽车和装备制造业中,汽车、造船和机械工业天津均有较好基础。目前天津丰田和一汽联合,正在开发区建设丰田第二厂区,启动"皇冠"高档轿车项目,一期设计年产 15 万～20 万辆,2005 年投产;二期 30 万～40 万辆,2010 年汽车制造业增加值约达 200 亿元;为其配套的零部件项目也将相继来新区落户,有望形成汽车产业群。船舶修造业,可抓住天津港大发展和国际海运繁荣期对修造船业带来巨大市场需求的大好机遇,依托新港船厂和新河船舶重工等企业积极推进其重组改造、到临港工业区异地重建,建设现代化的修造船工业基地。

第四,生物技术和现代医药,是发展潜力巨大的朝阳产业。近年来,新区的生物技术和现代医药产业发展较快,已有一定基础。今后依托诺和诺得、史克必成等生产企业以及生命科学院、泰达国籍创业中心、华生生物园、华立达生物园、中新药业生物园等研发机构和园区形成产业群。

第五,新材料、海水淡化及其设备制造业等高新技术产业,目前尚未形成规模。但这些产业都属新兴产业,带动力强,市场前景看好。其中,像纳米技术和材料、膜技术和材料、化工新材料、航空复合材料、磁材料以及海水淡化等一批研发和产业化项目已在新区启动。今后市里和新区将不断加大投入,推进其产业化进程,促其形成规模优势。

第六,服务业中,商贸、物流今后仍应是规划和发展的支柱产业;房地产和旅游、会展是新区正在快速增长的产业;教育培训、研发、信息、咨询、中介等现代服务,尽管目前规模尚小,然而从未来角度看,却是新区极具发展潜力的潜导性产业。

结论:通过上述分析认为,"十一五"期间,新区可着力选择培育电子信息产品制造业、石油和化学工业、装备制造业、港口物流及相关服务业四大产业群。

与此同时,要积极培育发展生物技术和现代医药、新材料、海水淡化等高新技术产业以及旅游、会展、教育、研发、信息、咨询等现代服务业,尽可能加快其产业化的步伐。

4.产业关联分析

在天津市产业结构中怎样构筑内在的需求链条,加强产业关联,培育产业集群,尚须结合各产业具体情况进行深入的分析研究。总的来讲,各重点产业要想做大,都要瞄准全国乃至国际市场。因此,从市场经济条件下促进要素流动的角度看,最重要的带动部门应当是商务和商贸业。天津的商贸业今后应当注重发展汽车、医药等市场,特别要及时开发高新技术产品市场。

除必须大力发展商贸、商务外,这里还需着重强调三点:

第一,关于石油开采。石油开采部门的作用是通过石油加工部门传递的。从投入产出数据看,天津主要使用石油加工产品的部门是交通运输、石油加工、化工和农业。使用的产品主要是机械用油、燃油、润滑油等,而化工原料用油的价值量相对不高。这里有价格的问题。但也切实地表明了,天津石油工业产业链确实还没有形成,在这方面滨海新区有大量工作可做,希望国家有关部门能够予以足够的重视。

第二,关于物流业。目前储运品种依次是煤炭、建筑材料、钢铁及金属制品、木材、化工产品、轻纺服装、玩具文体用品工艺品、医药等。天津港目前运输品种结构层次不够高,主要因为:一是腹地宜集装货物的生成量不高。二是天津港与西部尚缺少直通的铁路,交通不够通畅。

为发挥天津港和天津产业的带动作用,应当研究解决相关问题,大力促进天津港腹地经济的大发展。

第三,关于电子信息制造业。天津电子信息产品的本地最大买方是:电子信息制造业、居民生活、机械工业部门以及其他相关部门。其实,更重要的是国内的外地市场。但市场竞争十分激烈。如不能及时推出新品种,市场有萎缩的趋势。

五、重点产业的表述

(一)按统计口径表述

支柱产业。有两类:工业,采油、化工、电子信息制造、汽车、机械、冶金。可归纳为电子信息产品制造业,石油和化学工业,汽车和装备制造业;服务业,物流、商贸。

潜导产业。也有两类:一是高新技术制造业。除电子信息制造已成为支柱产业外,将重点发展生物技术和现代医药、新材料、海水淡化及设备制造、光机电一体化、新型环保设备等。二是现代服务业。"十一五"期间应突出发展商务会展和旅游业,伺机发展金融、研发和科技服务、信息咨询服务、教育、体育文化、医疗卫生等。

(二)结合空间布局和产业群落表述

以天津港为龙头大力发展涉港产业。首先是港口物流业、港口商务服务业、港口装备制造业、其他临港加工制造业。

保税物流园区将定位于国际中转、国际配送、国际采购中心、国际贸易四大功能,最终实现国际港航产业与现代物流产业的联动发展。

要提升保税区功能。加快发展出口加工区,推进港区一体化。依托天津港和保税区,形成以汽车及其零配件、机械设备、电子元器件、钢材及金属制品化工产品、粮油制品等为主的保税国际分拨、物流配送中心。扩大保税加工规模,形成以新型金属制品、电子元器件、绿色能源、粮油制品为主的临港加工基地。加快55平方公里空港物流加工区建设,成为中国最大的空港物流加工区。

以海岸带资源为支撑,大力发展石油与海洋资源制造业。主要有石油开采与加工、石油化工及其延伸、海水淡化、新型盐业,盐及其他矿物提取、海洋化工、海洋生物制品等。

以天津经济技术开发区为龙头,以京津塘高新技术产业带为主线,突出发展先进示范性制造业。第一,要大力发展电子信息产业、光机电一体化、生物技术和现代制药、新能源、新材料、新型环保设备等高新技术制造业。第二,要抓紧推进先进示范型制造业的发展。如丰田汽车,结合港口的区位优势,引进现代物流的生产组织方式,对制造业和物流业的现代化,都将起到示范作用,汽车制造业将成为滨海新区新的支柱产业。

要拓展经济技术开发区发展空间。要在统筹城乡各业发展和各种利益关系的前提下,加快开发泰达西区,建设以电子通信、生物医药、汽车与机械为重点的技术与管理先进的制造业基地。适时启动东区与西区之间沿京津塘公路两侧的中区开发,最终形成总面积90～100平方公里的中国北方最大的经济技术开发区。

以海河下游工业区为主,大力发展装备制造业。主要包括造船、港口装备、石油套管、各种机械加工装备、各种工程机械、各种建筑装备等。

以开发区、塘沽区为中心大力发展现代服务业。主要有商务会展业、旅游业、金融业、研发与科技服务、教育、体育、文化、信息咨询服务等现代服务业。

第四部分 加快重点产业发展的对策建议

树立和落实科学发展观,搞好滨海新区总体发展规划和重点产业发展规划。

一是要用全面、协调和可持续的科学发展观,以及"五个统筹"的原则,统一各级领导干部和广大群众的思想认识。在科学发展观指导下,编制一个远近兼顾、城乡协调、产业与城镇布局合理、人口资源环境与经济社会和谐和可持续发展的"十一五"滨海新区发展规划。在规划中应进一步明确区域内各行政区、功能区的功能定位。

二是要按照总体规划的要求,编制好重点产业发展规划,合理安排滨海新区产业和城镇发展布局,重点产业的规划和安排要与总体规划以及各功能区、行政区的功能定位相一致,着力构造各具特色、产业优势突出的产业区和城镇发展格局。

三是要以规划为龙头,整合新区各种资源,使资源按照规划确定的方向流动,向优势产业和重点产业集中,发挥更大的效益。

四是要通过立法使规划具有权威性,不经过法律程序不得随意变动。

研究制定产业政策,大力调整产业结构,对重点产业实行政策倾斜。财政、银行、土地管理等部门,对重点产业的调整、技术改造、新技术新产品开发、老企业的改组改造改革,在税收返还、信贷、和用地方面应当实行扶植政策,给予大力支持。

建议市政府和新区建立引导和扶持重点产业发展的专项基金。

利用产业政策,引导区域内各种资源向重点产业集聚,引导重点产业项目向相应的产业功能区集中,以实现规模经营,有效地提高资源的利用效率和产业的规模经济效益。

利用经济的、法律的、行政的手段,严格控制一般性的加工项目,严禁污染重、效益差、耗能高的小化工、小化肥、小水泥项目上马。

按照规划的要求调整区域内重点产业发展布局。从整个滨海新区资源分布、产业现状、各行政区功能区定位和未来发展空间考虑,对重点产业布局提出如下构想:

塘沽地区。重点发展港口物流、商贸旅游和现代服务业、电子、汽车和装备机械、高新技术产业、海洋化工等产业。

汉沽地区。重点发展现代旅游、生态观光和沿海都市型渔农业、精细化工等产业。

大港地区。重点发展石油化学工业,争取建成国内领先、世界一流的石化工业基地。同时,积极发展有特色的教育、旅游等现代服务业。

海河下游地区。重点发展现代冶金、新材料、出口加工业,以及物流、旅游等现代服务业。

需要指出的是,今后新区重点产业的布局应特别注意两点:一是要与城镇发展布局统筹安排,工业区要与居住区相对分离,同时路网和地下管网的规划要超前;二是在建设用地上要为天津港的发展留有充分的空间,港区附近尽量不要过多安排一般性特别是污染环境的工业项目。

目前正在建设中的临港工业区,紧靠南疆港区,其中规划安排了海洋化工区,前不久已决定将天津碱厂迁入这里,但尚未实施。我们认为这一方案仍缺乏科学论证。按照科学发展观的要求,从可持续发展和后代人的利益考虑,大的化工区以尽量远离港区和城区为宜。我们的意见,最好是将海洋化工产业区安排到塘沽环滩路以南区域,这样既可以远离塘沽城区和港区,又可以基本与大港石化基地连成一片。为此,我们建议市政府对天津碱厂搬迁方案再一次进行修正,现在还为时不晚。

总之,要充分利用新区的区位优势、港口优势、资源优势、产业优势和环境优势,精心打造"四大产业群、三大旅游带",即港口物流及相关服务业产业群,电子信息制造业产业群,石油和化学工业产业群,汽车和装备制造业产业群;沿海岸线旅游带,沿海河与津塘公路旅游带和北部湿地旅游带,把滨海新区真正建设成为国内领先、世界一流的国际物流中心和国际性的先进制造业基地。

深化企业改革改组改造,为重点产业发展提供强大动力。滨海新区中央和市属大中型国有企业占相当比例,这些企业机制旧、包袱重,生产经营大多不景气。应当进一步加快改革改组改造步伐。要以股份制、股份合作制为基本组织形式,以产权多元化为主要方向,对这些企业进行公司制改组改造,为重点产业发展清除体制障碍、提供内生动力。

坚持走新型工业化的道路。要瞄准国际一流水平,通过引进国外资本、中央大企业资本、民营资本,加快对国有老企业的嫁接改造,增强这些重点产业的国际竞争力。

有计划地推进天碱、天化、大化、天船等老企业的搬迁改造改组,盘活存量资产和无形资产,使之早日换发生机和活力,重振昔日雄风。

进一步扩大对内对外开放,积极吸引国内外资金投向重点产业。要充分利用滨海新区的区位优势、港口优势、资源优势、政策优势、产业品牌等优势,进一步扩大开放的领域,提高开放的层次和水平。依托电子、汽车、大石化、大无缝、华立达生物医药园、天津港、保税区物流、空港物流、军事主题公园等大项目,加大招商引资力度,拓宽招商引资渠道,积极吸引国内外资金投资于重点产业。特别是要吸引更多的有实力的大公司、大集团投资于滨海新区的重点产业。

要积极利用和开发北京的资本市场,积极吸引国家级集团公司投资于滨海新区的重点产业和大项目。

千方百计促进和引导国内特别是南方民营资本投资于滨海新区的重点产业。

充分利用资本市场募集重点产业建设资金。积极推进新区有条件的企业上市融资。

海洋高新技术产业,是滨海新区应当着力发展的重点产业。现在该产业发展中的一个突出问题是:塘沽海洋高新技术产业园区是国务院批准的国家级产业园区,规划面积24.48平方公里,现已开发4.54平方公里。它拥有国家级园区的金字招牌和十分宝贵的土地资源,然而却因隶属塘沽区管辖,机制不活,资金短缺,区内企业大都不景气,开发10多年来难以形成气候。而近在咫尺的天津开发区,实力强大、资金充裕,却因区内已再无可开发土地,不得不到塘沽地区以外另寻空间。建议开发区与塘沽区尽快联手,联合开发建设海洋高新技术园区,尽快把其做大做强。在利益关系上的矛盾,市政府主要领导应及时给以协调。

统筹搞好基础设施建设,为重点产业发展提供优良的载体。要加快为大乙烯、大炼油、大无缝、汽车等大项目和港航物流等重点产业配套的煤码头、油码头、散货码头和集装箱码头以及深水航道的建设。具体讲:近期完成15万吨级深水航道建设,同时抓紧筹建20万吨级深水航道和外海30万吨级岛式原油码头。加快北港池集装箱码头、北大防波和30平方公里港岛、集装箱物流中心、散货物流中心扩建等重点工程建设。到2010年,吞吐量达到3亿吨。

以天津港为龙头和疏纽,高标准建设好海陆空相衔接的现代化立体交通体系。主要是规划建设好三大战略通道:(1)天津港铁路战略通道:包括打通集疏港的西部通道,建设铁路北塘西编组站、铁路东南环线、蓟港铁路复线、环渤海铁路津冀段、完善东南环线,开辟京九铁路与天津港的直通道。(2)天津港公路战略通道。加快建设京津唐高速公路复线北道、津晋高速、滨海大道,扩建京津塘高速公路延长线。加快核心区内、中、外三环路网建设,构筑新区"十横八纵"的快速路网框架,实现集疏港运输与城市交通分离。坚决治理公路乱收费。以津滨轻轨为基础,规划构建新区便捷高效的客运轨道交通网络。(3)航空战略通道。积极推动京津航空口岸一体化发展。改造扩建滨海国际机场,建设12万平方米航站楼及相应配套设施,延长跑道达到3600米,开辟新的国际国内航线。有效提高货运能力和水平,建成北方航空货运中心。

加快滨海新区电力、燃气、供排水等基础设施的建设。为重点产业发展提供可靠的能源和水源保障。具体讲:(1)规划建设好大港电厂二期和新区北部电厂,使新区电厂总装机容量达到760万千瓦。加快建设500千伏网架,新建扩建15座220千伏变电站。(2)大力发展热电联产,充分利用工业余热和地热,逐步改变以燃煤为主的能源结构,完善供热管网系统。到2010年新区热化率达到95%。(3)合理使用水源,积极推进海水淡化项目,2010年装置规模达到日产50万吨以上。合理规划改造供排水系统。

完善市场功能,加快发展现代服务业,为重点产业发展提供良好的软环境。加快建设现代化的物流信息中心、散货交易中心、集装箱交易心、航运交易中心、汽车展览中心等,完善其展示、信息、交易、结算等功能,发挥其资源配置的基础性作用。

充分利用产权交易中心为国有资产的置换、流通、盘活提供通道。

　　大力发展金融、现代物流、配送、会展、代理、咨询、法律、会计、职业教育等现代服务业，为重点产业发展提供高水平、高效率的服务和智力支持。

　　应加强和改进统计工作。随着市场经济的蓬勃发展，一些新兴产业尤其是现代服务业不断出现并发展壮大，而原来统计部门设置和下达的统计指标不能涵盖这些行业，造成信息的不对称，政府和企业均不能及时掌握完整的信息。为此，急需完善统计指标体系，为政府进行宏观调控、企业开展市场经营提供及时而准确的信息。

　　继续实施人才强市、人才强区战略，为重点产业发展提供智力支持。一是大力营造良好的人居和创业环境，构筑人才高地，落实人才政策，吸引人才、用好人才、留住人才；二是高度重视利用京津两地的各类人才；三是重视职业教育，大力培养与重点产业发展相适应的研发型、技能型和经营管理型人才；四是落实人才政策，加大宣传的力度，真正形成尊重知识、尊重人才的社会氛围；五是鼓励高技术人才以柔性流动方式为新区服务，新区企业和科研机构可以委托海外人才进行高新技术产品研发、市场开拓和营销推介活动，为新区重点产业发展服务。

　　在积极发展重点产业中，充分注意节约资源、发展循环经济，治理污染、改善和保护生态环境。重点产业的发展不能以浪费资源、牺牲环境和后代人的利益为代价。一是坚持速度与结构、质量、效益的统一，积极推进经济增长方式的转变。以科技进步为支撑，推进产品结构、企业结构、行业结构调整，推进粗放型增长方式向集约型增长方式转变。二是坚持保护与合理开发利用资源相结合，发展循环经济。大力提倡开发节水型、节能型、节约土地型产业，形成低投入、高产出、少污染、可循环的发展机制。以"减量化、再使用、再循环"为准则，在产业发展中建立原料和产品间的相互关联，提高资源的利用率，降低单位产值资源和能源的消耗量，提倡洁净生产，实现生产过程的生态化和绿色化。大力开发使用风能、太阳能、潮汐能、地热等清洁型能源，积极发展核能等替代能源，保护不可再生型能源。三是坚持保护和整治相结合，建设生态化、绿色化的产业区。对产业区的规划建设要有绿化要求，对新上产业项目，必须实行严格的环境评价，不符合环境要求的项目绝不允许上马。要加大环境整治的力度，严格控制企业"三废"排放，对污染型企业要限期整顿治理，下决心关闭一批耗能高、污染重、效益差的企业。坚决杜绝重污染型生产项目落户新区。加快大港和汉沽垃圾处理厂以及新河等四个污水处理厂的建设。对于工业废渣废气要积极引进先进工艺变废为宝。建设危险品处理中心，集中处理新区危险品垃圾。四是坚持产业发展与园林生态建设相结合。进一步建设好泰达公园和各区森林公园，建设沿路、沿河、沿海防护林带，加强古海岸带、七里海、北大港、东丽湖、黄港水库等自然保护区的建设，高度重视治理和保护海洋环境。注意合理开发利用海洋和滩涂资源，减少污水排海量，促进海洋生态系统生物多样化，使海洋经济成为新区经济可持续发展的支撑力量。

　　积极争取国家的政策支持，把滨海新区建设成为世界一流的先进制造业基地、国际化现代物流中心。一是加快符合新区重点产业规划的大项目立项审批；二是协调有关部门和地区，及早安排天津港直通西部的铁路大通道项目，力争"十一五"期间开工建设；三是统筹京津冀区域产业发展规划和布局,积极推动京津冀联合发展,减少行政区区域间的盲目竞争;四是从滨海地区的实际出发,把不适于作为农田的大量盐碱荒地解放出来,变为工业用地,为重点产业发展提供充裕的空间和土地资源。

（作者:刘东涛、孙兰玉、刘伯德、丁国柱、赵立华、刘祥敏、王泽敏、代人元等,2004年12月结稿,压缩稿刊发于《天津经济》2005年第4期）

宁河县经济社会发展战略思路研究

宁河是天津市的一个县,位于天津东北部,与本市的宝坻和唐山市的丰润、玉田县接壤。改革开放以来,在县委、县政府的直接领导下,全县广大干部群众艰苦奋斗,国民经济和社会发展取得了巨大成就。特别是"十五"期间,经济发展又迈上了新台阶,2005年全县地区生产总值实现112.3亿元,年均增长17.2%;财政总收入7.64亿元,地方财政收入4.34亿元,年均增长22.2%。工业支柱地位增强,冶金、食品、机械等支柱行业日益壮大,产业结构得到优化,第三产业增加值占地区生产总值的比重从2000年的30%提高到40%。改革开放实现较大突破,一大批城乡基础设施项目相继落成,载体功能、发展环境得到明显优化。城乡居民收入水平不断提高,生活比较殷实。

目前,宁河县广大干部群众正在认真贯彻落实党的十六届六中全会精神和市委、市政府的战略部署,按照科学发展观的要求,全面实施《宁河县国民经济和社会发展第十一个五年规划纲要》,一心一意谋发展,聚精会神搞建设,抢抓发展机遇、构建和谐宁河。

关于宁河经济社会发展的总体思路和一系列重大问题,《宁河县国民经济和社会发展第十一个五年规划纲要》中已做了详细的阐述。然而,形势的发展往往超出人们的预料。特别是2006年6月党中央国务院作出了重大战略决策,将加快天津滨海新区开发开放纳入国家发展战略。这一战略决策的实施,必将对天津乃至我国北方的经济社会发展产生极其深远的影响。宁河必须根据新形势、新环境,重新审视、谋划和完善自己发展方略。

为了认真贯彻党的十六届六中全会和市委十届十次会议精神,支持社会主义新农村建设,使宁河的发展更加符合科学发展观与全市整体发展战略的要求,天津市经济发展研究所一行10人,按照市发改委的安排,于2006年10月深入宁河县十几个乡镇、广大农村和数十家企业进行了为期一个多月的调查研究。与县委、县政府、县人大、县政协及各部门的主要领导进行了座谈。在此基础上,就宁河的功能定位、发展战略、重点产业选择、生态建设、布局优化和主要战略措施等问题,进行了认真的研究和梳理,现将主要意见报告如下:

一、功能定位

综合考虑宁河县的区位优势、产业基础、发展特色、发展环境和全市总体发展规划的要求,我们提出宁河未来发展的功能定位:

宁河处于京津唐的交汇点,是滨海新区与曹妃甸工业区的双重辐射区,要建设成天津东部滨海发展带上以绿色品牌农业为基础、高新产业为先导、先进制造业为支撑的新型产业区和文明宜居的生态型新城区。

京津唐的交汇点。明确了宁河所处地理位置的特殊性和重要性。京津唐三角洲是京津冀都市圈的核心地区,而宁河不仅县界与唐山和天津市的汉沽、塘沽、东丽、北辰、宝坻五区唇齿相依,而且在县域内与京津唐相融(县域内有北京、唐山和天津三市的农场)。这是宁河作为天津市一个行政区在地理位置上最为独特的地方。

滨海新区和曹妃甸工业区的双重辐射区。这既是宁河在区域经济发展中的区位,又是宁河在经济发展中所拥有的优势条件。宁河南面的滨海新区,是国家"十一五"乃至更长时期内经济社会发展的重要增长极;东面、北面毗邻的曹妃甸工业区乃至唐山地区,则是京津冀经济圈中极具发展潜力的又一重要经济增长极。宁河是连接两个增长极的核心区域,既可以作为滨海新区的延伸区来建设,又可以与曹妃甸工业区对接,作为首钢、唐钢的配套产业区来建设。宁河经过多年的建设,所拥有的产业、交通、环境、资源等优势,奠定了对接、吸纳周边地区经济辐射的基础和条件,可以左右逢源,多方借势发展。

东部滨海发展带上特色鲜明的新型产业区。"东部滨海发展带"是天津全市发展布局中对滨海新区以及宁河的发展定位。宁河的产业发展应当具有鲜明的地缘特色:一是地理概念上的特色——县域四至和众多经济发展亮点地区接壤;二是指产业概念上的特色——周边地区既有唐山、塘沽、汉沽等重化工业基地,又有开发区、空港物流加工区为代表的先进制造业基地,宁河产业的选择不可能脱离周边的环境孤立发展;三是指自身发展的特点——既要增强为区域内周边大企业服务、配套的能力,又要扬长避短,做强自己,做出特色,并以自身的特色,发挥吸引和辐射作用。产业发展的理念、途径要与以往有本质的区别。要以可持续发展的观念统领三次产业的发展;要以先进、适用技术为先导,走新型工业化道路;要转变经济增长方式,发展循环经济、集约经济、绿色经济、品牌经济;要坚持对内对外开放,在区域竞合中赢得竞争优势,并始终保持领先地位。

这个新型产业区的特色和产业构成,具体体现在以下三个方面。

(一)以绿色品牌农业为基础

"十五"期间,宁河夯实了农业的发展基础,不仅形成了生猪、奶牛、肉鸡、优质稻、蔬菜和特色水产六大产品基地,农民进入产业化体系比重也已达到65%。在未来发展中,要通过生产经营方式"产业化"和"知名品牌"开拓市场的引导,提升农业的综合生产能力和市场竞争力。要通过培育壮大产业化龙头企业、专业合作组织,扩大经纪人队伍,扶持发展中介组织等手段,完善市场体系,强化社会服务,加快农业产业化进程。要强化生态农业的发展理念,加大力度推广无公害生产与经营。要实施品牌战略,充分借助和发挥宁河被国家确定为优质小站稻基地、优质棉基地、无公害农产品示范基地、全国奶牛优势产区、全国乳产品加工示范基地及天津市无公害生猪生产基地示范县等品牌效应,进一步做优做大现有国字号品牌,培育和发展更多的市级以上品牌、名牌产品。

(二)以高新产业为先导

所谓高新产业,一是指高新技术产业,二是指新兴第三产业,即现代服务业。"科技进步日新月异"是当代经济社会发展的基本特征之一,任何地区的经济发展若想跟上时代的步伐,都必须依靠科技进步,走新型工业化的道路,宁河也不例外。宁河产业规划的目标模式和发展路径,必须摆脱粗放型、低效益、高排放、高污染的发展模式,牢固树立"高水平是财富、低水平是包袱"的理念,大力发展新材料、新能源等高新技术产业,大力发展先进制造业,加快用高新技术改造传统产业,始终用高新技术引领产业结构调整和产业发展,努力把宁河建成天津高水平制造业基地的重要组成部分。

在现代市场经济条件下,新兴第三产业即现代服务业的先导作用不可忽视。在未来发展中,应发挥地缘、资源和交通优势,积极培育发展辐射"三北"的大市场,做大做强商贸物流业;开发、整合七里海"古渤海国家湿地公园"、贵达、天尊阁、雁鸣洼等旅游资源,做好"水色"生态休闲旅游的大文章;着力发展专业技术培训、研发、咨询、信息、中介等生产性服务业。全面提升综合服务功能,引导第一、第二产业按市场需求加快发展,引领宁河经济走向新的繁荣。

(三)以先进制造业为支撑

在未来发展中,工业依然是宁河经济的重要支撑。要在不断提高自主创新能力、加快步伐实现集约、集群发展的要求下,突出特色,做大做强做优优质钢材及机械制造、食品等支柱产业,积极发展为冶金、石油开采、汽车、建筑业等配套的加工制造业,下力量改造调整造纸、纺织、服装、建材等传统产业。同时,根据市场需求,捕捉市场信息,培育和发展有潜力的新兴产业。

建设文明宜居的生态型新城区。从未来发展定位考虑,宁河城乡功能的重塑,要更加体现以人为本的原则,更加注重全面综合发展的要求,着眼于构筑能够满足新城区,甚至新兴城市全面运行发展需要的综合功能。这就要求在继续协调好三次产业发展的同时,重视城镇建设、重视基础设施建设、重视环境建设,全面统筹好经济与各项社会事业的发展,使宁河最终形成社会化综合服务功能完备、经济繁荣、水清景美、空气清新、生态环境一流、人民安居乐业、社会和谐进步、文明宜居的新城区。更长远的发展,宁河将发展成为能够承载更多人口的现代化新兴城市。

二、发展战略

根据上述功能定位,从当地实际和可能出发,我们认为宁河未来几年应重点实施:"生态立县、工业强县、合作兴县"三大发展战略。

（一）生态立县

国家级自然保护区"七里海"及其他优势生态资源,是宁河县得天独厚的优势,在天津实现建设生态城市的目标定位中具有重要战略地位。宁河应当充分认识这一独特资源的潜在价值,强化利用生态资源的意识,积极发展生态产业,建设生态城区,营造独具优势的投资环境,使之成为立县之本。为此,要着力搞好生态建设,加强生态环境保护,大力发展生态农业,开发生态旅游,建设生态园区,打造循环经济产业链,构筑生态建设与经济发展良性互动的新格局,造福人民、造福子孙后代。

（二）工业强县

工业化是社会财富加速积累的过程。宁河县加工制造业有一定基础,并对增加财政收入、支援农业、解决当地人口就业、改善人民群众生活做出贡献。但相对于其他区县来说,宁河工业化进程不够快,产业布局比较分散,经济规模和总量偏小,财力不足,区域竞争力差,这与加快城镇化进程、构建和谐社会和人民群众提高物质文化生活水平的迫切要求很不适应,已经成为当前经济社会发展的主要矛盾。这一矛盾,急需通过加快产业特别是工业的发展,提供积累、增强财力、把蛋糕做大来加以解决。

目前,天津经济社会发展正处于新的上升和工业化中期阶段,呈现持续快速发展的态势。市委、市政府把加快滨海新区的开发开放、建设世界性制造业和研发转化基地作为滨海新区乃至全市经济工作的重大战略任务。宁河基于在全市生产力布局中所处的地位和自身经济发展阶段,必须牢牢抓住"十一五"这一重要战略机遇期,坚定不移走新型工业化道路,做大做强优势产业,加快结构调整与资源整合,促进产业集聚,优化提升产业素质,增强产业竞争力,实现工业发展结构优化和总量增长的新跨越,尽快改变城乡落后面貌,有效提高人民群众的生活水平。

（三）合作兴县

目前天津经济社会发展正处于新的上升期,滨海新区与唐山的曹妃甸正在成为京津冀区域经济的增长极和发展亮点,宁河又有处于这两大发展亮点之间的独特地缘优势。在未来几年发展中,应当紧紧抓住难得的发展机遇,借助周边地区快速发展中提供的商机和资源,以对接滨海新区、曹妃甸首钢工业区为切入点,以产业对接为主题,主动寻求合作,实现联动发展。通过发展与之互补、配套的经济项目,建设成为周边尤其是两个新区产业链上的重要一环。县委、县政府要为企业搭建沟通、合作的平台,创造融资、技术、人员流动等平等的环境。企业要根据周边发展带来的商机,加强市场运作,以积极的姿态开展联合协作,借势实现共赢发展。

三、产业选择

要在天津全市产业发展总体规划的指导下,根据相关的产业政策,坚持特色优势原则和地缘优势(资源、市场、协作条件)原则,做出产业发展的战略选择。

重点发展产业:优质钢材、机械制造业、食品工业和品牌农业四大产业。

优质钢材。钢材加工工业是宁河县现有的支柱产业,基础比较厚实,发展态势良好。面对滨海新区和曹妃甸大开发的形势,地处两个发展极之间的宁河,要抓住机遇,使这里的钢铁工业有一个大发展;要大力整合资源优势,实现钢铁工业增长方式由粗放型向集约型的转变;要尽力发展循环经济,确保能耗符合国家标准,创建循环经济示范企业;要不断提高科技与经营管理水平,培育宁河名牌产品,把宁河建设成为优质钢材及其深加工基地。

机械制造业。机械制造业是宁河现有的支柱产业之一,配套能力较强。现有机械加工制造企业85家,产品覆盖石油机械、建筑设备、电气设备和汽车配件等行业。应立足钢铁企业优势,以钢材深加工推进产业链延伸,促进冶金与机械工业联动发展。通过整合、新建和扩建,做大做强一批重点机械制造企业;通过企业增资扩产、技术改造、新产品开发和企业改制等途径,提高产业竞争力和产品市场占有率;通过积极引进外资,发展高新技术机械制造业,把宁河建设成为具有市场竞争力的机械制造业基地。

食品加工业。食品加工业是宁河县传统优势产业和重要的支柱产业之一。宁河的"四酒三奶""津沽牌"小站米名扬全国,乡镇食品加工业各领风骚。在今后的发展中要做大做强龙头产业,大力推行产业化经营,加快科技进步,推进产业延伸,实现生产集约化、产品优质化、产业现代化,把宁河县建设成为特色食品加工产业园区。

品牌农业。宁河拥有天河牌种猪、七里海河蟹、换新牌种鱼、津沽牌小站米、优质棉、赵学牌蔬菜等诸多农产品知名品牌,这是一笔巨大的无形资产。应当大力实施品牌战略,依托这些知名品牌,加快农业产业化进程,做大产业规模,提高市场占有率,同时积极培育、争创一批新的自有品牌产品,参与国内外市场竞争,以此带动农业增效和农民增收。

积极培育发展产业:新能源、新材料、商贸服务、旅游、物流五个产业。新能源,主要是扶持冠达公司等酒精生产企业做优做强,积极争取国家燃料乙醇定点生产基地,培育清洁能源产业;新材料,重点实施三联玻璃公司高新技术项目,推动油墨树脂、聚酯切片、保温材料、建筑门窗等生产企业提高科技含量,搞好产品升级换代,逐步做大新型材料产业。商贸服务也与人民群众生产生活密切相关,但目前宁河商贸服务业的规模、层次和影响力都很不够,今后随着一、二产业的迅速发展和城镇化步伐加快,商贸服务发展的空间也还很大,应当不失时机地培育其加快发展。旅游、物流等新兴服务业在宁河刚刚起步,但其发展潜力及对整体经济发展的引领作用较大,也应培育加快发展。

此外,房地产业、职业技能培训、信息中介、科技研发等新兴服务业,在满足经济与社会需求,提供生产要素和财政收入,安排劳动就业等诸多方面日益发挥重要作用,不容忽视。

四、战略布局

(一)产业发展布局

1. 农业布局

打造"东菜、西粮、南水、北牧"四个板块生态农业。

2. 工业布局

重点发展两大工业园区：

东区。以县开发区为主,包括大北涧沽和七里海两块工业地段。

西区。包括现有的潘庄、造甲、淮淀三个工业地段,要积极争取把永定新河以南地块列入航空产业区,发展物流加工工业。

要大力加强工业载体建设,拓展城镇工业发展空间,提高管理水平,促进经济开发开放。与此同时,要进一步整合现有工业用地,提高工业集聚度和集群化水平。

3. 服务业布局

完善"一心一网",创建"一区一带"。

"一心"：依托芦台商业街、县贸易开发区、赛丰购物广场和桥北新区建设,全力打造芦台商务商业中心。要在现有的商业服务功能基础上,增加商务服务功能,集商品与商务集散为一身;调整商业业态,拓展规模,提高档次,打响品牌。

"一网"：主要依托三个中心建制镇和四个一般建制镇发展不同层次的商贸中心、购物中心、连锁超市,在中心村和自然村发展星罗棋布的便利店,全面完成日用消费品连锁经营进农村、农资连锁经营进乡镇、农副产品进市场"三进"工程,不断完善覆盖全县的商贸服务网络。5年内建成6个年交易额超亿元的骨干市场,形成辐射"三北"的服务集聚区。

"一区"：大北涧沽物流功能区。宁河地处京津唐交通的交叉点,在相临两大增长极加速发展的形势下,应当关注物流业的发展。大北涧沽镇工业基础良好,散热器、现代办公设备、桥板等加工业得到快速发展,工业物流已成一定规模。其地理位置靠近芦台城区,商务商贸服务协作条件好。按照天津市基础设施建设规划,这里将成为重要的交通枢纽。综合各方面因素,应加快这里物流商贸功能的建设。目前已有一些投资者意欲在此建设窗口厂点,应当伺机发展工业物流,结合桥北新区建设和贸易开发区布局调整,推进各类物流向此聚集,力争将这里建设成可与赵沽里齐名的大型物流基地。

"一带"：旅游发展带。以贵达旅游休闲度假区为中心和启动点,向两侧延伸。向北连接丰台等地,向南向西沿津芦公路连接芦台、七里海、潘庄、雁鸣洼,并与县域外东丽区的东丽区、北辰区的银河度假区相连,形成水色、湿地生态景观、古建筑、民族文化交相辉映的特色旅游带,接入全市的旅游线路网。

(二)经济社会发展规划分区

总的构想是：凭借"一海",全面推进生态城区建设;划分五区,科学规划经济社会发展。

"一海"是指"七里海"湿地自然保护区。建设好自然保护区和古渤海国家湿地公园,是国家和天津市对宁河县的特殊要求。宁河要借助这一宝贵资源,打造特有名片、提高知名度和吸引力。要以七里海生态经济区建设为主,规划海西、海东、海北各生态经济区,全面建设生态宁河。

"五区"指五个发展规划分区。是在生态建设规划分区的基础上,综合考虑经济、社会发展的各方面特点和规划要求做出的区划构想。

芦台规划区:含芦台镇与大北涧沽镇辖区。

七里海规划区:含七里海镇、俵口乡与北淮淀乡辖区。

海西规划区:潘庄与造甲两镇辖区。

宁河规划区:宁河、廉庄、东棘坨三镇辖区。

东丰台规划区:丰台、岳龙、苗庄、板桥四镇辖区。

结合生态规划建设,其中:七里海规划区是全县最主要的生态建设基地,芦台规划区和东丰台规划区为海东生态经济区,宁河规划区为海北生态经济区,潘庄与造甲两镇划定为海西规划区。

(三)城镇建设布局

努力推进城市化,大力加强城镇功能建设,主要凸显"一心两轴"的建设格局。

"一心"是芦台新老城区,全县的行政文化商业中心;"两轴"是两条城镇发展轴,即蓟运河沿线城镇发展轴、沿津芦公路城镇发展轴。在建设城镇体系的同时,要大力推进社会主义新农村建设,集中力量建设好40个中心村,加强村容村貌整治,并以盆罐村为示范,实现生态化。

芦台新城区要建设成天津市二级城市。芦台镇历来是宁河的行政文化中心和商业服务中心,经过多年的建设,开发区发展态势良好,商务商业有一定基础。大北涧沽工业也较发达,物流发展前景看好。要着力构筑辐射全县的科教文化和商贸服务功能。从长远看,全境要建设成为新城区,规划人口25万。芦台与汉沽城区应按照经济发展区域一体化的要求,统筹基础设施建设,远期合为一体,形成逾50万以上人口的中等城市。

在城市建设规划体系中,要将大北涧沽镇和七里海工业园区纳入中心城区建设规划中,统筹规划宁河工业开发区东区的建设。

芦台桥北新区要建设成为行政文化和商务中心。

要结合天津市公路建设规划,做好大北涧沽物流产业区的规划,创建物流产业区。

沿河做好生态城区的建设规划。

七里海规划区要建成自然保护区、旅游区和生态城镇。合理规划村镇与房地产业建设布局,以任凤庄为中心,建设生态区科研管理与旅游城镇,规划人口5万。

大力加强生态保护和科研,合理开发农业、旅游、疗养、房地产业等各种资源,重点建设古渤海国家湿地公园(72.58平方公里),带动生态与旅游城镇建设。

七里海镇的工业主要向靠近芦台镇的工业用地聚集,淮淀乡的工业向靠近造甲镇的工业用地聚集。

海西规划区要建成天津市级重点生态型工业城镇。潘庄与造甲(乃至潘庄农场)的新城镇建设和产业区发展要统筹规划,规划人口7万,建设成为天津市级重点工业城镇。

潘庄、造甲两镇的工业都较发达,建议今后将潘庄、造甲、淮淀的工业聚集区纳入县级经济开发区一并规划建设,统筹统计与开发管理。要进一步强调环境保护意识,建设生态型工厂,发展生态型产业园区,力争建成天津市级重点生态型工业基地。

永定新河以南、津汉公路以北20平方公里地块,争取纳入天津市空港物流加工区的大规划,需要提请市有关部门关注。

宁河规划区,要建成县域北部的中心城镇。应当大力加强服务功能的建设,规划人口2万。

要把东棘坨镇建设成示范农业区中心城镇,规划人口约1万。

发挥北部畜牧业优势,大力发展生态农业,建设国家级生态农业区。与此同时,重点发展传统优势工业,大力引进发展新材料等新技术工业。

东丰台规划区要着力建设生态城镇,扮靓天津市东大门。要科学规划工业与村镇的布局,加快小城镇建设,重点建设苗庄和丰台两镇,规划人口各1万人。要努力建设生态城区,与芦台城区的建设相结合,着力打造天津东大门的现代化形象,应当发挥地缘优势,有力地支持宁河县对接北京与冀东的经济社会发展。

要充分利用靠近中心城区的科技、信息、培训和商务条件,大力发展特色优势工业、观光农业、渔业等绿色产业体系。抓紧对蓟运河的污染整治及生态资源的开发利用,发展旅游等产业。

五、战略举措和对策建议

按照战略规划加大统筹协调力度,优化发展布局。要按照该发展战略修订调整城乡建设规划和各产业发展规划。

县、镇各级政府要高度重视产业及城镇布局的调整,严格按照布局规划的要求,落实产业导向政策和城镇建设项目,因地制宜,积极实施"一村一品、一镇一业"工程,突出各镇(乡)各村的特色。整合县及各镇开发区,制订水、电等区内外不同的价格政策,积极运用土地、税收、融资、招工等优惠政策,引导鼓励企业向县开发区集中。新建钢铁企业要尽量摆布在县经济开发区,不允许在区外上新的污染项目。整合各类资源,减少重复建设和盲目发展。做到集中优势资源保重点,发挥资源的整体效益。

加强对战略规划实施的组织领导。一是县委、县政府主要领导要把战略规划的实施纳入重要议事日程,按照业务分工,层层明确责任,抓好落实,确保规划落到实处,每年对实施情况定期检查。县人大要对规划实施过程进行有效监督。各级党委和政府要加强对该战略研究报告的宣传。二是建议强化县开发区管委会的职能。其管理职能要有大的提升,形成县开发区包括东区、西区两大园区的大园区概念。创新体制机制,处理好县开发区与相关五镇一乡(芦台、大北、潘庄、造甲、七里海、淮淀)工业载体开发建设的关系,统一生态环境保护和基础设施建设,统筹结构布局调整,合作招商开发,整合资源,立足大园区,形成大思路,推出大举措,谋求大发展。集结一批精明强干的人才,打造一支特别能战斗的队伍,抓住滨海新区和曹妃甸首钢基地大发展的时机,主动对接,寻求合作,集中力量办成几件大事,建设成与滨海新区延伸区相称的现代化工业加工区。三是建议在县外经贸部门或县发改委设立县旅游发展规划开发办公室,做好全县旅游资源规划和项目的开发运作管理。

加快经济结构调整步伐,切实增强产业竞争力。加快产业结构调整。对于工业中的钢铁支柱产业,要进一步调整产品结构和技术水平。明年国家发改委整治钢铁行业的工作重点是,控制总量、淘汰落后、加快调整。要淘汰 200 立方米及以下高炉和 20 吨及以下转炉、20 吨及以下电炉。宁河钢铁企业要向符合国家政策的方向发展,增加特钢及深加工项目,提高技术含量,减少资源的消耗。采用多种手段,利用各种途径,积极争取燃料乙醇项目。要努力构造钢铁及其深加工产业、农产品和食品加工循环经济产业链。加大对名牌拳头产品、优秀企业、特色产业的扶持力度,帮助其加快发展、做大做强。

应紧紧围绕钢铁工业、食品工业、品牌农业,大力发展商贸流通,依托贸易开发区,做大做强工业品、绿色农产品流通,提高市场知名度,增强辐射力。超前搞好专业批发市场的规划和布局调整。

积极培育和发展旅游业。加大对七里海古海岸及湿地的开发利用,发展七里海品牌旅游。挖掘民间艺术及文化资源,逐步形成产业,并尽可能做强,形成宁河自己的文化产业品牌。

充分利用交通优势,发展现代物流业。加快科技咨询、中介服务、市场信息咨询、职业培训等新兴第三产业发展,使之尽快成为新的经济增长点。

大力推进农业产业化、园区化、标准化、生态化,围绕国家命名的优质小站稻基地、国家优质棉基地、无公害农产品示范基地、全国奶牛优势产区、全国乳产品加工示范基地及天津市无公害生猪生产基地示范县等品牌大做文章。积极培育龙头企业,并增强其示范带动作用,加强市场信息、产品销售等网络建设,引导农户通过种植经济作物增收增效。加大对农产品的深加工,充分利用七里海各种资源,开发新产品,增加收入。增强对农产品品牌经营的意识,推出更多的宁河自有品牌。鼓励企业经营者积极参加国家、国际农产品博览会,展示企业形象、企业文化、企业产品,努力获得专业机构颁发的"金牌、银牌"等认证;大力推进农产品加工企业、专业合作组织质量管理体系建设,争取有更多的单位通过标准生产体系、环境安全体系、职业安全健康体系、食品卫生与安全管理体系等国际认证,切实提高品牌产品的知名度;加强广告宣传,完善知名品牌创建的手段,多方位进行营销,提高优质农产品的认可度、信誉度和市场占有率。

依托大项目,着力搞好招商引资。依托钢铁、机械、食品加工等支柱产业,加大对相关产业的招商力度,形成规模和气候,做出影响,打出知名度;以县开发区为窗口,打破镇域、村域界限,开展联合招商、定向招商,实现优势互补、资源利益共享,提高招商和投入产出的整体效益。以七里海、文化资源为基础,选择国内外那些信誉高、管理规范、资金实力雄厚的大投资商,共同开发旅游资源,形成品牌旅游。

加快基础设施建设步伐,为经济发展提供优良载体。加快宁河直达市区的公路建设,缩短与市区往返的时间与距离。加快城区道路的改造,改变目前城区道路狭窄、坑洼不平的现状。加快集中供热的步伐,不断提高供热水平。加大社区文化、体育、休闲娱乐设施建设,提高居民的生活质量。

搞好社会主义新农村建设,全面改善村镇居民生活。按照"生产发展、生活宽裕、乡风文明、村容整洁、管理民主"社会主义新农村的标准,及"以产业化带动农业、以城镇化带动农村,以工业化富裕农民"的发展思路,推进各项工作的开展。解决垃圾集中处理、集中供气、道路建设等问题。对一些富裕的村庄(像盆罐村),在抓好生产发展和基础设施建设的基础上,加强农村文化建设,形成文明向上的村风。对于落后村庄,主要任务是发展经济,着力解决农民的收入问题。

加强生态环境保护和建设,造福子孙后代。对七里海湿地特别是核心区,要实行严格的保护,对周边地区做好开发利用的规划,加快招商,以市场化方式运作,滚动开发旅游、房地产等项目。加大对蓟运河和空气污染的治理,严禁企业不达标排放。大力宣传环保的重要性,提高人们的环保意识。工业生产方面,推广清洁生产,采用高新技术改造传统工艺,做到节能、节水、降耗;发展循环经济,提高资源利用率,减少排放。生活方面,提倡使用清洁能源,保证乡镇环境整洁。农业方面,要合理使用化肥、农药,提倡使用有机肥,保证土地可持续利用。

建议市政府给予支持的政策措施。第一,从当地资源条件、产业基础和周边发展环境的实际出发,建议市政府把宁河作为天津重要的优质钢材生产和深加工基地,纳入全市统一规划。同时搞好"七里海"湿地保护区的管控。第二,建议市有关部门把宁河作为新能源定点生产基地,并积极帮助落实燃料乙醇项目。第三,建议市政府和有关部门,将永定新河以南、津汉路以北20平方公里土地纳入天津市空港物流加工区大规划。第四,加大对宁河道路交通、农田水利、污水处理、垃圾处理等基础设施的投入。具体说:一是协调有关部门,加快实施京津塘高速公路复线和112高速工程,力争早日通车;二是津宁高速和蓟塘高速项目已列入全市"十一五"规划,并上报交通部备案,望政府各有关方面加快落实,争取早日开工建设;三是积极帮助落实中医院迁建、新建博物馆、垃圾转运站等项目。建议统筹规划建设宁河与汉沽的交通、污水处理等重大基础设施;规划中将轻轨交通经汉沽延至宁河。第五,鉴于宁河七里海湿地保护修复、蓟运河污染治理、各项社会事业发展的任务繁重,而宁河县本身财力又捉襟见肘,建议市财政适当加大对宁河财政转移支付的基数。

(作者:刘东涛、赵立华、孙兰玉、刘伯德、刘祥敏、任洪源、燕中州、赵娜,2007 年 1 月成稿,刊发于《天津经济》2007 年第 10 期)

环渤海区域经济与天津跨世纪发展

环渤海经济区域在我国经济版图上处于异常重要的地位,其崛起对于我国实现第二步和第三步战略目标具有极其重大的意义。环渤海经济发展,将形成我国跨世纪发展的第三大推动力,将进一步激活我国北方的老工业基地,培育新的区域经济增长点,实现地区间经济结构和产业布局的优化,有利于逐步缩小我国南北之间与东西之间的经济发展差距。同时,可以更好地发挥区域整体优势,提高对外开放水平,有效地参与东北亚经济圈开发,形成我国对外开放的新态势。

环渤海区域经济的发展为天津经济腾飞带来了难得的机遇。天津作为环渤海经济圈的重要组成部分,可以进一步增强辐射和聚集功能,更好发挥北方重要经济中心作用,就近充分利用环渤海各种经济资源,加快进行产业结构调整,联合区域内各地共同开拓国内市场,共同走出国门,把天津的经济发展和对外开放推到一个新阶段。

适应环渤海经济发展需要,天津要从推进区域内横向经济联合着手,大力发展第三产业,加强基础设施建设,加快企业改革和滨海新区开发,为进一步扩大对内对外双向开放创造优越环境。

改革开放以来,随着社会主义市场经济体制的逐步建立,我国国民经济展现了全新的发展格局,经济区域化已成为一个重大趋势,并强有力地推动全国及地方经济加速发展。党的十四届五中全会通过的《中共中央关于制定国民经济和社会发展"九五"计划和2010年远景目标的建议》和八届人大四次会议通过的《关于国民经济和社会发展"九五"计划和2010年远景目标纲要》,把"引导地区经济协调发展""逐步缩小地区发展差距""促进全国经济合理布局"作为今后15年经济建设的一条指导方针和一项重要任务,并把环渤海经济圈建设提上议程,这是具有跨世纪意义的重大战略决策,必将对我国经济实现持续、稳定、健康发展产生巨大而深刻的影响,同时也为天津加快发展提供了难得的机遇,为在不久将来把天津建成为现代化的国际港口大都市和我国北方重要经济中心展示了广阔前景。

一、加快环渤海区域经济发展是国家的重大战略部署

环渤海经济区域囊括了华北地区大部、东北和华东地区各一部分,且与中南地区和西北地区紧密相连,在我国经济版图上地位异常重要,其崛起对于我国实现第二步、第三步战略目标具有极其重大的意义。

(一)可以发挥环渤海地区的整体优势,培育新的区域经济增长点,形成推动全国经济快速发展的新动力

经验表明,中国这样大的欠发达国家,人口多,底子薄,各地差别又很大,要保持国民经济持续、快速、健康发展,必须从发展区域经济开始,不断培育新的区域增长点,必须靠

部分地区的超常发展来带动。正如邓小平同志所说："让一部分人、一部分地区先富裕起来,大原则是共同富裕。一部分地区发展快一点,带动大部分地区,这是加速发展,达到共同富裕的捷径。"(《邓小平文选》第 3 卷,人民出版社 1993 年版,第 166 页)正是在这一理论指引下,20 世纪 80 年代珠江三角洲以经济特区建设为先导,实现快速发展,成为我国现代化建设的第一个巨大的推动力,带动了全国经济的发展。进入 20 世纪 90 年代,以上海浦东开发为契机,长江三角洲成为第二个巨大的推动力。现在,经过多方努力,把环渤海综合经济圈建成我国北方的龙头地带,势将对我国经济的总体发展发挥新的极大的推动作用。环渤海地区具有巨大的优势和潜力,它包括京津两个直辖市、河北、山西、辽宁和山东四省全部以及内蒙古自治区的一部分。幅员辽阔,资源丰富,科技发达,交通便利,城市密集,工业基础雄厚。据统计,1994 年,区域面积达 67.05 万平方公里,占全国面积的 7%;人口 24231 万,占全国的 20.2%;工农业总产值 31827 亿元,占全国的 34.3%,其中工业总产值 21839 亿元,占全国的 28.4%;国民生产总值 11267 亿元,占全国的 25.1%(以上各项指标均未包括内蒙古中部地区)。可见,环渤海区域的经济规模在全国举足轻重,环渤海的腾飞必将有力地带动我国经济总量更快地增长,经济规模更快地扩大,经济实力更快地增强。环渤海区域必将成为继珠江三角洲和长江三角洲之后推动我国经济实现跨世纪发展的第三大推动力。

(二)可以加快我国北方地区经济发展,有利于逐步缩小南北之间与东西之间的经济差距,构成全国地区间均衡协调发展的新格局

现代世界经济发展的客观规律总是先从沿海地区、沿海城市起飞,然后逐步向内地推进,那些港兴腹阔的沿海地区、沿海城市在经济发展中较之内地总是先行一步。正确认识与处理沿海与内地这种不平衡现象,充分发挥沿海地区的优势,以沿海带内地,进而带动整个国民经济的发展,是我国经济发展的重要战略原则,也是马克思主义区域经济理论在中国的具体运用。对此,毛泽东同志在《论十大关系》中作过深刻而精辟的论述。在改革开放新的历史条件下,邓小平同志从我国实际出发,继承和发展了这一理论。这些论述进一步丰富了社会主义区域经济理论,为天津以及环渤海地区制定经济发展战略提供了强大的思想武器。改革开放以来,我国东部沿海经济就是先于其他地区而快速发展,并成为带动全国经济发展的龙头,最终带动中西部地区经济共同腾飞。10 多年来,我国经济的市场化进程不断加快,改革开放由南向北、由东向西梯次推进,先后形成了以广州为中心的珠江三角洲和以上海为中心的长江三角洲两个高度开发开放的快速发展地区,并对全国经济发展作出了很大贡献。但是,随着东南沿海地区经济的高速发展,我国地区间经济发展的不平衡现象也更加明显。从南北比较看,北方落后于南方,沿海地带的环渤海明显落后于珠江三角洲和长江三角洲;从东西比较看,广大西部地区,特别是西北地区明显落后于东部地区,且差距在逐步拉大。东高西低、南快北慢的矛盾如任其下去,中国经济将失去稳定发展的基础。历史经验证明,解决这个矛盾既不能限制沿海地区快速发展,也不能恢复到计划经济的老路上去,不能靠"平调"来"救济"内地,只能通过区域经济的协调

发展来逐步缩小差距。环渤海区域正处于南北与东西两大经济带交叉的焦点上,发展环渤海区域经济就是要尽快形成北方的龙头地带,显然能取得突破一点、推动全局的效果。不仅使北方沿海经济得到快速发展,而且对于整个北方特别是广大西北地区经济发展也将发挥极大的推动作用,有利于扭转南北差距和东西差距拉大的趋势,从而使全国的地区经济发展趋于协调和平衡。

(三)可以在国家统筹规划指导下,合理地配置经济资源,有利于进一步激活我国北方的老工业基地,构成全国产业结构和产业布局的新框架

经过多年的建设和发展,环渤海地区已经成为我国最重要的重工业基地。1994 年,区域内重工业产值达 9095.5 亿元,占全国重工业产值的 29.8%。一些重工业产品产量占全国比重也很高,其中,原盐、原煤、原油、发电量、钢及钢材、纯碱、汽车、内燃机等均占 30% 以上。相比之下,区域内轻工业产值只占全国的 21.9%。轻重工业比重差 8 个百分点。这种重工业重、轻工业轻的工业结构,对我国工业建设曾作出过巨大贡献。但也存在一些值得注意的问题。特别是改革开放以来,各地逐步拥有较多的经济发展自主权,由于国家产业政策滞后,地方产业政策又不明确,环渤海区域内各地盲目攀比,重复建设,产业趋同化现象十分突出,三省二市一区都是重工业产值高于轻工业产值,主导工业部门也大体相似。这样一种趋同的工业结构,与区域经济发展的内在要求是不相符合的。其次,环渤海经济区域内老企业多,特别是国有大中型企业占有很大比重。这些企业受计划体制影响较深,加之技术进步缓慢,从设备、工艺直至经营管理,老化现象非常严重,在市场经济条件下很难参与竞争,有些甚至陷入困境,这是导致环渤海地区乃至我国北方地区经济效益不高,发展速度大大慢于东南沿海地区的一个重要原因。

现在,国家明确提出,要发挥环渤海地区交通发达、大中城市密集、科技人才集中、煤铁石油等资源丰富的优势,以支柱产业发展、能源基地和运输通道建设为动力,依托沿海大中城市,形成以辽东半岛、山东半岛、京津冀为主的综合经济圈,这就为环渤海区域内各地发挥各自优势,同时又能相互协调发展指明了方向。区域经济发展的内在要求是统一性与多样性的统一,有统一性才能形成区域经济特色,有多样性才能使区域内各地各得其所。二者的结合必将为整个区域经济以及所包含的各个地区的经济注入活力,促进区域内各省市的合理分工与协作。各省市区将按照国家产业政策和生产力布局要求,从区域经济高度,科学地配置资源,合理地调整产业结构,通过深化改革和扩大开放,加快大中型企业的改革、改组和改造步伐,从而焕发环渤海地区老工业基地的青春,使全国的产业结构和产业布局进一步趋于合理。

(四)可以进一步扩大环渤海区域的对外开放,有效地参与东北亚经济圈的开发,形成我国对外开放的新态势

在各个经济区域中,环渤海地区具有对外开放的得天独厚的优势,环渤海区域海岸线绵长而曲折,北起丹东,南到日照,长达 6500 多公里,约占全国的 35%。区内口岸城市密集,港口众多,向来为我国北方的出海通道,对外经贸历史悠久而发达。改革开放以来,环渤海区域各省市积极扩大对外开放,引资招商势头很旺,各类经济技术开发区、保税区和科技园区纷纷建立起来,一些国家特别是日本、韩国投资规模居各经济区首位。伴随着开发区的开发,京津塘、沈大和济青高速公路沿线产业带也正在加快建设之中,大批的外国投资者正在源源涌入。环渤海地区与朝鲜和蒙古接壤,与韩国和日本隔海相望,又与俄罗斯的远东地区相邻,是我国各经济区中联系周边国家最近最多的地区,也是东北亚的中心地区。目前,东北亚正在成为世界瞩目的开发热点地区,环渤海地区独特的地理区位使之必然地成为我国参与东北亚经济圈开发的最重要的前沿阵地。加快环渤海区域经济开发,发挥其整体的对外开放优势,形成对外开放合力,既有利于推进东北亚的开发,更有利于形成我国北方与国际接轨的连接点,从而把我国的对外开放提高到一个新水平。

二、环渤海综合经济圈的形成和发展为天津经济腾飞带来难得的机遇

天津市委、市政府依据天津的具体情况明确提出,从"九五"时期到 2010 年,将把天津建设成为中国北方的商贸金融中心,技术先进的综合性工业基地,全方位开放的现代化国际港口大都市。概括起来,就是把天津建成我国北方的重要经济中心。实现这个宏伟战略目标,完全符合国家关于区域经济发展布局的决策,符合国家跨世纪发展的全局利益。天津作为我国北方最大的沿海开放城市,已具备良好的基础,产业发展水平,科技教育水平,城市建设水平和对外开放水平,均居全国前列。但是,一个经济中心的形成和发展,还必须与其所辐射和服务的区域经济发展相辅相成,只有紧紧把握发展环渤海区域经济的大好时机,把天津的优势与整个环渤海的优势紧密地结合,实现优势互补,才能推动环渤海区域经济更快发展,从而也为天津经济腾飞提供历史性的机遇。

一是有利于天津进一步增强辐射和聚集功能,充分发挥经济中心作用。一个地区的经济发展总是离不开城市特别是经济中心城市的带动,就像火车的奔跑离不开车头的带动一样。环渤海区域经济的发展同样需要有一个或几个基础雄厚、功能强大的经济中心城市来拉动。天津在这些中心城市中又居于非常重要的地位,具有明显的综合优势。天津的地理位置十分独特,正处于环渤海经济圈的圆心点,背靠首都,面临大洋,信息灵通,交通发达;历史上就是我国北方的经济、金融和商贸中心,对"三北"地区具有很大的辐射力;天津的科技力量雄厚,制造业基础坚实,具有明显的技术和管理优势。天津市良好的基础设施和发达的二、三产业形成的综合优势,在环渤海经济圈中是十分突出的。北方经济的发展,特别是环渤海经济圈的形成和发展,需要天津有更大的作为,发挥更大的作用。近年来,在天津工业与邻近地区协作日趋紧密的同时,国家有关部门与天津市政府多次成功地合作辟建各种类型的区域性大型交易市场,举办商品展销会、订货会、出口交易会以及技术成果交易会等,取得很好的效果,引起了国内外各方面的瞩目。天津的金融业近年来在原有基础上发展很快,已建立了众多的金融机构,基本上形成了比较发达的各类金融市场,金融运作较为规范,管理体系较为完善,资金融通、证券交易规模和金融辐射能力在我国北方城市中均位居前列。环渤海经济区域的发展,必将使天津这些优势得到更好的发挥。天津可以通过提供广泛的服务,加强与区域内各地的经济联系与合作,并进一步促

进自身第三产业,如交通、商贸、金融、科技、信息等产业的快速发展,为向现代化的国际港口大都市迈进创造条件。

二是在市场配置资源条件下,天津可以就近充分利用环渤海区域的丰富资源,加速经济发展。环渤海区域幅员辽阔,地形多样,具有极为丰富的自然经济资源,属资源型经济区。铁矿探明储量占全国63%,煤占全国52%,石油占全国36%,铝土占全国43%,其他如稀土矿、菱镁矿、硼、石膏、滑石等均占全国第一位,天然气和铜矿也分别占全国的14%以上。海洋资源中以海盐最富,全国四大盐区,环渤海区域占有3个。在传统的计划经济体制下,由于条块分割,部门林立,各地区画地为牢,搞封闭式的大而全小而全的所谓"完整的"经济体系,各种资源的合理流动受到阻碍,资源配置效益低下,影响了各地的经济发展。在市场经济条件下,发展区域经济,各地可以按照商品经济规律互惠互利,合理开发资源和利用资源,这样更有利于天津市就地就近取得各种必要的经济资源,充分发挥工业设施好,加工能力强,技术水平高的优势,加快经济发展,并对区域经济有所推动,既密切了同周边地区的经济关系,也能获取比较利益,节约社会成本,提高产品的竞争能力。

除自然资源外,环渤海区域的其他经济资源如资金、交通、信息、旅游等经济资源也很丰富。应特别指出的是,环渤海区域科技队伍实力雄厚。拥有高等院校292所,占全国的27%;有各类科技人员446万人,占全国的25.4%,其中高级科技人员37万人,占全国的35%。尤其北京拥有一大批全国一流的科研机构、高等学府和著名专家学者,距离天津又最近,这是天津发展经济特别是发展高新技术产业取之不尽用之不竭的宝贵人才资源。充分加以开发和利用,对天津和整个环渤海都有不可估量的作用。

三是以区域经济布局调整为契机,天津可以加快产业结构调整步伐,集中力量发展壮大支柱产业。环渤海区域是我国最重要的重工业基地,但工业结构粗放,生产力布局不合理现象十分突出,其根本原因在于长时期以来条块分割的计划体制的影响,各地很难从区域经济的高度和整体性方面来规划各自的经济发展。国家把发展环渤海区域经济纳入规划,并赋予特定的发展方向,这就使国家的产业政策更加区域化、具体化,从而有利于区域内各地在国家产业政策指导下,因地制宜地制订和实施本地的产业政策。各地区要在国家规划和产业政策的指导下,选择适合本地条件的发展重点和优势产业,避免地区间产业结构趋同化,促进各地经济在更高的起点上向前发展。还指出,东部地区要多利用一些国外资金、资源和市场;要大力发展外向型经济;要靠高新技术、集约经营,重点发展资源消耗少、附加价值高、技术含量高的产业和产品。这些要求是各地优化产业结构,发展支柱产业的重要指导方针。在这一方针指引下,环渤海各地必将按照统筹规划、因地制宜、发挥优势、分工合作、协调发展的原则,正确地选择和培育自己的优势产业,环渤海区域的产业结构和布局将趋于合理,从而为天津市发挥自己的技术和管理优势,建立具有特色的产业体系,发展以汽车、机械设备为重点的机械工业;以微电子、通信设备为重点的电子工业,以石油化工、海洋化工和精细化工为重点的化学工业;以优质钢管、高档金属制品、优质钢材为重点的冶金工业等四大支柱产业提供新的空间。凭借雄厚的物质技术基础和对外开放的有利条件,天津可以通过发展高新技术提高支柱产业的技术层次和产品水平,与环渤海各地的工业部门形成分工合理、协调发展的新格局。还可以通过与周边地区的联合与协作,充分发挥天津大型骨干企业的龙头作用,共同组建各类区域性企业集团,为企业发展提供广阔空间。

四是环渤海综合经济圈的形成和发展,将为天津联合各地,共同开拓国内市场,增强产品竞争能力创造有利条件。在市场经济条件下,发展经济的关键在于市场。天津作为我国的老工商业基地,工业门类全,产品种类多,调出数量大。因而,市场对于天津市的工业发展具有特殊的意义。天津生产的消费品只能大量调往外地,以满足其他地区的消费需求;生产的投资类产品也要大量调往外地,以供其他地区投资和生产的需要。改革开放以后,产品交换逐步通过市场来进行,市场与企业的生存乃至整个国民经济的发展息息相关。在原有渠道和原有销售市场都发生极大变化的情况下,如何按照社会主义市场经济规律的要求开辟新的市场,对于各地特别像天津这样大的经济中心城市来说,显然是至关重要的。天津的产品历史上以覆盖"三北"地区为主,而环渤海地区又是"三北"地区的核心,环渤海地区的人口、国民收入、国民生产总值等,都占全国的 1/5 以上,人均国民收入也高于全国平均水平,是一个极有潜力的市场。天津开拓国内市场,关键在于开拓置身其中的环渤海市场;天津产品能否真正覆盖"三北",关键也在于能否覆盖环渤海区域。发展环渤海区域经济,其实质就是各地逐步消除地方保护主义,拆掉藩篱,共同构造环渤海区域大市场。面对这样一个发展前景广阔,需求潜力巨大的市场,天津市完全可以凭借自己的固有优势,通过公平竞争,不断提高产品质量,加快产品升级步伐,在占有更大市场份额的同时,使工业生产获得更快发展,为把天津建成为拥有先进技术的综合性工业基地创造条件。

五是通过联合与协作,充分发挥北方对外开放窗口作用。把天津的对外开放提高到一个新水平。环渤海经济区域对外开放条件优越并已有很好的基础。全国最早开放的 14 个沿海城市中,环渤海占有 5 个;全国最有名的五大港口城市中,环渤海占有 3 个。进入 20 世纪 90 年代后,环渤海地区又相继开放一批沿海中等城市和省会城市。截至目前,环渤海区域实行对外开放政策的直辖市 2 个(北京、天津)、省会市和自治区首府 5 个(沈阳、石家庄、太原、呼和浩特、济南)、地级市 18 个、县和县级市 57 个,形成了层次不同的沿海开放地带。区域内有一类对外开放口岸 23 个,其中水运口岸 15 个,空运口岸 7 个,陆运口岸 1 个。各类经济技术开发区、保税区和科技园区蓬勃发展。1994 年,全区域(未包括内蒙古中部地区)实际利用外资 72.36 亿美元,外商投资企业投资总额 98711 亿美元,兴办外商投资企业 47632 家。投资环境不断完善,正在成为外商瞩目的投资热点地区。在引进外资获得长足发展的同时,环渤海地区各省市区的外贸出口和对外劳务合作事业亦得到很大发展,为进一步扩大对外开放奠定了坚实基础。天津作为我国北方最大的沿海开放城市,在环渤海以至整个北方的对外开放中占有十分重要的地位,是我国北方特别是内陆各省区的主要出海口,是欧亚大陆桥最便捷的桥头堡。口岸设施完善,1995 年港口吞吐量达 5700 多万吨,集装箱运量达 70 万标准箱,口岸进出口值达 161.67 亿美元,本市外贸出口达 30 亿美元。经济技术开发区、保税区、科技园区建设居全国前列。特别是天津开发区的建设，"已经创出了牌子"，取得了令人瞩目的成就。全市有"三资"企业万家以上，累计直接利用外资达 22.3 亿美元。环渤海各地的对外开放已取得很大成绩，但仍处于分散状态，个体优势和整体优势尚没有充分发挥出来。在建设环渤海综合经济圈过程中，天津与各地可以协调政策，联合对外，共同进行开发区建设，共同招商引资，共同参与国际市场竞争。在联合对外中，更多地吸引北方各地参与天津滨海新区开发和港口建设，强化双向服务功能，使天津真正成为北方地区与国际市场对接的枢纽，成为吸引外资进入中国特别是广大北方地区的桥梁，不断扩大开放领域，推进开放层次，提高开放水平，把对外开放事业推向新阶段。

三、在环动海区域经济发展中，天津应加快自身的发展

今后 15 年是承前启后、继往开来的重要时期。我国将在这一时期建立起比较完善社会主义市场经济体制、全面实现第二步战略目标，并向第三战略目标迈进，为下世纪中叶基本实现现代化奠定坚实基础。按照国家经济总体发展战略和我国区域经济发展需要，努力把天津早日建成为北方重要经济中心，这是全国经济发展大局的客观要求，是社会主义现代化建设赋予天津的历史使命。天津具有许多优势，但也面临着种种挑战，主要是经济结构特别是产业结构不够合理，总体经济实力有待进一步增强；商贸、金融等辐射功能与经济中心地位相比，还有较大差距；老企业改造任务繁重；城市载体功能亟须完善，等等。从长远发展看，天津在跨世纪发展中，必须全面实施一系列服从服务于天津总体发展目标和环渤海区域发展需要的跨世纪的战略举措，如跨世纪战略产业选择、教育和科技发展、人才培养、环境保护、社会主义精神文明建设等。从当前情况看，天津参与环渤海综合经济圈建设，应切实做好以下几项工作：

一是积极推进区域内横向经济联合，特别是与周边地区的联合。现在提出的环渤海综合经济圈，是国家顺应当代世界经济一体化、区域化和国际化历史潮流而实施的重大战略部署，是环渤海各地发挥地缘优势，遵循市场经济原则而构建的经济共同体。天津只有从区域经济角度出发，加强与区域内各地的横向联合，才能发挥固有优势，在服务中加快发展，加快国际港口大都市的建设步伐。从地理特点、历史发展和现有经济格局看，环渤海区域明显地分为三个部分。其中，京津冀地区处于中心位置。历史上，天津与河北连为一体，同是拱卫京师的畿辅重镇，天津与北京两大城市间更是唇齿相依，经济联系十分紧密。因此，天津应首先搞好同北京、河北的经济联合。在京津冀联合中，加强京津两大直辖市的联系，以充分发挥两市共有优势，进而推动区域内的横向联合尤为重要。天津在与北京的联合中必须牢固树立依托首都、服务首都思想，在依托和服务中求联合，共发展。一是天津可以发挥港口和保税区的独特作用，为首都企业开展对外经贸提供多方面的服务；二是实行企业间的宽领域、多层次、全方位的联合，共同组建企业集团，联合组织生产，联合开拓国内外市场；三是联合兴办各种全国性、区域性交易市场，促进环渤海以及北方地区的经济合作和交流；四是联合进行沟通京津的各种基础设施建设，如共同开发京津塘高速

公路产业带、共同开发港口、共同建设京津快速铁路、共同投资修建电厂等。同时欢迎首都企业参与滨海新区开发,来津展业,并尽可能提供多种便利。联合中应遵循"扬长避短,形式多样,互惠互利、共同发展"的方针,实行市场经济原则,坚持谁投资、谁受益,以促进两市的联合不断发展。

天津与环渤海其他地区的经济联合也应遵循同样方针,依据各地具体情况,采取灵活多样的形式,由易到难,循序渐进,逐步取得实质性进展。

二是大力发展第三产业,为建设环渤海经济圈提供多功能、全方位、高效率的服务。区域经济中心的形成和发展,是以更好地为整个区域经济发展提供多方面服务为前提的。在社会主义市场经济条件下,中心就是服务,不能提供服务也就不能成为中心。把天津建成北方重要经济中心,就是以中心城市为依托,按照经济合理和互惠互利的原则,与北方特别是环渤海各省市区形成一种合理分工、扬长避短、优势互补、共同发展的关系,就是要凭借自己的特有优势,为各省市区经济发展提供各种服务。因此,必须大力发展第三产业,扩大服务功能。

改革开放以来,天津市第三产业有了很大发展,增加值比重在逐年上升,但与建成北方经济中心的要求还有很大距离。当务之急应以产业政策为指导,以服务于环渤海区域经济发展为宗旨,把第三产业发展推向新阶段。总的要求是紧紧围绕把天津建成北方商贸金融中心的总目标,扩大规模,优化结构,加快速度,突出重点。其增加值比重要从目前的38%提高到2000年的43%和2010年的50%左右。发展的重点,一是以已有的金融优势为基础,以建立规模容量较大的区域性资本与证券市场为突破口,建立和引入核心金融机构,繁荣金融市场,逐步形成为北方的金融中心;二是以已经建立的各类全国性、区域性、全市性的交易市场为基础,进一步扩大规模完善体系,提高水平,通过多种形式,发展一大批设施完善、运作规范、管理先进的超级商场和交易市场,使天津成为我国北方最大的商贾云集、货畅其流的商品集散中心,商流和物流辐射环渤海区域以及整个三北地区。与此同时,对第三产业中其他新兴产业,如保险、信息、咨询、房地产、服务贸易、旅游等,也要加快发展,使之尽快成长为三产中的支柱产业,以便为环渤海区域经济发展提供更多、更好的服务。

三是加强基础设施建设,提高城市载体功能。天津作为我国老工商业基地和北方最大的港口城市,基础设施条件较好。经过多年建设,已初步形成了以港口为中心的海运、铁路、航空、公路和管道运输相配套的立体交通体系;通信发展很快,程控电话可直拨海内外各地;引滦工程基本上解决了生产和生活用水困难;能源供应基本满足需要;市政公用设施也有很大改观,市区三环十四射的道路骨架建成;供热面积和气化率有了很大提高,城市面貌已根本改变。但是,随着生产的迅速发展和人民生活水平的不断提高,还有一些基础设施不能适应需要,特别是与建成北方经济中心和为环渤海经济圈服务的要求相比,基础设施滞后的矛盾还较明显,亟须进一步加强。

从天津所处的地位、城市性质和建设环渤海综合经济圈需要看,天津当前完善基础设施,提高城市载体功能的关键在于运输通道的建设,这也是国家对发展环渤海区域经济的一项要求。因此,应着眼于环渤海综合经济圈建设以及北方经济的未来发展,按照"统筹规划,合理布局,综合开发,配套建设"的原则,搞好以港口为中心的综合运输体系建设,使多种运输方式衔接配套,增强对外辐射功能和场站集、疏、运、储能力。首先要加大港口的开发力度,使吞吐量在1995年5700万吨基础上,到2000年达到7000万吨,2010年达到1亿吨,进入世界级大港行列。铁路要加快枢纽环线建设和煤炭外运通路建设,以进一步扩大港口集疏能力;同时积极探索与北京联合建设京津快速铁路,加强两市间的传统联系;要发挥大陆桥桥头堡的优势,与有关陆路口岸携手为环渤海区域各省市区开展边贸、发展出口提供服务。航空运输要进行滨海国际机场扩建,提高机场装备水平,尽快达到国际机场4E级标准。公路建设以国道为骨架,与京、冀联合加快京秦、津唐和津保高速公路建设,为京津冀经济联合创造条件。在完善交通体系的同时,对通信、能源、水源以及市政公用设施等,也要适应区域经济发展需要,加紧进行建设和改造,以提高基础设施的总体水平,进一步增加环境容量,强化城市载体功能。

四是把结构调整与深化改革紧密结合起来,加快搞活国有大中型企业的步伐。从根本上说,在环渤海综合经济圈建设中,天津欲发挥更大作用,归根结底要依赖于雄厚的经济实力。在当前以及下个世纪相当一段时期内,工业仍将是天津市的主导产业。因此,在加快发展第三产业,增强城市服务功能的同时,还必须下大力气重点对工业结构进行调整。天津工业门类多、行业全,配套性、协作性强,综合生产能力高。但大而全、小而全,形不成规模。因此,进行结构调整,一方面要充分利用综合性的优势,发展具有独特优势的行业;一方面又要有取有舍,通过市场调节,使资源向优势部门转移,培育发展一批跨世纪的新兴产业和高技术产业。一是大力扶植汽车、化工、电子和冶金四大支柱行业,使之尽快形成规模、提高水平,真正成为全市国民经济的"支柱";二是调整改造轻纺工业,再造新优势,在实现重化工业化过程中,实现轻工业的高度化;三是大力培育和发展高新技术产业,如信息产业、生物产业、新材料新能源产业、环保产业等,使之成为21世纪的支柱产业。要以高新技术装备改造传统工业,把天津尽快建成技术先进的综合性工业基地,为天津发挥北方经济中心的辐射和带动作用奠定坚实基础。

工业结构的调整要与企业改革结合起来。从天津自身来看,调整并搞活工业,关键在企业,只有企业特别是那些具有全局性影响的国有大型工业企业搞活了,工业结构调整才能落到实处,工业振兴才有希望。从推进环渤海经济圈建设来看,只有企业间实现广泛的联合和协作,才能使区域内各地的横向联合具有实质性意义,才能取得突破性进展。当前正是深化企业改革的大好时机,要从我本市具体情况出发,抓紧贯彻落实江泽民同志关于深化国有企业改革的一系列重要谈话精神,坚定信心,"抓大放小",加快对国有大中型企业的改革、改组和改造,进一步提高管理水平,充分发挥我市技术和管理优势,为环渤海区域企业发展服务。具体说来,就是以优势企业为核心,以名牌产品为龙头,以资产组合为纽带,积极组建跨地区、跨部门、跨所有制的大型企业集团,共同开发拳头产品,共同利用国内、国际两种资源,共同开拓国内、国际两个市场,把环渤海综合经济圈的建设推向新阶段。

五是加快滨海新区开发,为进一步扩大对内对外双向开放创造更优越的环境。天津要在跨世纪发展中加强与环渤海各地的联合,逐步建设成为现代化的国际港口大都市,必须更好地坚持和扩大对外开放。为充分利用滨海地区的各种有利条件,合理调整工业布局,更多地吸引外资和外地企业,天津市委、市政府于"八五"期间提出,要用10年时间基本建成滨海新区。新区规划包括塘沽、汉沽和大港三个滨海区的全部和东丽、津南两区的一部分。滨海新区具有许多独特优势,位置好,面临大海,背靠市区,天津港就在区内;土地广,滩涂和荒地连片,可开发建厂,建公用设施;交通便利,海运、河运、铁路各种运输方式齐备,滨海国际机场与新区也紧密相邻;大企业多,渤海化工集团、天津化纤厂、联化公司、无缝钢管公司等著名大企业都在区内;开放度高,天津经济开发区、天津港保税区、各类开发小区等也都在区内,对外经济联系广泛而便利。比照上海浦东模式,滨海新区开发建设已取得很大成就。1995年,新区实现国内生产总值241.6亿元,占全市26.3%;新批三资企业761家,累计占全市51.8%,其中协议外资额21.5亿美元,占全市55.8%;出口创汇10.1亿美元,占全市34.8%。

滨海新区开发不仅是完善天津投资环境的一项重大基础设施建设,而且是天津为推进环渤海综合经济圈建设、扩大对外开放而实施的一项重大举措。新区建设坚持面向环渤海,从政策、体制以及发展空间上要为环渤海各地来津投资创造宽松环境;面向世界,广泛实行类似于经济特区的各项优惠政策,并按国际惯例运作,以更多地吸引外资;面向21世纪,新区的各项设施和管理坚持高起点、高标准、高度现代化。最终将建设成为以天津港、开发区、保税区为骨架,以冶金、化工为产业基础,以新兴产业、外向型经济为主导,以自由港为发展方向,商贸金融竞相发展,基础设施和服务功能齐全的、高度开放的经济新区。新区将充分发挥特有优势,按照"共同投资、共同开发、共同利用、共同受益"的原则,为国内特别是环渤海各地来津投资、共谋发展提供多种便利,使之逐步成为天津最大的经济增长点,成为推动环渤海经济腾飞的加速器。

总之,建设环渤海综合经济圈是我国跨世纪发展的必然选择,把天津建设成为北方重要经济中心则是发展环渤海区域经济的历史必然。天津只有把自己的发展战略同国家的区域经济发展战略协调起来,并置身于环渤海发展格局之中,才能抓住机遇,为环渤海的腾飞作出更大贡献,同时加快实现自身的跨世纪宏伟战略目标。

（作者:秦广生、刘东涛、孙兰玉、周铁训,刊发于《理论与现代化》1996年第12期）

构筑完备便捷的交通网络是推进
京津冀经济联合的切入点

一、发达的交通网络是区域经济社会赖以发展的基础设施

交通运输是人类最基本的经济社会活动,也是其他一切经济社会活动得以进行的基本条件。便捷的交通条件可以极大地提高社会生产力、改善人们的生存环境和经济社会效益。正因为如此,古今中外,人们总是将交通便利作为选择居住地和生产地的重要条件之一,总是把交通设施的建设摆在国家、地区和城市发展最突出的战略地位上加以对待。

完备的交通设施和发达的交通网络,是人流、物流、资金流的载体,是城市和城市群体系的骨架,也是城际间、城乡间、区域间进行经济文化交流、合作的重要载体与结合点。

当今世界,城市化和城市的现代化、群落化、区域化已经成为社会生产力高度聚集的空间表现形式,大都市圈、城市群、大城市连绵带成为现代经济中具有划时代意义的概念。这些大都市圈、城市群、大城市连绵带一般都是以交通线为依托、沿交通干线分布的。从而交通运输的网络化、现代化发展则成为城市群、大城市连绵带、大都市圈发展的主要动力。为此,许多国家和城市政府为了有效地提高城市和区域的竞争力,都把交通设施和交通网络的建设尤其是城际快速交通的建设作为具有决定意义的战略措施。

日本,在20世纪50年代到80年代,为了解决人口资源向三大都市圈高度聚集所带来的交通、住宅等问题,以及适应经济高速增长和均衡发展的要求,首先制定了《国土综合开发法》,并四次编制和修订《全国综合开发计划》。其中,特别强调建立新的交通网络,把各地区与大城市连接起来,以促进大城市经济增长效应的扩散,实现区域和全国经济的均衡发展。特别是,20世纪70年代制定的《第三次全国综合开发计划》,确定了以公共交通,特别是以准时、便捷、安全、廉价的轨道交通为主干的城市交通发展战略目标。随着这个计划的实施,成功地建设了以快速轨道交通为主体的完备的公共交通系统,依托快速轨道交通发展居住区和工业区,引导新城市组团的发展,从而有力地促进了东京—大阪城市经济带的形成和三大都市圈的发展。1990年,东京圈拥有轨道交通线路约2000公里(其中52%是私人铁路)。轨道交通在圈域内出行方式结构中占了绝对优势。在东京、大阪、名古屋三大都市圈内,居民轨道交通出行比例分别高达72.5%、60.9%、25.5%。日本四条铁路客运专线约占日本铁路总营业里程的9%,却承担了铁路旅客周转量的1/3。39年来已安全运送旅客70亿人次,每天到发800多列高速列车,无一伤亡事故发生。

韩国在经济快速发展中也愈来愈重视现代交通体系的建设。汉城地铁始建于1971年。截至1995年,汉城地铁总长达133公里,每天运送300万人次以上,承担25.6%的市区客运

任务。近年来又兴建了首都圈电气化铁路和高速公路,并增建了汉江大桥,已达 19 座。同时还积极发展空中航线和海上航线。20 世纪 90 年代期间,韩国提出了《21 世纪经济远景构想》,汉城则根据国家的总体构想和自己的情况提出了面向 21 世纪的《汉城市政建设新规划》。这一规划突出强调了建设国际化城市必备的战略基础设施,特别是要建设现代化的交通网络。提出要把机场、港口、电讯港三者有机地连接起来。还提出,到 2011 年将新建起用轻型电气化或磁悬浮的长达 100 公里的 5 条铁路。并将现有 145 公里长的城市高速公路增加到 600 公里。韩国前总理金永三曾提出:"把仁川国际机场建设成超大型国际机场,并把机场一带发展成为东北亚的贸易金融中心",计划到 2020 年使其取代汉城拥挤的金浦国际机场,成为韩国航班的新门户。

近几十年来,德、法等国也十分重视高速铁路的建设并取得卓越的成效。1990 年 5 月 18 日,法国国铁高速列车的试验时速达到 515.3 公里,创造了世界铁路最高纪录。近几年,相继建成的客运专线最高时速都在 300 公里以上,铁路已成为陆上运行距离最长、速度最高的交通方式。法国自 1981 年 TGV(高速列车)投入运营以来已运送旅客 5 亿多人次。其现有三条高速新线和列车通行网络,分别占法国铁路网总里程的 4% 和 18%,却承担了一半以上的旅客周转量,每条线每年运送旅客 2000 多万人次。

实践表明,不失时机地改善大都市圈内城际间的交通联系,特别是大力发展快速轨道交通,是实现资源有效配置,从而加快城市化进程和区域经济均衡、持续发展的关键,是区域内各城市和地区义不容辞的共同任务,因而往往也是该区域内各城市和地区实现联合发展的切入点。

二、京津冀地区交通设施供需矛盾制约着该区域城市化进程和协调发展

华北地区是我国的政治文化中心、重要的老工业基地和城市密集区。这里拥有优良的海港、丰富的煤铁等自然资源和全国最为密集的智力资源。中华人民共和国成立后,特别是改革开放 20 多年以来,华北地区同其他地区一样,经济建设和社会发展取得了辉煌成就。但是也不可否认,近些年来,相对于珠三角为核心的华南地区和以长三角为核心的华东地区来说,华北地区无论是经济发展还是城市化水平都显然落后了。

三、改善华北地区交通条件,推进京津冀经济联合与发展的几点建议

共同开发建设做强天津港,充分发挥其作为我国北方最大出海口的作用。天津港是我国北方大港,是华北、西北地区的主要出海口,在北方各港中码头功能最齐全、综合实力最强,且发展潜力最大。搞好天津港不仅关系到天津的发展,而且关系首都、华北和西北地区更好更快的发展。过去天津港在发展中得到了华北、西北各兄弟省市的大力支持。今天,京津在利用天津的合作方面也迈出新的步伐,如北京朝阳门陆港与天津口岸的直通就正在稳步推进。为了适应经济全球化和区域竞争的新形势,华北各省市更加需要从提高区域整体竞争力的高度,从完善整个国民经济发展格局的高度,进一步加强在天津港开发建设利用方

面的联合与协作。

近年来,天津港建设和发展的势头强劲,15万吨级航道已经开通,并跻身世界港口20强,去年货物吞吐量达到1.29亿吨,集装箱运量超过240万标准箱,计划到2010年建成20万吨级深水航道和与之相适应的20万～25万吨级深水码头泊位。年吞吐量可达2亿吨,集装箱运量达1000万标准箱,成为我国北方最大的国际物流和资源配置的枢纽港。目前,戴相龙市长指出,港口是天津最大的优势,加快港口的开发建设,将为首都以及环渤海区域经济和物流服务提供更大的便利。天津港也正在努力谋求为腹地提供全方位服务。

天津与腹地省市联合开发建设利用港口的途径和方式是方面的。第一,可以联合投资兴建和经营码头泊位;第二,也可以由腹地省市有实力的大企业独资兴建和经营专业码头;第三,可以联合开发辟建有特色的新港区或物流园区;第四,可以考虑联合建设北方国际物流航运中心和交易市场,等等。

没有直通中西部地区的铁路大通道,是长期制约天津港发展的关键,也是做大做强天津港、进而更好地支持中西部地区加快发展的战略措施。建议区域内各省市将之作为一个重大课题,组织联合课题组开展前期工作,提出共同建设铁路大通道的可行性方案。同时共同努力,争取国家计委和铁道部的支持,尽快把这条大通道的建设作为重大项目列入国家计划。在国家没有列入计划之前,可以采取联合投资、市场化运作的方式,先期打通霸州至保定路段。

继续推进首都机场与滨海国际机场的联合取得实质性突破。两大机场形式上的联合已经起步,关键是如何进入实质性的结合。为此提出3条建议:第一,从首都机场分流部分客运航班给天津滨海国际机场,并由两大机场共同出资组建股份运输公司,以解决由天津机场下飞机后进京问题。第二,进一步推进京津空港通关的一体化,使目前首都机场的货邮吞吐量得以更多的分流到天津滨海国际机场。第三,共同筹划建设连接两大机场的快速轨道交通,或磁悬浮铁路或快速铁路,力争2008年奥运会起用。

加快建设华北地区城际间的快速交通体系。华北地区京津等特大城市过度扩张,而周边中小城镇发展缓慢,一方面说明这些中心城市集散能力弱,人流不畅;另一方面则反映北方城市的人均收入水平不高,私人交通工具占有率低,人们的活动半径小,只能选择服务设施较完备的中心市区。尤其是京津冀地区城市之间的距离都在一二百公里范围内,而城市间的关联程度远不如南方。一个很重要的原因就是城市间的快速交通系统落后,极大地限制了区域内和区域间资源的流动。日本东京和名古屋之间的距离为500多公里,由于京都新干线的建成,使之城市间的交通在一个多小时即可到达,往来十分方便。近年来,华北地区各城市都注重了自己内部交通体系的建设,而对城际间的快速交通网络的建设重视不够。这是地方行政分隔的一个重要体现。为此建议,各省市都要打破地方主义观念,加强协商合作,加速建设城市间的快速轨道交通系统。近期,要运用各种集资和建设方式,规划建设京津冀"一小时"城际快速交通圈,即在一小时内京、津、唐、保等市可在任何两市间始达。远期,规划建设联结冀中南和山西、内蒙古以及环渤海的快速轨道交通系统。同时,应进一步推进各中小城市间的高速公路建设,使之尽快成网。

要以改善北京与天津之间的交通条件为突破口来推进京津联合。第一,针对京津塘高速公路已不能适应交通流量急剧扩大的需要,建设第二条高速公路。第二,将尽快实现京津铁路的客货分流,提高客车行驶速度。第三,筹划建设连接京津两大机场的高速轨道系统。我们认为,这几点都抓住了问题的关键,期待着这些工程能够得到北京河北以及国家有关部门的大力支持,进展顺利。

加强区域内大交通体系的总体规划,建立高层次的协调机制。加快区域内港口和城际间快速交通体系的建设,既要充分调动各省市的积极性,又要克服目前各自为政、布局不合理、盲目投资、重复建设的现象;既要发挥市场机制和民间资本的力量,又要有统一规划和强有力的协调。为此,在各省市之上建立高层次有权威的协调机构是非常必要的。建议尽快设立区域性的高层次协调委员会,并从区域交通体系的规划和建设入手尽快开展工作,推动京津大都市圈的经济联合迈出实质性步伐。其成员由区域内各省市政府主要负责人组成,并建立定期联席会议制度,研究决定规划和建设中的重大事宜。下设常务办事机构,负责就联合规划建设中需要协调和共同决策的问题做好文案准备,并就落实委员会的决策做好具体的组织推动工作。

同时,由于京津地区在全国极其重要的战略地位,建议国务院设立常设的京津大都市圈规划办公室,领导协调京津冀以及华北各省市搞好这一区域规划的编制和布局调整,并把这一工作长期开展下去。

(作者:刘东涛、孙兰玉,刊发于《天津经济》2003 年第 11 期)

发挥天津港、自贸区优势,构筑对内对外开放新格局

改革开放以来,特别是"十五""十一五""十二五"期间,在市委市政府坚强领导下,通过全市人民多年努力奋斗,天津发展步伐不断加快,各项事业蓬勃发展,取得了巨大成就,城市面貌不断改善。积蓄了能量,呈现巨大发展潜力,正面临五大战略叠加的历史机遇。同时也积累了一些问题,天津发展正处于关键时期。"十三五"期间如何适应新形势新常态,迎接新挑战,寻求新的增长点,保持良好的发展势头,是需要着重加以考虑的问题。

一、关于发展目标和区域战略

"十一五"期间国家曾明确,天津要建设成北方经济中心。"十二五"期间,国家出台的京津冀协同发展规划纲要和环渤海区域合作发展规划纲要,对于京津冀发展定位做了清楚表述,也明确了北京、天津、河北的发展定位。其中对于天津的发展定位是"一基地三区":全国先进制造研发基地、北方国际航运核心区、金融创新运营示范区、改革开放先行区。同时

确定了区域间"功能互补、区域联动、轴向集聚、节点支撑"的布局思路,明确了以"一核、双城、三轴、四区、多节点"为骨架,推动有序疏解北京非首都功能,构建以重要城市为支点,以战略性功能区平台为载体,以交通干线、生态廊道为纽带的网络型空间格局。

"一核"即即指北京。把有序疏解非首都功能、优化提升首都核心功能、解决北京"大城市病"问题作为京津冀协同发展的首要任务。"双城"是指北京、天津,这是京津冀协同发展的主要引擎,要进一步强化京津联动,全方位拓展合作广度和深度,加快实现同城化发展,共同发挥高端引领和辐射带动作用。

我认为,国家关于天津发展的定位的新提法,不意味着削弱了天津在区域发展中功能作用的定位,而是在一定程度上加重了对天津职能作用和发展着力点的要求,天津的责任、压力更重了。必须全面深刻理解和贯彻落实中央对天津城市发展定位的内涵和分量。要在"先进制造研发""国际航运""金融创新"以及"改革开放"几个方面下真功夫,练好内功,进一步加快发展,做优做大做强。首先,天津制造业基础雄厚,电子信息、新材料新能源、航空航天等高新技术产业发展势头强劲,教育科技发达,有条件成为全国"先进制造研发基地",要在原有基础上,加快产业结构优化升级,大力发展数字经济、智能制造,用高新技术改造传统产业,大力发展战略性新兴产业,真正把天津做成先进制造业强市;第二,在做强制造业的同时,万万不可勿略了"国际航运"、现代物流、商贸、金融等服务业发展和功能建设。天津具有综合性多功能、发展潜力巨大的港口,交通物流、商贸、金融等服务业具有优势和发展潜力,"十三五""十四五"期间,要在做强制造业的同时,加快发展智能港口、智能交通以及现代航运、现代物流、国际金融、国际租赁、现代保险、现代旅游、文化、教育培训、研发设计、咨询等现代服务业,增强城市的软实力,增强作为经济中心城市的服务功能,增强聚集力和辐射力。不进则退,不加快发展优势则变为劣势。第三,要打好京津冀、环渤海、北方综合大港、自贸试验区、一带一路重要节点几张牌,以京津冀、环渤海合作为切入点,大力推进区域合作发展,加快对内对外开放的步伐,不断提升在区域发展中的分量和地位。第四,要按照中央要求,"进一步强化京津联动,全方位拓展合作广度和深度,加快实现同城化发展,共同发挥高端引领和辐射带动作用"。在联动与合作发展中,天津不仅要分担一部分北京疏解的非首都经济职能,而且要与北京携手成为"京津冀协同发展的主要引擎",进而共同承担起北方经济中心功能和重任。

二、发挥天津港、自贸区优势,借助"一带一路"倡议,构筑对内对外开放新格局

天津港是天津市的核心战略资源,是天津最大的优势。因为有天津港,20世纪80年代天津被作为全国第一批对外开放沿海城市,建立了开发区、保税区、出口加工区;90年代实施了工业战略东移,建设了滨海新区;"十一五"期间,2006年加快滨海新区开发开放纳入国家重大发展战略;"十二五"期间,空客A320、直升机、大火箭、邮轮母港、中新生态城、渤海银行等大项目落户天津,(中国)天津自贸实验区、自主创新示范区获批。"十三五"期间,要进一步发挥天津港、自贸区的优势,牢牢把握五大国家战略(尤其是"一带一路")叠加的历史机遇,将天津开放型经济提高到一个新的层次。

一是牢固树立安全发展的理念。日前在网上看到一条新闻:"十三五"规划建议稿曾因天津港爆炸增加内容。习近平总书记非常重视"十三五"规划编制,曾经四次主持政治局常委会,两次主持政治局会议,讨论"十三五"规划,2015年8月12日天津港发生爆炸后,建议稿按照总书记的要求,增加了牢固树立安全发展理念等内容。安全发展至关重要,这是对全国说的,然而与天津港爆炸事件有直接关系。港口是国际国内两个市场的节点,港口生产上联国际国内航运,下联仓储物流、交通运输、贸易、生产各个环节和人民生活,事关社会再生产运转全局。如果没有一个安全的环境,国内外船只谁还到你这儿来? 综观国际先进大港,没有一个不把安全生产作为首要经营之道的。他们对港口工作的考核,也是把安全生产作为第一指标。天津港这些年发展突飞猛进,吞吐量每年以几千万吨增量在增长,2001年突破亿吨大关,2010年突破4亿吨,2014年达到5.4亿吨,排名世界港口第四,为国民经济发展做出重要贡献,值得引以为荣。但是,回过头来反思其发展模式、增长方式,不是没有问题。前几年开发建设中的一些口号、赶超式的、粗放的发展思路和发展模式,有些是背离客观经济发展规律的。"8.12"大爆炸做了实实在在的注解,给了我们重重一击,教训非常深刻!"十三五"期间,港口发展管理、航运中心核心区建设中,一定切实贯彻落实习近平总书记要求,牢固树立安全发展理念,把安全生产放在首要位置,常抓不懈,为改革开放提供良好的可持续的发展环境。

二是加快天津港结构调整和转型升级步伐。"十二五"期间,天津港"一港八区"的空间布局已经展开。在经济发展新常态下,主要依靠吞吐量的增长和规模拓展来推进港口发展的扩展空间将越来越小。加速转型升级、提升效能、拓展业务功能成为"十三五"及今后天津港的必然选择。特别是作为北方枢纽性综合大港,急需向第四代、第五代智能型港口转型。这就需要对区域港口、港航资源进行系统整合,对贸易、物流、生产、金融等经济功能进行系统重组。天津港要在保持吞吐量稳步增长前提下,把主要注意力转向优化结构、集约发展、智能化改造、精细化管理、提高质量和效益上来。着重从增量优化上下功夫,以增量优化带动存量调整,大力加强智能化升级改造,开展多元化、集约化经营,精细化管理,搞好增值服务,积极拓展国内外市场和集装箱业务。在千方百计增加集装箱业务的同时,尽可能将大宗煤炭业务逐步向河北港口转移。相应的,对天津港的考核指标也应适当调整优化。

要推进港口企业体制机制改革,整合天津港资源,增强核心竞争力。不断完善形成区域性物流港航中心体系,深化同周边港口与地区的合作,打造协同发展的港口群体系,这是天津港转型升级发展的根本出路。

三是着力推进天津港集疏运通道,特别是通向中西部铁路通道建设。多年来,天津港集疏运方式过于单一,路上运输主要靠公路,铁路运量仅占20%,集装箱吞吐量中99%是走公路,走铁路的仅占1%。通向腹地的铁路通道一直是天津港发展最大的制约因素。解决这一问题,关键是积极争取国家支持,在开通津保铁路客运专线的同时,增开津保铁路货运专列。同时,积极谋划推进津—保—忻、津—承、津—保—张等铁路货运专线,构建绕开北京直达内蒙古、陕北、宁夏、甘肃、新疆等地区铁路大通道。下力量争取国家以及交通运输部、中铁集团、河北省等腹地省区市的支持与合作,早日列入国家路网规划并付诸实施。

四是推进天津港及相关产业,借国家"一带一路"建设,走出去开拓国际市场。近年来有一个很好的机遇,就是中巴经济走廊端点瓜达尔港的开发建设,开展与中海外公司、瓜达尔港的战略合作。最近,天津市环渤海经济研究会承接了国家发改委委托的"天津港与瓜达尔港合作问题研究"项目。通过相关调研,课题组对瓜达尔港的开发现状、主要发展需求以及未来产业定位等情况做了初步了解,认为我市港口及相关产业与瓜达尔港之间存在较大的产业合作对接空间。

推进天津港及我市相关产业与瓜达尔港合作对接意义重大。一是可以为天津发展融入"一带一路"建设提供新的切入点,有利于进一步强化天津在国家"一带一路"布局中的重要支点地位;二是有利于本市适应新常态,带动区域产能转移、商品输出,扩展对外开放格局;三是有利于发挥天津自贸区优势,进一步推动自贸区金融、商贸等产业发展。按照中海外公司的规划,瓜达尔港及其自由区将成为南亚地区面向中东和非洲的国际商品集散地和交通枢纽,未来在工程机械、船舶、飞机、商贸、金融等领域的市场需求十分巨大,这正契合了天津自贸区的产业优势。通过天津自贸区与瓜达尔港自由区的对接,将为天津自贸区相关产业发展提供广阔空间;四是有利于天津港实施"走出去"战略,完善全球产业链布局。面对激烈的区域港口竞争以及国际港航业形势变化的挑战,天津港亟待实施走出去战略,通过加强海外航运体系设点布局,提升全球港航资源配置能力和物流运营能力。与瓜达尔港的合作为天津港实施走出去战略提供了一个绝好的机遇。

对于如何推进天津港及相关部门、产业走出去,与瓜达尔港开展合作对接,能不能通过努力形成天津与瓜达尔两港两区优势互补、合作发展、良性互动之势?目前课题正在深入研究中,也希望各级领导以及相关部门给予关注。

本文附件:瓜达尔港小资料

瓜达尔(GWADAR)港位于巴基斯坦巴俾路支省西南端,东距卡拉奇市约460公里,西距巴伊(伊朗)边境72公里。2007年3月建成开港,目前是巴基斯坦第三大港口。

瓜达尔港地理位置优势明显,具有重要战略意义。其紧扼巴基斯坦通往波斯湾和阿拉伯海的大门,距全球石油供应重要"咽喉"霍尔木兹海峡约400公里,既是中巴经济走廊的重要端点,又是"一带一路"的重要节点,还可作为上合组织国家出海口。

瓜达尔港,是一个天然良港,具有良好的发展条件,港口常年不冻,进港水深超过15米,优于印度洋上不少已有深水港。目前,该港建有3个2万吨级多用途泊位(预留5万吨级)。同时,瓜达尔港拥有923公顷的自由区可发展相关工业、服务业产业项目。当前,港口周边基础设施建设,包括疏港公路、瓜达尔新国际机场等项目已完成立项并在加紧推进之中。中国海外港口控股有限公司(在香港注册,北京办公。以下简称中海外公司)于2013年5月16日全面接管了瓜达尔港及923公顷自由区的开发权和经营权。

当前,我国中央政府对瓜达尔港建设高度关注。2015年4月,习近平总书记访问巴基斯坦时,提出"以走廊建设为中心,以瓜达尔港、能源、基础设施建设、产业合作为重点,形成'1+4'合作布局,让发展成果惠及巴基斯坦全体人民。"围绕瓜达尔港及自由区的一系列基础设施建设、产业项目、商务环境建设正在积极推进之中。

（作者:刘东涛,此文是2015年11月作者在天津市一次专家座谈会上的发言,这次收录时对个别文字和提法做了修改。）

第六篇　短论集萃

　　此部分收入作者曾在报刊公开发表的经济短论 10 篇,多数是结合当时经济形势应报刊之邀而撰写,有一定针对性和时效性。文章中的情况和时间概念均系指当时,感兴趣的读者浏览时,宜联系当时的背景。

用社会主义市场经济发展中国

党的十四大在理论上的一个重大突破,就是确认社会主义市场经济理论,明确了我国经济体制改革的目标是建立社会主义市场经济体制。这表明,今后我们的中心任务将是用社会主义市场经济理论推进改革开放,用社会主义市场经济发展中国。

一、单一计划经济体制使社会主义经济走进死胡同

按照传统观念,计划经济是社会主义的基本特征,甚至认为社会主义＝计划经济。然而,这种认识却受到了实践的挑战。

比如进入20世纪90年代,苏联和东欧各国政局动荡,相继受挫。这种巨变,从经济上来看,与这些国家长期坚持高度集中的计划管理体制不无关系。中国的经济发展,随着国情的变化,使计划体制统得过多过死的弊端显露出来了,国民经济缺乏活力,许多企业效益低下,人民生活得不到明显提高。这不能不引人深思。

从理论上推导,计划经济似乎完美无缺。但从其实际运行考察,经济生活中有其许多不可逾越的障碍:

一是信息障碍。现代经济生活庞杂而繁复,变化无穷,事前的计划即使借助电子计算机也难以算准算细。而且在瞬息万变的市场面前也常常时过境迁、南辕北辙。

二是动力不足的障碍。强硬的计划固然可以事前界定各方面的利益和范围,避免资源的浪费。但强硬的计划也固化了企业和劳动者的投入产出预期,助长了其"等、靠、要"心理和行为,得过且过,不思进取,积极性被严重束缚。

三是认识上的障碍。任何计划工作人员或机构都受自身认识能力的局限,加上信息不灵,计划很难做到完全符合客观实际。再考虑到各种人为因素的干扰,其科学性则更无保证。一旦计划决策失误,则损失严重,浪费惊人。

经济自身所不可逾越的障碍,通过市场机制可以解决,长期坚持单一的计划经济,排斥市场机制的作用,正是各社会主义国家经济走入死胡同的深层原因。

二、"双轨制"使改革与发展难以摆脱诸多"两难"困扰

十一届三中全会以来,中国经济改革采取了渐进方式,新的双重体制并存的局面不可避免,并表现在经济生活的各个方面。放开了非国有企业,而对国有大中型企业仍管得很死;指令性计划大为削减,但仍有不少产品的生产销售、物资供应由指令性计划安排;放开了部分商品价格,而还有相当一部分商品,特别是主要生产资料、资金、技术、劳动力等要素不能进入市场,或不能全部进入市场自由流通。这就给经济的运行带来一系列棘手的问题。比如,想废除平均主义,通过竞争优胜劣汰,但受社会保障体系不完善的制约,企业仍是"该死

的死不了、该活的活不好"，欲把企业推向市场，而受市场体系不健全约束，企业既不能从市场上取得所需的资金、技术、原材料和劳动力等要素，又不能通过市场实现资产存量的调整和富余劳动力的转移；向地方、企业放权，调动了地方和企业的积极性，然而受地方利益的驱使，重复建设、重复引进等现象却难以扼制，商品流通中的地方保护主义膨胀，地区封锁屡禁不止；松动金融、货币政策以刺激经济增长，导致经济过热、诱发通货膨胀。强调宏观控制，实行紧缩，又出现市场疲软，生产滑坡，效益下降。生产资料价格"双规制"为以权牟利行为大开方便之门。可见，双重体制的存在，时刻置改革与发展于进退维谷、举步维艰的围绕之中。

有人问，改革已历14年，为何在"双轨制"的困扰中绕不出来呢？其思想理论上的深层原因在于：近年来改革理论指导滞后，对于"建立社会主义市场经济体制"这一改革目标迟迟未能取得共识。应当承认，十二届三中全会提出的"有计划的商品经济理论"，无疑是我国经济理论上一次飞跃。但是，当着改革开放的步伐不断加快，经济生活中市场机制的作用日益壮大的时候，计划与市场"以谁为主"，谁在资源配置中起基础性作用的问题，便使"有计划的商品经济"的局限性和不彻底性表现出来。这时，对改革的理论指导并没有及时地向着"市场经济"方向突破，加上其间各种经济的、非经济的因素干扰，甚至又回到"计划经济为主""计划经济与市场调节相结合"的老调中去了。理论上的滞后，表现为改革行动上的左右摇摆、徘徊不前。显然，固守陈旧观念，维持、迁就"双轨"运行状态，将失去很多发展机会，拖现代化的后腿。

三、市场经济将使社会主义充满活力

历史和现实一再告诉我们，单一的"计划经济"体制和"有计划的商品经济"，都不能使我们彻底摆脱经济上的困境。社会主义市场经济，为我们提供了一条既能摆脱困境而又通向繁荣、通向文明的阳关大道，这是唯一正确的选择。

市场经济以市场作为资源配置的主要方式和手段，是商品生产发展到社会化大生产阶段的必然现象。西方发达国家的经济所以呈现了持续增长的态势，亚洲"四小龙"的经济奇迹，我国改革开放后的广东、江苏、山东等沿海地区的经济活跃，无一不是得益于市场经济。这些足以说明哪里市场机制的作用发挥得好，生产力就迅速发展；反之，则停滞落后。

市场经济能给企业和劳动者以压力和动力，使经济充满生机和活力。市场经济充满了竞争，每个商品经营者随时都面临成功与失败的双道选择。它迫使经营者千方百计采用先进技术，降低产品成本，提高产品质量，改进管理与服务，尽可能使自己的个别劳动时间低于社会必要劳动时间，并精心研究场，按照市场需求组织生产和流通，从而使经济充满生机和活力，促进社会生产力的增长和经济的繁荣。

市场经济可以克服资源配置中的人为障碍，优化资源配置，使有限的资源得以充分利用。在市场经济条件下，每一个经济利益主体之间，产权关系明确，企业不仅有足够的动力，而且得以独立自主地进行经营决策；各种生产要素得以进入市场自由流通；价格主要依供求关系而形成，较为充分地反映资源的稀缺程度，企业可以根据市场供求决定产品价格。这就

排除了人为障碍,使有限的资源自发地向着效益最高的方向流动,从而做到人尽其才、地尽其利、物尽其用,做到速度高、效益好,国家整体经济实力不断增强。

市场经济有利于加快国内外两个市场的对接,使中国经济在国际竞争中得到更快地发展。中国要想参与国际分工与国际竞争,在国际市场范国内提高资源配置的效率,就必须加快以市场为取向的改革,争取在运行机制上早日与世界市场接轨。目前,我国正在争取恢复关贸总协定缔约国的地位,这是实现两个市场接轨的重大举措。入关意味着我国的贸易活动将按国惯例办事,这对我们既是挑战,又是机遇。应当以此为契机,加快社会主义市场经济体制的建立。

社会主义市场经济可以有效地提高人民生活水平,在机会均等、兼顾效率与公平的基础上,实现共同富裕。市场经济可最大限度地调动人们的劳动积极性,提高劳动效率,减少和避免资源浪费,从而使有效的社会产品总量和社会财富迅速增长。与此同时,在规范化的市场竟争中机会均等,"腐败"将得到有效的扼制。社会主义市场经济新体制,将使社会主义国家能够运用市场这只"看不见的手"和计划这只"看得见的手",兼顾效率与公平,在适当拉开收入差距的基础上逐步实现共同富裕,从温饱向小康水平迈进。发展社会主义市场经济是实现这一目的的最佳途径。

(作者:刘东涛,1992 年 11 月 22 日刊发于《天津日报》"专论")

消费热潮的冷思考
——八论治理经济环境整顿经济秩序

消费是社会再生产的重要环节之一,人既是生产的主体,又是消费活动的主体。生产的目的归根结底是为了人的消费,消费水平决定于社会生产力发展的状况。然而,消费又反作用于生产。千百万人消费观念、消费方式的急剧变化,会对生产、市场、物价、整个社会的经济生活产生重大的影响。

对于通货膨胀的危险,经济理论界的许多人士早就发出忠告。波兰著名经济学家布鲁斯 1979—1980 年访华时就提醒我们:在整个经济绷得很紧、物资严重缺乏,卖方市场占上风的情况下,经济改革是难于成功的。市场机制只有在买方市场已经形成,供给略大于需求的情况下才能发挥积极作用。否则虽然有了市场,但是由于供不应求,或则物价飞涨,通货膨胀失去控制,造成群众不满;或则坚持固定价格;仍然实行配给制,结果产品仍然是"皇帝女儿不愁嫁",市场对生产者起不到监督作用。所以,在比例严重失调,产品普遍供不应求的情况下,应当首先集中力量抓调整,等到比例关系大体协调后,再进行全面改革。改革开始后的一段时间还要有意识地把发展的速度放慢,免得把经济绷得很紧,重新出现卖方市场,影响改革效果。国内著名经济学家董辅初,今年(1989)6 月就农产品价格调整更为明确地指出:因农产品价格调整导致的连锁反应,有可能出现工业消费品价格腾飞的第二个浪潮。出现这种现象的不良后果是,人民会对市场供应失去信心,减少储蓄、提取存款,抢购各种消费品,人为地加剧供求矛盾,工业消费品及农用生产资料价格进一步上涨,最终不仅达不到提价的预期效果,而且因比价复归造成轮番涨价。

道理很简单,纸币的发行量超过商品流通所需要的货币量,必然导致货币贬值、物价上涨。如果超过一定限度,就会使消费者感到难以忍受,从而引发严重的社会问题。近年来,我国的货币供给每年以20%的速度增长。去年全国城乡居民储蓄余额突破了3200亿元大关,还有手持现金1200亿元,使全社会结余购买力达到4200多亿元。这一数字要求必须有6850多亿元商品才能与之相适应,但全社会零售商品的货源只有6100多亿元。就是说,有740多亿元的货币没有商品作象征。结果,必然是货币贬值。人们也看到价格体系的调整很难做到有升有降的初始要求,多数情况下是只升不降。于是给群众造成了一种印象:改革就是涨价,存钱不如储物。

有人可能会说:"国家少发点票子不就行了?"对,造成通货膨胀的直接原因,确实与过于松弛的货币政策有直接关系。对此,国家也正在采取措施加强宏观控制,治理通货膨胀。然而,事情并不那么简单。实际上,通货膨胀的成因,除了货币政策、财政政策的某些失当外,还有指导思想、体制、社会消费方式等更为深厚的基础。扩张性的货币政策主要来自两方面的压力。一是由于基本建设规模过大而造成的"投资膨胀",二是"消费膨胀"。而这两个膨胀又是互相交织、互相推动的。

从消费方面来看,在过去很长的时间里,我们只承认生产的决定作用,不承认消费的反作用,实行了低工资、低物价、低消费政策,人为地抑制了多样化多层次的消费生活,对群众生活欠了不少账。十一届三中全会后,国家为了弥补群众生活方面的欠账,多次调高了农产品价格,提高城市职工的工资,新建了大批住宅,使城乡居民收入有了较大幅度的提高。而且,随着改革中企业自主权的扩大,企业追求职工利益最大化,企业相互之间攀比职工收入的倾向不断发展。部分企业通过发放奖金、实物为职工谋利益。而对外开放政策的实行,又将西方发达国家一些现代消费方式引入国内。于是消费者的胃口越吊越高,消费心理和消费倾向急剧变动,纷纷向高层次、现代化方向迈进。一些高档耐用消费品,像彩电、冰箱、收录机等,迅速进入千百万家庭。1984年至1986年,我国耐用消费品零售总额年均递增41.9%,普及率上升了5.5倍。城市居民1986年拥有的"新四件",已达到日本、苏联人均国民生产总值1000美元时的水平。这对于我们这样一个人均国民收入还不到300美元的国家来说,显然是一种不正常的、值得警惕的现象。

国家为了满足人民群众的消费需求,迅速扩大这些耐用消费品的生产。短短几年内,彩电生产线已增加到113条,电冰箱生产线增加到116条,洗衣机生产线108条。1978年,全国仅生产彩电3800台,1986年已达到414.6万台,8年间翻了八翻还多。但这些商品的供求矛盾不仅未见缓解,相反却更加紧俏了。许多人对此困惑不解,为买不到商品而抱怨。

其实,只要稍加面对现实,就不难发现问题的缘由所在。第一,我国是一个10亿多人口、三四亿个家庭组成的大国,市场容量之大不是轻而易举能够满足的;第二,因国内的技术还不过关,要维持这些生产线的生产,目前还必须花大量的外汇进口散件以及钢材、铜材、铝材。而要取得这些外汇,就必须从生产的成品中拿出相当一部分来出口换汇。这就减少了国内的供给。

还必须看到,人们对这些消费品的强烈追逐所导致的生产线的引进、加工工业项目的上马,必然使已经膨胀的基本建设更加膨胀,加大了国家财政的压力。在"投资膨胀""消费膨胀"的共同作用下,迫于各方面的压力,便多发票子加以缓解。如此看来,作为一个消费者,在通货膨胀中也常常扮演着二重角色:一方面他们在为通货膨胀而担忧和不满着;另一方面当他们的消费行为被过度的高消费倾向支配的时候,又自觉不自觉地为通货膨胀推波助澜,成为引发物价上涨的因素。

当然,真正推动消费浪潮的"大头",还应当属于社会集团。据统计,全国每年集团消费总额,1982年以前不超过200亿元,到1987年已达553亿元,比1978年增长3倍;1981年全国集团购买小轿车仅1.8万多辆,1986年和1987年就购买19万余辆。各种名目的集团消费,增加了财政开支,扩大的供求矛盾,冲击着市场,哄抬了物价,助长了铺张浪费之风。毫无疑问,控制社会集团消费,是治理消费失控的重点。

可是,要把过热的消费空气冷下来,要消除因"消费超前"而引发的通货膨胀、供求紧张、物价暴涨的因素,除了国家要采取有力的措施之外,还有赖于广大消费者自觉地树立起正确的消费观念。所谓正确的消费观念,就是要把自己的消费偏好、消费目标、消费方式建立在符合现阶段中国国情的基础之上。中国现阶段的国情是国家大、人口多、底子薄,生产力不发达。1978年至1987年,按每个社会劳动者平均创造的国民收入计算的全社会劳动生产率年均增长仅5.4%。按联合国划分贫富标准的恩格尔系数衡量,我国的恩格尔系数(食品支出在全部生活支出中的比重)为53%,仍处于温饱型阶段。在这样的经济基础之上,人们的消费水平和消费方式只能是适度消费。提倡"高消费",盲目追求消费方式和生活水平的现代化是不合时宜的,也是办不到的。发达国家的个人消费,一般都包括住房、医疗、卫生、交通等支出。在我国,这些消费支出过去大部分由国家"包"起来,一方面加重了国家财政负担,包袱越来越重;另一方面是个人消费选择的空间过于狭窄。今后,国家不可能将个人在住房、医疗、交通方面的消费支出永远地包下去。随着住房分配制度、医疗卫生保障制度和交通补贴制度的改革,消费者也应当随之改变传统的消费观念和消费方式,适时地拓宽自己消费选择的领域。中国的经济改革道路曲折、坎坷不平,今后仍将面临种种艰难险阻,每个消费者对此应有足够的认识,并准备同国家分担改革的风险和困难。改革一定会给多数人带来好处,但这不等于说每一项改革措施都意味着涨工资;更不等于说在很短的时间内每个人都能如愿以偿,使生活水平一下子现代化。对于改革要有充分信心,但在消费水平上的期望也不能过高。

消费高潮之下,储蓄存款发生大幅度滑坡,城镇储蓄存款环比增长速度出现负值。储蓄方式向实物式倾斜。人们出于保值心理大量购买高档消费品,或转变投资方向,购买利率较高的金融债券、企业债券等,银行在现有金融体制下承担了很大部分资金供给,作为信贷资金主要来源和边际增长来源的储蓄存款发生滑坡,无疑将使资金紧张状况加剧。

这种影响远远超过了生产本身。消费热潮中,许多人不加选择地购买积压滞销商品,形成个人手中的"库存积压"。一方面,这种购物占压的资金将抑制下一期的居民正常消费;另一方面,失真的市场信号对生产的驱动更为不利。目前,我国产业结构极不合理,下游产业过剩。一大批长线企业因现行体制制约应该淘汰而未淘汰,靠政府补贴、银行信贷勉强维持,产品严重积压,资金周转困难。这样掩盖了产业结构上的问题,使许多产品不对路的企业苟延残喘。产业结构的调整变得更为困难。居民消费转入正常后,可以想象,许多厂家如不采取措施,会重新陷入困境,造成新一轮产品积压、资金停滞,形成恶性循环。

（作者:刘东涛,1988 年 11 月 4 日刊发于《天津日报》"专论"）

按经济规律办事

实事求是,是马克思主义、毛泽东思想的精髓,是我们党的思想路线,也是邓小平建设有中国特色社会主义理论的精髓。邓小平同志是坚持实事求是的光辉典范,这一点非常鲜明地反映在他波澜壮阔的政治生涯中,也反映在他领导经济工作的实践活动和他的经济理论的字里行间。

20 世纪 80 年代初,邓小平同志关于我国社会主义还处于初级阶段的论断,关于进行社会主义现代化建设必须从中国国情出发的论述,必须按经济规律办事,必须大胆借鉴外国经验,但是绝对不能照搬等一系列精辟论述,都体现了他坚持求是的科学态度。此后,他为我们所设计的改革开放蓝图所勾画的现代化建设分三步走的发展战略,都是建立在这一理论基础之上的。

实事求是,反映到经济工作中就是一切从实际出发,按经济规律办事。大量的事实说明,每一项经济决策如果从实际出发,符合了客观经济规律,适应了生产力发展费需求,就会取得好的社会效益和经济效益;反之,就会遭到失败,造成巨大损失。

坚持实事求是,从国情出发,按客观经济规律办事,说起来容易做起来难。这是因为,一是情况往往是复杂的,把情况弄清楚,比如,进行结构调整,就需要真正搞清楚哪些产品是长线该下,哪些产品是短线该上,潜在的市场如何？这就需要下功夫,花费很大的力气;二是从实际情况出发做决策,往往涉及一部分人的既得利益;三是坚持从国情出发做出决策,有时要冒很大的风险,需要有不唯上、不唯书、只唯实的政治勇气和理论勇气。在这一点上邓小平同志为全党作出了光辉的榜样。

（作者:刘东涛,1997 年 3 月 25 日刊发于《天津日报》）

中心城市的集散功能与横向经济联合

进一步推动各种形式的横向经济联合,是经济体制改革的重点之一。天津作为多功能的中心城市,在改革中更应当大力发展横向经济联合,充分发挥集散功能。

中心城市是工业生产、交通运输、内外贸易、金融保险、科学技术、信息传递等高度密集和先进之地。在它的诸功能中,集散是基本的,最能体现其本质特征。所谓集散,即商品的聚集与扩散,吸引与辐射。中心城市之所以能成为一定地域的政治、经济、文化中心,正是由于它具有强大的集散功能,对于人口、资金、生产工具、商品以及科学技术等有很大的吸引力和辐射力。其所及范围之广,远远超出城市本身。像上海、北京、天津、广州、重庆等,即是如此。例如,天津市,连郊区在内,面积只有 1.1 万平方公里,而其吸引和辐射的范围,却波及"三北"地区在内的大半个中国,有些产品还行销世界。中心城市的这种集散功能,既是商品生产发展的必然结果,又是商品生产进一步发展的有利条件。

发挥中心城市的集散功能,离不开横向经济联合。这种联合,是不同经济单位之间,在专业化分工基础上,围绕社会再生产过程而发生的各种交换活动而建立的协作关系;它是不受行政手段和部门、地区、所有制限制的,即各个领域的相互开放。这是商品经济发展的客观要求。我国目前蓬勃兴起的横向经济联合,反映了新旧体制转换过程中由传统的产品经济间有计划的商品经济转变的必然趋向。

从天津解放以来产销之间关系的变化,可以看出中心城市在发展横向经济联合、发挥集散功能方面有着巨大的潜力。天津 1953 年商品销售总额为工业总产值的 130.1%,这说明当时经销外埠产品占有相当比重,显示了较强的集散功能。而到 1983 年,销售总值仅占工业总产值的 65.1%。与此同时,天津产品的外销阵地也在退缩。20 世纪 60 年代初,天津销往"三北"地区的工业品占"三北"地区调入总额的 23%,1982 年已下降为 17%。近年来,"三北"地区除地方产品迅速发展外,沪、京和苏、浙、粤等省市的轻工产品大量涌入,致使天津竞争对手增多,而本市轻工产品却很难跨过长江。这足见天津在发展横向联合上比较薄弱,其经济吸引力和辐射力与其中心城市地位还很不适应。要改变这种状况,进一步发挥其集散功能,推动横向经济联合无疑是一条重要途径。

维护企业在横向经济联合中的自主权,是当前推动联合的关键,也是充分发挥城市集散功能的基本条件。企业是商品、资金、技术、劳务等经济要素横向流通的原动力,是横向经济联合的基本载体。经济体制改革的中心环节是增强企业活力。如果企业手脚被捆得死死的,与谁联合、联合什么、怎样联合等仍然统统不能由企业决定,经营自主权得不到落实,不能成为名副其实的经济实体,企业就难以具有联合的积极性和主动性。即使勉强联合,也很难持久。企业活不起来,横向活动的深度广度有限,城市的集散功能就得不到充分发挥,产品、资金、技术、劳务的聚集和辐射范围就要受到极大的限制。为此,应当明确划分政府职能部门与企业在横向经济活动中的权力和责任,把企业作为独立的经济法人的自主权,包括横向联合的自主权,真正放给企业,使企业之间在横向联合上能够"自由恋爱"。不这样,就不可能从根本上动摇和冲破长期形成的条块分割、城乡分割、地区封锁等旧体制的顽固"堡垒"。分管经济协作的政府职能部门和主管部门,要对企业的横向经济活动进行有效的指导、监督、协调和服务,而不能包揽、侵犯企业横向联合的自主权。

发展横向经济联合,充分发挥城市的集散功能,必须加快商品流通体制的改革。社会化、现代化大生产的发展,必然要求组织社会化、现代化的大流通。这种大流通,应该是商品流通与物资流通的统一,商品物资流通与信息流通的统一。经济体制改革使城乡经济生活出现了前所未有的活跃局面,社会商品量大幅度增长,人民生活日益改善,迫切要求流通体制由封闭半封闭型走向开放型,扩大商品流通的规模,疏通流通渠道,形成四通八达的经济网络和统一的社会主义市场。为此,在流通体制改革中,要进一步理顺社会商业的组织结构,尽快改变同一城市流通过程中工商对立和批发站司分立的现状(小商品除外),减少流通环节,按照专业化原则把经营分专划细。还应积极推动跨行业、跨地区、跨所有制的工商联合、农商联合、农工商联合等多种新的商业形式或经济联合体,为资金、物资、技术、信息、服务的横向流通寻求新的途径,加快中介机构及其手段、设施现代化的进程。同时欢迎外地工商企业来津设栈开店。通过这样的改革与联合,使天津成为沟通城乡、联结内外的现代商品经济的集散中心。这种横向联合越扩大,天津的经济也就越繁荣。

中心城市的集散功能是综合性的,横向经济联合是错综复杂的。因此,还有赖于各方面、各地区、各单位的协同努力。比如,计划、财政、税收等都应进行配套改革,为推动横向联合发挥有效的调节作用。理论与实际部门,还应抓紧对横向经济活动中出现的企业群体、股份经济等新问题进行调查研究和试验,探索相适应的管理方法。

(作者:刘东涛 刘泽连,刊发于 1986 年 6 月 10 日《天津日报》)

"急于求成"的历史反思

面对经济过热(1989)带来的困难,不能不对我国发生的急于求成的思想进行深刻反思。

我国近 40 年经济建设中每当经济形势稍一好转,便出现头脑发热、投资膨胀、规模过大、速度过快、经济失调的情况。待问题累积到一定程度,不得不进行较大的调整,环境稍有改善,便"好了疮疤忘了疼","急于求成"旧病复发,新一轮的不良循环重新出现。

人们不曾忘记,三年恢复和"一五"期间,农、经、重及积累与消费等方面关系比较协调,社会主义建设欣欣向荣。随之不久,人们头脑便开始发热,急于求成的思想逐渐占上风。1959—1961 年三年的平均积累率是 39.3%。严重破坏了正常的比例关系,成为导致 20 世纪 60 年代经济困难的重要原因。

按比例是一切社会经济稳定而协调发展的客观规律。然而,在急于求成思想指导下,往往否认按比例发展的规律,不注意搞好各产业、各要素之间的综合平衡,用想当然代替计划和经济政策。而且总是热衷于追求产值、速度,习惯于优先安排那些见效快的项目和产业,而忽视那些施工周期长、见效慢的基础性产业,这样也就潜伏下了结构性失调的因素。

那么,急于求成的思想为何像病魔一样长期纠缠着我们而又屡驱不散呢? 这是有其深刻的社会历史原因的。其一,中国曾经是一个小生产长期占绝对优势的国家,各级领导干部中不少人与小生产有着千丝万缕的联系,也难免沾染小生产者目光短浅、急功近利的恶习。干部中不少同志缺乏系统的现代文化、科学技术知识及马克思主义理论教育,对社会化大生产的客观规律知之不多,对改革和建设的长期性、艰巨性缺乏深刻的认识,也没有牢固地树立起辩证唯物论的认识路线。这些都是唯意志论和急于求成思想之所以不断发作的主客观条件。其二,现行的干部考核制度也是一个重要因素。目前,对于各地方各部门领导者的政绩考核,往往偏重于产值、速度等指标。而每个当政者也总希望在任期内留下点纪念碑式的政绩,加上考核指标的激励,使得一些领导人热衷于搞基建、上项目。中央近年来三令五申压缩基本建设,然而至今未见显著成效。为什么我国目前在劳动生产率很低、能源消耗很大、资金严重短缺的情况下,各地不是去比效益好坏、比劳动生产率高低,而是拼命攀比项目投资呢? 原因就在于那些东西是无形的,这正是现行干部考核机制的弊病所在。

当然,百余年来,我国与发达国家的差距拉大,急于求成反映了各级领导干部和广大群众希望自己的祖国改变落后面貌、尽快富强起来的一种紧迫感。然而,应当牢记:急不等于成。我们必须从近 40 年经常急于求成的历史中冷静下来,认真地总结、学习、思考,找出规律性的东西,作为今后借鉴,不再重犯历史上的错误,以便稳步地将社会主义经济建设推向前进。

(作者:刘东涛,刊发于 1989 年 6 月 8 日《天津日报》"专论",原文 1600 字)

搞好搞活大中型企业的宏观对策

国有大中型企业是国民经济的支柱和骨干。目前,我国共有大中型企业 1 万多家,只占全国企业总数的 1% ~2%,其拥有的固定资产却占全国固定资产的 70%,上缴利税占全国的 65% 左右。搞好搞活这些大中型企业,才能稳定国民经济的全局,增强国家的经济实力,稳步地推进现代化建设。

今年(1989)以来,一部分大中型企业因产品滞销、资金短缺,生产经营陷入困境,引起政府和社会的广泛关往。

国有大中型企业面临重重困难,有微观机制和内部管理上的原因,也与外部环境和宏观政策方面的不利因素有直接关系。一是在财政体制上实行"分灶吃饭",这对调动地方的积极性具有很大的作用,但随着利益主体的多元化,各级地方政府为了完成承包的财政指标,进而追求地方近期利益和政绩,相互攀比基本建设和发展速度,画地为牢、封锁市场,盲目上马加工项目,致使过去对这些原材料依赖性很大的大中型企业"无米下锅"。二是价格双轨制的实行,曾经对搞活生产资料流通,保证乡镇企业和计划外新建企业的生产发挥了作用,但双轨制下丰厚的差价收入却诱使形形色色的"官倒""私倒"迅速涌入生产资料流通领域,增加了环节,搞乱了秩序,推动了生产资料价格不断上涨,使大中型企业成本增加、利润下降,受到严重困扰。尤其是京、津、沪等加工工业城市的大中型企业深受其害。三是为了鼓励和扶持多种经济成分、多种经营方式的发展,国家从税收上给个体经济、乡镇企业、新兴集体经济、第三产业以优惠,在留利比例上给改革试点企业以照顾等,对于搞活经济产生了很大的成效。但另一方面,这些差别政策的实行,却在整体上造成了国有企业税负高于集体企业和私人企业的问题,致使国有大中型企业在同其他经济成分的竞争中处于不利地位。四是目前普遍推行的企业承包制,对于调动企业经营者和广大职工的积极性起了不可否认的作用,但现行的承包办法仍带有强烈的行政色彩,企业还难以摆脱党政机关附属物的身份,从而又大大降低了承包制的积极效应。承包制的不完善性及其本身的局限性,造成"鞭打快牛",导致企业的短期行为,严重影响了企业的发展后劲。五是当前实行的紧缩措施,从根本上说是为了有效地治理通货膨胀,给建设和改革创造一个较为宽松的宏观经济环境。这无疑也是大中型企业生存发展的必要条件。但在紧缩过程中,区别对待、扶优限劣并非轻易就可做到。调整结构更是短期内所难以见效的。而银行突然抽紧银根、卡住信贷投放。对此,某些小型企业、乡镇企业尚可通过集资来解决,而那些资金需求量很大,主要靠贷款维持运行的大中型企业则犹如"断炊"。如此看来,我们在改革时,常常忽略了国有大中型企业的特殊性,在宏观政策上缺乏支持大中型企业的配套措施。这不能不说是工作中的一种失误。

大中型企业经济效益下降,生产不景气的严峻形势,迫使我们必须面对现实,迅速作出反应。当前,最有实际意义的对策选择是:

第一,在继续坚持紧缩总量的前提下,结合结构调整,抓紧制定搞好搞活大中型企业的政策,在资金、外汇、能源、原材料和运输等要素的供给上向大中型企业倾斜。目前应当充分利用国家发放的启动资金,重点支持大中型企业的生产。

第二,国家应当充分利用当前企业寻求摆脱困境出路的时机,因势利导,推进产业结构的调整。坚决关停一部分长线产品企业,帮助部分企业搞好转产,特别是坚决砍掉那些产品质量次、污染重、效益差、同大中型企业争夺原材料的乡镇小厂,以保证大中型企业的原材料供应。

第三,加强和改善宏观调控工作。一是要改进和完善对大中型企业、企业集团的计划管理办法,确保其完成国家计划所需的生产要素;二是进一步强化中央银行的统帅作用,切断地方政府出于局部利益而对地区银行业务活动的行政干预,以消除银行间的壁垒,疏通资金运动的渠道,缓解资金的供求矛盾;三是对市场疲软、产品滞销问题,应当用调控与疏导相结合的办法给以缓解。

第四,进一步完善和发展承包经营责任制。国家应对企业承包制进行政策性调整。主要是根据原材料价格、贷款利率提高的系数,以及本企业产品价格的变动因素,适当调整承包基数。承包不仅要包实现利税,还应包固定资产增值、人均效益、资金周转、成本水平、职工培训等,以克服企业的短期行为。为了弱化承包的行政性色彩,可将发展企业集团与承包制结合起来,承包制便可绕过主管部门,按照生产组织的自然规律进行,还有利于规模效益的实现。

总之,国有大中型企业走出困境,既靠企业自身,也要靠外部环境的改善和全社会的关心。各级领导部门都应当牢固地树立搞好搞活大中型企业的观念,真正为大中型企业排忧解难,使其在改革开放和现代化建设中的骨干作用得以更好地发挥。

（作者:刘东涛、赵玉华,刊发于 1989 年 12 月 21 日《天津日报》）

多层次推进经济增长方式转变

经济增长方式从外延型向内涵型、从粗放型向集约型转变,是经济发展中的一个老问题,也是改革开放以来党在经济工作中的一贯主张。20 世纪 80 年代初,党和国家领导人在政府工作报告中就强调:"经济效益是一个核心问题。""考虑一切经济问题,必须把根本出发点放在提高经济效益上。""走一条速度比较实在,经济效益比较好,人民可以得到更多实惠的新路子。"此后,党的历届重要会议和政府工作报告,又一再重申了经济工作"要以经济效益为中心"的指导方针,一再强调经济增长方式的转变。十四届五中全会通过的《建议》,把经济增长方式转变提高到"带有全局意义"的战略高度,这是对社会主义经济发展规律认识上的再飞跃。应当说,当前我国经济面临的一些深层次矛盾,如通货膨胀、经济结构不合理、国有大中型企业困难、建设资金紧张等,都与我国长期搞粗放型的经济增长方式有关。今后,"随着经济规模越来越大,再靠消耗大量的资源来求增长,是不可取的,也是难以为继的"。所以说,转变传统的粗放型增长方式,不仅是实现"九五"计划和 2010 年远景目标的根本保证,也是解决经济工作深层次矛盾、克服当前困难的根本途径。

目前,我国已进入工业化的中期,科技、教育日益受到国家和全社会的重视,以建立社会主义市场经济体制为目标的改革不断深入,全方位对外开放的格局正在形成,这些都为经济增长方式从粗放型向集约型效益型转变提供了契机和较好的内外部条件。同时也应当看到,转变经济增长方式还面临着不少障碍和制约因素。

一是观念性障碍。这些年来,忽视技术进步,忽视质量、效益的思想有所改变。但在经济工作的许多领域、许多环节,"质量第一""以效益为中心"的思想观念还远远没有牢固地树立起来,外延粗放型的传统观念还根深蒂固、很有市场,重投入轻产出、重速度轻效益、重产量轻质量、重当前轻长远、热衷于上新项目铺新摊子、忽视老企业的挖潜改造等现象还相当普遍。这种传统的增长观念不改变,转变增长方式就无从谈起。

二是结构性障碍。产业结构的水平是一国或一个城市经济增长质量和整体素质的重要标志,集约型的增长方式必然要求合理的先进的产业结构与之相适应。目前,发达国家的三次产业中,第三产业所占比重已达50%~60%,而我国这一比例仅为30%,这说明我国的产业结构落后,同时也说明经济的增长方式落后和整体素质不高。这既是长期实行粗放型经营的结果,也是转变经济增长方式的一大障碍。因为,如此落后的产业结构不可能带来经济增长的高质量和高效益。而要改变落后的经济结构,马上又会遇到资金、技术、人员安置等种种因素的制约。

三是要素性障碍。在西方具有轰动效应的经济学最新成果"新增长理论",首次将科技与资本、劳动并列为生产的三大要素。据说,这一理论的提出者——美国年轻的经济学家保罗·罗默,也因此"有可能成为继亚当·斯密、卡尔·马克思、凯恩斯之后的又一位经济学伟人"。经济增长方式实质上也就是科技、资本、劳动等生产要素的分配和使用方式。新增长理论认为,其中科技对经济增长的贡献已上升到首位。在发达国家,反映科技进步对经济增长贡献的综合性指标——综合要素生产率提高对经济增长的贡献率,日本为55%,美国为47.7%,西德为55.6%,而我国改革开放以来仅为28.7%。目前,我国单位产品能耗水平比发达国家70年代末80年代初的水平还高出30%~90%;单位产品的工资含量也正在上升;企业中劳动者的道德水准和文化技术素质不够高,特别是缺乏高素质的技术开发人才、经营管理人才,缺乏一大批优秀的企业家。而且这种状况很难一下子得到较大的改观,势必影响经济增长质量和效益的迅速提高。

四是政策性障碍。实现经济增长方式的转变,需要一系列的相应政策作保证。比如,鼓励技术进步的政策,促进产业结构优化、升级的政策,鼓励节约资源、保护环境的政策,扶植人才成长的收入分配及奖励政策等。而我们对这些政策的研究和制定仍然滞后,缺乏促进增长方式向集约型转变的政策环境。

五是体制性障碍。转变经济增长方式,基本建设"要走以内涵扩大再生产为主的道路",经济工作"要以经济效益为中心"这些话已经讲了多年,为什么至今仍然没有得到很好的落实,甚至粗放经营问题还是那么突出和普遍呢?归根到底,是传统的计划经济体制在起作用。比如说,在市场经济体制下,企业、特别是国有大中型企业,首先应当成为实行集约经营、推动经济增长的主体。然而,我国国有企业的改革却举步维艰、困难重重,多数国有大中型企业还没有从"政企不分"的传统体制中解放出来,加上投资体制、政府机构、干部制度的改革以及社会保障制度的建设滞后,企业尚未成为真正意义上的独立法人实体和市场竞争主体。一方面,企业缺乏追求技术进步和利润最大化的内在动力;另一方面,也缺乏支撑技术进步、劳动者素质提高的能力。有的连维持简单再生产、按时发放职工工资福利都难以做到,哪还有能力投资于技术改造、新产品开发以及职工培训等那些"远水不解近渴"的事情?从投资体制来看,目前我国投资活动的主体依然是政府而不是企业。企业没有投资决策权,而政府决策者往往只管投资,不问回报,不对投资决策效果负责,以至有的大项目投入巨额资金犹如石沉大海,甚或投产多年仍无效益。可见,传统经济体制仍然是转变经济增长方式的最大障碍。实现经济增长方式的转变,根本之举在于深化改革,在于不失时机地推进经济体制的转变。

现行的干部考核制度,也是制约经济增长方式向内涵集约型转变的一个重要因素。这些年来,衡量评价一个地区经济工作的好坏,往往是看产值,看规模,看速度,看摆了多少个项目,建了多少个开发区,至于投入产出效益如何,产品质量如何,资源是否节约,科技进步和职工素质怎样,企业有无发展后劲,等等,似乎对当事人的"政绩"无关紧要,也很少有人问津。况且,一些地方上的领导也总是希望在任期之内留下点纪念碑式的政绩。于是,攀比之风盛行,屡刹不止。在这样一种考核制度和激励机制下,何谈内涵集约型增长呢?

综上所述,转变经济增长方式尚有诸多障碍和制约因素需要排除,必须多层次多方面加以推进。首先要转变经济增长观念,包括传统的"增长要素"观念、传统的"增长主体"观念、传统的计划观念以及传统的"增长评价标准"等。把对经济增长的认识尽快转变到投入少、产出多、质量高、效益好的增长观上来,转变到较低通货膨胀、节约资源、保护环境条件下可持续增长观上来。其次要牢固树立"科技是第一生产力"的思想,高度重视科技和教育在经济增长中的作用,尽可能加大对科技和教育的投入,积极推进科技与生产的结合,大力扶持高新技术产业发展,用先进技术改造传统产业,从而实现产业结构、产品结构的优化和升级,切实把经济增长的方式转变到主要依靠科技进步和提高劳动者素质的轨道上来。再就是要继续推进以政企分开为基本内容的经济体制改革,特别是搞好国有大中型企业改革,同时配套搞好投资体制、计划体制、社会保障制度以及政府机构等方面的改革,研究制定综合评价经济增长的指标体系,改革现行的干部考核任免制度。通过深化改革和体制的转变,形成推进技术进步、节约资源、降低消耗、增加效益的企业经营机制和与之相适应的市场体系以及宏观调控体系,从而为新的经济增长方式提供良好的体制基础和制度保证。还要认真研究制定与之相关的技术、经济、收入分配、激励等政策,为经济增长方式从粗放型向集约型转变提供适宜的政策环境。

（作者：刘东涛，刊发于 1995 年 11 月 28 日《天津日报》）

对天津技术创新的几点建议

天津是一个以加工工业为主的老工业基地,资源和市场两头在外。单靠资金、资源、劳动力等要素的投入,搞重复建设,与其他地区搞低水平竞争,没有出路。唯一的选择就是,坚定不移地实施科教兴市战略,大力推进技术创新,把经济增长的方式真正转变到依靠科技进步上来,切实从速度型、数量型增长转变到质量型、效益型增长上来。具体讲,要在以下几个方面下功夫:

一、要选择正确的技术发展战略

在利用国外先进技术改造传统产业过程中,要努力实现从以引进为主到引进、消化吸收、自主创新三者并重的转变。在积极引进生产线、软件的同时,努力进行消化吸收和再创新。实现自主创新要在本市优势行业和特色产品上下功夫,在新技术、新产业增长点上下功夫。抓住电子信息、机械制造、医药和生物工程、新材料等某些重点领域,瞄准国内外先进水平,进行具有自主知识产权的技术开发,培育形成一批具有国内外先进水平的高新技术产品和新的支柱产业,再造天津产品和产业的新优势。发展壮大一批具有较强科技实力的高新技术企业和企业集团,科技水平和综合科技实力继续保持全国前列,2010 年力争科技进步对经济增长的贡献率达到 60% 左右,高技术产业产值占全市工业总产值的比重达到 30% 以上,把天津建设成为我国高新技术开发和实现产业化的重要基地之一。

二、要加快构造先进的技术创新体系

要以市场为导向,以企业为主体,以高校和科研院所为生力军,以科技园区为重要载体,推动科技与经济相结合、科研院所与企业相融合,促进科研院所、高等院校科研成果向企业转移,建立起科研成果的有效供给机制,从根本上解决长期存在的科研与生产"两张皮"现象。在构造技术创新体系中需要重点抓好三个环节:一是组建技术创新工程中心,加快科研成果产业化步伐。在加强已批准的在津国家级工程技术研究中心基础上,再组建若干个具有国内一流水平的工程研究中心,推进产、学、研结合,不断为全市高新技术发展和传统产业改造提供新技术、新产品。扶持有条件的大型骨干企业建立技术研发中心,自主地进行技术开发。二是使科研院所和高校的科研开发机构企业化,进行实体经营。三是不断完善高技术产业园区的设施,优化环境,并努力做大做强,使之真正成为高新技术产业发展的摇篮。

三、要与传统产业的改造升级相结合

一是要研究开发对传统产业技术进步有重大带动作用的共性技术、关键技术和成套技术,对本市的制造业,特别是汽车、石油管材及金属制品、机械、石化、家电等行业进行技术改造,提高其技术档次和技术含量,实现产业的技术升级。二是要用高新技术特别是电子信息技术装备第三产业,加快信息化步伐,提升第三产业的知识和科技含量。大力发展电子商务,推动本市金融保险、房地产、旅游、现代物流、咨询、文化体育等产业迅速扩大规模,增强实力,提高第三产业占整个国民经济的比重和新兴第三产业占第三产业的比重,使服务业成为国民经济的重要支柱。

四、实施有利于推进技术创新的政策,搞好引导、协调和服务

进一步提高政府部门的办事效率和服务水平,完善政策法规,为技术创新创造良好环境。在财政、税收、信贷、规费、土地、人才、技术引进等方面,尽可能为技术创新提供更多的政策支持。要用更加优惠的政策吸引、留住、启用更多的创新型人才,对有突出贡献者给予重奖。

要引导多种经济共同推进技术创新,引导和鼓励个体、私营经济、中外合资合作企业,特别是那些民营高科技企业大力开展技术创新。积极推进技术资本化进程,允许高级科技人员、管理人员以知识技术入股,形成推进技术创新的动力机制。

五、深化体制改革，为技术创新提供动力和制度保证

技术创新的动力来自企业和其他社会组织内部不断追求技术进步的强烈愿望。传统的国有企业追求技术进步、推进技术创新的动力不足，根子在于机制、体制还没有转过来。所以，为了有效地推进技术创新，必须进一步深化经济体制改革，特别是国有企业改革，真正把企业转变为"自主经营、自负盈亏、自我发展、自我约束"的市场竞争主体，成为推进技术进步的主体。同时，进一步深化科技体制、教育体制改革，使科技体制真正适应市场经济下科技进步和技术创新的要求。应当进一步把应用开发型的科研院所推向市场，与企业相结合，不断研制开发出适应市场需要的新技术、新工艺、新产品。加快科研成果的市场化、商品化进程，使市场在配置科技资源和科技成果转化中发挥基础性作用。

（作者：刘东涛，刊发于《求知》2001 年第 3 期）

再造天津金融中心城市新形象

金融中心的形和发展，得益于产业的发达兴旺，同时也得益于文化的繁荣。没有文化的参与，金融中心形象则难以树立。明末清初，天津就有了钱局、钱庄、当铺；清道光年间，外商保险业进入；咸丰年间，全国最早的银号之一义恒银号在津开业；光绪年间，外商银行、华商银行和国内保险机构相继在津设立；20 世纪三四十年代，解放北路（时称中街）两侧已金融机构林立，被誉为"中国的华尔街"。坐落于此的盐业，金城、大陆银行（与中南银行一起）号称"北四行"，以其雄厚的实力、良好的服务享誉四海。周学熙、吴鼎昌、卞白眉、周作民、资端华、谈荔孙等一批著名金融家，以卓越的经营业绩和高超的经营艺术活跃于金融大舞台。是这些实实在在的内容铸就了当时天津作为北方金融中心的形象。

长时期的计划经济体制，曾使天津作为金融中心的作用大大削弱，以至基本消失。可幸的是，随着改革开放的深入和社会主义市场经济的蓬勃发展，天津这个老工商业城市又焕发了青春，近年来经济步入快速发展轨道，金融业也得以长足发展。但与京、沪、穗、汉等城市相比，还不尽如人意。特别是其作为金融中心的形象和影响力还很不够。为此，奋起直追，加速发展，再造天津金融中心城市新形象，已是刻不容缓的事情，也是现实对我们提出的严峻挑战。

再造天津金融中心城市新形象，要按照跨世纪发展的要求，大力培育和发展以资本市场为龙头的金融市场，形成开放、有序、竞争、互补的金融市场体系；加快吸引、壮大各类金融机构，构造多层次、健全的金融机构体系；建设功能完备、技术先进的现代金融文化物质载体；造就一批业务精、善经营、会管理、高素质的现代金融家和专门人才，一支训练有素的职工队伍。

再造天津金融中心城市新形象,一项重要任务是建设好面向 21 世纪的金融物质载体。当务之急是尽快结束各金融机构建筑选址的失控、无序状态,加强领导、统筹安排,规划建设好金融街和新的金融区。原解放北路金融街的商业价值远未开发出来,其间许多建筑物仍为非金融机构所占用,应通过正当渠道将其迁出,与此同时吸引国内外金融机构入驻,重振该街昔日之雄风,这应成为启动振兴天津金融业之重要一步。

再造天津金融中心城市新形象,是天津金融家和广大金融职工的神圣职责。金融中心的形象,往往寓于金融家、金融从业人员的形象之中。金融家、金融职工的行为对金融中心形象的树立有着决定性作用。历史上,各银行面对日趋激烈的同业竞争,为吸揽存款、拓展业务,无不千方百计改善服务,强调"招待顾客处处皆应圆融周到,切勿使有感觉不快""客户来行办事,偶有逾越时间,也竭诚招纳,婉为接受,不嫌麻烦",以在客户中树立良好形象。1937 年春,上海银行基于"得罪客户即得罪银行"的认识,曾专门向各分支行印发《接待顾客十条》,规定:接待顾客必须谦和诚恳、礼貌周到,如系女客,尤应端庄;接待顾客应起立趋至柜前,不得在座随便应言;顾客不明手续或章程,有所询问时,应不惮烦琐和蔼详答;办事应力求周妥敏捷,勿使顾客久等;顾客委托之事,应尽力而为,如觉得难以接受时,也应婉言陈说,勿使顾客难堪;无论交易巨细,接待顾客应一视同仁;顾客有电话接洽,应答亦须谦和,话毕并须轻放耳机,勿使役传话,以免纠纷误会;营业时间虽过,顾客要求通融,应酌予变通并使顾客等待时间由五至十分钟减少到三分钟以内。其办事效率之高、服务之热情周到,可谓"顾客有口皆碑",业务亦因之发展更快。像这类闪烁经营思想光辉的条规,确实不失为前人留下的金融文化之精品。

天津要树立金融中心城市的新形象,同样要靠今天的金融家群体迅速提高自身的理论文化修养、业务水平和经营艺术,职工队伍也需尽快提高整体素质,以适应现代金融业发展日新月异、竞争日趋激烈的新形势。天津金融界,应在继承优秀金融文化遗产的基础上不断创新及时推出新的金融工具和服务方式,为居民、工商企业,为首都、环渤海地区乃至广大北方地区提供更加安全高效、方便周到的服务,通过服务发展自己,通过服务树立起新的形象。

再造天津作为北方金融中心城市新形象,是天津人追求的目标,也是涉及国家经济发展全局的一项跨世纪、跨地区工程。它需要精心设计、分步实施,需要国家的政策支持,需要全社会以及周边地区的认同和广泛支持。为此,需进一步加大金融文化宣传的力度,大力普及金融知识,增强全社会的金融意识。无论政府官员,还是企业家,乃至居民群众,均应积极学习现代金融知识,维护金融法制,遵守金融规范,强化金融风险意识,为金融活动和经济生活有序运行提供良好的社会环境。

(作者:刘东涛,刊发于 1997 年 12 月 24 日《天津日报》)

市场经济与企业文化

企业文化是人类创造力、价值观念、思维方式、心理活动、审美意识在企业范畴内的体现,是企业职工与企业家共同创造、共同遵循、共同维护、共同发展的群体文化。企业文化具体地体现在企业的建筑风格、企业的形象、企业章程之中,体现在企业家和职工的行为规范、精神风貌中,体现在企业的营销活动、广告用语之中。企业文化的核心,是为企业广大职工所认同,激励广大职工为实现一定的企业目标而奋斗的价值观念体系。企业文化对内具有强大的凝聚力、驱动力,对外具有极大的渗透力、影响力和竞争力。它可以有效地动员和团结企业员工为实现即定的目标而奋斗,有效地提高企业的知名度,树立企业在社会上的良好形象,在市场竞争中发挥不可替代的作用。

企业文化建设,在发展社会主义市场经济、建设有中国特色的社会主义中具有不可忽视的作用。不论是从建立现代企业制度的角度,发展社会主义市场经济的层次来看,还是从建设社会主义精神文明的层次来看,都应当加强对企业文化的研究,推动企业文化建设。

一、计划经济下的企业文化与市场经济下的企业文化

严格地说,纯粹的计划经济体制下没有真的企业,从而也没有真正意义上的企业文化,只有工厂文化、车间文化、班组文化、连队文化、乡村文化等,从而在很大程度上窒息了社会主义文化的发展。在"文革"期间,全国上下都演样板戏、都唱语录歌,早请示、晚汇报、斗私批修等等,把丰富多彩的文化生活简单化了,"阶级斗争为纲"代替了生动活泼的文化生活,大大降低和扭曲了文化对经济、对社会的积极推动作用。

社会主义市场经济的发展,必然产生与之相适应的企业文化。以市场经济为取向的改革开放,解放了企业、解放了生产力,同时也解放了企业文化。首先,企业走向市场,开拓市场,需要有反映自己特色的企业文化为之鸣锣开道;同时,企业在激烈的市场竞争中,每一项技术工艺的创新、产品创新、服务创新、企业制度的创新,也伴随着企业文化的推陈出新,而且为繁荣整个社会的文化事业创造着更加雄厚的物质基础和宽松的社会环境。

二、社会主义企业文化应当与市场经济同步发展,超前发展

十四届三中全会决议所讲的"加强企业文化建设、培育优良的职业道德、树立敬业爱厂、遵法守信、开拓创新的精神",具有很强的现实意义和深远的历史意义。

现实经济生活中许多现象表明,文化的落后制约了经济的发展。一些产品在市场上缺乏竞争力、打不出去,不是由于内在质量不好,而是由于工艺落后、包装陈旧,或是由于宣传不够、知名度较差,从而市场份额有限,这显然有企业文化滞后的原因。

再从目前的企业改革来看,为什么股份制试点包括股票的发行、交易,股东大会、董事会

的产生和议事程序不能规范操作？当然,有体制原因,历史原因。但与人们的文化素质低,法制意识差,法律知识、金融知识、管理知识不足有很大关系,董事长不"懂事",经理人员不懂现代企业经营管理,股东没有风险意识,等等。在这样一种文化背景下,推行现代企业制度,进行股份制试验,出现种种不规范的现象就不足为怪了。

加强社会主义企业文化建设,不仅是建立现代企业制度的需要,而且是全面构造社会主义市场经济体制、发展社会生产力、建设高度社会主义物质文明和精神文明的必然要求。应当给以足够重视,通过多种渠道、多种方式,增加这方面的投入。

我们建设的社会主义企业文化,应当具有中国特色。首先,它在反映和尊重市场经济发展一般征、一般规则(如等价交换、平等竞争、效率优先等等)的同时,还要大力提倡敬业爱厂、先公后私、助人为乐、无私奉献、共同富裕的情操。其次,在借鉴发达国家现代文明的同时,警惕和剔除其糟粕,并积极传承中华民族长期历史发展中所形成的优秀传统文化。其三,在借鉴和继承的基础上,还要从我国的国情出发、从行业和企业的特点出发,与时俱进,不断创新,不断形成和推出新的独具特色的社会主义企业文化。

三、企业家应不断提高自己的文化层次

文化,尤其是企业文化,需要企业家。企业文化的发展离开了企业家的努力推动是不可能的;企业家也需要文化。当今世界,没有文化的"企业家"只能是低层次的、不够格的"企业家"。作为一个社会主义的企业家,一要充分认识企业文化的特殊功能,重视企业文化,积极推进企业文化建设,用健康的、积极向上的企业文化武装充实团队、员工的头脑;二要注意加强自身的文化修养,不断提高自身的文化层次。

某位曾经红极一时的农民企业家为何在市场经济的大潮中败下阵来,为什么一下子成为阶下囚？是他没能力吗？不是;是他不改革吗？不是;是他不重视文化建设吗？显然也不是。实际上,他已认识到村镇文化、企业文化的重要性,并不惜代价地搞文化建设。他投入大量资金办教育、搞科技,高薪聘请专家名人,在国内几乎是家喻户晓的。但这些终究没有挽救其可悲下场。其原因,除了他的政治素质和个人品质之外,其文化素质、文化层次较低,不能不说是一个重要因素。他不懂法、不懂现代企业管理,没有组织观念,而是靠家长制、靠行贿受贿、靠逼供信等手段来维护自己的绝对权威,来搞商品经济,结果走向了反面。这也从反面说明,企业家的文化素质、文化层次对于企业家的成败、企业的可持续发展,对于社会主义物质文明和精神文明建设至关重要。

社会主义企业家应当有一定的文化标准。不能要求他们都是十分优秀的科学家、艺术家、理论家、金融家、教授、律师等,但是他们应当具备一定科学技术知识,应当懂得基本的财务会计、金融知识、市场规则、现代企业管理、法律知识网络技能等,甚至应当有一定文化艺术修养。这就需要不断学习充电,需要加强对企业家的培训、再培训。

（作者:刘东涛,刊发于《经营与管理》1994年第3期）

后　记

　　值此本书编辑完毕准备付梓出版之际,总想说点感谢的话。但想来想去,又觉得也是个难题,书中内容完成时间跨度大,整个过程中需要感谢的人实在太多。参加工作50年、从事专业研究40年,每到一个新的岗位、新的阶段都遇到了许许多多好领导、好同事,数不尽、说不完的感觉油然而生。说实在,没有这些老领导、老同事、老朋友无微不至的信任、关怀、帮助和提携,就不会有我的今天;没有方方面面的支持与合作,也不会有这本著作。点名道姓表示谢意,确实难免以偏概全,恕不在此一一表示感谢。

　　首先,要感谢我赶上了新中国社会主义建设、改革开放大潮、中国特色社会主义、习近平新时代这样几个好时期,日新月异的发展环境给经济学界开展研究提供了极好机会;二是要感谢我所工作过的几个部门、单位,特别市委宣传部(及原市革委会政治部)、天津社会科学院、天津市财政局(及市国税局)、市发改委(及市委综合经济工委),是这些部门和老领导的信任和长期培养,不断压担子、交任务,为我们工作、科研创造了宽松条件,使自己不断成长进步,也做了一些事情;三是要感谢曾经参与这些课题研究的同事和朋友们,这些成果中许多是大家精诚合作完成,字里行间渗透着每一位成员的智慧和思想火花,凝结着大家的心血和汗水,曾经的"合作愉快"成为留在我们心中永久的记忆。同时,也想借此特别感谢我曾经工作过的几个科研单位的行政工作人员,他们是维系科研单位运转的最基本保证,是科研人员的坚强后盾,没有他们的付出科研工作也很难顺利进行。四是要感谢各项目、课题委托合作单位以及市统计局的领导和朋友,感谢您们的信任,并为开展研究提供了丰富而生动的实际材料和良好条件;五是也非常感谢市社科联和环渤海经济研究会、市商业经济学会等学术团体及新闻界的老领导、老朋友,正是您们一直以来的信任、关爱、支持和鼓励,使我多年来能在学术海洋中与大家交流互鉴、共同进步,特别是在我退休后的十几年里保持了退而不休、积极向上的精神状态,还能为研究会发展和繁荣天津社会科学尽其所能,也度过了不算太短的一段紧张而愉快的时光,在卸掉研究会担子后又完成了该书稿的整理。六是要感谢天津社科院出版社的领导和责编人员,在他们的大力支持、不断鼓励和督促下,我才克服了老眼昏花、办事拖沓等障碍,最终完成书稿的收集编辑,也是他们精心设计和认真编校才使此书得以最后印刷出版。

　　最后,要感谢一下家人,那些年是你们的理解、支持与付出,使我得以几乎是全身心投入工作,很少顾及家务,从而也少了许多对家人的陪伴,余生将尽力加以回报。也顺便感谢外孙女王佳奕,当我面对早年那些没有或失去电子版的文稿而犯愁时,是她及时告诉我:手机也能将之转换为电子版,从而节省了我大量时间,也使我更加确信"活到老学到老"应当成为自己一生的习惯。

　　当今世界正处于百年未有之大变局，天下并不太平，敌对势力仍在搅局，瘟疫尚在肆虐。期盼疫情早日结束，社会秩序重归正常，国泰民安。唯愿大家珍惜时光，珍爱生命、珍爱健康，以便共同见证大变局下所发生的一切，见证祖国海峡两岸统一，见证中华民族伟大复兴早日实现！

刘东涛
2020 年 12 月